JN203360

博物館学史研究事典

青木　豊・鷹野光行　編

雄山閣

はじめに

本事典は、明治時代から基本的には昭和時代前期までの博物館学に関わる論文を、先ずは博物館学に関する文献有無への確認と次いでは博物館学史の体系構成の一助となることを目的とした〝博物館学史〟シリーズとして平成二十四年より編纂を開始し、今般最終刊行を果たすものである。

既に、『明治期　博物館学基本文献集成』（二〇一二）と『大正・昭和前期　博物館学基本文献集成　上・下』二冊（二〇一六）、『棚橋源太郎　博物館学基本文献集成　上・下』二冊（二〇一七）の五冊は、いずれも雄山閣から刊行済で、これらの総括として編纂を企てたのが本事典である。

したがって、本シリーズは六冊をもって刊行を終了するものであり、既刊の五冊はそれぞれの時代の博物館学に関する入手が困難と思われる単行本を一部含めたが、基本的には論文の集成を試みたものである。それらに対し、本書は書名が示す通りさらなる発展段階として、既刊の五冊では掲載できなかった集成論文以外も加えて論史としての編纂を企てたものである。

抑々の目的は、多分野に亙る博物館学の学域に於いても未だ博物館学史を対象とする議論はほとんど無く、博物館学の研究分野としてすら位置付けられていないのが現状であろう。この点が、社会的に博物館学の〝学〟としての認知に否定的疑問が内蔵し続けられている原因と思われる。この意味で、学史研究の必要性は博物館学界の急務であることは以前から縷説している通りである。今後の博物館学研究は、事例研究・事例報告・海外博物館紹介等に留まることなく、過去の博物館論を踏まえた上で〝将来展望〟や新たな視座に基づいた研究が必要であると考える次第である。博物館研究を博物館学として深化させるためには、研究の歴史である先行研究を綿密に踏まえると同時に、それらを批判的な目線でとらえ、各々が独自の博物館論を構築していくことが肝要と考える。

しかし、結果として論史と学史を混交して論史に至らなかった論稿も認められることによる不統一感が存在することも事実であると言わねばならない。当該混交の理由は、執筆担当者の博物館学の歴史に対する考え方の違いと、項目によっては先行論文が極めて少ないことも大きく原因している点であると思われる。この点は、執筆依頼時の項目選択の時点で確認しておかねばならない点であったと深く反省している次第である。かかる事情により、学史としての論稿が混在している点は、ご容赦をお願いするものである。

しかし、博物館学での個々の研究論史を纏めた著作は、未だ存在していないところからも博物館学史研究に留まらず広く博物館学研究を〝博物館学〟として深化させ、さらには一歩進捗させるに足る事典になることを期待して擱筆とする。

末筆ながら本書を編纂するにあたり、大勢の先生方のお手を煩わせたことを茲に明記し、厚く御礼申し上げる次第である。

さらには、本博物館学史シリーズの発刊をお引き受け戴いております株式会社雄山閣の宮田哲男社長、編集を担当して下さっている桑門智亜紀氏をはじめとする関係各位には重ねて御礼申し上げます。

平成二十九年　盛夏　鎌倉にて

青木　豊

博物館学史研究事典—目次

【専門博物館論史】

【博物館機能論史】

【資料収集論史】

【展示論史】

博物館学史研究事典

博物館学論史

博物館学論者史

博物館学論史各論

専門博物館論史

博物館機能論史

資料収集論史

展示論史

博物館教育論史

博物館建築論史

博物館経営論史

中国博物館論史

明治時代

一八六〇年（万延元）、日米修好通商条約の批准書交換のために渡米した遣米使節団の通詞であった名村五八郎元度は、ワシントンで見学したパテント・オフィスの展示場に「博物館」の語をあてている。これが、日本における「博物館」の語の初見である。

明治の世になると、日本は、国家の近代化を図るために欧米文化を積極的に取り入れていくことを推進していた。そのため、欧米文化に関する書物が次々に出版され、その中で博物館も紹介されるようになった。その先駆けとなったのが、一八六六年（慶応二）に出版された福澤諭吉の『西洋事情[1]』である。同書は、初編・外編・二編からなり、広く人々に欧米の様子を紹介し、同書の初編巻ノ一に「博物館」の項目が掲げられた。その中で福澤は、博物館を「世界中ノ物産古物珍物ヲ集メテ人ニ示シ見聞ヲ博クスル爲メニ設ルモノナリ」と記している。

次いで、一八七三年（明治六）、東江学人が『内外事情[2]』で博物館を「世界萬國の産物珍物等人々の知見を博くする物は皆之を集置く場所なり」と紹介している。さらに、一八七五年には、幕末から明治にかけて作家・編集者として活躍した瓜生政和が『西洋新書[3]』を編輯し、その中でワシントンの博物館について記している。

このように、幕末から明治初年にかけての博物館関係の文献は、「博物館とは如何なるものか」を記すに留まっていた。しかし、一八七五年を境に官民双方から博物館に関する意見書や論考が発表され始めるのである。本稿は、明治期を前期・中期・後期の三期に分け、各期における博物館学論考の特徴を考察するものである。

一．明治前期

一八七一年（明治四）、岩倉具視を大使、大久保利通、木戸孝允らを副使とした岩倉使節団は、欧米諸国へと派遣された。使節団一行は、日本と欧米諸国との圧倒的な国力の差を痛感し、帰国後、国内政策を重視する方針を採用した。一八七五年、大久保利通により「博物館ノ儀[4]」が三条実美に建議された。その冒頭は、次の通りである。

博物館ノ主旨ハ天造人工中外古今ノ物品ヲ一場ニ蒐集網羅シテ其質ト用トヲ詳ニシ各部門ヲ分テ之ヲ陳列シ普ク衆人ノ縦觀ニ供シテ智見ヲ擴充シ技藝ヲ開達セシムルニ在リ夫人心ノ事物ニ觸レ其感動識別ヲ生スルハ

悉ク眼視ノ力ニ由ル古人曰ク百聞一見ニ如カスト人智ヲ開キ工藝ヲ進ムルノ捷徑簡易ナル方法ハ此ノ眼目ノ敎ニ在ル而已

大久保の博物館設置の趣意は、国内における殖産興業の推進を目的としており、今日の博物館に求められるべき教育的・学術的性格が希薄であったことは否定できない。しかし、この文章からもわかるように、「博物館」という施設は、実物資料を来館者に見せ、人々を感化させる施設であるとする博物館の本意を、政府は正しく理解していたのである。この年、博覧会事務局が解散し、内務省博物館・文部省博物館に分離するなど、博物館を取り巻く大きな動きがあったことも注目すべきであろう。

時同じくして、民間においても博物館論が登場する。「博物館ノ儀」が建議された年、『郵政報知新聞』の主筆を務めていた栗本鋤雲により「博物舘論」[5]が発表される。その内容は、博物館の目的・種類を述べた上で、専門職員（学芸員）の必要性・資料の収集方法等を論じており、民間における博物館学論考の濫觴とされている。

しかし、栗本の「博物舘論」以降、一〇年以上博物館学に関する論文は確認できていない。その理由としては、当時相次ぐ士族反乱や政治体制の変化、自由民権運動の激化など国内情勢が大きく変動していたため、博物館学論考の進展が滞ったことが推察できる。

二、明治中期

明治中期には、国会開設の勅諭や内閣制度が発足するなど、わが国は着々と立憲国家へと政策を進めていた。また、福澤が「脱亜論」を唱え、さらに井上馨外務大臣のもと鹿鳴館時代に代表される欧化政策が敷かれるなど、欧米への関心は一段と増していった。

そんな中、岡倉天心は、伝統的な日本美術の復興と存立を主張し、一八九九年（明治三二）に「博物舘に就て」[6]と題する博物館学論考を発表する。岡倉は、博物館の要用は「（甲）保存ノ点」「（乙）考究ノ点」「（丙）都府ノ盛觀」の三点であるとし、資料の保存を第一とする理由に関しては「過去ニ淵原スルニヨリ過去ヲ知ラザレハ現在ニ活用セス將來ニ波及セス過去ヲ知リテ之ヲ現在ニ活用セバ恰カモ敵地ニ入テ地理ヲ占メ百戰百勝ヲ期スル如シ」と述べている。また、日本における博物館の必要性や資料の収集・展示方法に関しても言及しており、停滞気味であった当該期の博物館学が、再び息を吹き返したことを証明する内容であった。

当該期に博物館学論を展開する人物として、明治期を代表する人類学者である坪井正五郎の名が挙げられる。坪井は、一八八九年に自身の留学体験を綴った「パリー通信」[7]次いで「ロンドン通信」[8]を発表する。特に「パリー通信」では、当時開催されていたパリ万国博覧会の展示を「縁日商人の植木棚」と痛烈に批判し、学術展示の重要性をいち早く論じている。

さらに、帝国大学工科大学造家学科を卒業した神谷邦淑は、「博物館」[9]を執筆し、建築の視点から博物館を捉え、構造・建築材・採光方法・中庭の設置など詳細に意見を述べている。また、坪井の弟子である鳥居龍蔵が「帝国博物舘風俗古物歴史物品陳列方法に就て。」[10]と題する論文を発表するなど、次第に博物館学論も裾野を広げていった。

博物館学論が進展を見せる一方、博物館を取り巻く情勢にも大きな変化がもたらされた。一八八九年、宮内省図書寮の附属博物館が廃止され、帝国博物館・帝国京都博物館・帝国奈良博物館の三館が設置された。時同じくして、東京教育博物館を文部省から東京高等師範学校附属に移行する計画が立つ。東京教育博物館館長を務めた手島精一は、『教育時論』で「東京教育博物館は文部省の直轄たるべし」[11]と題して意見を述べ、「文部省が、一般教育の爲に、特別に設けたる機關は、唯一の教育博物舘あるのみ」とし、これに反対した。しかし、結局東京教育博物館は、東京高等師範学校附属に移行されることとなった。

三、明治後期

一八九八年（明治三一）、古社寺保存法が制定される。これに呼応するかのように、雑誌『太陽』によって日本主義を唱えたことで知られる高山林次郎は、「博物館論」[12]と題する論文を発表する。その中で高山は、「是の貴重なる日本美術の保護、觀察、研究、進歩の爲に一大博物館の建設せられたる無きを恨みとする」と述べている。さらに、博物館を設立し、美術品の収集・公開を行なえば「啻に保護存續の目的を達するのみならず、一般社會に對するの利益亦顯著なるもの」であると主張しているのである。

学界における博物館学の動きも活発であった。帝国大学理科大学動物学科担当教授であった箕作佳吉は、「普通學校ニ於ケル博物學標品室」[13]と題する論文において学校教育に博物館が必要であることを述べただけでなく、「博物館ニ就キテ」[14]において博物館の目的を次のように定義したことは、大きな功績であると言えるだろう。

第一　國家の實物ヲ貯藏保管スル〔こと〕

第二　普通教育上參考トナルベキ陳列品ヲ備へ且ツ一般公衆ノ爲メニ實物ニ依リテ有益ナル智識ヲ得兼テ高尙ナル快樂ヲ感ズルノ途ヲ設クル〔こと〕

第三　高等學術ノ進歩ヲ計ル〔こと〕

一九〇一年には、のちに第一次山本内閣で文部大臣を務める大岡育造により『歐米管見』(15)が発表される。一八九九年に欧米を漫遊した大岡は、西洋と日本の博物館を比較し、日本の博物館は「大躰に於ていまだに神縄を張つて遠くから拝ませると云ふ舊習を去つて居ない」と揶揄し、人々がより自由に利用できる博物館が必要であると主張している。

さらに、一九〇四年には、坪井が中心となって東京帝国大学人類学教室標本展覧会が開催された。それに伴い、坪井の弟子である前田不二三は、「學の展覽會か物の展覽會か」(16)と題する論考を執筆する。この論考において前田は、展示は、資料そのものを見せるのではなく、資料の持つ学術情報を伝達する行為であると結論づけている。

坪井は、この展覧会の趣旨や展示方法を「人類學標本展覽會開催趣旨設計及び効果」(17)で発表すると同時に、展覧会に関する新聞記事をまとめ、「人類學教室標本展覽會に關する諸評」(18)として発表している。また、日露戦争終結の年に、坪井により「戰後事業の一としての人類學的博物館設立」(19)が発表されたことは興味深い。

この時期の博物館学に関して特筆しておきたい点は、教育と博物館に関する論考が多く発表されたことである。

一九〇二年、東京高等師範学校助教諭であった斎藤斐章編の『歷史敎授法』(20)が出版された。その中で「歷史研究家は、必ず書籍館と博物館とに出入せざるべからざること、恰も物理學者の實驗室なかるべからざるが如し」と述べている。また、「各町村各學校には小圖書館小博物館なかるべからず」と、地域博物館・学校博物館が必要であると論じている。

一九〇三年には、女子教育家である下田次郎が「教育博物館に就て」(21)を執筆する。下田は「敎育博物館は敎育の參考の爲めに、改良進歩の爲に、敎育上、敎授上の道具卽ち敎具 **Lehrmittel** を蒐集したものである」と定義し、カナダのトロントに始まる教育博物館史を説明している。その上で、東京教育博物館の欠点・改善点を論じている。

一九〇八年、動物学者の谷津直秀が「博物館内の兒童室」(22)を執筆し、スミソニアン博物館の児童室を紹介している。また、一九一二年（大正元）には「活氣ある博物館を設立すべし[23]」を発表し、出張講座や博物館講座、学校への博物館資料の貸出等について述べている。

歴史学者であり、後に古社寺保存委員や帝室博物館顧問等を歴任したことで知られる黒板勝美は、この頃から博物館学論考を次々に発表していく。黒板は、一九〇八年から一九一〇年の二年間に欧米留学を行ない、その経験が黒板の博物館学思想を啓発した。帰国後、執筆した『西遊弐年欧米文明記[24]』では、留学先で訪れた博物館について詳細に説明しているが、それ以上に注目すべきは、《博物館学》なる用語が明記されていることと、ミュンヘン大学において「博物館學なる一講座」が存在することが記されていることである。この他にも、一九一二年には「史蹟保存と歴史地理學[25]」「博物館に就て[26]」を、一九一三年には「郷土保存について[27]」「博物館の建築に就いて[28]」を執筆している。黒板の論考は、明治期における博物館学の進展を証明するとともに、大正・昭和期の博物館学への架け橋としての役割を果たしているのである。

おわりに

以上、明治期博物館学論考を時代の推移とともに順に紹介してきた。最後に、各期の特徴を今一度まとめてみたい。

明治期における博物館学論は、近代化政策の一端として博物館設立が提案されるところから始まり、栗本鋤雲が「博物舘論」を発表したことから、わが国の博物館学論史が幕を開ける。しかしその後、国内情勢の不安定な時期が続き、その歩みは一時停滞する。

中期には、欧化政策が採られる中、それに反対する日本主義的思想を基に、日本美術を保存・継承していく必要性が主張され、岡倉天心によってその中枢機関としての博物館設立が説かれる。同時期、坪井正五郎をはじめとする、人類学、建築学など学問的視点から博物館学論考が発表され始める。

そして後期には、前期と中期に見られる特徴に加え、教育学的視点からの博物館学論考が多く執筆され始め、博物館は、教育施設の一つとして捉えられるようになっていくのである。

註

(1) 福澤諭吉『西洋事情　初編』慶應義塾出版局、一八六六
(2) 東江学人『内外事情』東生亀次郎、一八七三
(3) 瓜生政和編『西洋新書』寶集堂、一八七五
(4) 大久保利通「博物館ノ儀」一八七五（『大久保利通文書6』日本史籍協會、一九二九）
(5) 栗本鋤雲「博物舘論」『郵便報知新聞』七九〇、一八七五

(6) 岡倉覚三（天心）「博物舘に就て」『日出新聞』九月二・四・五・六日、一八八八
(7) 坪井正五郎「パリー通信」『東京人類學會雜誌』四三・四四・四五・四六・四七・四八、一八八九・一八九〇
(8) 坪井正五郎「ロンドン通信」『東京人類學會雜誌』五〇、一八九〇
(9) 神谷邦淑「博物舘」『建築雜誌』七―八一・八四、八―八五、一八九三
(10) 鳥居龍蔵「帝國博物舘風俗古物歴史物品陳列方法に就て。」『教育報知』三五五・三五七・三六〇、一八九三
(11) 手島精一「東京教育博物舘は文部省の直轄たるべし」『教育時論』一四一、一八八八
(12) 高山林次郎「博物館論」『太陽』五―九、一八九九
(13) 箕作佳吉「普通學校ニ於ケル博物學標品室」『東洋學藝雜誌』一三―一七九、一八九六
(14) 箕作佳吉「博物舘ニ就キテ」『東洋學藝雜誌』一六―二一五、一八九九
(15) 大岡育造『歐米管見』一九〇一
(16) 前田不二三「學の展覽會か物の展覽會か」『東京人類學會雜誌』二九、一九〇四
(17) 坪井正五郎「人類學標本展覽會開催趣旨設計及び効果」『東京人類學會雜誌』二九、一九〇四
(18) 坪井正五郎「人類學教室標本展覽會に關する諸評」『東京人類學會雜誌』二九、一九〇四
(19) 坪井正五郎「戰後事業の一としての人類學的博物館設立」山本利喜雄編『戰後經營』早稲田大學出版部、一九〇五
(20) 斎藤斐章編『歴史教授法』金港堂、一九〇二
(21) 下田次郎『西洋教育事情』金港堂、一九〇六
(22) 谷津直秀「博物館内の兒童室」『動物學雜誌』二〇―二三七、一九〇八
(23) 谷津直秀「活氣ある博物館を設立すべし」『新日本』二―一二、一九一二
(24) 黒板勝美『西遊弐年　歐米文明記』文會堂書店、一九一一
(25) 黒板勝美「史蹟保存と歴史地理學」『歴史地理』二〇―一、一九一二
(26) 黒板勝美「博物館に就て」『東京朝日新聞』一九一二
(27) 黒板勝美「郷土保存について」『歴史地理』二二―一、一九一三
(28) 黒板勝美「博物館の建築に就いて」『建築世界』七―八、一九一三

参考文献

全日本博物館学会編『博物館学事典』雄山閣、二〇一一
青木 豊編『明治期博物館学基本文献集成』雄山閣、二〇一二

【下田夏鈴】

大正・昭和（戦前期）時代

一、大正時代（発展期）

大正時代は、薩長土肥による藩閥政治から政党政治に変わる中で、大衆社会へ変貌してゆく時代であった。これに伴い、地域の秩序の変容も著しく、従来の地主等の地域主導者に代わって、国家の任命による在郷軍人長や方面委員長・青年団長らが地域の指導者へと変移した時代であった。

博物館学の変革期前夜に相当する明治時代極末に、〃博物館学〃の呼称を初めて用いた黒板勝美による博物館学思想や相原熊太郎や山松鶴吉ら[1]による所謂学校博物館論が盛んに論じられた。

明治末年のかかる博物館学思潮が継続され、一九一二年（大正元）には「余をして小學校長たらしめば[2]」や「高等小學讀本教授參考書[3]」などが刊行された。高等小学読本に博物館が紹介されたことは、学校教育へ博物館が加えられた点でも印象的である。一九二〇年には、総論的著書として『社會教育の實際的研究[4]』が発刊されている。

かかる証左から大正時代は、社会教育の概念規定が急激に構築された時期であったことが窺い知れる。

一方、社会教育施設としての博物館の具体的な展開は、一九一二年の教育博物館・通俗教育館、防長教育博物館、大正記念三田博物館等に代表され、中でも神社博物館が全国で多数開館を見た時代であった。日本初となる私立博物館である大倉集古館の誕生も、一つの画期となる事柄であるといえよう。

一九一五年一一月には、大正天皇御大典（即位の礼）と、これに伴う御大典記念博覧会が京都で開催されたことも相俟って、博物館建設機運も高揚した。さらに、一九一九年には〃史蹟名勝天然紀念物保存法〃が制定されたことも、保存施設としての博物館必要論の出現と建設に今後影響を齎すものとなった。当該期の博物館に関する論考は、石井柏亭による「博物館の設備に就て[5]」や東京帝国大学教授吉田熊次が記した「教育博物館[6]」等々の学校教育・社会教育関係からの博物館に関する論文を含め、二〇〇篇余の多きを数える。

また、一九一五〜一六年に文部省を中心として〃教育的観覧施設〃なる用語の使用が一般化する傾向が認められた。一例をあげれば、一九一六年の文部省普通学務局発行の『常置教育的觀覽施設狀況[7]』と云った具合である。また、一九一八年刊行の『教育年鑑』(8)は、当該期の博物館の実情を総括的に記したものとなっている。

博物館建設においても発展期である一方、博物館の内容充実が問われた時代でもあった。博物館学も建築論・展示論等々の細分化と深化が顕著化した点が特徴であろう。

当該期の博物館学論者の一人であり、動物学者であった谷津直秀の最初の論文は、「博物館内の兒童室」「動物園に關しての一考察」(9)であったが、一九一二年に記した「活氣ある博物館を設立すべし」(10)は、谷津の代表論文と思われる。該論の語調は力強く、明確な博物館学意識のもとで、社会に求められる博物館展示の必要性を訴えた理論であった。すなわち従来の博物館展示を厳しく批判すると同時に、新しい展示法として動物学者箕作佳吉が提唱し、嚆矢とする〝生態展示論〟を谷津は継承した上で、博物館教育を目的とする博物館展示論を展開した。

次いで、同じく箕作を師とする川村多實二は、専門とする動物学的見地より動物園・水族館論を専門とし、展示論においては「米國博物館の生態陳列」(11)と題する論文で生態展示の歴史から生態展示の実態・設計及び材料収集・組立・背景・剥製法等々の詳細に至るまでを紹介し、生態展示論を博物館学的展示論に深化させたのであった。博物館学上での生態展示論では、決定的論文であると評価できよう。このように、箕作より開始された動物学に視座する博物館展示論が、大いなる進展を見せたことも当該時期の特徴であった。

一方、明治から大正時代に亘り、植物学の視座から博物館学を論じた人物として三好学がいる。一九一四年に著した『歐米植物觀察』(12)では、「(七) 博物館の目的及びその種類」が章として設けられ、二四頁に亘って論を展開した。

さらに、明治時代中期に博物館学を確立させた〝博物館学の祖〟ともいえる坪井正五郎の学問的思想を受け継いだのは、京都帝国大学総長を務めた濱田耕作であった。濱田の博物館学は、『通論考古學』(13)の中で大所高所から論じられ、さらに同書は一般社会と博物館界に大きな衝撃を齎した著作でもあった。堂々たる博物館の定義を記す一方で、収蔵資料の複製の必要性や、博物館展示における採光の方法、附け札と目録等々に至る技術学に及んでいるのが特徴であり、明治時代の坪井と対峙して大正時代に博物館学を構築した人物の一人であったと評価できよう。

東京帝室博物館嘱記であった團伊能は、一九二一年に『歐米美術館施設調査報告』(14)を著した。本調査は、アメリカ合衆国・エジプト・欧州の国々の主たる美術館を極めて綿密に調査した報告であった。明治時代に一般化し始めた洋行に伴う博物館見学ではなく、専門に特化した海外視察の時代の到来を確認できよう。

二．昭和前期（変革期）

大正末～昭和初年頃は、学校教育に於いても博物館の必要性が盛んに説かれ、一九二七年（昭和二）に文部省社会教育課長小尾範治による「博物館の使命」[15]が著された。翌年に大関増次郎は、『教育學概論』[16]で、博物館の必要性のみではなく、研究の場とする参加型博物館の必要性をも提唱したことは注目に値する。堀尾實善『教育の施設とその精神』[17]では、学校の副次的効果として学校博物館が記された。変革期を齎す基本思想は、郷土博物館思想であり、またその根底にあるものは郷土思想の社会への浸透であった。

抑々、我が国における当該思想の発端は、前述した三好学によるドイツ郷土保護思想を範とした一九一五年（大正四）に刊行された『天然紀念物』[18]を嚆矢とする。

一九二四年には文部省内に社会局が開設され、次いで一九二九年に初めて社会教育局が設置されたことは、博物館行政にとっても大きな変革の兆しであった。

具体的には、文部省社会教育局の「郷土研究」の思想が、師範学校を源に地域社会に大きな広がりを見せたのである。かかる社会情勢の中で一九三〇年に、郷土教育連盟による機関雑誌『郷土』の創刊や『新郷土教育の原理と實際』[19]の発刊が、大きな触発となり郷土博物館論が華々しく展開されることとなったのである。一九二九年の『農村教育研究』[20]第二巻第一号は、棚橋源太郎らによる郷土資料館論、小学校附属郷土資料室報告等々の「郷土館特集號」をはじめとし、種々の雑誌に郷土博物館特集が組まれるなど郷土博物館論の確立に邁進した時期であった。

棚橋は、一九三〇年の『眼に訴へる教育機關』[21]に次ぐ、博物館学に関する二番目の単著である『郷土博物館』[22]を一九三二年に上梓する一方で、当該期の『博物館研究』『郷土研究』『公民教育』等々に郷土博物館をテーマとする多数の論文を寄稿している。同じく一九三二年には、海後宗臣・飯田晁三・伏見猛彌による『我國に於ける郷土教育とその施設』[23]、民俗学者の柳田國男も「郷土研究と郷土教育」[24]他を記している。博物館学の中興期ともいえる当該期に於いて、一九三二年に雄山閣より『郷土史研究講座』が刊行され、全一五巻からなり、小川正行は「郷土教育と郷土史[25]」を記している。

文部省の愛郷精神から愛国精神の涵養を意図した政策であった郷土教育の具現化である、学校内の郷土室に関しては、棚橋源太郎は「郷土教育の一考察[26]」等々で明確に郷土室に反対を示した。一方、推進する文部省は、「文部省主催郷土教育資料の陳列と講話[27]」や郷土教育連盟は、『郷土教育學習指導案[28]』等で郷土室の必要性を確認すべく論を展開している。

東京博物館学芸官であった森金次郎は、一九三一年に「郷土博物館の設立と經營[29]」を記し、短期間ではあったが郷土博物館論に傾注している。『郷土史研究講座』の第九号は、森による単著で「郷土博物館[30]」が配されている。

さらに一九三三年には、下元連による「博物館・商品陳列館[31]」（『高等建築學』第二二巻）が出版された。全三四八頁からなり、当時の建築学における博物館学分野の学術性の高さを明示する著作といえよう。

一九四二年には、日本博物館協会より定期刊行物である『博物館研究』とは別に、特集号的に『郷土博物館建設に關する調査[32]』が刊行された意義は大きいと判断される。具体的には、郷土博物館の本質・重要性・郷土博物館の配置・郷土博物館の蒐集品・郷土博物館の事業・郷土博物館の建築設備（建築設計図例）など、郷土博物館設立管理及び維持、また郷土博物館の理念と具体を明示したものであった。

一方、郷土博物館論とは別に、一九三一年に東京帝室博物館監査官であった後藤守一による『歐米博物館の施設[33]』が観られる。該書は、一九二三年の関東大震災により倒壊した帝室博物館の復旧を目的に、欧州の主要都市にある歴史博物館を視察した際の報告書である。次いで一九三八年に、『帝室博物館略史[34]』が上梓された。略史と銘打っているものの、序編と本編による二編成で博物館設置理念と変遷史が明示されている。博物館学史に於いては基本文献として評価できよう。

また一方で、一九四〇年が皇紀二千六百年に相当するところから、様々な記念事業や行事が計画されたことは周知の通りである。博物館界に於いても、東京科学博物館の「皇紀二千六百年記念科學博物館擴張計畫案[35]」や黒板勝美らによる「國史館」構想、渋澤敬三が中心となった「皇紀二千六百年記念日本民族博物館設立建議案」等が策定された。

一九四一年六月に、文部省の教育審議会答申の「社會教育ニ關スル件」で、「文化施設ニ關スル要綱」の中に「東亜に關スル綜合博物館を設置すること」と明記されたことを契機に、一九四二年に日本博物館協会によって大東亜博物館建設調査委員会が設立され、「大東亜博物館建設案」が提出された。一九四二年には、文部省は日本博物館協会で策定している「大東亜博物館構想」を国家レベルに引き上げることを朝日新聞紙上で発表し(36)、二年後の、一九四四年一二月一五日勅令六六七号で、「大東亜博物館設立準備委員會官制」が公布されるなど、博物館も戦時下に於ける思想に傾倒したことが理解できよう。

また一方で、一九四〇年には、満州国国立中央博物館副館長を務めた藤山一雄による『新博物館態勢』(37)の刊行を見た。藤山は、「單なるモノの展示場」としての博物館ではなく、一九世紀に欧米で展開された博物館エクステンションを重視しており、当該書は教育と研究の両者を兼ね備えた新しい博物館論であった。所謂博学連携や博物館友の会の嚆矢となる「滿州科學同好會」を組織するなど参加型博物館活動を実践した。藤山の博物館学思想は、植民地下でありながらも、新しい時代の幕開けを齎した思想であったと評価できよう。

さらに、当該期の中で特筆しなければならないのは、大森啓助による〝ミウゼオグラフイー〟なる用語の使用である。具体的には、一九四三年刊行の『新美術』(38)に三回に亘り分載された論文であった。大森は、ミウゼオグラフイーを博物館学と邦訳し、博物館学の体系を明示した。博物館学史上光彩を放ち、戦前期を締め括るに相応しい論文の一つと評価できよう。

一九四四年に、棚橋源太郎によって刊行された『本邦博物館發達の歴史』(39)は、我が国の博物館の歴史に専従した視点に基づくところから、博物館学史への展開意図が理解できる書籍である。これ以前に我が国の博物館史を記した論著は、白井光太郎による「維新前の植物園」(40)を濫觴に、一九三四年に記された「明治初年に於ける官立圖書館・博物館の發生とその變遷」(41)と前述の『帝室博物館略史』であると思われる。

日本博物館協会による特集号は、前記した『郷土博物館建設に關する調査』に続き、一九四三年に『大學專門學校における現存設備の博物館的公開利用の提唱』(42)、一九四四年には前記の『本邦博物館發達の歴史』が刊行されている。終戦の一九四五年一〇月には、『再建日本の博物館對作』(43)が逸早く刊行され、一九四七年に『觀光外客と博物館並に同種施設の整備充實』(44)、一九四八年には『地方博物館建設の指針』(45)が発刊されるなど、意欲的な活動が認められた時代であった。

本論は、『大正・昭和前期博物館学基本文献集成　上』（雄山

閣、二〇一六）の「序章　博物館学の転換期（大正・昭和前期）」を加除筆したものである。

註

(1) 山松鶴吉『現今小學校の缺點及改良方法』同文館、一九一〇
(2) 相原熊太郎『余をして小學校長たらしめば』明治教育社、一九一二
(3) 荻野素助・入江 保『高等小學校讀本教授參考書　前篇』淺川活版所、一九一二
(4) 江幡亀寿『社會教育の實際的研究』博進社、一九二一
(5) 石井柏亭「博物館の設備に就て」『太陽』二・三、一九一四
(6) 吉田熊次「教育博物館」『教育の米國』冨山房、一九一八
(7) 文部省普通學務局『常置教育的觀覽施設状況』一九一六
(8) 帝國教育會編『教育年鑑　大正七年』文化書房、一九一八、四六〇頁
(9) 谷津直秀「博物館内の兒童室」『動物學雜誌』二〇－二三七、一九〇八。谷津直秀「動物園に關しての一考察」『動物學雜誌』二〇－二四二、一九〇八
(10) 谷津直秀「活氣ある博物館を設立すべし」『新日本』二－一二、一九一二
(11) 川村多實二「米國博物館の生態陳列」『動物學雜誌』三三二－一、一九二〇
(12) 三好 学『歐米植物觀察』冨山房、一九一四
(13) 濱田耕作（青陵）『通論考古學』大鐙閣、一九二二
(14) 團 伊能『歐米美術館施設調査報告　帝室博物館學報第三刷』帝室博物館、一九二一
(15) 小尾範治「博物館の使命」『社會教育思潮』南光社、一九一七
(16) 大関増次郎「博物館其の他の教育觀覽施設」『教育學概論』大同館、一九二八、四〇六頁
(17) 堀尾實善『教育の施設とその精神』文書堂、一九二八
(18) 三好 学『天然紀念物』冨山房、一九一五
(19) 峯地光重・大西伍一『新郷土教育の原理と實際』人文書房、一九三〇
(20) 農村教育研究會編『農村教育研究』二－一一（郷土館號）、一九二九
(21) 棚橋源太郎『眼に訴へる教育機關』寶文館、一九三〇
(22) 棚橋源太郎『郷土博物館』刀江書院、一九三二
(23) 海後宗臣・飯田晁三・伏見猛彌『我國に於ける郷土教育と其の施設』目黒書店、一九三二
(24) 柳田國男「郷土研究と郷土教育」『郷土教育』二七、一九三三
(25) 小川正行「郷土教育と郷土史」『郷土史研究講座9』雄山閣、一九三二
(26) 棚橋源太郎「郷土教育の一考察」『教育研究』三六七、一九三一
(27) 小田内通敏「文部省主催郷土教育資料の陳列と講話」『郷土教育』二〇、一九三二
(28) 郷土教育聯盟『郷土教育學習指導案』刀江書院、一九三七
(29) 森 金次郎「郷土博物館の設立と經營」『郷土　研究と教育』六、一九三一
(30) 森 金次郎「郷土博物館」『郷土史研究講座9』雄山閣、一九三一
(31) 下元 連「博物館・商品陳列館」『高等建築學21』常盤書房、一九三三
(32) 日本博物館協會『郷土博物館建設に關する調査』一九四二
(33) 後藤守一『歐米博物館の施設』帝室博物館、一九三一
(34) 帝室博物館『帝室博物館略史』一九三八
(35) 国立科学博物館「皇紀二千六百年記念科學博物館擴張計畫案」『国立科学博物館百年史』第一法規出版、一九七七
(36) 『朝日新聞』九月四日夕刊、一九四二
(37) 藤山一雄『新博物館態勢』滿日文化協會、一九四〇
(38) 大森啓助「ミウゼオグラフィー　博物館學（一）（二）（三）」『新美術』二一・二二・二三、一九四三
(39) 棚橋源太郎『本邦博物館發達の歴史』日本博物館協會、一九四四
(40) 白井光太郎「維新前の植物園」『植物學雜誌』二五－二九一、一九一一
(41) 波多野賢一「明治初年に於ける官立圖書館・博物館の發生とその變遷」『図書館研究』一〇、一九三四
(42) 日本博物館協會『大學專門學校における現存設備の博物館的公開利用の提唱』一九四三
(43) 日本博物館協會『再建日本の博物館對策』一九四五
(44) 日本博物館協會『觀光外客と博物館並に同種施設の整備充實』一九四七
(45) 日本博物館協會『地方博物館建設の指針』一九四八

【青木　豊】

昭和時代

一・戦後復興期の博物館と博物館学

一九四六年（昭和二一）に日本国憲法は公布される。

一九四七年には「文化的な国家建設の実現は教育の力にまつ」とする教育基本法が公布され、第七条では、教育の目的の実現のため国及び地方公共団体は博物館などの設置に努めなくてはならないとする。

一九四九年には社会教育法が公布される。翌年には図書館法と文化財保護法が公布される。社会教育法について、文部省社会教育課長寺中作雄は『社会教育法解説』（一九四九）で、「社会教育の自由の獲得のために、社会教育法は生まれた」「法に根拠を置かない社会教育の自由はいつ侵されるか保障し難い[1]」とした。教育学者宮原誠一は「社会教育の本質」（初出一九四九）で、「勤労の仕方、衣食住の方法、余暇のすごしかた、各種の社会的活動のやりかた、すべてはさまざまな問題にみちあふれている。これらの問題の討究について適切な、そして継続的な便宜と助力とを提供することが、とうぜん公共的な活動としてとりあげられなければならないが、その仕事こそ、われわれがひろい展望をもって社会教育とよぶべきところのもの[2]」とした。

博物館法は一九五一年に公布されるが、これに先だち文部省科学教育局の木場一夫は『新しい博物館　その機能と教育活動』（一九四九）を著し、「國民の日々の知的及び精神的要求に適した正しいミューズの神の殿堂として、年少者・青年・老年・貧者・富者・普通人・専門家の誰に対しても、文化の噴水塔として、なお社會的道具として正しい認識にかえす[3]」べきとした。

博物館法公布後には「博物館教育」（一九五二）を著し、「博物館は公共機関として、現在サービスしているよりもより多くの人々に対する責務をもっており、変化しつつある世界に合致した博物館活動の限界を徐々に拡大する様々の試みを実現しなければならない[4]」とする。

戦後の博物館学史を紐解く重要な鍵は、こうした社会教育の理念にあることを確認したい。

一九五〇年、日本博物館協会（以下「日博協」）の棚橋源太郎は、『博物館學綱要』を著し、また「博物館動植物園法案」を文部省に提出している。法案には国立中央博物館の任務として、他の博物館動植物園の建築や設備及び運営に関する実地指導などを定め、市町村立及び私立の博物館動植物園は入場料及び使用料を徴収できるとしている。こうした棚橋の中央集権的・非公共博物館論が、新憲法下の教育法体系と相いれることはなく、博物館法に反映されることはなかった。しかしながら棚橋法案で注目すべきは、博物館定義にある。動植物園をはじめ遺跡や名園などの文化遺産や観光遺産も加え、国公立はもとより学校付属や観光博物館など多様な館種と多様な設置者を想定しているのである。[5]

一九五二年には宮本馨太郎が立教大学で、一九五四年には酒詰仲男が同志社大学で博物館学講座を開講した。宮本は戦前から渋澤敬三に師事し、民俗学の立場から文化財保護法や博物館法の制定とその運用に関わった。また民俗資料の保存と公開活用を推進するため文化財保護施設である地方の歴史民俗資料館や大学共同研究機関である国立歴史民俗博物館（一九八三年開館）の設立に深く関わった。

戦前の皇国史観から解放された考古学調査も全国で展開される。一九四七年には登呂遺跡の調査が開始され、一九四八年には明治大学の後藤守一、慶應義塾大学の甲野勇、東洋大学の和島誠一らによって武蔵野博物館が開館した。甲野らはその後、中央高速自動車道建設を契機とする八王子市民の歴史運動に関わり、一九六七年には八王子郷土資料館の設立を果たした。こうした考古学者を中心とする遺跡の保存と活用を目指す市民運動は全国に及んでいった。

動物園は戦中の猛獣処分、戦後は飼料不足と暗く悲しい時代を過ごしたが、古賀忠道は一九四八年に上野動物園に子供動物園を開園し、一九五〇年にはインドから贈られた象のインディラによる東日本移動動物園を実践し、子どもらに夢と希望を提供した。一九五〇年以降は地方都市を中心に動物園がつくられ、電鉄資本の遊園地型動物園もつくられるようになるが、博物館法上の位置付けによる公共教育機関としての課題は残されたままになっている。

一九五五年の博物館法改正に伴い、学芸員資格に対応する教本『博物館学入門』（一九五六）が日博協によって企画される。文部省職員で日博協理事の鶴田総一郎が「博物館学総論」を執筆する。鶴田は博物館学を「博物館の目的とそれを達成する方法について研究し、あわせて博物館の正しい発達に寄与することを目的とする科学」とし、博物館学的方法とは「物と人との結び付きを常に研究する科学的方法」と定義した。一方で、鶴田は木場の博物館論を継承することはなく、「日本の博物館の状況について」（一九六〇）で「日本の大衆の心理として、無料ということは、商業広告でなければやすっぽい見せ物というように感じてしまう妙な傾向があり、現在の有料制度は結構利点もある」[6]などとしている。

博物館を公共教育機関とする位置付けに対する不満や、国家による振興と統制を求める博物館人は多く、こうした状況は図書館界も同様であった。日本図書館協会（以下「日図協」）は一九五七年に、中央図書館制度の復活などを盛り込んだ「図書館法改正草案」を発表する。しかしこの草案に対しては若手図書館員を中心に、中央集権的・復古的と批判が高まり論争を呼んだ。最終的には、日図協事務局長の「前進性・指導性・奨励性をもった法律は、それを守ることが、進歩的革新」とする遵法の提唱により、五〇年代末に終息した。山口源治郎は「この論争を通して、図書館界に図書館法理念を担う主体が登場、成長していった」[7]とした。

こうした日図協と日博協との違いは、日図協が戦前の国策協力を反省し、一九五四年には「図書館の自由に関する宣言」を決議していることにも明らかである。こうした日博協体制は、伊藤寿朗が批判するように「官民一体その貧困を嘆き、形式上は行政に環境情勢の任務として迫りながら、実質的には、「国の強力な行政指導」要求という公権力への依存度を強めることによって（権利としてではなく）博物館の振興を図ろうという戦前的パターンの戦後継承が行なわれ」[8]たままの状況にある。

一九四七年に日本植物園協会が、一九五二年には全国美術館会議が設立される。一九五七年には同志社大学酒詰仲男、東京教育大学鶴田総一郎、國學院大學樋口清之、慶応大学藤田良策、立教大学宮本馨太郎の五氏により、後の全国大学博物館学講座協議会の準備会がもたれる。

二．高度経済成長期の博物館と博物館学

戦後の経済成長は、水俣病などの公害や無秩序な国土開発をもたらし、一九四九年（昭和二四）には尾瀬の自然を守る運動が、一九六〇年代には京都や鎌倉で歴史的風土を守る運動などが組織される。その後、全国各地で住民の命と健康そして環境（自然・歴史・社会）を守る運動が展開されていく。

こうした住民要求が高まるなか、博物館で孤独に自問自答する職員の交流と研究の場が愛知に生まれる。広瀬鎮は金子功らと共に愛知地区博物館連絡協議会（一九六四）を結成し、博物館の日常実務の改善を図る研究会「博物館

セミナー」を開設する。関東では倉田公裕と加藤有次らによって、博物館学研究会（一九六七）が組織され、学芸員の研究が専門分野に限定されがちとなることから、博物館が社会に果たす意義を研究し、その成果を共有すべきとして『良き博物館にするために―博物館管理学入門』（翻訳・一九六八）、『展示―その理論と方法』（一九七一）、『博物館と社会』（一九七二）、『学芸員―その役割と訓練』（一九七四）を刊行した。

一九六〇年安保騒動の後、一九六〇年代後半からベトナム反戦運動や、東大紛争にはじまる全共闘闘争は全国に拡大し、成田空港や沖縄返還の問題も加わり、闘争は各地で激化していた。既成の政党やイデオロギーを否定し、近代主義と決別する現代思想は多くの若者や市民の心を捉えていった。

こうした世相のなか、明治一〇〇年記念事業一号館の神奈川県立博物館が一九六七年に開館する。自治体全域の文化や自然遺産を普及するとした公立博物館は、レプリカやジオラマを多用した展示構成を一般化させた。一九七〇（昭和四五）年には、大阪万国博覧会が実施される。万博は東京オリンピック（一九六四）と共に、戦後を終わらせる国策事業と位置付けられ、国民の不安と不満を払拭する装置としても機能した。博覧会に積極的に協力した梅棹忠雄は、その跡地に民族学の研究とその成果を普及するとして大学共同機関と位置付けた国立民族学博物館（一九七七開館）をプロデュースし館長となる。万博は明治一〇〇年記念事業と共に、巨大企業が展示を産業化させる契機となった。

同じ時期に政府の社会教育政策も大きく旋回し、一九七〇から七二年にかけ博物館法、図書館法の廃止と社会教育法への統合が検討され、一九七一年の社会教育審議会は「急激な社会構造の変化に対処する社会教育の在り方について」を答申し、国家が派遣社会教育主事を通じ直接国民の自主教育に介入する方策を示した。

一九七〇年に博物館問題研究会が、一九七一年に全国科学博物館協議会が、一九七三年には全国日本博物館学会が設立される。一九七五年から八一年にかけて『博物館学講座』全一〇巻が刊行された。編集委員は新井重三・加藤有次・倉田公裕・柴田敏隆・千地万造・鶴田総一郎・樋口秀雄・広瀬鎮であった。

広瀬鎮は『博物館学講座』第四巻の「社会的要請と市民

要求」（一九七九）で、公共性が侵害された博物館活動体が存在していることを指摘した。例えば、私立であっても法に規定する博物館であるなら、博物館は市民のものにほかならないが、私立博物館の運営に国家は有効な支援を与えていないと批判した。また「市民は、今後博物館の果たした市民教育ないしは社会教育の効果についても関心をもつべき」[9]と、市民による博物館事業評価も論じた。

三．その後の博物館と博物館学

一九七八年（昭和五三）には、伊藤寿朗・森田恒之による『博物館学概論』が刊行される。伊藤は海後宗臣の学習論をもとに博物館教育が教化（展示・観覧）や陶冶（講演や講座など）に偏っていることを批判し、形成の学（相互学習）の必要を論ずる。これは木場のミューズの殿堂たらんとする博物館論を継承するものといえる。伊藤の形成の学の重視は、その後の地域博物館論、三世代博物館論の根幹を成す理論となる。

一方、派遣社会教育主事による社会教育への介入が果たせなかった政府は、税で賄う公教育としての社会教育から、民間活力の導入による生涯学習社会へと方向を転換する。中央教育審議会答申、総理府臨時教育審議会答申を経て、国民の教育を受ける権利としての社会教育から、負担能力に応じた学習社会の実現を目指すとした。さらに政治学者松下圭一は『社会教育の終焉』（一九八六）により、社会教育否定論を展開する。

こうして社会教育施設や事業の有料化、専門職員不要論に基づく委託化が進められて行くことになる。博物館法理念を担う主体の登場も成長も果たせなかった博物館では、一九八〇年代以降、東京都庭園美術館や世田谷美術館、江戸東京博物館や横浜歴史博物館など、いわゆる公設民営の博物館が出現した。

こうした博物館の市場性を企業が見過ごすことはなく、一九八二年には日本展示学会や美術館連絡協議会、九〇年には美術館教育研究会の設立を支援し、丹青総合研究所（一九八四）や文化環境研究所（一九九二）などの企業シンクタンクも設立されていく。雑誌『丹青』六巻一〇号に発表された新井重三の「エコミュージアムとその思想」（一九八七）は、「ふるさと創生事業」を契機に各地に展開したエコミュージアムに大きな影響を与えている。[10]

博物館の公共教育論に立つ伊藤寿朗は、横浜市『調査季報』第九四号に「現代博物館考」（一九八七）を著す。伊藤は「博物館には、博物館固有の目的と機能がある。それを公共的価値として、社会的に保護・育成していくことを目的として生まれた制度が、博物館法である」[11]とした。伊藤は、一九九〇年（平成二）には博物館の足もとを問い直すとして『博物館基本文献集』を刊行し、一九九一年には広瀬が求めた、市民が博物館を評価するシートを添えた『ひらけ、博物館』を刊行した。

さらに博物館を舞台にするアマチュアリズムに対する伊藤のまなざしの先にある「自らの持つ知識・技術の、自由な相互交流による」「個別細分化された専門領域を超えた、新しい地域課題が発見され[12]」るとする姿は、ミューズに立ち返れとする木場の博物館学思想を継承するだけでなく、東日本大震災以後求められている専門家と生活者の垣根を越えた、共同の知を拓く博物館固有の機能を示したものといえる。

註

（1）寺中作雄『社会教育法解説』社会教育図書、一九四九

（2）宮原誠一「社会教育の本質」『社会教育論　宮原誠一教育論集2』国土社、一九七七、三一頁（「社会教育本質論」日本社会教育連合会『教育と社会』・「社会教育の本質と問題」『教育と社会』金子書房、一九四九、「社会教育の再解釈」『社会教育』一九五〇を再構成した、「社会教育の本質」『社会教育』光文社、一九五〇を掲載）

（3）木場一夫『新しい博物館　その機能と教育活動』日本教育出版社、一九四九、五―七頁

（4）木場一夫「博物館教育」波多野完治監修『見学・旅行と博物館　聴視覚教育新書Ⅵ』金子書房、一九五二、六六頁

（5）日本社会教育学会社会教育法制研究会「博物館動植物園法」『社会教育法制研究資料ⅩⅣ』一九七二、九―二二頁

（6）鶴田総一郎「日本の博物館の状況について」『博物館研究』三三―一二、一九六〇

（7）山口源治郎「戦後図書館法改正史」塩見昇・山口源治郎編『新図書館法と現代の図書館』日本図書館協会、二〇〇九、三五一―三五二頁

（8）博物館問題研究会「第二回定期総会議案書」『会報』九、一九七二

（9）広瀬鎮「社会的要請と市民要求」『博物館学講座4』雄山閣出版、一九七九、九一―九二頁、一一五頁

（10）新井重三「エコミュージアムとその思想」『丹青』六―一〇、一九八七

（11）伊藤寿朗「現代の博物館」『市民のなかの博物館』吉川弘文館、一九九三、一七八頁（再録）

（12）註11に同じ。一七一頁。伊藤寿朗『ひらけ、博物館』岩波書店、一九九一、三七頁

【大貫英明】

平成時代

一九八九年（昭和六四）一月七日、昭和天皇の崩御と、その後新たに天皇が即位するに伴い、新元号「平成」が発表されてから四半世紀以上が経過した。一世代分に近い時間が流れるというのは、それなりに歴史を持つと言うことである。その意味でまず、平成という時代の博物館学のあゆみを確かめるのが有意義であるとともに、世間一般にも激しい動向が認められる現代において、博物館学史においても激流のごとくの流れを見ることになるのである。以下、平成となって以降の二〇有余年を見渡す。

ところで筆者は、博物館学史を見渡す作業を行うに当たり、大きく四つの視点に分けて俯瞰している。即ち、(1)博物館史、(2)法令と博物館の体制、(3)学会等の組織化、(4)文献に見る「博物館学」、以上の四つである。もちろんそれに、「その他」の事項を絡めて推移を確かめている。[1]そこで、本稿では当該時期についてポイントとなる事象を、上記の視点でそれぞれ確認し、直近の博物館学の推移というものを辿る。

一．博物館史の視点

平成に入り、博物館はどう変わってきたのか。そこには、新たに開館したものと、これまで存続したものが変化したものとの二つがあるわけで、その中で極めて特徴的と言えるもの数件を挙げる。

新しく開館したものとして筆者が特に注目するのは、滋賀県立琵琶湖博物館である。一九九六年（平成八）に開館した同館は、布谷知夫が提唱する「参加型博物館論」を実践し、学界に大きな影響を与えたと言える。博物館学理論と博物館運営が相互に関係する館としてまず挙げるべきと思われる。

また二〇〇五年の九州国立博物館の開館も、この時期として取り上げるべき博物館の一つである。特に、「文化財科学部」の設置は新しい時代を見据えたものとして注目されるものであるし、博物館学的に意義ある館の出現と考える。

また、旧来から変貌を遂げ注目されたものに、旭川市旭山動物園がある。一九九四年、園内でエキノコックス症が発生した影響から入園者が激減して廃園の危機を迎えたが、その後新たに「行動展示」を初めとする様々な手法を導入して人気を博した。動物園や博物館界に限らず、ビジネスモデルとしても注目されるようになったということでは、特筆に値しよう。

以上のように、博物館学的な意義の元、または博物館学をも超え、経営の視点で評価される館園が少なからず認められるということである。

また、ユニバーサル・ミュージアムの理論の導入は見逃せず、神奈川県立生命の星・地球博物館の初代館長・濱田隆士による提唱の後、現在は国立民族学博物館の広瀬浩二郎が中心となって博物館界を牽引していると言える。同時に、染川香澄を先導役にハンズ・オンの考え方が普及したのも平成になってからのことであり、まさに平成は「眼で訴える」だけではなく、すべての知覚を動員し、また、誰もが楽しめる博物館を目指すという大きな流れができた時代と言えるのである。

二．法令と博物館の体制の視点

良くも悪しくも、日本の博物館及び博物館学が法令に左右されているということは、博物館法制定以来、常に言われることである。現在の博物館学が、法令に縛られた側面があるというのも事実なのである。

博物館に関する法令において、博物館学史を整理する際に特に注意すべきものは、省令改正による学芸員資格取得に要する科目の変更、博物館の運営形態に関しての動向に関わるもの、それと他の内容に関するものである。

まず、学芸員資格取得に要する科目の変更では、表1の二回の改正がある。次に、博物館の運営に関するものを表2に、そして、注意しておくべき動向を表3にまとめた。

【表1　学芸員資格取得に要する科目の変更】

年	内容
1996年	博物館法施行規則の一部改正について（文部省生涯学習局長通知）…学芸員資格に必要な博物館学の科目の改正（1997年度から）
2009年	図書館法施行規則の一部を改正する省令及び博物館法施行規則の一部を改正する省令等の施行について（文部科学省生涯学習政策局長通知）…学芸員資格に必要な博物館学の科目の改正（2012年度から）

【表2　博物館の運営に関する主な法令】

年	内容
2001年	独立行政法人国立科学博物館法（法律第172号） 独立行政法人国立美術館法（法律第177号） 独立行政法人国立博物館法（法律第178号） …独立行政法人の運営
2003年	地方自治法改正…指定管理者制度の登場
	公立博物館の設置及び運営上の望ましい基準（文部科学省告示第113号）
2006年	公益社団法人及び公益財団法人の認定等に関する法律（法律第49号）略称・公益法人認定法…公益法人制度改革

【表3　博物館に関する法令の注意すべき動向】

年	内容
1996年	重要文化財の所有者及び管理団体以外の者による公開に係る博物館その他の施設の承認に関する規程（文化庁告示第9号）…公開承認施設の承認
1998年	美術品の美術館における公開の促進に関する法律（法律第99号）
2008年	社会教育法等の一部を改正する法律等の施行について（文部科学省生涯学習政策局長通知）…およそ半世紀ぶりの博物館法大改正
2011年	海外の美術品等の我が国における公開の促進に関する法律（法律第15号）
	展覧会における美術品損害の補償に関する法律（法律第17号）
2016年	UNESCO（国際連合教育科学文化機関）「ミュージアムとコレクションの保存活用、その多様性と社会における役割に関する勧告」

多くは具体的な説明を省略するが、いずれも確認すべき法令・通知等であることは理解されよう。また、敢えて表に加えたUNESCOのミュージアムとコレクションに関する勧告は、日本国内における効果がまだ計り知れない段階にある。しかし、極めて重要な勧告であると思われるのであって、ここに挙げる意味もまた計り知れないと考えるところである。

さて、これらの中でも、特にこの時期の博物館学史として重要な意味を持つのは、最初に挙げた省令改正による学芸員資格課程の博物館学が細分化されていく様相である。博物館学と学芸員資格課程は切っても切り離せない関係にあり、一九九七年（平成九）からは「経営」や「情報」といった科目が、二〇一二年からは、「教育」や「保存」といった科目が加わり、博物館学の多様性が、法令において明らかになっていったと言える。博物館学の変容を示すとも言える事態であり、それが平成という時代に集中していることが特徴である。

また、二〇〇三年、地方自治法の改正により、指定管理者制度が博物館にも導入されたことは、博物館運営を考える上で極めて重要な事項と言える。いまだにその効果や必然性が確立されたとは言い難く、否定的な考えも多いと考えるが、今後もさらに注視すべき点であることは間違いない。さらに国立の博物館について独立行政法人による運営が始まったことや、上記には挙げていないが、二〇一三年に地方独立行政法人法が改正され、政令に定める公共的な施設に「博物館、美術館、植物園、動物園又は水族館」が追加され、これら施設の地方独立行政法人による設置及び管理が可能となったのも、確認しておくべきことである。

なお、二〇〇八年の改正博物館法は、鳴り物入りで改正された向きはあるものの、結局は大改正とはならず、評価するに至らないことも敢えて述べておくものである。

三．学会等の組織化の視点

一九二八年（昭和三）の博物館事業促進会（現・日本博物館協会）の発足以降、昭和を通じて博物館関連の学会等の組織化が多数見られたが、平成に入ってからも、若干の組織化がなされている。「博物館」や「ミュージアム」を冠する学会等組織としては、一九九五年（平成七）の日本ミュージアム・マネージメント学会、日本エコミュージアム研究会、博物館史研究会、一九九八年の大学博物館等協議会がある。

これらのうち、平成という時代にあって博物館学史に大きく関与するものは、日本ミュージアム・マネージメント学会である。マネージメント、すなわち「経営」または「運営」の視点をもたらすべくその役を果たし、または果たしている同学会の発足は、博物館学という学問領域の歴史上、特に大きな意味を持つ。これは、博物館学史上の画期の一つとするところである。

ところで、「博物館」や「ミュージアム」を冠しないが、関連する学会もある。一九八九年のアート・ドキュメンテーション研究会（二〇〇五年にアート・ドキュメンテーション学会と変更）、一九九二年の文化経済学会、一九九八年の日本アートマネジメント学会及び社会文化学会、二〇〇二年の文化資源学会、そして二〇〇七年の日本文化政策学会である。つまり、博物館を「文化」という括りで考えられることも多く、また、アートを冠するなど、それ相応の学会が存在することがわかる。しかし、それらの中では、博物館は研究の対象の一つであり、それらの学会の対象とする全てではないことは認めざるを得ない。

関連学会としては以上が挙げられるが、さらに、館園種により協議会等の様々な組織がある。美術館、科学館、動物園、水族館、植物園に関する組織は昭和の段階で多くが結成されているが、平成になってからは、一九九三年の全国科学館連携協議会と一九九四年の全国文学館協議会がある。これらは博物館全体ではなくあくまで専門分野別であり、博物館学史の上では側面的なものと捉えられる。

四．文献に見る「博物館学」の視点

時代を追うごとに博物館学関連書籍の刊行が多くなる傾向を見せ、学芸員資格取得のためのこの時期の二度にわたる科目変更も手伝って、多種多様な単行本、事典類、叢書類が出版されるようになったのは、平成という時代の博物館学史の特徴と言えよう。全ての文献を見渡すことは紙数の関係で困難であり、代表的なものを挙げつつ述べる。

この時期の、特に最初を飾るのは伊藤寿朗である。伊藤は、一九七八年（昭和五三）の森田恒之との共編による『博物館概論[2]』があり、すでに平成になる以前から博物館論を積極的に展開したが、平成になって、さらに『ひらけ、博物館』、『市民のなかの博物館』が刊行された[3]ほか、『博物館基本文献集[4]』の編集の中心人物として、その後を期待されていた。つまり、今なお研究の俎上に載る地域博物館論や第三世代論を構築した伊藤寿朗の一連の仕事は見逃すべきではないのである。惜しくも伊藤自身は一九九一年（平成三）に亡くなってしまったが、伊藤を慕う弟子たちの手により『市民の中の博物館』が纏められたのは、博物館学界にとって救いと言えるのである。

また敢えて挙げるべき個人に、椎名仙卓がいる。椎名は日本の博物館史の大筋を、一人でまとめ上げた人物と言える。椎名は、昭和末、一九八八年の『日本博物館発達史』を皮切りに、『明治博物館事始め』、『図解　博物館史』、『大正博物館秘話』、『日本博物館成立史　博覧会から博物館へ』、『近代日本と博物館　戦争と文化財保護』『博物館の災害・事件史』と、特に平成の間において、日本の博物館史研究に燦然と輝く成果を上げた。[5]さらに二〇一四年に至って、青柳邦忠と共著で『博物館学史年表　法令を中心に』[6]を刊行。平成の博物館研究の中で大きな位置を占める仕事をなした。

そのほか、単行本として挙げるべきものとしては、一九九二年の広瀬鎮『博物館社会教育論』、二〇〇〇年の浜口哲一『放課後博物館へようこそ』、二〇〇五年の布谷知夫『博物館の理念と運営　利用者主体の博物館学』などがあり、個人レベルで高く評価される成果[7]もある。

事典類に目を転ずると、一九九六年の倉田公裕監修『博物館学事典』があり、同年の日本展示学会による『展示学事典』がある。そして、二〇一五年の日本ミュージアム・マネージメント学会による『ミュージアム・マネージメント学事典』もある。[8]しかし、全日本博物館学会の三〇周年記念事業として刊行された『博物館学事典』[9]（二〇一一年）は、平成と言う時代における何よりも評価されるべき文献（事典）の一つとしておきたい。

ところで、純粋に博物館学研究の進展の上にできたと言うよりも、法令、すなわち二度の科目変更による出版が目に付くのも、この時期の特徴である。

一九九七年の科目変更の後には、一九九九年から『新版　博物館学講座』全一五巻（未完のまま出版終了）や、同年から二〇〇一年の『博物館学シリーズ』全七巻・別巻一の叢書[10]があり、二〇〇二年の全国大学博物館学講座協議会西日本部会編『概説　博物館学』（二〇〇八年に『新しい博物館学』として更新）、同『博物館実習マニュアル』など[11]がある。二〇一二年の変更に当たっては、まず二〇一二～一三年に新博物館学教科書シリーズ『博物館学』（Ⅰ～Ⅳ）が、二〇一二～一四年には『人文系　博物館資料論』『人文系　博物館展示論』『人文系　博物館資料保存論』『人文系　博物館教育論』の叢書[12]が出版された。ほかにも二〇一二年の全国大学博物館学講座協議会西日本部会編『新時代の博物館学』、同年の小笠原喜康ほか編『博物館教育論』など[13]、科目ごとに多種多様な出版物が出現するのである。

省令改正景気とも言いたくなるようなその様相は、学問というよりも法令に左右された結果と言えるわけで、ここにも法令の動向を振り返る必要を見るのである。

五．その他の視点

日本学術振興会科学研究費補助金において、長い間「博物館学」という科目の設定はなされていなかった。それが、二〇〇八年度（平成二〇）から時限付き分科細目として採用され、その後二〇一〇年度において、次年度（二〇一一年度）からの「博物館学」常設科目化がなされたのは、学問領域としての認識がより強化されたことを意味する。したがって、これは重要事項として認めるものであり、特筆されるであろう。

また、二〇一一年三月一一日に発生した東日本大震災は、博物館界にも大きな衝撃を与えた。それ以前も阪神・淡路大震災や新潟県中越大震災の際における文化財レスキューの活動など、博物館が相応の役割を果たしてきたが、広域の巨大規模の災害、それも地震のみならず津波による被害は今後の博物館の姿勢にも強く影響するものであろう。

そして、二〇〇八年の大阪府知事による博物館廃止・売却発言の問題など、政治の介入をも認めなければならないこともあるだろう。最近では二〇一七年四月一六日、地方創生相による「学芸員はがん」という、政治家による誤認も甚だしい発言も飛び出す時代である。そういったことにただ目を背けるのではなく、それを記録として残した上で、次の時代を見据えることは必要と考えるものである。

以上、さまざまな博物館関連事項を確認し、それが学問の上でどう判断され、時にどう活かしていくのかを考えるべきなのである。

六．平成における博物館学史上のエポック

以上の各種の様相から特にトピックと言えるものを、ごくごく簡略に、時系列に並べてみる（表4）。

既に拙稿で述べているように、一九九五年（平成七）の日本ミュージアム・マネージメント学会の発足と、二〇〇三年の指定管理者制度の導入という二つのそれぞれをもって、学史上の画期と捉えることを再確認したい。

即ち、「マネージメント」の視点が加わったことは重要で、しかしそれは省令改正の時点を指すのではなく、そ

【表4　平成における博物館学史上のトピック】

年	トピック
1993年	伊藤寿朗『市民の中の博物館』刊行
1995年	日本ミュージアム・マネージメント学会発足
1996年	滋賀県立琵琶湖博物館開館（参加型博物館）
1997年	学芸員資格取得のための科目変更「博物館経営論」「博物館情報メディア論」等
2003年	地方自治法改正による指定管理者制度の登場
2005年	九州国立博物館開館（文化財科学部）
2007年	全日本博物館学会編『博物館学事典』
2011年	東日本大震災（文化財レスキュー）
	科研費における「博物館学」科目設定
2012年	学芸員資格取得のための科目変更「博物館教育論」「博物館資料保存論」等
2014年	椎名仙卓ほか『博物館学史年表　法令を中心に』

れにある意味呼応はしつつも、学問としての大成を目指す学会の登場こそエポックたるにふさわしいのである。それを筆者は、博物館法制定の一九五一年（昭和二六）を「変革期」と定めたことを意識しつつ、当該期を「第Ⅱ変革期」と呼称し、位置づけている。また、時代の流れが急速になっているごとく、次のエポックも間もなく迎えることになる。即ち、指定管理者制度の登場である。運営そのものが多様な形態を見せる時代にあっての象徴的なできごとこそ、やはり指定管理者制度にあると考えるのである。その運営形態の多様化と、効果（結果）がいまだに定まらない状況をもって「混迷期」と筆者は位置づける。また、最近は博物館学に関する書籍の出版の多量化、多様化、各学会活動の充実化など、さらに発展していく様相がなくもないのであるが、逆に統一した「学」としての方向性が見失われてはいないかという不安も感じるところである。「博物館学」を冠した書籍の出版の頻度は、一昔前とは比べものにならないほどである。しかし、それは共通認識としての存在となっているかどうかを極めて疑問に思わせるのである。それもあって、この現状を筆者は敢えて「混迷期」と捉えている。そしてさらに、その脱却が平成という時代の中でなされそうにないのも事実と考えるのである。また混迷の理由に、評価の時代に突入したという事実を上げたい。入館者数至上主義とは言わないが、時にそうとも捉えたくなるような現在の評価のあり方により、博物館のテーマパーク化とも言いたくなるような実態を、混迷と言わずに何と言うべきかと考えるのである。つまり、「博物館冬の時代」といわれることと重なる当該期は、学問の歴史の上でも「混迷」と、残念ながら捉えざるを得ない。

最後に筆者の博物館学史観を、念の為加えておく。

今回のように、元号や、〇年代という括りで学史を俯瞰するのは、学史上のエポックが、研究者間で必ずしも一致しないという意味では、有効である。しかしそれだけでしかないのも確かと思う。あくまで日本の博物館学史であるからこその元号による区分であるが、グローバルな時代においては、二〇世紀と二一世紀との境をもって分けることも必要ではないかと思ったりもする。その点を念頭に置かなければならないことを、最後となったが明記しておきたい。

　そして平成という時代は、三〇年間をもって終結することが決定している。つまりその「平成」のごくわずかを残して最後まで確認することなく本稿は成っている。最後の一～二年で大きく変わるかどうかの保証もないが、平成から元号が変わるその年に国際博物館会議（ＩＣＯＭ）京都大会が実施されるという事実がある。それは、その後の博物館学界に大きく影響する可能性を持つ。つまり、既に新たな時代に新たな動きがもたらされるという事実である。その重要な事態から、日本の博物館学も変化していくのかもしれないと見て、次なる発展を期さなければならないだろう。

註

（1）山本哲也「博物館学史の編成について」『博物館学雑誌』三七―一、二〇一一、五一―八四頁

（2）伊藤寿朗・森田恒之編『博物館概論』学苑社、一九七八

（3）伊藤寿朗『ひらけ、博物館』岩波書店、一九九一。同『市民のなかの博物館』吉川弘文館、一九九三

（4）伊藤寿朗監修『博物館基本文献集』全二一巻・別巻一、大空社、一九九〇～九一

（5）椎名仙卓『日本博物館発達史』雄山閣出版、一九八八。同『明治博物館事始め』思文閣出版、一九八九。同『図解　博物館史』雄山閣出版、二〇〇〇。同『大正博物館秘話』論創社、二〇〇二。同『日本博物館成立史　博覧会から博物館へ』雄山閣、二〇〇五。同『近代日本と博物館　戦争と文化財保護』雄山閣、二〇一〇。同『博物館の災害・事件史』雄山閣、二〇一〇

（6）椎名仙卓・青柳邦忠『博物館学年表　法令を中心に』雄山閣、二〇一四

（7）広瀬鎮『博物館社会教育論』学文社、一九九二。浜口哲一『放課後博物館へようこそ　地域と市民を結ぶ博物館』地人書館、二〇〇〇。布谷知夫『博物館の理念と運営　利用者主体の博物館学』雄山閣、二〇〇五

（8）倉田公裕監修『博物館学事典』東京堂出版、一九九六。日本展示学会編『展示学事典』ぎょうせい、一九九六。日本ミュージアム・マネージメント学会編『ミュージアム・マネージメント学事典』学文社、二〇一五

（9）全日本博物館学会編『博物館学事典』雄山閣、二〇一一

（10）『新版博物館学講座』全一五巻（二・七～八・一三～一五巻は未完）、雄山閣出版、一九九九～二〇〇一。大堀哲監修『博物館学シリーズ』全七巻・別冊一、樹村房、一九九九～二〇〇一

（11）全国大学博物館学講座協議会西日本部会編『概説　博物館学』芙蓉書房出版、二〇〇二（同『新しい博物館学』芙蓉書房出版、二〇〇八）。同『博物館実習マニュアル』芙蓉書房出版、二〇〇二

（12）大堀哲・水嶋英治編『博物館学　新博物館学教科書』Ⅰ～Ⅳ、学文社、二〇一二～一三。青木豊編『人文系博物館資料論』雄山閣、二〇一二。同『人文系博物館展示論』雄山閣、二〇一三。同『人文系博物館資料保存論』雄山閣、二〇一四。同『人文系博物館教育論』雄山閣、二〇一四

（13）全国大学博物館学講座協議会西日本部会編『新時代の博物館学』芙蓉書房出版、二〇一二。小笠原喜康ほか編『博物館教育論　新しい博物館教育を描きだす』ぎょうせい、二〇一二

【山本哲也】

坪井正五郎

【坪井正五郎】

坪井正五郎（一八六三～一九一三）は、明治期を代表する人類学者であり、わが国における人類学の普及と発展に大きく尽力した人物である。東京大学理学部で動物学を専攻し、後に帝国大学理科大学教授となる坪井は、弥生式土器の報告や人類学会の創設、わが国で最初となる古墳の学術調査など数多くの業績を残している。

しかし、坪井の功績はこれだけに留まらず、今日における博物館学の分野でも多くの論考を執筆し、貢献をしている。坪井は、「パリー通信」や「土俗的標本の蒐集と陳列とに關する意見」等の論文の中で、博物館展示論を主とした博物館学論を展開し、さらには、自ら展示を企画・実施するなど、その功績は実に偉大である。坪井は、わが国の博物館学発展に貢献した人物であると評価できるのである。

坪井は、自身の人類学研究の進展と普及において、「展示」という行為が重要な役割を担うものであると考えていた。ゆえに、坪井の博物館学は、坪井の人類学とともに発展を遂げていくのである。本論は、坪井の博物館学論考と実際に坪井が行なった展示について取り上げ、坪井の博物館学思想の一端を考察することを試みるものである。

一．坪井の博物館学論考

坪井は、とても多筆の人物であったようで、人類学のみならず、様々な分野において論文を執筆している。博物館学関係の論文も数多く残しており、坪井が三年間の留学経験を綴った「パリー通信」[1]「ロンドン通信」[2]は、坪井の博物館学論考の初見と言えるだろう。人類学研究のため留学をした坪井は、滞在先の都市の博物館には必ず訪れていたようだ。とくに、パリにおいては、当時開催されていたパリ万国博覧会とルーブル美術館に、ロンドンでは大英博物館に何度も足を運んでいた。

「パリー通信」は、パリ万国博覧会の展示方法に関して痛烈な批評を述べている。パリ万国博覧会の人類学部物品陳列の様子は「縁日商人の植木棚に似たる所無しと云ふ可からず」と述べ、さらに「パリは人類學の中心とも言はる地に非ずや、本年の萬國博覽會は規模廣大なるものに非ずや此地に開きたる此會の中此専門の部にして物品陳列の法が理學的で無いとは如何なる譯であるか」と批判の意を表している。

また「ロンドン通信」では、大英博物館の展示や館内の様子を詳細に記した上で、やはり人類学展示と資料分類に関する批判を行なっている。とは言え、やはり欧米の人類学資料の豊富さと、それを展示する博物館に強い影響を受けていたのも事実で、この後も坪井は、自身の論考において欧米の博物館を紹介している。

坪井は、「パリー通信」「ロンドン通信」で挙げた展示・分類に関する問題点を踏まえた上で、一八九九年（明治三二）に「土俗的標本の蒐集と陳列とに關する意見[3]」を発表し、今日における展示論・資料論を展開するのである。坪井は、装飾具・衣服の展示方法を示すにあたり、まず次のように述べている。

> 在來の陳列法（若し法と云ふを得るならば）に従えば、頭飾り、頸飾り、耳輪、指輪、腕輪、足輪、衣服、履き物等を各其儘に壁に掛けたり、箱に入れたりして、説明の札を付けて置く位に過ぎないのでござりますが、斯くては故らに或る事項を調べやうと云ふ念を起こした者の他には明かな感じを與へやうとも思はれません。

坪井は、従来の展示方法の問題点を的確に捉えており、その改善策として写真・図画・雛形等の二次資料を多く活用することを提案している。また、「成る可く文字を書かず、出來る丈解説を省いて、しかも多くの文字を列ね長い説明を添へたよりも理解し易く仕やう」とするのが、坪井の展示論の特徴である。

展示論や資料論に関する論考を多く執筆している坪井だが、「戰後事業の一としての人類學的博物館設立[4]」は、坪井の博物館設立に関する初の意見書として捉えることができる。この論文は、日露戦争後の諸経営に関する論考を集成した『戰後經營』に掲載されたものである。坪井は、政治、教育、軍事等に関する機関が次々と整備されている日本において、唯一欠けているのが「時勢に適つた博物館」「博物館として立てられた博物館」であると述べている。他の文明国には、人類学的博物館もしくは人類学部門があるにも拘らず、日本にこれが欠けているのは甚だ遺憾であるとし、博物館と称することができる施設の条件、人類学的博物館設立の必要性を説いている。

坪井は、論文中で博物館と称することができる条件として三つのことを挙げている。

（第一）標本の選擇と其配列とに意を用ゐ說明と相應じて、見る人をして親切なる師に就いて教科書を讀むが如き感有らしむる事。

（第二）餘分の標本を貯へ置き、篤志家をして自由に研究材料を手にせしむる事。

（第三）學術上歴史上或は價格上の貴重品を保存し置き、來觀者をして之を親視する便を得せしむる事。

坪井の挙げたこれらの条件からは、知識の有無に拘らず、すべての人々を来館者の対象としていることがうかがえる。「人智開發上斯の如き博物館の必要は論ずるまでも無い事」と続けていることからも、坪井が博物館を人々の知識発展の場として捉えていたことは明白であろう。

一九〇七年、東京勧業博覧会が開催されるが、人類学教室も東京府知事から依頼を受け、東京から出土した考古資料三〇〇点以上を出展している。この博覧会に関して、坪井は「東京府管内太古遺物陳列場」[5]と題する論文で次のように述べている。

一躰博覧會といふものの目的は種々あるに違ひないが、地方地方で行ふ時分には其の地方の特徴を示して其處の住民に自分の居る土地の有様を能く示すと同時に他から來た人に其土地の様々な事を示すことは無益でなからうと考へますから、私は其の積で案を立てて居ります。（中略）博覧會閉會後は其の物を府内の何處かに保存して長く東京府の太古の遺跡遺物を人に示し、益其の調査を進めゆく基としたいと考へて居ります。

ここでは、地方博覧会の開催を例に意見を述べているが、今日における地域博物館の概念に共通する考えであると捉えることができよう。また、収集した資料を一過性のものにするのではなく、博覧会終了後も保存・研究・展示を行なうべきであると主張していることからも、坪井の博物館学的思考が洗練されていることがうかがえる。

一九一〇年、坪井は、九ヶ月間の欧米旅行を行なう。翌年には、旅行先で訪れた博物館についてまとめた「博物館いろいろ」[6]を執筆した。この論文では、博物館の成り立ち（設立母体）・内容と建物の関係・展示資料の内容（専門か総合か）で分類しており、その具体例となる博物館を挙げている。また、主要な博物館の長所短所を簡単に紹介していることも面白い点である。

一九一二年（大正元）には、この欧米旅行をさらに詳細に記した「歐米諸國旅行雜話」[7]を執筆し、次のように述べている。

要するに私の諸方で見たところで言ひますと、イロ〳〵な物を陳列すると云ふことは、唯澤山の物を見せると云ふことよりは特徴のある物を置き直に分るやうな方法で意味のある所を示す工夫を望ましいと云ふことに歸着點の一つ。それからもう一つは陳列品に札を附けるのに世界の人を對手にするならば日本語で書いてある外に英佛獨の何れかを以て其陳列品の品名時代等を分かる様に記す事にしたいと云ふこと（以下略）

展示工夫を述べていると同時に、ラベルには日本語だけでなく、外国語でも表記することを述べている。国際化が進んだ現代においても完備されていないことを、坪井はこの頃からその必要性を考えていたのである。

同年、「人類學と博物館」[8]と題する論文も執筆しており、欧米における人類学博物館の特徴を述べ、それぞれの博物館の良いとこ取りをした人類学博物館の理想像を語っている。論文の最後に、「斯かる博物館は世の中に幾つ有つても差支へ無いが、理想の附け加へとして言ひ度いのは我が國にも一つは有つて欲しいと云ふ事で有る」と述べている。「戦後事業の一としての人類學的博物館設立」を執筆して七年、未だ坪井の理想とする博物館が設立されていなかったことがわかると同時に、坪井の設立を願う強い意志がくみ取れる。

二．坪井の人類学展示

坪井は、数多くの博物館学論考を残しているが、それと同様に重要なのが、坪井自身の展示の実施である。坪井が人類学者としてその地位を確立していた時期の日本は、帝国日本を意識した植民地展示を内国勧業博覧会に取り入れていた。

第五回内国勧業博覧会は、一九〇三年（明治三六）に大阪市南区天王寺今宮において三月一日から七月三一日まで開催された。工業館、大阪砲兵工廠、教育館、農業館、林業館、動物館、参考館、台湾館等が設置され、入場者数は四、三五〇、六九三人と、過去最大の入場者数を記録した。

この博覧会では、集客力を高めるために博覧会会場の内外に余興パビリオンを設置した。世界各国の風景をパノラマで体感できる世界一周館、米国女優カーマン・セラによる電気舞が話題となった不思議館を始め、動物園、回快機（メリーゴーランド）、ウォーターシュートなど、娯楽的性格の強い施設が設置されていた。その余興パビリオンのひとつとして設置されたものの中に学術人類館がある。

学術人類館とは、民間主催の余興パビリオンであり、実際に「人種展示」が行なわれていた施設である。そして、この展示には、坪井が教授をつとめる東京帝国大学人類学教室が展示協力を行なっていた。

学術人類館の趣意書には、学術上、商業上、工業上の参考となる諸人種の展示を目的とした施設であることが明記されている。娯楽的性格の強い余興パビリオンの中で、学術人類館が特別な設置目的を掲げていたことがわかるだろう。展示協力を要請された坪井自身も、「人類館と人種地圖[9]」の中で「何卒單に見せ物視せず學事上の參考に供する考へを以て之を見る人の多い様に致し度いもので有ります」と述べている。

学術人類館は、博覧会表門の正面に設置されており、敷地三〇〇坪未満の建物の中で諸民族の写真、土俗品、標本などを展示すると同時に、実際に複数の民族を住まわせ、時には歌舞音曲の演奏が行なわれていた。

東京帝国大学人類学教室からは、土俗品と世界人種地図を貸与している。坪井の作成した世界人種地図は、「縦一間半、横二間半の世界圖を四十五度の傾斜の板に張り、丈六七寸の諸種族着色切り抜き人形を作つて、各々其の棲息地の位置に鉛直に取り付けたもの」で「人形の傍には番號を書き添へて種族名對照の便に供し[10]」たものであった。坪井は、一枚の地図上において複数の民族を比較対照できるようにし、各民族の特徴や相違点を来館者に示そうと考えていたのである。人形を取り付けていることから、理解を容易にさせる工夫が成されていることがわかるだろう。

さらに坪井は、第五回内国勧業博覧会での反省を生かし、自身の展示論を実践する形で東京帝国大学人類学教室標本展覧会を開催する。この展覧会は、東京帝国大学法科第三二番教室で三日間開催され、大学内部の職員・学生だけでなく、校外の人々にも公開された。主旨は「人類學大意を示す」ことであり、知識の有無に拘らず、展示を見るすべての人が要点を理解し得る展示を目指したものである。この展覧会の詳細に関しては、坪井自身が「人類學標本展覽會開催趣旨設計及び効果[11]」と題する論文を執筆している他、展覧会に関する新聞記事を纏め、「人類學教室標本展覽會に關する諸評[12]」として発表している。

一九一二年（大正元）一一月一日から一一月二九日まで東京上野で開催された東京拓殖博覧会では、坪井による「人種展示」が実施されている。坪井は、「人種展示」を実施することを前々から考えていたようで、「明治年代と日本版圖内の人種」[13]の中で「帝國版圖内の諸人種を一ヶ所に集める事が出來たら宜しかろうと思つて居つたのでありますが、今回開かれた拓殖博覧會は斯かる催しに對し絶好の機會を與へたもので有ります」と述べている。

おわりに

以上、坪井の博物館学論考と坪井が実施した人類学展示に関して見てきた。坪井が人類学の発展と普及のための手段として展示を選んだのは、坪井自身が留学中に西欧の博物館・博覧会で多くの知識を得たからである。しかし坪井は、西欧の展示方法に満足せず、独自に学術性と合理性を兼ね備えた展示論を展開し、それを実行していく。坪井は、明治期における博物館学最大の功労者と言っても過言ではないだろう。

坪井は、学術情報をより簡潔に且つ容易に人々に伝達することが展示の本質であると考えていた。坪井が「人種展示」を実施した理由も、それを求めた結果であると推察できるのである。

註

(1) 坪井正五郎「パリー通信」『東京人類學會雜誌』四三・四四・四五・四六・四七・四八、一八八九・一八九〇
(2) 坪井正五郎「ロンドン通信」『東京人類學會雜誌』五〇、一八九〇
(3) 坪井正五郎「土俗的標本の蒐集と陳列とに關する意見」『東洋學藝雜誌』一六―二一七、一八九九
(4) 坪井正五郎「戰後事業の一としての人類學的博物館設立」山本利喜雄編『戰後經營　第三版』早稲田大學出版部、一九〇五
(5) 坪井正五郎「東京府管内太古遺物陳列場」『東京人類學會雜誌』二五七、一九〇七
(6) 坪井正五郎「博物館いろいろ」一九一一（東京大学大学院情報学環附属社会情報研究資料センター所蔵　整理番号5-10-7-2-2-24）
(7) 坪井正五郎「歐米諸國旅行雜話」『農商務省商品陳列館報告』一、一九一二
(8) 坪井正五郎「人類學と博物館」『通俗科學』一九一二
(9) 坪井正五郎「人類館と人種地圖」『東洋學藝雜誌』二〇―二五九、一九〇三
(10) 註9に同じ
(11) 坪井正五郎「人類學標本展覽會開催趣旨設計及び効果」『東京人類學會雜誌』二九、一九〇四
(12) 坪井正五郎「人類學教室標本展覽會に關する諸評」『東京人類學會雜誌』二九、一九〇四
(13) 坪井正五郎「明治年代と日本版圖内の人種（遺稿）」『人類學雜誌』二九―一、一九一四

参考文献

「人類館趣意書」『東京人類學會雜誌』二〇三、一九〇三
第五回内國勸業博覽會要覽編纂所『第五回内國勸業博覽會要覽　上卷』一九〇三
拓殖博覽會編『拓殖博覽會事務報告』拓殖博覽會殘務取扱所、一九一三
松田京子『帝国の視線』吉川弘文館、二〇〇三
伊藤真実子『明治日本と万国博覧会』吉川弘文館、二〇〇八
山路勝彦『近代日本の植民地博覧会』風響社、二〇〇八

写真／東京大学総合研究博物館提供

【下田夏鈴】

棚橋源太郎

【棚橋源太郎】

棚橋源太郎（一八六九～一九六一）は、明治・大正・昭和の三時代に亘り、生涯を理科教育・博物館研究に懸け、今日の博物館学の骨格を形成した学者である。

新井考喜による『棚橋源太郎先生著作目録（一）』では、論著は二五〇余冊を数える。[1]

棚橋の業績としては、以下に述べる東京高等師範学校付属教育博物館、赤十字参考館、日本博物館協会以外に、立教大学博物館講座の開講、学芸員講習会、博物館館法の制定活動など多数挙げられるが紙幅の関係でこれらは割愛する。

一．出自と学歴

棚橋源太郎の経歴は、宮崎惇による「棚橋源太郎先生年表」[2]に詳しい。概略は左記の通りである。

一八六九年（明治二）六月八日、現在の岐阜県本巣郡北方村で生まれ、一八七四年、五歳で前年に創立された化成舎に入学。

一八八五年一月には、岐阜県華陽学校師範部（後の岐阜県尋常師範学校）へ入学し、一八八九年で同校を卒業。

一八九二年四月には高等師範学校博物科に入学し、一八九五年、二六歳で高等師範学校博物科を卒業。

一八九九年四月、三〇歳で高等師範学校附属小学校訓導となり、東京へ転居し活躍の舞台は東京となる。同年一一月には、高等師範学校教諭・高等官を経て、一九〇三年一一月に三四歳で、東京高等師範学校（以下「東京高師」）教授に就任した。

一九〇九～一〇年に欧米への第一回留学を四〇歳で果たす。一九〇九年一〇月に神戸港から出帆し、翌一一月にベルリンへ到着する。翌年には、ミュンヘンに移り住み[3]、当該時期にはドイツ博物館はまだ仮陳列館時代であったが、創設者ミラー博士を訪問し意見交換する[4]など精力的な調査活動をおこなっている。同年一〇月には、フランスからイギリスへ渡り約一ヶ月滞在したのち、一〇月末にリバプールからニューヨークに向かっている。そこでは、共著で『手工科教授書』[5]等を上梓した岡山秀吉と合流したこともあって、アメリカでの見学は手工中心で技芸教育に重きを置いたものであったと記している。同年一二月に横浜港に帰国した。

一九二三年（大正一二）九月一日の関東大震災の発生によって東京博物館は灰燼に帰したため、当時館長であった棚橋は本格復旧に取り組み、翌一九二四年三月には木造仮建築が落成した。同年一二月には東京博物館館長を五五歳で退いた後、第二回の留学を実施した。調査団は、文部省・文部省社会局・東京高等師範学校、さらには東京市と日本赤十字社によって構成され、渡航先は欧州諸国とアメリカ合衆国で文部省嘱託の公用旅券を用いての渡航であり、期間は一年間であった。

なお、調査項目はそれぞれ異なり、文部省は社会教育の調査、社会局は生活改善と謹倹奨励調査、東京高等師範学校は欧州各国における博物教授の施設に関する調査、東京市は欧米諸国の直観教授や公園内民衆教育施設の視察、日本赤十字社は日本赤十字社参考館に関する材料や陳列方法等の調査であったという。

二．棚橋源太郎と博物館

棚橋は、留学以前は理科教育・手工科教授法の発展に尽したことは論著から理解できよう。

一九〇六年（明治三九）に、東京高師附属教育博物館主事の兼務を命ぜられる。これが、棚橋と博物館との具体的な関わりの嚆矢である。この時の具体的活動は、東京高師校長嘉納治五郎が意図する通俗教育を否定し、通俗展示に代わる「特別室」の設置であった。特別室の具体的内容には「特別室規定」と「特別室観覧人取扱規定」から大略が理解できよう。[6]入館者を教育関係者に限定し、教材用具を主とした展示は、その後〝通俗教育〟に軸足を置いた棚橋の郷土博物館理念とは大きく異なるが、棚橋は断行している。

ところが、一九一一年に大逆事件を契機とした社会風紀・思想の取り締まり強化を目的に「通俗教育調査委員會官制」が制定されると、文部省から東京高師に通俗教育の開始要請が通達され、再び通俗教育は実施されることとなった。通俗教育に関する施設・展示等を目的に通俗教育館を開設した。[7]棚橋は、留学時に見学した博物館などで見たジオラマ・参加型展示等々の我が国では新しい展示法を基本的に導入し、五部門からなる通俗展示をおこなった。[8]

一九一四年（大正三）に、棚橋は四五歳で東京高師教授と東京教育博物館長事務取扱を兼務する。一九一七年に教育博物館館長兼務となったが、既に一九一四年には東京教育博物館の将来計画について記していた。[9]名称は教育博物館であるが、その実質は民衆教育を目的とする科学博物館である。つまり、現在の国立科学博物館の設立を目指していたのである。

三　棚橋源太郎の学問―理科・手工科教育と博物館思想

棚橋の生涯にわたる論著は、先にも述べたように膨大であり、『博物館研究』『教育研究』『教育時論』『郷土』『郷土教育』等々の約二五をかぞえる雑誌[10]に、多くの場合連載しているのが特徴である。これらの中で掲載数が最も多いのは、棚橋自身が発行した『博物館研究』である。一方で『教育研究』『教育時論』『手工研究』には、博物館学以外の先述した理科教育・手工教育等に関する論文が多くを占めている。

次に、単行本を挙げると単著は、三五冊、共著一七冊、翻訳書一冊である。単著三五冊の内二〇冊は理科教授等の学校教育を主題とするものであって、博物館学の対象著書は一五冊となる[11]。共著は、六冊と少なく棚橋の手工科教育の集大成と看取される岡山秀吉との『手工科教授書』[12]や東京博物館学芸官であった森金次郎との『物理實験室案内』『化學實驗案内』等に留まる[13]。さらに訳本は、本田増次郎と共訳の『教授法講義（ヒュース）嬢』の一冊がある[14]。

高等師範学校の訓導に任じられ、一八九九年（明治三二）に執筆した「高等小學校に於ける手工科」[15]は、我が国の手工教育・手工科教育分野では濫觴になるものと看取される。

棚橋は、小学校における手工科教育を「直観的教授」と「実物的教授」を発揮する教科として位置付けていた。具体的には、理科・博物科等の教具の製作や修理のための手工科であったと理解できよう。

棚橋は、手工教育による教具の教育効果ついて左記の三点を挙げている[16]。第一「豊富にして明確なる直観」、第二「想像を活發ならしめて、明確なる理解」、第三「記憶を確實ならしむ」で、それには「各種の圖表」が有効であるとしている。すなわち、これ等三点は正に博物館教育にもそのまま通ずる要件でもあると考えられる。概ね、一九一七年（大正六）を境に、『手工研究』誌上等の雑誌から手工教育に関する論文は認められなくなる。これに代わって同年の「國民教育と博物館」[17]を皮切りに、以後博物館に関する内容に移行した傾向が顕著となる。

つまり、一般的に、理科教育・博物教育・郷土教育等は、博物館に共通する、あるいは根底ともなる科目であるが故に、棚橋は最終的にこれらを基盤に博物館学に到達したものと見做せよう。

博物館学に関する論著は、欧米における博物館の実態や博物館学の先進性を自身で実踏により咀嚼吸収し、理論化を果たすと同時に、棚橋が実践した附属教育博物館や日本赤十字社参考館の諸活動を取り入れた実践経験に基づいていることも特質である。したがって、その論旨は机上に留まるものではなく、さらに福沢諭吉の文章の如く読む者をして容易に理解させる平易な文体である。

なお、立教大学を退職時に『MUSEION』に〝棚橋先生退職記念論集〟が編纂され、そこに棚橋自身も執筆しており、それが棚橋の最後の論文となった[18]。年歯九〇歳である。

四．郷土博物館論

棚橋は、一九二四年（大正一三）の二度目の留学以前には、〝郷土博物館論〟なる名称は使用していない。これは、直截にドイツの heimatmuseum の視察に拠る具体把握と、同思想の影響によるものと推定される。留学以前には、地方の小型（小規模）博物館は、〝地方博物館〟と呼称している[19]。

棚橋の概念では、中央博物館に対する地域社会での小規模博物館は地方博物館であり、棚橋のいう小規模博物館は一九二六年以降に棚橋が使用する郷土博物館であることが理解できる。

関東大震災直後は、復興の中で社会が大きな変化を迎えた時期であった。地域社会も同様であり、変革を齎す基本原因は、郷土思想の浸透であったといえよう。

抑々、我が国における当該思想の発端は、三好学によるドイツ郷土保護思想を範とした一九一五年に刊行された『天然紀念物』[20]を嚆矢とする。

上記緒論を経ること一〇年後の一九二四年には、文部省普通学務局内に社会教育課が開設され、次いで一九二九年（昭和四）に文部省内に初めて社会教育局が設置されたことは、博物館行政にとっても大きな変革の兆しでもあった。

具体的には、文部省社会教育局の〝郷土研究〟の思想が、師範学校を源に地域社会に大きな広がりを見せたのである。

かかる文部政策の中で一九三〇年に、郷土教育運動推進の出版社である刀江書院社主の尾高豊作と、当時文部省嘱託で人文地理学者の小田内道敏が中心となって郷土教育連盟を結成し、機関雑誌『郷土』の創刊や『新郷土教育の原理と實際』[21]が発刊されると、これらが大きな触発となり郷土博物館論が華々しく展開されることとなった。

中でも、一九二九年の『農村教育研究』第二巻第一号は、棚橋源太郎らによる郷土資料館論[22]、小学校附属郷土資料室報告等々に関する「郷土館特集號」が組まれたことを契機に、種々の雑誌で郷土博物館特集がなされるなど郷土博物館論の確立に邁進した時期であった。

棚橋の博物館学に関する二番目の単著である『郷土博物館』[23]も、刀江書院から一九三二年に上梓され、当該期の『博物館研究』『郷土研究』『公民教育』等々に郷土博物館をテーマとする多数の論文が寄稿されたのである。

棚橋の意図する郷土は、郷土の範囲を市町村だけでなく、場合によっては郡・府県までも含めた広範囲で捉えていた点が特徴である。つまり、郷土博物館の対象範囲を人口が一万人以上の広範囲のなかでの活動と把握し、展開している点が特徴である。

故に棚橋が考える郷土博物館は、郷・村程度では人口の上では条件を満たせず、町・市・県立となる。確かに、村立の郷土資料館等で運営費の点で、本来の博物館機能を断念している郷土館が少なからず存在する今日、一概に否定できない考え方にも思える。

五.棚橋の考える郷土博物館

棚橋の郷土博物館論の理念形成に関与したと推察される博物館は、アルトナ博物館(Alutonaer Museum)であると福田珠美も指摘しているように、[24]『郷土博物館』の中でも丁寧に記していることは行間からも読み取れる。

アルトナ博物館は、ドイツのハンブルグ市の一部をなす中世都市であるアルトナを中心とした、広い地域を郷土と設定した上で、人文・自然に関する資料を棚橋のいう総合的に収集・展示・教育するもので、さらに当該地域の風土的特徴である産業に焦点を当てているところが、棚橋源太郎の描く理想の郷土博物館像であったようである。一方で、文部省が企図した全国の師範学校における郷土教育重視政策は、極めて近い将来の小学校教育を担うであろう養成教員の郷土思想の育成に着手し、一九二九〜三〇年(昭和五〜六)の二年間にわたって、全国の小学校に郷土研究施設、すなわち郷土室設置のための費用を配布した。この補助金を元に多くの学校が郷土室を設置した。学校を中心とした狭い範囲での、文部省が意図した郷土教育は成功したといえよう。

棚橋の郷土博物館論は、文部省の郷土教育運動とは主張を異にしていた。抑々棚橋は、郷土室の設置についてはアメリカの初等学校内の〝学校博物館〟を事例に挙げ、反対論を開陳している。[25]

おわりに

棚橋の博物館展示と教育に関する思考は、理科教育・手工教育・博物教育の上に形成されたものと看取されよう。

東京高師附属教育博物館における、特別室から通俗教育館へと至る背景は、社会情勢の変化もさることながら、両者の館に棚橋の欧州とアメリカ合衆国への留学により得た博物館に関する思想の変化によるものと推定できる。

文部省の郷土教育の具現化である、学校内の郷土室設置に関しては、根底には愛郷精神から愛国精神の涵養を意図した政策であったために、郷土室には明確に反対を示すが、郷土思想に関しては肯定論も否定論もなく独自の郷土論と郷土博物館論を核として、社会教育を目指したところが大きな特徴であると言えよう。

註

(1) 新井孝喜「棚橋源太郎先生著作目録（一）」『棚橋源太郎研究』四、一九九〇
(2) 宮崎 惇「棚橋源太郎先生年表」『棚橋源太郎研究』三、一九九一
(3) 棚橋源太郎「獨國教員の養成並に學力の補充」『教育の實際』六―五、一九一二、九三頁
(4) 棚橋源太郎『世界の博物館』大日本雄辯會講談社、一九四七、一四七頁
(5) 棚橋源太郎・岡山秀吉『手工科教授書』寶文館、一九〇五。同共著『手工科教授書細案』寶文館、一九〇六。同共著「手工科教授上の諸問題」『教育實驗界』一三―一・三・五、一九〇六
(6) 「特別室規定」
第一條　特別室ハ直接教育ニ關係アルモノニ限リテ入場セシメ徐ニ觀覽調査スルノ便ヲ得シムル所トス
第二條　「特別室」ニ展示スル資料ハ「内外國學校生徒成績品」「教育圖書及ヒ教具ノ目錄」
「特別室觀覽人取扱規定」
第一條　「學校長教員教育關係ノ吏」「師範學校生徒及ヒ公私立ノ教員養成所生徒」「前記ノ外特ニ教育に關係アルモノ」「展示方針」學校教育及家庭教育上直接參考トナラサルノミヲ撤去シ代フルニ專ラ教育關係者及教具製造業者等ヲ裨益スルニ足ルモノ
(7) 棚橋源太郎「通俗教育博物館施設の現況及將來の計畫」『帝國教育』三七一、一九一三
(8) 一記者（棚橋源太郎）「新設通俗博物館を觀る」『帝國教育』三六五、一九一二
(9) 棚橋源太郎「先ず自然科學博物館を建設すべし」『現代教育』八、一九一四、六―七頁
(10) 『博物館研究』『教育研究』『教育時論』『國家教育』『教育』『教育會』『教育學術界』『教育廣報』『教育實驗界』『中等教育』『國民教育』『手工研究』『博物學會誌』『小學校』『斯民』『鄕土』『鄕土教育』『公民教育』『道德研究』『教育と社會』『歷史教育』等々である。
(11) 『眼に訴へる教育機關』（寶文館、一九三〇）、『鄕土博物館』（刀江書院、一九三二）、『世界の博物館』（大日本雄辯會講談社、一九四七）、『博物館　社會科文庫』（三省堂出版、一九四九）、『博物館學綱要』（理想社、一九五〇）、『博物館教育』（創元社、一九五三）、『博物館・美術館史』（長谷川書房、一九五七）である。
(12) 註5に同じ
(13) 森金次郎との共著
(14) 棚橋源太郎・本田增次郎訳『ヒユース孃教授法講義』山海堂、一九〇二
(15) 棚橋源太郎「高等小學校に於ける手工科」『教育界』一五―九、一八九九
(16) 註5に同じ
(17) 棚橋源太郎「國民教育と博物館」『教育時論』一一二一、一九一六
(18) 棚橋源太郎「国立科学博物館の拡充に曙光」『MUSEION』五、一九六〇
(19) 棚橋源太郎「本邦將來の博物館施設」『教育時報』一三四五、一九二三
(20) 三好 学『天然紀念物』冨山房、一九一五
(21) 峯地光重・大西伍一『新鄕土教育の原理と實際』人文書房、一九三〇
(22) 棚橋源太郎「農村と博物館問題」『農村教育研究』二―一、一九二九
(23) 棚橋源太郎『鄕土博物館』刀江書院、一九三二
(24) 福田珠美「棚橋源太郎の博物館論と郷土の具体化」『空間・社会・地理思想』一四、二〇一一、二四頁
(25) 棚橋源太郎「公民教育と鄕土博物館論」『公民教育』三―八、一九三三

写真／椎名仙卓『博物館の災害・事件史』二〇一〇より転載

【青木　豊】

黒板勝美

【黒板勝美】

黒板勝美（一八七四～一九四六）は、明治後期から大正期にかけ、歴史学者、古文書学者として欧米の博物館の視察を通して、日本の博物館との比較を検証し、博物館の必要性を唱えた。

黒板は、一八七四年（明治七）、長崎県東彼杵郡下波佐見村（現在、波佐見町）で、大村藩士の長男として生まれた。一八九三年、第五高等中学を卒業し、帝国大学文科大学国史科に入学。直ちに東京帝国大学大学院を経て、経済雑誌社に入社し、田口卯吉とともに『國史大系』『群書類従』を校勘し出版を担当する。これにより、古文書学の研究に没頭し、各地に遺された古文書の調査を試み、日本古文書学の体系化をめざした。その後、東京帝国大学で教鞭をとるとともに史料編纂官もつとめた。一九〇六年には「日本古文書様式論」で博士の学位を取得し、一九一九年（大正八）には教授となり、一九三八年（昭和一三）に定年により退官し、東京帝国大学名誉教授となった。その他、国宝保存会、史蹟名勝天然紀念物調査会、重要美術品等調査委員会などの委員を歴任し、文化財保護にも業績を残している。

一・歴史学者としての博物館学思想

黒板は、古文書学の研究を行うことにより、歴史史料の保存の必要性を感じ、「古文書館設立の必要」[1]を記し、古文書館の創設を提言した。古文書館への言及は先駆的な活動であったが、黒板の博物館への考えがまとまるのは、一九〇八年（明治四一）二月から一〇年二月までの欧米留学であり、各地で先進的な博物館を実見したことによる。その見聞は『西遊弐年　欧米文明記』[2]にまとめられ、各地の博物館の状況について紹介している。主な内容は次の通りであるが、このなかで欧米の博物館施設と日本の状況とを比較検証している点が特徴的である。その黒板の視点は、序文に端的に表現されている。

余は國民的自負心に於て敢て人に譲らぬと思ふが、未だ『誤れる愛國者』たることを欲せぬ、歐米諸國に遊んでもまづ痛切に感じたのは猶ほ多く彼に學ぶべきものがあることであつた、我が國の精華を保存し助長すると同時に、彼の特長にして採るべきもの、更に少からざるを信じたことである、過去數十年間に輸入された文明は多く物質的に偏し僅にその皮相を得たるに過ぎなかつたではあるまいか、光明ある精神的方面に至つては今後歐米に遊ぶものが一層注意すべきことではなからうか、この點に於て余が力めて縷述せるところは、恐らく世のショウヴィニストに滿足せしむるを得ぬかも知れぬ。

黒板は、歴史学者の視点に立ちながら、極めて大きな視野を持つ学者であったことを窺い知ることができる。その点に注目し、ほぼ同時期を生きた「博物館学の父」と称される棚橋源太郎よりも早く（棚橋は一八六九年生まれ、黒板は一八七四年生まれ）、博物館学に着眼したと青木豊は指摘している。(3)

二．『西遊弐年　歐米文明記』について

『西遊弐年　歐米文明記』は、前述したように一九〇八年（明治四一）二月から一〇年二月までの欧米留学で見聞したことをまとめたものであるが、そのなかで実見した博物館について報告している。この留学は、歴史学者としての領域に捉われず、「極めて大きな視野」に立ち、博物館に対し関心を持つに至った様子を知ることができる。

次に、記載された国ごとに、その主たる箇所を原文に沿いながら紹介する。

①アメリカ

「米國の博物陳列館と商業博物館」において、次のように指摘している。

（前略）陳列館は所謂公衆教育の機關の一として、青年、少年共に學校や家庭以外に、それに教育せられつゝあるのである。それも單に科學的智識を得るのみではない、併せて温かい氣高い、美的趣味を養ふことが出來るやうになつて居る、しかも教育上ばかりに利用せられて居るのではない、産業、商業などいろ〳〵實際の方面にも活用せられつゝあるのである。

（中略）紐育州の學校教師で、學校教育と博物館事業とを連絡するに大なる助をなして居る、そしてこの外一般の公衆にも聽講無料でたび〳〵學術上の講演會が催さるゝのである。

（中略）しかしこの博物館の方針は必ずしも商品の陳列のみではない、寧ろ力を檢査室、圖書室、通信室等に注いで居る、陳列品を見て圖書室で輸出入の統計やその商品の產出額などを研究する、そして分らぬこと

は通信室に問ひ合するといふ仕組。

陳列館は、「教育の機關の一」つであり、「學校や家庭以外に、それに教育せられつゝあるのである」と述べている。また、「教育上ばかりに利用せられて居るのではない、產業、商業などいろ〳〵實際の方面にも活用せられつゝある」とする。また、ニューヨークでは、学校教師が「學校教育と博物館事業とを連絡するに大なる助をなして居る」とし、無料で学術的な講演会が催されていると指摘する。このように、アメリカでは、陳列館は教育機関であり、学校や家庭とは区別されるものであり、付属の図書室では陳列品の研究もすることができるとし、日本ではそこまで到達していないことを嘆いている。そのため、この違いを問題とし、「元來『ミューゼアム』といふ原語を博物館と譯したのは、最早今日では適當といふことが出來ぬ」(4)と考えた。

②イギリス

「倫敦の博物館と繪畫館」において、次のように指摘している。

大英博物舘の陳列は、過ぐる兩三年の間に、室内の裝飾をはじめ漸次新學說を本とし、整理改良の途に就いて居る（中略）最も感心することは英人が舊式の陳列法の下に整理せられたる諸種の古物を、徐々に新式に改むる手際である、

（中略）博物館そのものは場合によつてその四圍の空氣が出來るだけその陳列と關係した事蹟を偲ばしむるために、却つて古代の建築を必要とすることがある、もし陳列の方法さへ宜しきを得ば、新たに建てられずとも好個の博物館たるを失はぬのみならず、却つて思い出で深く印象せしむることが出來る、英國人はまたこの見地よりして、歴史上有名な倫敦塔の一部をこの目的に使つて居るのである。

また、イギリス国民は、自国に世界一の美術品を所有していることを誇りに思っていると述べている。さらに、大英博物館は、博物館と図書館とが併合されることにより、常に最新の学理により研究と応用がなされているとする。これに対比し、日本の博物館の状況について「余は我が國に於ける博物館事業の進歩發展猶ほ幼稚なるを觀、一方に於ては趣味の向上、一方に於ては學術の研究と應用等、その功績如何に大なるかを思ひ、窃かに遺憾とするところが少くない」と記している。

③ドイツ

「伯林の博物館」では、ドイツでは、博物館における陳列法、研究体制の整備の充実にふれ、博物館事業の理論的な研究がなされていると評価している。特に、ミュンヘン大学において、「博物館学」という講座がなされていることに注目する。青木豊によれば、黒板が「原語は不明であるがそれを「博物館学」と邦訳した」ことになり、日本において「博物館意識にもとづいて博物館学の名称を使用した」最初の人であると評価されている[5]。

また、ドイツの博物館のなかで、特筆すべきものとして、海軍に関する工芸博物館を挙げている。それは、皇帝が海軍拡張政策と関連して国民の海軍思想を養成し、且つ海事航海に関する知識を普及せんとの上意にもとづいて設けられたもので、「その規模はまだ小さいけれども、一ト通り海に關する一切のものを網羅し盡し軍艦水雷艇等の模型については特に水兵を案内者として一々委しい説明の任に當らしめて居る」と述べている。

その他、フランスにおいては、古文書学者としてパリ国立古文書館に注目し、ルーブル美術館を念頭に、「ルーヴルに美術の國民的自負があるならば、こゝには歴史の國民的自負が示されて居る[6]」と述べ、国民の大いに誇りとするところであるとしている。これは、フランスにおいて古文書学が盛んであることに起因していると述べ、留学前の一九〇六年に執筆した「古文書館設立の必要[7]」から継続して関心をもっていることが分かる。

三．その他の博物館論

帰国後、黒板は、留学で見聞した欧米の博物館を基礎として、博物館や文化財保護に関する著作を発表している。帰国して約二年半後の一九一二年（大正元）、東京朝日新聞に「博物館に就て[8]」と題した論文を連載している。これは、留学中に見聞し、学んだ欧米の博物館の状況を踏まえて、博物館の意義から活動、種類、資料分類など詳細に検討した博物館論である。内容は、次の通りである。ここでは、紙面の都合により表題のみ列記しておく。

「ミューゼアムの意義」「上野公園なる帝室博物館」「博物館と譯されぬミューゼアム」「野天のミューゼアムがある」「意義ある博物館」「文化的風氣の復現」「我國の理想的博物館」「奈良の正倉院」「博物館と史蹟遺物」「博物館と圖書館」「趣味教育のための博物館」「博物館は公徳の標準」「博物館の種類」「博物館の分類法」

「國立博物館と縣市立博物館」「私立博物館は段々減少す」「公園的博物館」「奈良公園の一部を利用せよ」「明治博物館」「博物館新設に關する注意」「博物館の建築」「案内目録と陳列法」「案内目録を要せぬ博物館」「博物館公開講演」「博物館の圖書室及研究室」「博物館の管理」「博物館事業研究の必要」「百年の大計を立てよ」

この他、黒板は歴史学や文化財保護に関連する博物館の考えが表れるようになる。それらにも欧米での見聞が基礎となっていることが看取できる。なかでも「郷土保存について」[9]（一九一三）、「博物館の建築に就いて」[10]（一九一三）、『日光寶物陳列館について』[11]（一九一四）、「明治神宮寶物殿懸賞競技審査批評　寶物殿の性質上より見たる批評」[12]（一九一五）などは、それぞれの分野に重要な提言をしたものと評価できよう。

①「郷土保存について」

黒板は石橋の報告[13]をもとに、「郷土保存事業はその範囲廣汎なるが爲めに、第一勝景の保存、第二天然記念物の保存、第三古建築の保存、第四風俗及び言語の保存に分たれたる」と区分整理する。そしてドイツとフランス両国の郷土保存方法を述べ、欧州諸国と比較しながら、プロシア（ドイツ）における天然記念物保護制度を、日本天然記念物保存協会設立の参考にすべき制度であると提案し、天然記念物中央調査所と地方天然記念物調査委員会とがお互いに連絡し合うこそ、その目的を達成する方法であると論じ、保存のための制度や体制づくりまで言及している。

②「博物館の建築に就いて」

黒板は、「建築に對しては、其の標本ともいうべき上野の博物館でも、私等全く建築上の智識なきものすらも非常に遺憾に思ふ事が多い」と述べ、そしてそれは「近來博物館の研究がます〳〵進んで來た歐米の近情から考へても博物館の建物は普通の建物とは違ひ、博物館特有の建築法が我が邦にも出來て來なければならぬのである」と指摘し、博物館の建築は防火、永久的建築、或いは光線学を運用すべきことを指摘した。

③『日光寶物陳列館について』

本論は、ヨーロッパの博物館を見た黒板が、「陳列品を十分研究しまして、その陳列の方法を定め、然る後建物の設計に移らねばなりませぬ」と述べている通り、博物館における建物の重要性を、日光宝物陳列館を事例として記している。

おわりに

黒板は、欧米での留学で見聞した博物館と日本の博物館との比較検討をしながら、博物館の建築、展示、分類、防災など広範囲な視点で博物館のあり方を唱えた。その活動は、ほぼ同期に活躍した棚橋源太郎とともに日本の博物館学を形成した主要なひとりと評価することができる。

【陳　維　新】

註

(1) 黒板勝美「古文書館設立の必要」『歴史地理』八―一、一九〇六
(2) 黒板勝美『西遊弐年　欧米文明記』文會堂書店、一九一一
(3) 青木 豊「黒板勝美博士の博物館学思想」『國學院大學博物館學紀要』三三、二〇〇七
(4) 註2に同じ。「九　米國の博物陳列館と商業博物館」
(5) 註3に同じ
(6) 註2に同じ。「二六　ギメー博物館と國立古文書館」
(7) 註1に同じ
(8) 黒板勝美「博物館に就て」『東京朝日新聞』一九一二
(9) 黒板勝美「郷土保存について」『歴史地理』二一―一、一九一三
(10) 黒板勝美「博物館の建築に就いて」『建築世界』七―八、一九一三
(11) 黒板勝美『日光寶物陳列館について』一九一四
(12) 黒板勝美「明治神宮寶物殿懸賞競技審査批評　寶物殿の性質上より見たる批評」『建築雑誌』三四七、一九一五
(13) 石橋五郎「第二回郷土保存萬國會議状況報告」『建築雑誌』二五一―五、一九一二

写真／黒板勝美先生生誕百年記念会編『黒板勝美先生遺文』吉川弘文館、一九七四より転載

森 金次郎

一．出自と経歴

【森金次郎】

森金次郎（一八八〇～没年不詳）は、一八八〇年（明治一三）八月二日に愛知県の犬山城城下（現犬山市）に生を受ける。

森は、一六歳の時に愛知師範学校に入学し、卒業後に愛知県半田小学校に赴任するが、中等教育を志し、一九〇二年に東京高等師範学校に入学する。在学中に棚橋源太郎に師事し、一九〇六年三月に東京高等師範学校を卒業後、大阪府茨木中学校・鹿児島師範学校・長崎女子師範学校・直方高等女学校、滋賀女子師範学校・大津高等女学校など各地で教鞭を執る。

一九一七年（大正六）に東京教育博物館館長であり、東京高等師範学校時代の恩師でもある棚橋源太郎の推薦によって、東京教育博物館の嘱託として上京する。この六年後の一九二三年九月一日に起こった関東大震災によって、東京博物館が火災により全焼したこの年に学芸官に昇格している。一九二九年（昭和四）三月から一年半ほどの欧米留学を経験し、翌年には上野公園に落成した東京科学博物館の理工学部門の展示を担当している。一九三九年三月をもって学芸官を退官する。在官中に正五位勲五等瑞宝章が授与された。この三年後には最後の論文である「南方の博物館施設に就いて」[1]を『博物館研究』で発表した。学芸官を退官した後、森は実践女子専門学校教授となり、後に家政専門学校・東京女子専門学校を経て、東京女子体育大学を八〇歳を機に辞職し、教職歴六〇年に終止符を打った[2]。

後年、森は回顧録として九四歳の一九七四年初夏に『思い出草』[3]を、続いて『続編思い出草』[4]を九七歳の一九七七年にそれぞれ私家版として出版している。当該二冊の回顧録によって、生い立ちや欧米派遣の様子について窺い知る事ができる。

二．欧米留学と博物館学への覚醒

一九二九年（昭和四）三月より文部省により欧米に派遣された。凡そ一年半に及ぶこの欧米派遣で、欧米各地の博物館等を見学する。本派遣の目的は、新設される国立科学博物館の展示構成のための資料調査であった。このような理由により、将に科学館一筋であり、欧米の科学博物館・

自然史博物館のほか、交通博物館・電気博物館などの科学博物館を中心に調査しているのが視察上の特質である。したがって欧州においては、ほとんど人文系の博物館・美術館を訪れていないようである。

派遣期間のほとんどをヨーロッパで過ごし、次いでアメリカ合衆国を訪れ、アメリカの自然史博物館や児童博物館などを見学している。アメリカの博物館で行われている館外活動、一般市民や児童に対する教育活動をはじめ、博物館経営である各種の事業や運営を市民の寄付などで賄っている多くの博物館の様子を森は目にしたのであった。このようなアメリカの博物館を取り巻く社会情勢と教育施設として機能している博物館の姿に驚き、感激したことを前述の回顧録『思い出草』に詳しく書き残している。

上述の如く、一年半に及ぶ欧米派遣での欧米博物館施設見学によって得た視察成果及び視察の報告を、帰国後の一九三〇年から一九三二年の間に『科學知識』[5]や『自然科學と博物館』[6]『博物館研究』[7]などに矢継ぎ早に投稿している。

森による博物館学関連の論文執筆期間は、一九三〇年から一九四二年のわずか一二年間であるが、さらにその中で一九三〇〜三二年までの二年間に集中して論文を発表している傾向が認められる。当該欧米派遣によって、森は博物館学に覚醒したと見受けられ、わずか二年という短期間に集中して研究と論文発表を行い、それ以降は年に一〜二本の論文を発表する程度に留まっている点も大きな特徴である。

三．森金次郎の博物館思想

森の研究の主体は、最初は科学博物館における展示と教育活動を主体とし、後には郷土博物館論に移行する。

森の博物館学の発露は、一九二九年（昭和四）から一年半に及ぶ欧米派遣がきっかけであり、新設される国立科学博物館の展示構成を目的とした展示資料調査のためであったことは前述の通りである。

そのため、森は、前述の如く欧米の科学博物館を中心的に視察し、ヨーロッパでは主に科学博物館を見学していたが、アメリカ合衆国を訪れた際には自然史博物館や児童博物館なども見学していた。この他にも、欧米の科学博物館で行われていた生態展示やジオラマ展示の様子を「私の見た欧米の博物館」[8]、「欧米科學博物館に於ける陳列品の蒐集及び陳列方法に就いて」[9]などで報告、紹介している。

森は、欧米の博物館を視察したことによって博物館学知識を蓄積し、その知識は新設された東京科学博物館の理工学部門を担当するにあたり、大いに発揮されている。森は、最初の論文である「科學博物館の陳列上の苦心」[10]で科学博物館の展示の責任の重大さと、博物館建設とは、建物の建設そのものが博物館建設ではなく、展示制作の優先性にあるとし、その重要性を述べているのである。同時に、科学博物館新館における展示は従来の資料の分類学的な配置によるものではなく、見学者をまず意識した概説展示を行うべきであるとしていることが特徴である。

事実、当時の東京科学博物館では、一般公衆向けに分かり易い解説展示と、研究者が利用するのに便利な専門的展示を設けており、科学博物館の展示には森の思想や欧米視察による博物館視察の経験が反映されていたことも十分把握できるのである。

森は、自身が持つ博物館展示論に関しては技術論に主軸を置くもので、このことは、先に挙げた「科學博物館の陳列上の苦心」では、展示の実行において模型などの二次資料が必要不可欠であるにも拘らず、日本では資料製作技術者の不在及びその必要性を指摘している。また、博物館の基本要件の一つである資料の収集と製作に関しては先に挙げた「歐米博物館に於ける陳列品の蒐集及び陳列法に就いて」[11]に詳述している。当該論文で博物館の陳列方法について述べられていることは、次の七点である。aなるべく可動的・実験的に装置、bケース内陳列と露出展示、c絵畫・圖解等の重要視、d集團陳列及びジオラマ陳列、e縮小模型と製造工程標本、f陳列室の採光及び装飾、g説明札及び陳列題目掲示方法及び技術論、以上の観点からも森は博物館展示の技術的な面から博物館展示を考えていたことが窺い知れる。

四．郷土博物館思想

森の郷土博物館論の嚆矢は、一九三一年（昭和六）に記した「郷土博物館の設立と經營」[12]であり、ドイツ・イギリス・アメリカの郷土博物館を紹介したものであるが、この時にはまだ特段の郷土博物館に関する理論は展開されていなかった。

当該期における森の他の論文にも言えることであるが、欧米博物館の視察による報告という色合いが強いという点では、共通する顕著な特徴と見做せるのである。

しかし、翌年の一九三二年に森の主要著作である「郷土博物館」[13]を、『郷土史研究講座』にて執筆している。当該論文は、森が今まで発表してきた報告とは比較にならないものであった。具体的には、詳細な博物館学的観点で記されており、諸外国の郷土博物館について論じる場合でも当時の最新資料を駆使しているのである。諸外国の郷土博物館について論じるにあたり、森はドイツ・スウェーデン・イギリス・アメリカの郷土博物館を例に挙げているが、その中でも、ドイツの郷土博物館については、他のどの国よりも紙面を割いている点が大きな特徴である。

かかる現象は、ドイツにおける郷土博物館思想、及びこれに基づいた郷土博物館の展開が当時際立っていたことと、ドイツ郷土保護思想の受容に基づいた「郷土研究」の思想が、当時の日本で師範学校を中心に社会に大きく広がっていたことが影響しているものと考えられる。

我が国における郷土博物館並びにその概念について、森はまず、「郷土」の概念規定を行い、「郷土」とは何たるかを記し、我が国に設置する博物館の種類の一つとして、郷土博物館を挙げている。

一九二八年三月に博物館事業促進会（後の日本博物館協会）が文部大臣に提出した建議書[14]には、郷土博物館の名称は記されていないが、こうした状況の中で郷土博物館についての記述があることは重要であり、この点で、森は先駆的な博物館学思想を持っていたといえる。

森は、郷土博物館の果たす意義については、単なる陳列場ではなく、当該地域の人々の修養の場であり、娯楽の場でもあるとする考えで、その中で郷土精神を醸成するべき場所としての必要性を説いたことは特筆するべきことであり、この点で棚橋の郷土思想・郷土博物館思想とは異にする。

五．博物館教育論

森は初期から、博物館の教育活動にも注目し、関心を持っていたようである。一九三一年（昭和六）に発表した論文「學校外に於ける科學教育上の施設に就いて」[15]で欧米派遣の際に視察した博物館が実践している教育事業を報告しているのは前述の通りである。森は欧米派遣の際には大英博物館などの人文系の博物館はほとんど視察していないが、アメリカの児童博物館や児童室を設けている博物館には足を運んでいる。この時に見た児童博物館の様子を「米國の兒童博物館」[16]で紹介している。ここで紹介している児童博物館や博物館に設けられた児童向けの展示コーナーである児童室で、子供たちが嬉々として読書や見学に臨む姿や博物館競争（Museum Game）を楽しむ様子を伝えている。ここでいう博物館競争は、いくつかの質問に博物館の陳列から答えを探した上で回答し、その正解の数を競うものであり、今日のワークシートにあたる。森は、半ば遊びながらも、確実に学ぶことのできるこの方法は、当時の日本で一般的に行われていた暗記的な学習とは雲泥の差があるとして紹介している。森は、こうした博物館が教育施設として機能している姿に深い感銘を受けていたようで、アメリカ・ヨーロッパ諸国の博物館での教育事業の様子は、森にとって印象的だったのに違いない。これは、森がそれまで抱いていた博物館に対するイメージが関係しているものと推定される。森の博物館に対するイメージについて、森自身の言葉を借りれば、「博物館と云へば官設骨董屋[17]」という程度の認識であり、その印象性の強さを表している。一年半にわたる欧米派遣をきっかけに森の博物館学思想に変更が生じたであろうことは、後に博物館の機能・役目の一つとして教育・学術研究を位置づけている点からも理解できよう。当該思想について森は、一九三六年「學術振興と博物館[18]」にまとめ、博物館の役割は学術振興と教育であることを示し、それが欧米では盛んであることを論じたのであった。また、日本における社会教育のために博物館の設置並びにその充実を図ることは急務である点も力説するに至っている。この他にも森は、博物館は実物教育機関であり、学校教育とは大きく異なりつつも、学校教育の不備を補うことのできるものであると同論文で論じている。

森のこの論は、先に述べたように森自身が欧米で実感した経験とともに、棚橋源太郎の影響を強く受け、到達した思想と推定される。

おわりに

前句の通り、森と棚橋の関わりは深く、その影響は大きかったことは、論文中で「博物館は眼に訴へる實物教育機關である」という表現を使用している点を見ても、棚橋の代表的著作の一つである『眼に訴へる教育機關[19]』を意識し、且つ賛同した上で形成された博物館学思想であったものと考えられる。

森が考えた博物館は、学術や社会教育の発展を担う重要な機関であると認識していたことは事実であり、さらに森は、博物館の総体を教育機関とする当時では斬新な思想保持者であった。森は、博物館教育という点に目を向けていたことに変わりはないのである。

註

（1）森 金次郎「南方の博物館施設に就いて」『博物館研究』一五―四、

一九四二

(2) 森 金次郎『続編思い出草』私家版、一九七七 一九〇二～〇六年の東京高等師範学校時代は休職あつかい。科学博物館に在官中は文部省の了解を得た上で一九二五年に創設された実践女子専門学校家政科の物理学講師として招聘されており、在官中も教鞭を執っていた。

(3) 森 金次郎『思い出草』私家版、一九七四

(4) 註2に同じ

(5) 『科學知識』は、一九二一年七月から五〇年五月まで、科学知識普及会によって刊行。一九三〇年から三二年の間に投稿された森の論文は、第一〇巻第一一号～一三号にかけて掲載された。

(6) 『自然科學と博物館』は、一九三〇年から七二年まで東京博物館によって刊行。一九三〇年から三二年の間に投稿された森の論文は、第八号、二六～三〇号、三三号に掲載されている。

(7) 『博物館研究』は、一九二八年に現在の日本博物館協会の前身組織である博物館事業促進会によって創刊され現在でも刊行されている。一九三〇年から三二年の間に投稿された森の論文は、第三巻一〇号、第五巻二号・五号・九号に掲載されている。

(8) 森 金次郎「私の見た歐米の博物館」『博物館研究』三―一〇、一九三〇

(9) 森金次郎「歐米科學博物館に於ける陳列品の蒐集及び陳列方法に就いて」『博物館研究』五―九、一九三二

(10) 森 金次郎「科學博物館の陳列上の苦心」『科學知識』一一―一一、一九三一

(11) 註9に同じ

(12) 森 金次郎「郷土博物館の設立と經營」『郷土 研究と教育』六、一九三一

(13) 森 金次郎「郷土博物館」『郷土史研究講座9』雄山閣、一九三二

(14) 平山成信「博物館施設に關する建議書」『博物館研究』一―四、一九二八

(15) 森 金次郎「學校外に於ける科學教育上の施設に就いて」『日本學術協會報告』六、一九三一

(16) 森 金次郎「米國の兒童博物館」『學習研究』九―八、一九三〇

(17) 註15に同じ

(18) 森 金次郎「學術振興と博物館」『日本學術協會報告』一一―四、一九三六

(19) 棚橋源太郎『眼に訴へる教育機關』寶文館、一九三〇

写真／註2より転載

【岩下忠輝】

藤山一雄

【藤山一雄】

一. 略歴

藤山一雄（一八八九～一九七五）は、一八八九年（明治二二）四月一六日、山口県玖珂郡神代村平原（現 岩国市由宇町神東舟木）に山林地主の長男として生まれる。鳴門村立小学校、岩国中学校、第五高等学校を卒業し、東京帝国大学法科大学経済学科に入学した。一九一六年（大正五）七月に大学を卒業したあと、湯浅貿易会社に入社する[1]。

一九二一年、梅光女学院長の広津藤吉の誘いで地理科教諭となり、一九一六年（昭和元年）まで教鞭を執った。同年に退職後、中国東北部（旧満州）に渡る。一九二九年に満州鉄道関連会社に赴任し、満鉄より欧米視察に出かけ、およそ一年の間、欧米各地の農業や労働状況の調査を行うと共に、博物館や民俗風土などを見学した。藤山は、視察期間中にスウェーデンのスカンセン野外博物館などを中心に調査しており、ここでの経験は後に手がける満州国国立中央博物館設立の原型になったと判断できる。

その後、満州国の建国に参加し、実業部、監察部、恩賞局の要職に就き、その間『國定教科書』[2]『東方國民文庫』[3]『大東亞文化建設叢書』[4]をはじめ満州国の民俗文化発展について書籍を複数出版した。なかでも、満州国の民俗イデオロギーの発展を目的に、一九三七年に編纂した『新滿州風土記』[5]は、藤山の民俗博物館の教育と研究を兼備した新しい博物館を追求するものであった。

一九三九年、満州国国立中央博物館副館長に赴任し、満州国解体までの六年間、積極的な博物館活動を展開した。一九四〇年一〇月には、『新博物館態勢』[6]を出版し、同書に記した種々の活動は、満州国国立中央博物館にて実践された。

二. 藤山の博物館理論

先ず、藤山の『新博物館態勢』を、博物館学史の流れに位置付けると先の通りである。

藤山の博物館学は、一九四〇年（昭和一五）に刊行された『新博物館態勢』で集約されている。本書は、博物館学史では濱田青陵『博物館』[7]、棚橋源太郎『眼に訴へる教育機関』[8]、後藤守一『歐米博物館の施設』[9]などの流れに続くものであり、自らの「新博物館の胎動[10]」の考えをベースにしたものである。

次に、当時の代表的な博物館学者である棚橋源太郎との比較により、藤山の独自性を明らかにすると根本的な相違は、博物館に対する視点の違いではないかと思われる。すなわち、棚橋の考える日本の博物館の現状は発展途上の段階であり、常に目標とする視点は欧米の博物館の状況・事例であった。前掲の『眼に訴へる教育機關』においては、外国の事例紹介を通じて、「日本には遺憾ながら、まだ博物館らしいものが、殆どない」とし、博物館を充実させるためには政府への働きかけを重視したのであった。

反面、藤山は、欧米での見聞を通して、日本の博物館の現状についてより具体的な言及をし、『新博物館態勢』のなかで、二年前の一九三八年に復興開館した東京帝室博物館を「東京の〇〇博物館」と伏字としながらも左記の如く批評的に指摘しているのである。

> 何千萬圓もかかつたあの宏壮な博物館のあらゆる機能をもつてしてそれらの生徒達に一つの組織を持つた世界を提供し得なかつたのに反し、動物園の一疋の猿の生態は彼等に「未だ知られざる宇宙」を創造して見せたのである。

すなわち、博物館の教育効果は、施設の大きさではないと厳しく指摘しているのである。これは、「新博物館の胎動」においても次の如く記している。

> 新建築が余り立派すぎ、反つて国宝的内容も瘠せて見えます。勿論暇に任せてゆつくり見れば、立派な列品もあることだし、いろいろ教示され、暗示を受けることかとも思ひましたが、素通りしてゆく普通の観覧者には、何等の学問的な感銘も与へぬだらうと思はれます。只以前に比して列品の数を少くして、焦々した感じを与へない点、ぜいたく過ぎる程に注意深く設備された採光や換気、温湿度適正装置等はかなり念入りに出来てゐる様でありますが、然しこれだけ多数の金を使つて居て、現実の国民生活に如何なる効果を与へ得るか疑問であります、また博物館の概念を歪めさせるのではないかとも思ひます[11]。

①満州国国立中央博物館での理論と実践

先ず、藤山の活動から生まれた博物館の考え方としては、『新博物館態勢』のなかで博物館は「研究を目的にするか、一般民衆の教導を主にするかといふことは考慮する必要がある」と指摘し、博物館の活動を重視したことは同書からも読み取れる。

自然科學方面に於ては「明日」のために青少年を對象として淺く、廣く、科學に對する興味を刺戟し、これを生活せしめるやう努力する經營方法をとり、人文科學方面に於ては反對に過去に遡及し、滿州ひいては極東アジアを搖籃として興廢せる民族文化の根元を極め、その文化史を考古資料によつて基礎づけ、系統化するため、その活動を深く專門的ならしめる。

と、教育面と研究面との関係を指摘している。すなわち「博物館は靜態的でもあるが、又動態でなければならん」と述べている。博物館における教育と研究において、「静態」「動態」的に行う活動を〝博物館エキステンション〟という用語で総称し、展開したのであった。

博物館エキステンションについて、藤山は博物館側からの社会に対する積極的な働きかけを行うものであるとの思想を『新博物館態勢』のなかで左記の通り展開している。

店を展げ、お客を待つて居る舊來の博物館から、所要のものを大風呂敷に包み、お得意先に押賣りに出かけるのである。

犬塚によれば、大恐慌以降の一九三〇年代のアメリカでの博物館経営策であり、メトロポリタン美術館を例示したものという。[12]

これにより、満州国国立中央博物館では、移動講演会、現地入所科学研究生、博物館の夕、満州科学同好会、科学ハイキング、展覧会、文献の発行などの活動が行われた。[13]

さらなる特徴は、民俗展示場である。民俗展示場は、満州国の先住民族の生活様式を知る場として計画されたもので、恐らくスウェーデンのスカンセン野外博物館などを参考にしたものと思われる。第一号館に構造展示された〝北満の農家〟は、一九四〇年八月に起工式が行われ、一九四一年に竣工している。当初は、諸民族の住居の設置を計画していたが、終戦まで設置されたのが〝北満の農家〟展示であった。『新博物館態勢』が執筆されていた頃は着工したばかりであり、満州に渡った日本人開拓民を、同地に適合させるための「民族協和」政策への啓蒙の場として構想された産物であるとの指摘もある。[14]

次いで特筆されることは、二元展示である。藤山の博物館理論として特徴的であるのは、戦前期において逸早く二元展示について論じていることである。藤山は、一九四〇年に寄稿した「新博物館の胎動」において、博物館の理想としては陳列場を少なくとも「大衆のための陳列場」と「高級の陳列場」の二つに区別することを提唱したのであった[15]。藤山の言う前者の「大衆のための陳列場」は、見物目的で来館する人々を対象とし、小学校卒業あるいは中学一・二年生でも理解できる内容とするとしている。一方で後者の、「高級の陳列場」は、来館者のなかでも研究者を対象とし、保存倉庫を開放して研究の内容に即した資料を観覧者へ提供するとした。つまり、来館者の知識レベルに合わせて利用する展示室を区別するという考えであり、後に棚橋源太郎が提唱する二元展示論と近似の論と理解できる。

なお、先に陳列場を二つに分けるとしているので新井重三の二重展示論の先駆とも考えられるが、実態として「保存倉庫を開放」との語が見られるところから、展示室と収蔵庫での展示を意図した棚橋の二元展示論の先駆と考えることが適当であろう。

②藤山一雄の小型地方博物館に関する理論

藤山一雄の満州国国立中央博物館副館長在勤中に、数多くの小型地方博物館が満州国国内各地に建設された。これら小型地方博物館の建設準備を藤山は研究課題とした。藤山は、棚橋源太郎の著者『郷土博物館[16]』の第一六章「博物館の建築」を基礎として、「小型地方博物館の組立て」（一九四二年）を打ち出しているものと看取される。藤山は、棚橋の博物館建設論を凝縮しながらも原則的には踏襲している。藤山の博物館への基本的理論は、『新博物館態勢』においても「博物館は單なる物の陳列場ではない」と述べている通りであり、地域型の博物館は、観光型博物館のように「化石」ではなく、教育機能を体現する「生きた博物館」とすることが重要であり、藤山は博物館の複合施設化の理念を指摘して、学校に附設する郷土室と都市に小型な郷土博物館を建設する必要があると提言したのであった。一九四四年には、新京市の民衆教育館に郷土博物室が設置されるが、これは藤山の博物館の複合施設化理論の実践である。博物館エキステンションとして、種々の教育活動を全面に展開するのは博物館にとって重要であり、これは藤山の独創的な博物館学理論の発露であったと推測される。

藤山は、一九四二年当時の満州国の経済情勢を考え、「小型地方博物館の組立て」を発表し、博物館建設における既存の建築物利用に関して次のように記している。

郷土博物館はこういう由緒ある古建物をそのまま利用すれば、大きな建築費など余り苦にしなくても創設が容易で反って有意義な経営の出来る最もよい一例として推奨することが出来る。[17]

小型地方博物館建設経費の相対的な廉価性の建設観念を主張している。

藤山は、博物館の教育機関化はアメリカ型と結合して、近代化という新しい形式になると主張した。同時に、藤山は一途にアメリカ型に追随しない考え方も述べている。生きた博物館は、藤山の考える博物館の近代化の綱領であり、これを国立中央博物館の大経路展示場と民俗展示場で体現したのであった。

三．藤山の博物館学に対する評価

藤山の博物館に対する考えは、満州国国立中央博物館に勤務することにより培われたものと思われる。中央博物館の設置に対し、藤山は『新博物館態勢』のなかで左記の如く記している。

本展示場は地方都市に分布せしむべき、自然科學或は郷土博物館として、最も規範的なものといふべく、その創設、及び經營に對する好個の見本であり、博物館研究のよき對象である。

以上のように、満州国国立中央博物館は、日本の帝室博物館とは異なり、外地である満州で行われた博物館活動は、帝室博物館の活動を批判することにより、満州国国立中央博物館の位置を示すという戦略的図式であったと解釈されよう。[18] 藤山には、『新博物館態勢』以外に博物館学界をはじめとしてあまり周知されていない論著として、「博物館小考」[19]や「博物館運動の方向」[20]などもある。

これらの論著は、藤山の活動は、満州国という戦時の統制下の地域で行われていたものであり、当時の政策と一体化した活動として捉えられ、終戦とともに忘れられたのではないかと考えられる。さらに、藤山自身も、戦後は故郷の山口県に戻り、山の植林、農業、畜産に着手する一方、一九五四年には農山漁村生活改善新生運動推進者として農山村文化研究会を創設するなど、地元の産業や文化の発展と育成に尽力し、博物館との関係はうすまっていった。

しかし、藤山の論は一九九〇年（平成二）に伊藤寿朗監修により『博物館基本文献集』[21]の第四巻に復刻転載された。それを契機に、犬塚康博による数多くの先駆的な研究が行われ[22]、その結果『博物館学事典』[23]『博物館学人物史　上』[24]などで取り上げられるようになった。さらに、若い頃教鞭を執っていた下関の梅光女学院の後身である梅光学院大学に二〇〇七年に「御家蔵・藤山一雄文献等資料」が寄贈され、同大学博物館での研究が行われている。

おわりに

藤山の博物館学思想は、欧米に範をとりつつも同氏が活動拠点とした満洲という土地に併せて再構築したものであり、構築した博物館理論を満洲国国立中央博物館で実践するといった理論と実践が噛み合わさったものであった。また、博物館での教育普及活動について論じた「博物館エキステンション」やスカンセンを範に取った野外博物館構想、最初期の二元展示論など、現代の博物館学に繋がる先進的な博物館論を数々提唱したことは、極めて先進的であったと言えるだろう。そして藤山の理論は木場一夫をはじめとする後進の研究者へ継承され、日本の博物館学を形成する流れのひとつとなったのである。

註

(1) 落合知子「藤山一雄」青木 豊・矢島國雄編『博物館学人物史 上』雄山閣、二〇一〇、二二九—二三六頁
(2) 『國定教科書』とは、教科書、教科用図書の編纂、発行などの権限を国家が占用する制度である。また、政府が全国に発行、配布する教科書も指す。
(3) 『東方國民文庫』長春滿日文化協會
(4) 『大東亞文化建設叢書』國民精神文化研究所
(5) 藤山一雄『新滿州風土記』滿日文化協會、一九三七
(6) 藤山一雄『新博物館態勢』滿日文化協會、一九四〇
(7) 濱田青陵（耕作）『博物館』アルス、一九二九
(8) 棚橋源太郎『眼に訴へる教育機關』寶文館、一九三〇
(9) 後藤守一『歐米博物館の施設』帝室博物館、一九三一
(10) 藤山一雄「新博物館の胎動」『民生』三—一、一九四〇
(11) 犬塚康博『20世紀日本の博物館に関する研究』学位論文、二〇〇八（原本は註10に同じ。三—四頁）
(12) 犬塚康博「再び満州国の博物館に学ぶ　危機における博物館の運動論」『美術館教育研究』八—一、一九九七
(13) 犬塚康博「満州国国立中央博物館とその教育活動」『名古屋市博物館研究紀要』一六、一九九三
(14) 大出尚子「「満州国」国立中央博物館と「満州国」の建国理念　副館長藤山一雄の「民族協和」構想」『社会文化史学』四六、二〇〇四
(15) 註10に同じ。六頁
(16) 棚橋源太郎『郷土博物館』刀江書院、一九三二
(17) 藤山一雄「小型地方博物館の組立て」『國立中央博物館時報』一九四二
(18) 犬塚康博「藤山一雄博物館論ノート」『名古屋市博物館研究紀要』二一、一九九八
(19) 藤山一雄「博物館小考」『帰去來抄』東光書院、一九三七
(20) 藤山一雄「博物館運動の方向」『北窓』一—二、一九三九
(21) 伊藤寿朗監修『博物館基本文献集』全二一巻・別巻一、大空社、一九九〇～九一（博物館が組織的な取り組みを開始した一九二〇年代末から、一九五五年の博物館法改で戦後の体制が定まった一九五〇年代までを主な対象に、理論書、啓蒙書などの単行書、パンフレット、戦前の海外植民地の館も含む案内書、統計書などを網羅し、構成。）
(22) 犬塚康博「藤山一雄『新博物館態勢』を読む」『パフォーマンスの民族誌的研究—千葉大学大学院人文社会科学研究科研究プロジェクト報告書』一四四、二〇〇八）をはじめとする藤山にかかる論考。
(23) 全日本博物館学会編『博物館学事典』雄山閣、二〇一一
(24) 青木 豊・矢島國雄編『博物館学人物史 上』雄山閣、二〇一〇

写真／藤山浩一郎氏所蔵・梅光学園大学博物館提供

【樊 子 杰】

鶴田総一郎

一．鶴田総一郎の生い立ち

【鶴田総一郎】

鶴田総一郎（一九一七〜一九九二）は、一九五六年（昭和三一）発行の戦後日本における博物館学の基本書とも言うべき日本博物館協会編『博物館学入門』の実務上の編著者で、本書前半部分の「博物館学総論」の執筆者として、また一九五〇〜八〇年代に国際博物館会議（ＩＣＯＭ）の主要メンバーの一人として活躍したことで知られる。

本人が博物館と関わるようになった経緯については、一九九一年（平成三）刊行の伊藤寿朗監修『博物館基本文献集　別巻』に「『博物館学入門』の「博物館学総論」編を執筆した経緯」(1)として、自身で述べたものがある。さらに、筆者自身もまた鶴田の教え子の一人であり、本人からの聞き取りや「鶴田文庫」の整理を基に、業績等のまとめを行ってきた(2)。本稿は、それらの記録や成果から「博物館学総論」を軸に鶴田博物館学を検証することとしたい。

鶴田は一九一七年（大正六）に山梨県を本籍地として生まれ、その後長野県で育ち、長野中学校（現・長野高等学校）卒業後、東京高等師範学校、東京文理科大学（その後の東京教育大学、現・筑波大学）に学んだ。大学では生物学科で動物生態学を専攻し、戦時下においては、一九四一年に第一期の海軍兵科予備学生となり、その後、終戦までの四年間は、海軍士官として対潜水艦攻撃法の指導に当たっていたという。

この戦時下の経験がもととなって、敗戦後「私の義務と使命は日本国民の科学知識の普及振興と、科学的実践力の涵養にいささかでも寄与できれば」と決意することとなり、科学教育の振興に強く関心を持つようになった。鶴田博物館論が理路整然としているのは、理系的発想の下に構築されていることに所以していると考えられ、また資料論等具体的各論の中で、動物資料に関する事例がしばしば登場するのも、こうした経歴によるものである。

敗戦後は一貫して博物館に関する仕事に携わり、文部省科学教育局科学官、国立自然教育園次長、国立科学博物館事業部長などを経て、法政大学の初代博物館学講座教授、中国の復旦大学博物館学部顧問教授などを務め、一九九二年に永眠した。

二．鶴田博物館論の基礎形成

鶴田の博物館学理論の基礎形成には、文部省時代の職場の先輩に当たる科学教育局科学官だった木場一夫や、日本博物館協会理事だった棚橋源太郎の考え方が大きく影響していたことは自身でも述べている。木場は同じ理系の出身者であり、職場での討議は自然科学的発想をベースとする鶴田博物館論の構築に役立ったものと考えられる。また、科学知識の普及振興のための博物館を考えていた鶴田は、棚橋の博物館論が、教育学を理論のベースとしていること、欧米の博物館の実態調査をもととした国際的視点に立ったものであることに大きく共感している。棚橋が日本博物館協会の理事を務めていた当時、鶴田も同じく理事として在任しており、親しく接する機会は多かったことと推察される。

確かに鶴田博物館論が、教育学の一翼を担う科学として位置付けられていること、また、国際的見地に立った博物館学の構築を目指していた点から見て、棚橋博物館論の影響を大きく受けていると考えられるし、自然科学的博物館論は木場博物館論に大きく影響を受けていると言うことができよう。さて、鶴田博物館論の構築を考える上で参考にすべきものとして、一九五二年（昭和二七）から一九五四年にかけて実施された文部省主催の「学芸員講習」[3]があげられる。

第一回目は、一九五二年の夏に東京藝術大学を会場として開催されている。この前年の一二月に博物館法が制定され、学芸員資格認定のための暫定処置として、文部省では資格付与のために講習会を開催することとなった。国立自然教育園に勤務していた鶴田も、この講習会に講師の一人として参加し、「博物館資料展示法（自然科学）」の中の「植物園」に関する部分を担当している。[4]初回の講習講義内容は、受講者の筆録をもとに文部省で取りまとめ、ガリ版刷り、B5判一二四ページに及ぶ概説集『昭和二七年度学芸員講習講義要綱』[5]としてまとめられた。しかし一部の講義は概説が作成されず、その一つに鶴田の講義も含まれていて、当時の鶴田の講義内容を知ることはできない。この概説集には、教育原理・視聴覚教育・社会教育概論の内容も含まれているが、それでも博物館学に関する実ページ数は一四〇ページにのぼる。博物館学に関する内容としては、博物館概論・博物館資料の分類及目録法・博物館資料展示法・博物館資料収集保管法という項目立てになっており、博物館概論の部分は棚橋源太郎が執筆を担当している。

翌年の第二回目には、文部省社会教育局が各担当講師が持ち寄った原稿を編集して、講習会用テキストとしてまとめた『学芸員講習講義要綱』[6]が発行されている。このテキストの原案は、当時、立教大学博物館学講座担当主任教授の宮本馨太郎が中心となって作成し、それを文部省が検討した上で編集が行われた[7]。原稿は、棚橋をはじめとした文部省から委嘱された一七名の委員の手によるもので、鶴田もその一人に加わっていた。内容としては、博物館概論・博物館資料収集保管法・博物館資料分類及び目録法・博物館資料展示法に、各論として動物園・植物園・水族館を加えていて、A5判、タイプ印刷、七九ページの構成となっている。

しかし、結果的にこのテキストはあくまでも各担当の原稿の寄せ集めで、体系的な「学」を示すには至らず、記述内容もほとんどが箇条書きであるなどの点に鶴田は不満を残し、その結果として、自らが本格的な博物館学のテキストづくりに取り組むこととなる。しかし、「何れにせよ日本における博物館学の体系の骨組みが示された」と本人も述べているように、このテキストの「骨組み」は後の「博物館学総論」の下地となったのは事実である。

三．『博物館学入門』の「博物館学総論」

一九五五年（昭和三〇）になって博物館法が一部改正され、学芸員の資格取得に国家試験の規定が設けられた。当時「博物館学」と銘打った市販の図書は、棚橋の『博物館學綱要』（一九五〇）を除いては皆無の状態であった。このため、受験のための適当なテキストを作成する必要が生じ、日本博物館協会ではテキスト作成に取り掛かることとなった。この時、編集を担当することになったのが、日本博物館協会理事の一人であった立教大学教授の宮本と、当時、国立自然教育園次長であった鶴田で、二人による相談の結果、鶴田が総論編を執筆することになった。

編集は一九五五年中に終え、日本博物館協会編『博物館学入門』は、「博物館学」の名を冠した第二冊目の図書として翌年一月三〇日に発行された。その「はじめに」の部分には、「大学における博物館学講座のテキストであり、明年二月に行われる学芸員資格取得の国家試験の受験参考用であり、また博物館学芸員および博物館管理経営者が実務を行うためのハンドブック」として編集された旨が述べられている。本書は、A5判、全二七二ページ（本文二四八ページ、法令集二四ページ）、横書き、ハードカバーという装丁で、本文中には一枚おきにメモ用の白紙が入っているため、厚さは実ページの倍の五四四ページ分となっている。本文は前編と後編に分けられ、前編は一二二ページにわたって「博物館学総論」に当てられ、全文を鶴田が単独執筆している。後編は「博物館学各論」とされ、館種別に合計で一九名の現場職員が執筆していて、鶴田は「植物園」の項を執筆している。

『博物館学入門』の「博物館学総論」について、鶴田自身が述べる本書の要点は、次の四つとなっている[8]。

(一) 博物館学を定義することを試みた

(二) 個としての博物館の基本的特質を、機能的側面と形態的結果的側面との二つに分けた

(三) 集まりとしての博物館を追及した

(四) 博物館経営学へのアプローチ

(一)~(三)の三つについては、かなり体系的に詳述され、従来の様々な記載的博物館論が整理され、伊藤寿朗が評価[9]しているように、機能主義的博物館論がここに完成されたと言える。この理論は、その後の日本博物館学の中で、形は変わりながらも基本となっている部分と言えよう。しかし、(四)については、自身も述べている通り「力及ばす」に「確立は全くでき」なかったと部分と言える。やはり、その後も日本博物館学の中で、なかなか博物館経営論の追究や進展が見られなかったのは、それ以後の博物館論がいかに鶴田博物館論に頼っていたかという一つの現れかも知れない。

次に、もう少し詳しく本書の構成について、『学芸員講習講義要綱』(以下『講義要綱』)と比較しながら見ることとしたい。骨組みとしては、自身でも述べているとおり棚橋や木場の著書の影響が大きいが、「日本における博物館学の体系の骨組みが示された」『講義要綱』は、ある程度意識しながら構成されたものと考えられる。しかし、『講義要綱』の博物館概論、博物館資料収集保管法、博物館資料分類及び目録法、博物館資料展示法といった構成とはかなり異なり、「博物館学総論」では、博物館学の目的と方法、博物館史、博物館の目的、博物館の目的を達成するための方法、博物館の経営という章立てとしている。

「博物館学の目的と方法」に当てた第一章では、博物館学の目的について「博物館の目的とそれを達成する方法について研究し、あわせて博物館の正しい発達に寄与することを目的とする科学である」としている。さらに「博物館学は一つの応用科学であり、博物館はそれが形となってあらわれたもの」とし、「博物館学は純粋科学又は基礎科学ではなく、高次限の応用科学だ[10]」と明言している点は、従来

の博物館論には見られなかった部分である。第二章の「博物館史」については、棚橋源太郎の博物館史を踏襲した欧米の博物館史と日本の博物館史の二本立てとなっている。

「博物館の目的」に当てた第三章では、第三節において「目的の分析」を行っていて、「博物館の目的の機能的分析」の項で機能を「収集」「整理保管」「研究」「教育普及」の四つに類型化し、さらに「博物館の目的の結果的分析」として「博物館資料」（もの）、「博物館施設」（ところ）、「学芸員」（働き、後に利用者を含め「ひと」としている）の三つを掲げている。この部分を『講義要綱』と比較してみると、「資料分類及び目録法」と「資料収集保管法」中の「保管」の部分とを統合して「整理保管法」とし、「収集法」は独立させている。また、鶴田は「教育普及法」という節を設け、従来の「資料展示法」に加え、「教育活動」をこの中に含めている。こうした諸点は、従来の博物館論には見られなかった新しい機能分析であると言える。

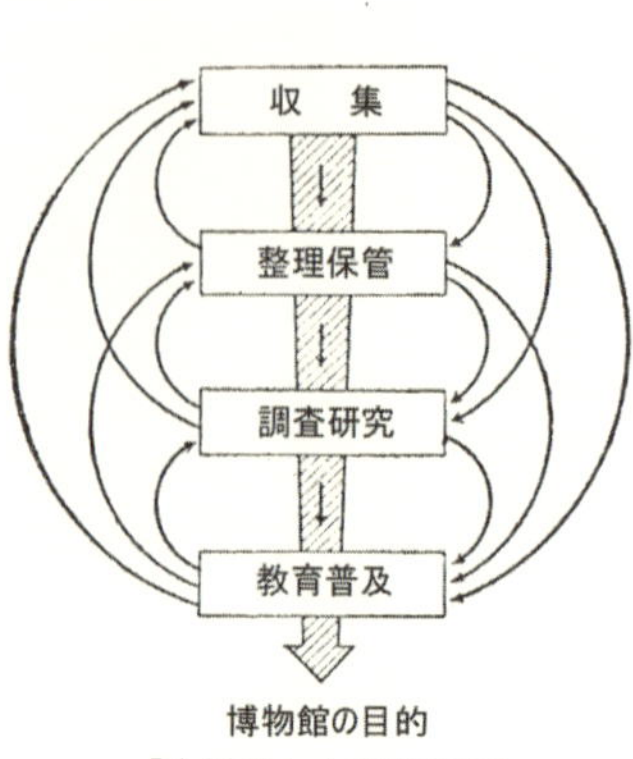

【大循環と小循環の図】
（鶴田総一郎「博物館学総論」
日本博物館協会編『博物館学入門』
理想社、1956、40頁より）

第四章には、「博物館の目的を達成するための方法」というタイトルを付けているが、これは木場の『新しい博物館』（一九四九）中の、第二章にある「博物館の目的を達成する方法」というタイトルを意識したものとも考えられる。しかし、内容の上では「調査研究」の項に第三章を受けて、従来の「博物館資料の研究」に加え「博物館資料と人との結び付きに関する研究」を明示するなど、従来の博物館論にはなかった考え方も加えている。

『博物館学入門』の「博物館学総論」は、『講義要綱』などに比べ、博物館に関する諸事項について、羅列から体系へと深化させた博物館学書と評価することができ、それゆえの「博物館『学』総論」であったとも言える。

四．鶴田博物館論の評価

鶴田の教え子で、一九七八年（昭和五三）に森田恒之と共編の『博物館概論』（学苑社）の編著者として知られる伊藤寿朗は、社会学を専攻し、鶴田とは異なる位相から博物館論に迫った。伊藤の博物館論は、博物館を博物館自身から考えようとするのではなく、博物館を外野である利用者、住民のサイドから思想史的・社会史的に考えることによって、新しい博物館論を構築しようと試みた。伊藤自身も「博物館のあり方は同時に社会のあり方の反映でもある」と述べている。[11]

鶴田とは相対する博物館論を展開した伊藤であるが、鶴田の「博物館総論」に対しては、機能的博物館論として「海外博物館の紹介的役割から脱皮し、博物館論として自立し、体系化しえた唯一のものである。さらに、戦後の博物館論を指導し、かつ現在にいたるも支配している論理である」と評している。[12]

美術や民俗学・考古学をベースに、モノを通して構築する博物館論が多い中で、表面的には相対していた伊藤と鶴田の二人の博物館論は、実は数少ない博物館を純粋に捉えた理論であったという点で共通している。鶴田博物館論を機能論的博物館論と言うならば、伊藤博物館論は運動論的博物館論であったと言えよう。

註

（1）鶴田総一郎「『博物館学入門』の「博物館学総論」篇を執筆した経緯」伊藤寿朗監修『博物館基本文献集』別巻、大空社、一九九一
本稿で断りのない限り、以後の「　」内の鶴田の言葉は、本稿によるものである。なお本書には、日本博物館協会編『博物館学入門』（理想社、一九五六）の鶴田総一郎「博物館学総論」の部分が縦書き（原文は横書き）で復刻されている。

（2）浜田弘明（研究代表者）『博物館学資料「鶴田文庫」の整理・保存及び公開に関する調査・研究　平成19～21年度日本学術振興会科学研究費補助金基盤研究（C）研究成果報告書』二〇一〇

（3）「学芸員講習の実施」については、宮本馨太郎『民俗博物館論考』慶友社、一九八五、八八―八九頁参照。

（4）日本博物館協会編『日本博物館協会会報』一五、一九五二、一一―一四頁（日本博物館協会編『博物館研究　復刻版』五、一九七九に所収）

（5）文部省『昭和二七年度学芸員講習講義要綱』一九五二（伊藤寿朗監修『博物館基本文献集』二一、大空社、一九九一所収）

（6）文部省社会教育局編『学芸員講習講義要綱』一九五三（伊藤寿朗監修『博物館基本文献集』二一、大空社、一九九一所収）註5、6の文献解説として、柘植信行「『学芸員講習講義要綱』昭和二七年度・二八年度解説」伊藤寿朗監修『博物館基本文献集』別巻、大空社、一九九一、二八六―二九五頁がある。

（7）註3文献で、「学芸員講習講義要の作成」については、宮本馨太郎が自ら述べている。中川成夫『博物館学論考』雄山閣出版、一九八八、二五―三一頁では、宮本案と『学芸員講習講義要綱』の比較検討が行われている。

（8）註1に同じ。一二三―一二四頁

（9）伊藤寿朗「戦後日本の博物館活動　近代博物館から現代博物館へ」小林文人編『講座・現代社会教育Ⅵ』亜紀書房、一九七七、三〇四頁

（10）註1に同じ。一二三頁

（11）註9に同じ。二八五頁

（12）伊藤寿朗「地域博物館論」長浜功編『現代社会教育の課題と展望』明石書店、一九八六、二五一―二五三頁

【浜田弘明】

新井重三

一・略歴

【新井重三】

新井重三（一九二〇～二〇〇四）は、一九二〇年（大正九）一二月一二日、埼玉県入間郡日高町（現日高市）に生まれる。高麗川尋常小学校、同尋常高等小学校（いずれも現高麗川小学校）を経て、埼玉県師範学校本科一部に入学。地質学の酒井栄吾、動物学の須甲鉄也に師事する。

一九四二年（昭和一七）、同校を卒業、東京高等師範学校内にあった東京第一臨時教員養成所博物学科に入学。

一九四四年九月、同所を卒業、東京文理科大学地学科地質学鉱物学専攻に入学、地質学の藤本治義に師事する。在学中に終戦を迎え、平和な時代における学問の方向性を自問したことが、その後の博物館学研究の契機となる。(1) 卒業後は東京理科大学地質学鉱物学教室の副手を務める。

一九四八年、埼玉県秩父郡野上町（現長瀞町）にあった秩父自然科学博物館（現埼玉県立自然の博物館）に研究員として奉職、一九五一年より同館主任を務め、その後同館館長に就任する。

一九六一～六二年の半年間、文部省の海外派遣研究員として博物館の調査研究のため欧米各国を視察する。

一九六四年、埼玉県立理科教育センターに移籍。地学教育担当指導主事を経て、同センター指導部長を務める。

一九六五年より埼玉大学教育学部において非常勤講師を務め、翌年助教授に就任。

一九七一年、同大学教授に就任。同年から一九七二年にかけて、文部省在外研究員としてアメリカ合衆国に派遣され、インディアナ大学やコロンビア大学ラモント研究所などで堆積学の研究を進める。

帰国後は埼玉大学において博物館学を講ずる傍ら、附属の地球科学観測実験室長や幼稚園長を務めた。また東京教育大学、筑波大学大学院、群馬大学、茨城大学、千葉大学、埼玉県立教員養成所の非常勤講師として、理科教育学、地学（堆積学）、博物館学を講じた。

一九八六年三月、埼玉大学教育学部教授を退官、株式会社丹青総合研究所顧問に迎えられる。

一九八八～一九九一年（平成三）、上武大学経営情報学部教授を務める。

二〇〇四年九月二五日逝去。享年八三歳であった。

二．博物館学の体系化に関する業績

新井重三は博物館学創成期に自然科学の立場から理論構築と実践に努めた研究者である。その代表的業績として、一九七九年（昭和五四）～一九八一年刊行の『博物館学講座』（旧版）全一〇巻の執筆・編集があげられる。特に一巻「博物館学総論」、七巻「展示と展示法」、一〇巻「参考資料集」では責任編集者（七巻は佐々木朝登との、一〇巻は加藤有次との共同責任者）を務め、博物館学の体系、博物館の役割、その機能と活動、性格と分類に関する考察（一巻）、展示法に関する考察（七巻）、国内外の博物館事情の解説（一〇巻）など、当時の日本における博物館学の体系化を意図した論考を収めている。本論集は博物館学研究者や博物館運営従事者の基本文献として活用されるとともに、多くの公立図書館にも収蔵され一般市民に提供されたことで、博物館学の社会的認知にも多大な貢献を果たした。

三．展示理論に関する業績

一九五三年（昭和二八）、新井は「綜合展示論」を発表し、展示企画者の意図を展示の中に示す必要性を述べた[2]。本論は秩父自然科学博物館に在籍し、秩父盆地の研究成果を生かした博物館づくりに取り組む中から生み出されたものであり、棚橋源太郎の「綜合陳列」論が広く踏襲されていた当時にあっては、展示理論に新たな視座を与えるものであった。

一九五八年、「二重展示（ダブルアレンジメント）論」を発表[3]、綜合展示法（生態展示と課題解説展示）と分類展示法（個別展示と羅列展示）を分離、各々展示室として独立させる必要性を説き、それまで自身が示した綜合展示は、課題解説展示に相当するものとした。さらに「綜合展示室」と「分類展示室」が併存する博物館施設の概念を図示、基本構想の提示を試みている。人文科学系博物館への適用に関する検討が不十分であるとするものの[4]、この構想は一九六三年、愛知県南設楽郡鳳来町（現新城市）に完成した鳳来寺山自然科学博物館において実践され[5]、自然科学系博物館における有用性を広く社会に示した。一九七九年には自身が提唱する「飼育・栽培展示」を加えた「三重展示（トリプルアレンジメント）」実現の可能性を示唆した。また、従来用いてきた「二重」は「重複」の意味であり、今後は「資料重複展示」と読み替えるべきとした。一方で美術系博物館や一部の歴史博物館からの意見を踏まえ、二重展示法には館種による限界があることを認めている。[6]

四．野外博物館論・エコミュージアム論に関する業績

地質学出身の新井にとって、博物館とは屋外の自然物を対象とする野外博物館を意味していた。一九五六年（昭和三一）、野外博物館の定義を発表。[7]その主体は自然環境の中に育まれた生成物と人類の生活址であり、基本的には標本資料の移動は許されないと定義し、スカンセンやアチック・ミュージアム等の移設・収集により生まれた施設は含まれないとした。当時の新井は、武甲山麓や長瀞の荒川河岸に自然観察路などの野外展示施設を整備、その成果を一九五八年にユネスコ発行の雑誌『Museum』誌上で発表しているが、後年これを指して、「我が国における野外博物館を国際的に公表した最初の論文」（波線は筆者による）としている。[8]当時の新井の野外博物館像を端的に表わすものといえるだろう。

しかし、一九六八年の海外野外博物館事情報告[9]では、アメリカの博物館が生活体験を重視する点を指摘するなど、その視点に変化の兆しが窺える。一九六一～六二年の海外博物館視察[10][11]がその契機となったことが推察される。

一九七九年、自然史博物館の新たな構想として「環境と共に生きる博物館」を提唱、複数の野外博物館と中央博物館の連携モデルを提示した。[12]

一九八七年、エコミュージアム思想に関する論考を発表、[13]青木豊はこれを新井のエコミュージアム論の初出としている。[14][15]一九八八年にはエコミュージアムを「野外博物館の突然変異」とする表題論考を発表、エコミュージアムの概要を解説した。[16]

一九八九年（平成元）、自身の野外博物館論の総括を図る。[17]野外博物館は地域振興策の花形であり、生涯学習時代の市民が求める博物館としたが、自身の考える野外博物館に相当する言葉が博物館先進地である欧米諸国の言語に見られないことから、欧米の野外博物館事情や国内の先行論文を俯瞰した結果、「オープン・エア・ミュージアム」が人文系野外博物館に相当するものとし、自然系野外博物館を指す造語として「フィールド・ミュージアム」を提唱した。さらに、野外博物館を現地保存型と収集展示型に二分、それぞれを自然系野外博物館、人文系野外博物館の体系別に整理した。現地保存型野外博物館を野外博物館の理想とする一方、一九五六年に自ら提唱した野外博物館の定

義が「オープン・エア・ミュージアム」の要件を満たさないとしてこれを撤回するなど、国際的にも通用する野外博物館論を意図する再構築を試みている。

さらに新たな地域博物館像として、フランスのジョルジュ・アンリ・リヴィエールが提唱したエコミュージアム（生活・環境博物館）を紹介した。新井はこれをエコミュージオロジー（生活・環境博物館学）の理念に支えられた博物館であるとし、フランス、カナダ、スウェーデンにおける実践例と、実践を通じて明らかとなった課題に言及している。

以上の通り、野外博物館論の到達点がエコミュージアム論の起点と重複することは、新井の研究を考える上で極めて重要である。

一九九〇年には、野外博物館とエコミュージアムに加え、企業博物館などの新たな概念を取り込んだ博物館分類を提示している。[18]

一九九五年と一九九七年にはエコミュージアム論に関する編著作を相次いで出版[19][20]したが、リヴィエールが提唱したエコミュージアム論に留まらない、日本のエコミュージアム論の基本資料として、その学術的意義は現在も不変である。

五．博物館界への提言の今日的意義

日本のエコミュージアム理論推進者としての新井の業績に隠れがちだが、生涯五〇編以上に及ぶ彼の論考には、博物館の現在と未来を考察する上で示唆に富む提言が多い。

一九七三年（昭和四八）に提言した大学院における博物館学芸員養成の必要性は、[21]二〇〇九年（平成二一）、文部科学省内の審議会でも改めて提言され、[22]同年度より國學院大學大学院において高度博物館学教育プログラムが開始されている。

一九七九年に提言した博物館ボランティア制度[23]は、現在では地方自治体レベルの博物館でも実現し、ボランティア活動が博物館を支える重要な柱となっている。

一九八六年に提言した博物館が環境教育において果たすべき役割[24]は、現在では博物館の重要な使命として広く認識され、博物館を拠点とした活動が展開されている。

井上敏は新井の博物館論を再評価する中で『博物館学講座』[25][26][27]（旧版）において彼が用いた「博物館の自治」の今日的意義を再検証し、二〇〇八年六月の博物館法改正に象徴される激動の時代を迎えた博物館界全体が改めて「博物館の自由」について議論を進めることを提起している。[28]

おわりに

新井重三は研究成果の社会還元に熱心であった。博物館学に関する研究活動が主体を占めていた後半生においても、出身地の町史編纂事業に参画し[29]、地学ガイドブック[30]や中学校理科の資料集の監修を行うなど[31]、その出自たる地質学に関する業績を遺していることは、新井の真摯な学究姿勢を物語るものである。

博物館学研究においてはさらに一歩踏み込み、社会や市民に求められる博物館像という、現在の博物館学研究にも通底する課題に取り組んだ。それは終戦時に自問した学問の方向性に対して新井が見出した回答でもあった。彼の遺した数々の論考が清新さを失わないのは、その求めたところが現在の我々が追究すべき課題を示唆しているのに他ならないからである。

註

（1）埼玉大学教育学部自然科学科地学教室「新井重三教授略譜」『埼玉大学紀要（教育学部）数学・自然科学』三四―二（新井重三教授退官記念）、一九八五

（2）新井重三「わたくしの博物館学Ⅰ・Ⅱ」『日本博物館協会会報』二〇・二一、一九五三

（3）新井重三「博物館における展示の基本的な七つの問題点とその解決法　再びDouble Arrengement（ママ）について」『博物館研究』三一―三、一九五八

（4）新井重三「博物館資料の展示法とその形態について」『博物館研究』三一―一〇、一九五八

（5）新井重三「ダブルアレンジメントシステム採用　鳳来寺山自然科学博物館の完成」『鳳来寺山自然科学博物館概要』一九六三

（6）新井重三「地域における公立自然史博物館の建設と活動　エメラルドネックレスを例として」『博物館学雑誌』三・四合併号、一九七九

（7）新井重三「野外博物館」日本博物館協会編『博物館学入門』理想社、一九五六

（8）新井重三「野外博物館総論」『博物館学雑誌』一四―一・二合併号、一九八九

（9）新井重三「アメリカにおける野外博物館の一例」日本博物館協会第一六回全国博物館大会編『第一六回全国博物館大会報告書』一九六八

（10）新井重三「博物館とその背景　イギリスの巻」『社会教育』一七―四、一九六二

（11）新井重三「アメリカの博物館　文部省海外派遣研究員として歩いて」『社会教育』一七―五、一九六二

（12）註6に同じ

（13）新井重三「エコミュージアムとその思想」『丹青』六一―一〇、一九八七

（14）青木　豊「新井重三先生（1920～2004）の博物館学思想」『Museum study　明治大学学芸員養成課程紀要』二〇、二〇〇八

（15）青木　豊「新井重三」青木　豊・矢島國雄編『博物館学人物史　下』雄山閣、二〇一二

（16）新井重三「野外博物館に突然変異　エコミュージアム」『季刊ミュージアム・データ』五、一九八八

（17）註8に同じ

（18）新井重三「日本の現状からみた博物館の種類と分類」『博物館研究』一五―一・二合併号、一九九〇

（19）新井重三編『実践エコミュージアム入門　21世紀のまちおこし』牧野出版、一九九五

（20）新井重三編『エコミュージアム理念と活動』牧野出版、一九九七

(21) 新井重三「博物館における「研究」の性格と機能的に見た博物館の分類」『博物館研究』四五―二、一九七三
(22) これからの博物館の在り方に関する検討協力者会議『学芸員養成の充実方策について　第2次報告書』文部科学省、二〇〇九
(23) 註6に同じ
(24) 新井重三「博物館と環境教育」『博物館学雑誌』一一―二、一九八六
(25) 新井重三「博物館とその役割」『博物館学講座1』雄山閣出版、一九七九
(26) 新井重三「未来社会と博物館」『博物館学講座3』雄山閣出版、一九八〇
(27) 新井重三「自然史系博物館」『博物館学講座4』雄山閣出版、一九七九
(28) 井上敏「新井重三の博物館論と『博物館の自由』の研究」『桃山学院大学総合研究所紀要』三四―四、二〇〇九
(29) 新井重三ほか「地象とくらし」『日高町史自然史編』日高町、一九九一
(30) 新井重三監修『新版埼玉県地学のガイド　地学のガイドシリーズ4』コロナ社、一九九二
(31) 新井重三監修「地学」『最新中学校理科資料集　改訂新版』福武書店、刊行年不詳

新井の略歴については、埼玉大学在職時代までの足跡は註1に、同大学退官後の足跡は註14にそれぞれ依った。

本文中、新井が論考で用いた外国語表記については論題を除き全てカタカナ表記に、人名などの表記は現在通用している一般的表記に置き換えた。いずれも記述上の措置であり、新井の企画意図を損なうものではないことをお断りしておく。

なお、本稿の執筆に当たっては國學院大學の青木豊教授のご指導のもと、和洋女子大学の駒見和夫教授、埼玉大学図書館の小野寺伸氏、(株)丹青研究所の石川貴敏氏のお力添えを頂いた。末筆ながらここに記し、深く感謝する次第である。

【古池晋禄】

伊藤寿朗

一・「在野の博物館学研究者」として、そして研究の特質

【伊藤寿朗】

伊藤寿朗（一九四七〜一九九一）は、一九七〇年代後半から一九九〇年代初頭にかけて地域市民主体の博物館を構想し、彼独自の「地域博物館」論、「第三世代の博物館像」などを提唱し、現代日本の博物館に大きな影響を与えた博物館学研究者の一人である。

伊藤は一九四七（昭和二二）年に神奈川県横浜市に生まれた。一九六五年に法政大学社会学部に入学する。同大学で教鞭をとっていた鶴田総一郎の博物館学に影響を受けつつも、学生運動が激化するなか自らも運動に身を投じ、一九六八年に学生主体で「博物館研究会」を結成、研究活動をスタートさせた。安保闘争の最中である一九七〇年に同大学を卒業した伊藤は、家業を手伝いながら「在野の博物館学研究者」として創設に関わった全日本博物館学会や博物館問題研究会などの他、社会教育推進全国協議会等を舞台にその歩みを進め、研究活動を本格化させていく。

学芸員として職に就いた経歴はなかったが、一九八九年、東京学芸大学教育学部助教授（生涯教育専攻・博物館学選修担当）に就任。国立教員養成大学では初めての博物館学専任教員となり、一九九一年（平成三）に四四歳の若さで逝去するまで、同大学非常勤講師時代も含め、厳格な指導で多くの博物館学芸員を育成した。

伊藤は、歴史的な視座に立って博物館というシステムそのものや法制度・行政の問題を綿密に検討し、その上で博物館法の理念と内容とを積極的に評価した。公共的価値としての博物館固有の目的と機能を社会的に保護・育成・発展させるための制度が博物館法であるとし、それは設置者や管理者など博物館関係者のためにあるのではなく、あくまでも市民のためにあると主張した。法の実質的な活用を基盤とした市民の自主的な学習活動が展開される場としての博物館、社会教育機関としての博物館の姿に現代博物館の本質と可能性を見出していた。

伊藤の博物館研究には論文「日本博物館発達史」[1]に見られるような社会科学的な方法を基軸にした実証的な博物館史研究の成果があるが、そこで示された歴史認識を土台に

しながら、各地の公立博物館を舞台に展開される市民と学芸員とを主体とする学芸・教育活動に対して深い信頼感を寄せていた。歴史研究の点では、一九八一年に野間教育研究所紀要別冊として刊行された『日本博物館沿革要覧』も重要な研究成果であるが、ファクトを積み上げ実証的に議論を進めようとする伊藤の姿勢が滲み出ている。

伊藤は一九八三年の東京学芸大学での講義で「博物館はインテリゲンチャのためだけにあるのではない」と学生に論じたが、彼の博物館論には常に活き活きとした一般市民の姿が登場する。日本の博物館を「地域志向型」「中央志向型」「観光志向型」の三つの型に分類し、人びとの生活課題（地域課題）を軸に活動する「地域志向型」博物館（地域博物館）の姿を全国各地の優れた実践を踏まえて掘り起こし、活写し続けた。「博物館はインテリゲンチャのためだけにあるのではない」と喝破したのは、ともすると閉鎖性・階層性の強かった当時の博物館を、社会教育機関として市民に向けて広く開いていこうとする、在野の研究者としての気概の表れでもあったのだろう。

一九九一年三月、亡くなる直前に出版された遺作『ひらけ、博物館』[2]は、当時、出版界でブームとなりつつあったブックレットという形態で世に問われたこともあり、全国の学芸員をはじめとする博物館職員だけではなく社会教育職員や市民にも広く読まれることとなった。この作品は、その後の日本の博物館・博物館学の動向にも大きな影響を与えた本としても知られている。

その表紙には、一九八四年、職員と地域住民との手作りにより開館した名護博物館（沖縄県）で撮影された写真が掲載されている。おばあさんに教わりながら千歯こきを使い、髪の毛に泥をつけながら稲の脱穀に挑戦し体験学習する女の子。博物館や美術館に子どもの姿がまだ珍しかった頃のことであり、博物館学の本としては異例の表紙であったことで読者に一定のインパクトを与えた。

伊藤は、そのように市民が継続的に「遣い込む」ことによって存在価値を高めるような博物館、地域社会に生きる博物館像を全国各地の活動実践の丹念な掘り起こしと詳細な考察をもとに構築し、「地域博物館論」として理論化していった。後に述べるように、そのモデルとされたのが神奈川県の平塚市博物館であり、そこでは単なる「モノシリ」の養成ではなく、自らが学習を発展させ、他の学習者たちと相互に高めあいながら主体的な自己教育活動を展開する市民の姿が描出されていた。結果だけではなく、学習そのもののプロセスを大事にする姿勢が打ち出されていた。

このように、伊藤の博物館研究には公民館や図書館における社会教育活動との深い関わりがあり、常に主体的に学習活動する市民の姿があり、地道な活動を通して文化を育む地域社会の姿があった。そこには権威的な雰囲気の付きまとう博物館や学芸員の姿は一切なく、市民の視線に立つ開かれた博物館の姿、市民の継続的な学習活動を支援する専門職員としての学芸員の姿があった。子どもから高齢者までを含めた市民の学習権を保障する場としての博物館、地域課題の解決を通して市民自治を実現する場としての博物館を伊藤は描いた。この点にこそ伊藤の博物館研究の特質がある。

二．博物館と社会教育を結ぶ

社会教育・生涯学習の三機関として関係づけられる公民館・図書館・博物館は、周知のように法的には相互関係を持ちながらも、それぞれは独自性や特色を主張し、専門職員の間でも互いに活発な交流や連携があるわけではない。特に博物館は、テーマとする領域によって生ずる多様性や専門研究機能の重視などが影響し、他の二機関とは距離を置く傾向がある。

そのような状況のなか、伊藤は日本社会教育学会や社会教育推進全国協議会（以下、「社全協」）にも深く関わり、図書館問題研究会など関係団体とも多くの交流を持った。とりわけ「社全協」では常任委員を務め、社会教育研究全国集会博物館分科会の世話人も長年にわたり引き受けるなど、運動の発展にも大いに尽力した。社会教育の領域で博物館を語ることのできる稀有な研究者として、関係者にも広く知られていた。

日本社会教育学会との関わりでは、一九七二年（昭和四七）二月に博物館法制定二〇周年に際して同学会社会教育法制研究会から刊行された『社会教育法制研究資料XⅣ』が特筆に値する仕事として銘記される。横山宏、小林文人、藤田博という社会教育研究者とともに作成されたこの資料集は、「はしがき」にも書かれているように伊藤の献身的な努力と協力なくしては刊行が不可能なものであった。これまで伊藤の研究業績のなかでもあまり注目されていないものではあるが、この資料集がその後の博物館法・博物館行政の基礎研究の進展に果たした意義は大きい。多くの博物館学の重要文献や基本資料をまとめ、亡くなる直前に刊行された『博物館基本文献集』[3]とともに、日本の博物館学研究史上、特に、法制度論や博物館史研究における意義ある業績として再認識されるべき重要な仕事であろう。

「社全協」との関わりでは、自らが中心となって運営する博物館問題研究会と「社全協」とを結びつける活動を積極的に展開し、毎年行われる社会教育研究全国集会博物館分科会では運営の中心的な役割を果たしていた。同分科会では、全国各地の博物館の優れた実践を掘り起こし、その価値や意義を市民参加者とともに見出していく作業を積み重ねていった。活き活きと分科会を切り盛りし、時には厳しい口調で忌憚のない意見を堂々と述べる伊藤の姿は分科会の風物詩であり、博物館建設に取り組む自治体職員や地域博物館に関心を持つ多くの人びとの注目を集めていた。

一九七七年には、博物館問題研究会主催で東京・多摩地域を舞台に「地域の文化を育むために、博物館、公民館、図書館はどう応えるか」というテーマのシンポジウムが開催されている。町田市立博物館、東京都高尾自然科学博物館の学芸員と図書館・公民館の専門職員が相互に問題提起を行い、多摩の図書館・公民館の歩みのなかから何を学び、地域博物館の取り組みにどう活かすのか、三者の連携をどこに、どのように求めるのかなど幅広いテーマで話し合いが行われた。そこでも伊藤は、地域社会に生きる各社会教育機関とそこに集う市民の学びが知識や技能などの個人的な蓄積にとどまることなく、それらが日常生活の中でどう活かされていくのか、地域課題の解決にどう活かされていくのか、地域づくりにどう活用されていくのかが大切であると指摘している。現実の博物館研究において、地域に生きる公民館や図書館の実践から学び、それをつなげ、応用しようとする姿勢を一貫して崩すことはなかった。晩年に取り組んだ茅ヶ崎市市民による博物館づくり運動への地道な支援もその一環であった。

三．地域とともに、市民とともに

博物館問題研究会の学習会テキストとしてもたびたび登場した雑誌『月刊社会教育』に、伊藤はその視点に基づく論考を数多く寄せている。

一九七九年（昭和五四）一〇月号は「地域文化をはぐくむ図書館・博物館」という特集号であったが、伊藤が執筆したルポ「地域博物館の創造」[4]では新潟県の十日町市博物館が取り上げられ、日本一の豪雪地帯で「一般的な郷土館とは異なった姿勢」を持ち、住民としっかり結びついた運営を展開する同館を高く評価している。十日町市のような地方の小都市で、なぜこれだけの博物館が実現できたのか。伊藤は、その背後に戦後の地域社会教育の長い伝統と蓄積による住民の信頼、公民館を舞台とする住民のつながりと信頼があることを強調する。

このように「地域博物館」の理論化には、そのモデルとされた平塚市博物館や大都市の博物館だけではなく、全国各地の過疎地や小都市にしっかりと根付き、社会教育を基盤に活動を展開する地域博物館の多彩な実践が背景にある。伊藤は積極的に各地の優れた実践を掘り起こしたが、それは公立博物館だけに限られたことではない。とりわけ彼に大きな影響を与えたのが愛知県北設楽郡東栄町で「御園天文科学センター」を運営していた金子功の実践である。

金子は、一九四八年に愛知県の豊橋向山天文台を個人で開設し、都市部での文化活動を行ってきた経歴を持つ研究者であるが、一九七二年、天文学をテーマにへき地における社会教育・博物館活動と地域づくりを展開するため、東栄町御園に移転し「御園天文科学センター」を開設した。センターには多くの天体望遠鏡が設置され、参加者の主体的な天体観測会や学習活動が可能なさまざまな設備が整えられ、天体観測会には地域に生活する大人に交じり多くの子どもも集まっていた。センターでは、将来、地域の核となる人材を育成するという方向性のもと、天文だけではなく自然史研究や郷土史、民俗学研究などへと幅を拡げ、知識や技術より思想や判断力を高めるような「本当の教養」を身に着けた、偏らない考え方のできる文化人を生み出すことを活動目標にしていた。

伊藤は、天文学を基軸にしつつも専門分野を幅広く横断する内容と質とを持ち、人と人、人と地域を結びつけ、人や地域を創造しようとする「草の根博物館」である「御園天文科学センター」の奥行きのある活動やその考え方から多くを学んでいった。博物館の機能を通して地域課題に取り組み、市民自治の実現を図るという伊藤独自の考え方も、へき地での文化活動と地域づくりを目指す金子功の思想や実践から影響を受けて提唱されたものであると考えられる。

平塚市博物館学芸員で元館長の浜口哲一は、「市民が地域の再発見に役立てていくような」「そこで暮らし働く人を対象にした」博物館である自らの館の学術的な意義を明らかにした伊藤との関係を、「現場の学芸員が、必要に迫られて工夫したり考えたりしたことを、博物館学の専門家がより客観的に概念化する、その幸せな共同作業の一つ」であったと述べている。「御園天文科学センター」などから学んだ経験を踏まえて、地域社会とともに歩み、地域を創造し続ける博物館を評価しようとする伊藤の基本姿勢を浜口は言い当てている。

そしてその姿勢は、一九七八年から一九八〇年にかけて展開された船橋市郷土資料館の学芸員補の配置転換をめぐる闘争でも如何なく発揮された。自治労県本部・「社全協」・博物館問題研究会の支援のもとに行われた不当配転撤回闘争において、伊藤は博物館専門職の人事の民主化と学芸員の専門性をめぐり博物館学研究者として鋭い指摘・発言を繰り返し行い、運動の理論的基盤を築いた。そこには、地域に生きる市民の学習権を守り抜くために、それを支える博物館職員の専門性を重視しようとする伊藤の気概が満ち溢れていた。

先に伊藤を「歴史的な視点に立って法制度や行政の問題を綿密に検討し、その上で改めて博物館法の理念と内容とを積極的に評価した」博物館学研究者として位置づけた。まさにこの闘争は、伊藤の博物館法制度研究の成果が地域レベルの現実的課題に援用された代表的な事例であった。そしてその根底には、法制度に対する彼の確固たる考えと信念がある。前述したように「博物館の自由とは、設置者や管理者のための自由ではない。博物館は、市民のためにあるのであって、設置者や管理者のためにあるのではない」と伊藤は指摘したが、まさに彼はその通りの研究者人生を歩んだ。

伊藤寿朗の博物館研究はその領域が多岐にわたる。しかし彼は、市民が継続的に活用する地域社会に生きる博物館像を実現すべく社会教育で学ぶ市民と博物館との関係を重視することを通して、博物館をメインステージとする新たな社会教育活動へと道を切り開こうとしていた。国内の博物館や美術館などでワークショップやフィールドワークなどの博物館教育活動が広く普及したのは、『ひらけ、博物館』をはじめとする著作物や「地域博物館論」などの影響が大きく、その点でも伊藤は日本の博物館界に大きな足跡を残した。

註

(1) 伊藤寿朗「日本博物館発達史」伊藤寿朗・森田恒之編著『博物館概論』学苑社、一九七八
(2) 伊藤寿朗『ひらけ、博物館』岩波書店、一九九一
(3) 伊藤寿朗監修『博物館基本文献集』第Ⅰ期全九巻、大空社、一九九〇
(4) 伊藤寿朗「ルポ・地域博物館の創造 十日町市博物館紀行」『月刊社会教育』二三―一〇、国土社、一九七九

参考文献

船橋の社会教育を考え、新井徹君の不当配転撤回闘争を支援する会編『人事の民主化と学芸員の専門性をめぐって 新井公平委員会闘争3年の記録』自治労船橋市役所委員組合、一九八一
伊藤寿朗『市民のなかの博物館』吉川弘文館、一九九三
浜口哲一『放課後博物館へようこそ 地域と市民を結ぶ博物館』地人書館、二〇〇〇

写真／註2より転載

【君塚仁彦】

加藤有次

一．加藤有次の博物館学

【加藤有次】

加藤有次（一九三二〜二〇〇三）の博物館学は、棚橋源太郎の論を継承するものと位置付けられるが、加藤自身も「棚橋源太郎先生は、一九五〇年『博物館学綱要』を出版されて、わが国の博物館学の指針を提示された。これをもとにして諸科学の分野から、専門分野の学術研究成果を社会の中でいかに普及活用するかを考えることとなり、人文科学・自然科学の立場でそれぞれの分野から博物館学の推進がおこなわれ、今日に至る三〇有余年の学史を蓄積したのである。その結果ようやく博物館学の存在性が社会において認識されるようになり、また博物館そのものに対する大衆の考え方、理解の仕方が進歩したといえる」と語っている。

加藤の博物館学の具体的な論考は、一九七一年（昭和四六）にＩＣＯＭ（国際博物館会議）で定められた「博物館専門職員の養成プログラム」を基本として行われた。このプログラムにおいて博物館学は、Museology と Museography で構成されると規定されている。Museology は、博物館の科学として、歴史と背景、社会における役割の研究、保護、教育、組織、物理的環境との関連の研究などを行うものであり、Museography は、博物館運営のあらゆる方法とその実行をカバーするものとした。この Museology と Museography にいち早く反応し、それを博物館論理学と博物館実践学と解釈し論を進めたのが新井重三であった。その新井の論に従いながら、加藤は自らの論を展開する。新井は、「博物館学は博物館論理学と博物館実践学の両者より構成される科学とみることができる。すなわち、博物館論理学は「博物館とは何か、博物館はいかにあるべきか」という課題を追及する学問分野であり、一方博物館実践学は、博物館論理学から結論づけられた学説に立って、その具体化を実践するために必要な方法論や技術論について研究し記録する記載科学的分野である」と述べたのに対し、加藤は博物館学を博物館論理学と博物館実践学から構成される科学であることに賛同しながらも、博物館実践学が博物館論理学で結論付けられた学説に基き、その具体化を実践するための方法論や技術論であることに疑問を呈している。すなわちMuseographyが実践するために必要な方法論や技術論であるならば、それはすでに「論」すなわち理論であり、Museologyの範疇にあるもので実践ではないと言う。「実践とは、人間が何かを行動によって実行することであり、ある理論から実践として人が自ら物理的に必要に応じて変化させるものである。それは理論にしたがって、たとえば展示など実際に行動的実践にとりかかることであり、その論理を受けた技術である」と述べ、Museographyを「技術学（実践学）」と定義付けした。

それ故、博物館学の発展は、「理論と実践及びその技術が相関性をもって互に協調して一つの目的を達成することにある。博物館の理論と実践の関係は、その理論によって現実的に活動を通じて実践することであり、又は実践の中から新しい理論が生み出される場合もあるであろう。そして博物館における技術とは、博物館の理論と実践を推進してゆくがための根本的な技法であり、理論・実践・技術は博物館学を構成する三大系といってよい。こうして博物館学を三大系から分析すると、いずれもそれぞれ重要な要素をもっており、さらに各々の分野においても厖大な、しかも多岐にわたる内容を包含している」と述べている。そのために「博物館の運営面においては、様々な既存の諸科学の援助が必要であり、またそれら諸科学の谷間の科学が博物館学である」とする。この「諸科学の谷間の科学が博物館学」という指摘は、誤解を招いたところがあるが諸科学の連携を図る必要性を説いたものであった。したがって今後博物館学は、「例えば博物館原論・博物館教育学・博物館社会学・博物館生理学・博物館行財政学・博物館管理学・博物館展示学・資料分類学・保存科学等その他様々な社会的要求の中から理論と実践学的方法論が要求され、立派な科学として成立可能となることであろう」と、その可能性に期待している。その結果、加藤は、博物館学を「Museum Scienceを核とし、その左右にMuseology（博物館論理学）とMuseography（博物館実践学）に分かれ、その前者は、博物館学総論から学術的諸論に及ぶ。後者は、それをふまえて方法論をうちたてて実践に及ぶ。ただし両者は、上下観念ではなく、実際に相関性をもったものでなければならない」と定義付けたが、「博物館実践学」についての具体的な説明はなく、博物館では「もの」そのものを研究する人材が必要であり、「分野ごとに、既存諸科学の理論と実践的方法論によって研究活動が推進され、その成果からしだいに諸科学の共通したMuseologyが構成され、また構成されたMuseologyがMuseographyの発展にも寄与する」と述べるにとどまっている。

二．加藤有次の地域博物館論

加藤の活動は、博物館学における論理的な展開ではなく、博物館の振興、博物館を各地に設置することにより社会に広め、博物館が多くの人々に認知され、より身近な存在となることをめざした実践的な活動に主眼が置かれていたと言えるであろう。

まず、顕著なものとして、一九七〇年代から「地域博物館」の設置活動に取り組んでいる。博物館学において地域が注目されるのは、一九六〇〜七〇年代になってからであるという。戦争によって多くの被害を受けた博物館は、一九六〇年代に入り高度経済成長によって急激に数が増え、従来の郷土博物館ではなく、新たな地域の博物館を求める動きが生まれる。まさに加藤においても一九七〇年代から「地域博物館」の活動が展開する。

加藤は、地域博物館設置の必要性について「各地域ごとに博物館を必要とすることは、いかなる小都市、いかなる小地域であっても、そこには地域としての特質があり、それらの郷土地域には、数百年、数千年の永い歴史的風土によって培われた、それぞれの特質が築かれている。つまり、郷土という地域あるいは風土が形成されて、特有な文化が創造されているのであるから、この風土と文化を保存し、未来社会のために活用し、新しい文化を創造し育成しなければならない使命があるのである。この使命は、郷土地域住民の義務であるということができるのである」と述べている。そして、地域博物館を三型に分類する。すなわち、①地域社会型博物館、②観光型博物館、③研究型博物館であると言う。地域社会型博物館とは、最も利用の多い地域住民を中心とし、その日常生活に必要と思われる博物館であるとし、観光型博物館は、地域の観光資源を見に来る人に対する博物館で、博物館が存在する郷土の理解を深めさせ、対外的に広報と教育の役割を果たす博物館であるとする。また、研究型博物館は、博物館が所蔵する地域の資料を、地域外の研究者にも積極的に公開するとともに、館内において専門的な研究を行い、その成果を博物館外の研究者へサービスする博物館であり、「地域博物館」としては、三型のうちひとつを具備するか、あるいはすべてを具備していることが望ましいとしている。さらに、それらの博物館には、「その特質的博物館の形式によって、その博物館を利用する立場からみて、その博物館をとりまく地域社会が存在する」とし、それを「博物館地域社会」と呼んでいる。「地域に存在する博物館は、地理学的、社会学的条件と特に交通事情を考慮に入れて、博物館を中心とする変型同心形上のいわゆる博物館地域社会を考えることが必要だ」と述べ、これは博物館を利用する人々の意見により定められるものであり、さらに「特定の地域社会の中に空間的に存在するのであるが、博物館活動の目的範囲によって博物館をとりまく地域社会は拡大されたり、縮小されたりする」ものであると述べている。この地域博物館についての考えは、一九七二年（昭和四七）に「博物館と地域に関する一試論」として発表され、加藤の地域博物館論の基本となる。

加藤が分類する地域博物館の三型のうち、①地域社会型博物館については、「一種の地域社会学校の様な性格を必然的に具備されるであろう」と言い、アメリカのエドワード・オルセン（Edward G・Olsen）が提唱したコミュニティー・スクールをモデルとしているが、詳しい論考はなされていない。しかし、「教育と地域との連携の目的は、教育的公共施設を利用して、地域内における生産向上と地域住民の生活及び教育文化の水準向上に寄与することにある」とし、それは「地域社会の実態を精査」し、地域住民を把握することから出発すると述べている。すなわち「地域社会の政治、経済、社会、文化等の客観的な諸条件を分析し、さらに地域住民の行動、意識、生活態度等を分析して問題をとりだし、科学的な資料のもとに計画、立案がされなければならない」としている。

この考え方は、一九七五年の開館をめざしていた秋田県立博物館の設立構想委員として参画していた加藤、倉田公裕、柴田敏隆、佐々木朝登などにより策定された『秋田県立綜合博物館設立基本構想』に機縁していると思われる。この構想は、それまで人文系と自然系が同一博物館に存在し総合博物館として分類されていたものは、単に展示において学問系列による並列的な区分がなされ、同一建物にあるに過ぎないものであったが、それとは異なり「従来の並列的集合ではなく、郷土誌（Heimat Kund）を中心とした、つまり秋田学を中心とした」総合博物館を考えようとするものであった。そして郷土誌とは、風土学であり、「風土とは〈歴史的風土であり、風土的歴史である〉、つまり自然とそこに生まれ育った人間の文化を客観的に知ることである。即ち郷土学（秋田学）とは、秋田とは何かを問うことである。（略）現在の学問系列の諸学を、秋田という風土（郷土）による統合である。つまり諸専門（Fach）を、秋田という郷土において有機的統一を図ることである」とした。秋田という県土を中心に、郷土博物館が主目的としてなされればならない学問的基盤を、秋田学―郷土学として設定したものであった。この構想は、加藤ひとりの発案ではなかったが、加藤が一九六〇年代後から抱いていた「博物館と地域」の課題について、明確な形として表現されるものとなった。加藤は、「いまここであらたに、他の郷土地域における博物館として、もっともふさわしい学問的基盤を設定するとするならば、この秋田における基本的な考え方を、その郷土地域におきかえることが可能である」と述べている。さらに、「郷土とは、今日では長い歴史のなかで、一行政区画を形成していることから、安易に区分されがちであるが、ある地域に人が永らく住むことによって、その土地（自然）の生活範囲は、生活の特色によって生活圏を決定し、愛着の生まれるものであるから、そこに生活という、人の基盤ができ、人生観なり生活態度なりがおのずから存在し、いわば生活圏という郷土ができているのである。そういう永い歴史から、人生観、生活態度といったものを、逆に今日的立場から追究して、未来社会を語るためには、郷土博物館は、一つの郷土地域の行政範囲を中心として、それに隣接し関連する地域またはその周辺を含めて考える必要があるであろう」と語り、「地域博物館とは、過去の人々がその地域の自然風土の中で生活の歴史的風土を築いてきたことを学び、明日の正しい生き甲斐を学習する場である」と述べ、従来の郷土博物館のようなひとつの行政範囲にとどまらず、人々の生活範囲まで広げたものを「地域博物館」と定義した。

そのため「博物館の存在性は、一自治体において、病院や学校等が必要であると同様に重要なのである」と述べ、それにより「例え他の地域から移住して来た市民であっても、その子供はそこで育ち、そしてその地は彼らにとってのふる里となるのである。ふる里を皆でよいものにするためには、自然的・歴史的風土を築いてきた様相を学習することが大切である。そしてその学習の場としての博物館が必要となるのである。各地域において個性あふるる特色が内在しているものである。その発見が地域社会における生涯学習の一つである」と、地域博物館の重要性、必要性について主張した。

三. 加藤有次と博物館

加藤有次は、その集大成と言うべき『博物館学総論』において、博物館学を「博物館は、人類が歴史的に各地域において、その必要性があればこそ、社会に適応させながら、永い歳月の中で、時代に即応させて育ってきた。それをいかなる科学的方策によって理念化し、未来社会を思考する」ものと位置づけている。加藤の「博物館学」における論理の展開は、前述したように博物館学の構成や言葉の定義付けに終始した範囲でとどまったと言わざるを得ないかもしれない。しかし、加藤が取り組んだ地域での博物館設置への活動、たとえば、松山市子規記念博物館設立構想委員、府中市郷土の森博物館構想策定委員をはじめ長野市立博物館、多摩市郷土資料館、川崎市立博物館など生涯にわたり多くの地域博物館の設立や展示の構想に携わることによりめざした博物館の普及、あるいは博物館が社会から認知を得て定着するという実践的な活動は、他に類のないほど活発に行われ、加藤の業績として特筆すべきものであろう。さらに加藤は、一九六〇年（昭和三五）から二〇〇三年（平成一五）まで國學院大學で博物館学講座を担当し、多くの博物館関係者を世に輩出した。一方では、一九七八年には全日本博物館学会設立に参画し、機関誌『博物館学雑誌』の刊行に尽力するなど、学芸員の育成と博物館学の研究の推進に大きな役割を果たした。それが基となり、博物館学を総合的に集大成した研究書と言える『博物館学講座』全一〇巻（雄山閣出版）が、一九七八年〜八一年の四ヶ年にわたり刊行されたことなども、加藤の業績のひとつとして記しておきたい。

なお、加藤の略歴については紙幅の都合で割愛した。詳細は関連文献を参照されたい。

参考文献

秋田県編『秋田県立綜合博物館設立基本構想』一九七二

加藤有次「博物館と地域に関する一試論」博物館学研究会編『博物館と社会』一九七二

加藤有次『博物館学序論』雄山閣出版、一九七七

加藤有次「巻頭言」『國學院大學博物館學紀要』一〇、一九八六

加藤有次「巻頭言」『國學院大學博物館學紀要』一四、一九九〇

加藤有次『博物館学総論』雄山閣出版、一九九六

加藤有次『和敬博愛　私の博物館学五十年』加藤有次先生の古稀をお祝いする会、二〇〇三

國學院大學博物館学研究室編『國學院大學博物館學紀要』（加藤有次博士追悼号）二九、二〇〇四

金子 淳「博物館学における郷土と地域」浜田弘明『博物館の理論と教育』朝倉書店、二〇一四

【前川公秀】

倉田公裕

一・略歴

倉田公裕（一九二四〜）は、一九二四年（大正一三）、三重県に生まれる。育ったのは大阪で、大阪外国語専門学校、関西大学文学部を卒業。哲学、なかんずく美学と日本美術史を専門とした。戦後、ヨーロッパに留学し博物館学を修めて帰国し、サントリー美術館の創設の中心となって以来、博物館人として活躍し、一九七八年（昭和五三）より明治大学の学芸員養成課程の主任教授に就任、一九九四年（平成六）定年退職する。

サントリー美術館、山種美術館、北海道立近代美術館の創設と運営の中心として携わり、一九六五年ごろより『博物館研究』誌上及び自ら主宰した博物館学研究会の冊子により、博物館学の諸領域、特に博物館学概論、博物館展示論、博物館社会学、博物館職員論を展開した。一九七二年には秋田県立博物館の設立基本構想を加藤有次、柴田敏隆とともにまとめ、地域博物館は新しい郷土学の拠点、市民のための大学として、その綜合性こそが求められるというテーゼを展開した。博物館学研究会、秋田県立博物館基本構想、博物館研究誌などの掲載論文は、後に『博物館学』[1]としてまとめられる。

また、雄山閣出版の『博物館学講座』の編集委員となり、第七巻『展示と展示法』、第八巻『教育と普及』、第九巻『設置と運営』の編集及び執筆にあたる。

明治大学教授就任以降は、『博物館学』『博物館の風景』[2]を上梓するほか、『明治大学学芸員養成課程年報』『同紀要』及び『明治大学人文科学研究所紀要』に多数の博物館学の論考を執筆。これらの論文は、後に矢島國雄と共著で出版した『新編博物館学』[3]に反映している。

これらの業績を整理すれば、倉田の博物館学は、美術館を中心としながらも、博物館というものの哲学的理解を土台とするもので、社会学的理解、病理学的分析などをも視野に入れた考察は、その豊富な博物館経験を理論整合的に整理、説明し、自身の博物館学としての体系を作り上げてきたということができる。

以下、その主たる論考について紹介しよう。

二・倉田の執筆した主たる論考

一九六八年（昭和四三）の『良き博物館にするために　博物館管理学入門』[4]はアメリカ博物館協会参事会名誉会員のカール・E・グース（Carl E. Guthe）の So you want good Museum[5] の

全訳である。これはアメリカにおける地方の小規模博物館のために博物館運営の基本要素を解説したものである。コレクション、組織、運営、活動の四章からなる。折から明治百年記念、県政百年記念事業としての地域博物館創設期に入っていた我が国においても、地域博物館の管理運営にどのような課題があるのかを考えるうえで大きな示唆を与えてくれる書であったといえる。この翻訳事業は、倉田と國學院大學の加藤有次の両名を代表とする博物館学研究会によるもので、会員には堀内三郎、山崎淳子、加藤玖仁子、小野礼子等がいた。

続いて一九七一年には「展示と展示法」に関する研究会のまとめとして『展示　その理論と方法』[6]を上梓している。前半は「博物館活動としての研究と展示」で、これはジリ・ネツプニー（JiŘi Neustupný）[7]の Museum and Researcha 第五章・Research and exhibition の訳であり、後半は倉田による人文博物館における展示法の論文で構成されている。一九七二年には『博物館と社会』[8]を上梓しているが、これは、倉田による「博物館社会学」と「博物館利用者」、加藤有次の「博物館と地域社会に関する試論」、山崎淳子の「博物館と地域社会」、小野礼子の「統計に見る女性の入館者動向」の五本の論文と、堀内三郎によるアルマ・ウイトリン（Alma S. Wittlin）の Museums: In search of Usable Future[9] の部分訳である。博物館学研究会最後の本は、一九七四年の『学芸員　その役割と訓練』[10]で、倉田の学芸員論に加え、ＩＣＯＭが一九七〇年に出版した Training of Museum Personnel[11] の部分訳である。

この研究会の活動をリードしたのは倉田であり、日本博物館協会によるアメリカの博物館事情調査にも加わり、欧米における博物館学研究の動向に注意を払っていたことが、この研究会における翻訳論文の選択にもうかがえる。この博物館学研究会の活動は、ちょうど秋田県立博物館の基本構想の策定と重なる時期で、地域博物館がどのような社会的役割を持つものであり、どのような組織と運営が求められるのか、そこにおける学芸員の役割と仕事はどのようなものかといった博物館学研究会における議論がこの構想にも反映している。また、展示方法論は、倉田が当時、学芸部長を務めていた山種美術館における実践を伴うものであった。

三　倉田の博物館学

一九七九年（昭和五四）刊の『博物館学』は、明治大学における博物館学の教科書としてまとめたものであるが、それまでに発表した論考を体系化し、改訂加筆して、現職時代の倉田の博物館学を総括したものであるといえる。

「博物館は博物館活動を行うことを役割とした社会教育機関であり、むしろ生涯教育という、新しい教育理念を実施する最も適当な機関の一つである。そして、その活動の中心となるのが学芸員であり、従って博物館活動の良否は学芸員の意欲と知識に負うところが大きいといえよう」と、博物館の社会的意味を規定し、その活動の良否は専門職員である学芸員の力量に左右され、学芸員の力量は博物館学の限界に左右されるとして、本格的な博物館学の研究の深化を志向したと述べる。その構成は博物館学概論、収集論、研究論、展示論、博物館教育論、学芸員論、博物館社会学、博物館利用者、地域（県立）博物館論の九章からなるものである。

博物館学概論では、概論とは、「その学問（科学）の基底を問う哲学的考察という意味のものである」とし、「その学の原理そのものを論ずる学問的研究が概論の重要な仕事」であるとする。そして「博物館学（Museology）は、博物館（Museum）の論理学（Logic）」であり、「博物館の概念や理論構成に関する処理の仕方、操作の仕方を扱う科学的研究」であり、「博物館学は、この博物館を全体的に取り上げ、その本質、独自の方法、その使命を考究するもの」で、「博物館学の究極の目的は、良い博物館（Good Museum）の、或いは博物館活動の確立にある」ので、「個々の博物館の個々の実用的知識を求めるものではなく、それらの根底にある独立した学問的性質を探求するものである」とし、博物館の本質は何かを問うのが博物館学であると規定する。そして博物館の社会的使命を具体化する博物館活動である研究（調査）、収集保存、教育（普及）の構成を、研究を核とし、それを基にした学問的・体系的に収集されたコレクションを持ち、この研究と収集の成果によって、展示を中心とした教育を展開するのが博物館であるとして、これらを関係中心的に見て、三つの要素を一つの理念で貫き、博物館活動として全体的に見るべきであるとする。

以下の四章は、この倉田の博物館の定義に沿って、博物館における収集、研究、展示、教育について論じたものである。収集論では、コレクションとは、「定義された（Well Defined）集合」であり、集合の要素と要素の重なり（濃度）が大切であるとして、収集に関する理念を整理している。研究論では、他の機関とは異なる博物館における研究の特徴を明らかにしながら、博物館学的な領域、博物館における収集、保存に関する科学的研究、資料と人の結びつきに関する教育学的研究が立ち遅れていることを指摘し、博物館以外ではほとんど取り組まれ得ない研究、博物館として最も必要とされる研究がなおざりにされていることを指摘している。展示論では、展示室の条件に関して整理し、展示方法論を展開している。次の博物館教育論では、各種の教育プログラムを概観するとともに、アメリカにおける実例を紹介している。

第六章以下は、博物館の組織と運営にかかわる各論とみることができるもので、その学芸員論は、専門職（Profession）としての学芸員は何かという問いと提言からなるもので、倉田の博物館観が面目躍如する論となっている。博物館社会学と博物館利用者は、博物館と地域社会との関係を論究し、その延長上に博物館利用者研究を展開したものである。そして最後の地域（県立）博物館論は、秋田県立博物館の基本構想を基礎として、今日求められている地域の具体的な博物館像を明らかにしようとしたものである。

一九八八年の『博物館の風景』は、かなり多様なコラムの集積のような著書である。多くのコラムはそれぞれ興味深いものであり、倉田の博物館に関する思考や関心がいかに多様かつ柔軟であるかがよく分かるが、ここでは「博物館の風景」「アメリカの博物館思想」「博物館経営学考」について触れる。

前二者は講演録であるが、内容は博物館史の論文と捉えることができるもので、「博物館の風景」では、一九七〇〜八〇年代の我が国における博物館づくりの動向が分析されている。同時代であり、いわば現状分析的なものということができるが、明らかに歴史的な視点から描かれたものと評価できる。今日なお、この時代を正面から扱った博物館史はないともいえる状況で、貴重である。「アメリカの博物館思想」は、アメリカの博物館の特質をプロテスタンティズムとプラグマティズムから説明したもので、アメリカの博物館の歴史を三期に区分して整理している。両論ともに、具体的に個々の博物館の設立や特徴ある活動を取り上げるようなものではないが、明確な視点からのパースペクティブをもって博物館の歴史を描いているといえる。

三つめは、博物館経営論の最も先駆的な論文である。博物館経営学を、「博物館学の新しく分化された実践科学」と位置づけ、博物館の合理的かつ効率的な経営を実現するための実践的経営学構築が急務であるとし、博物館経営の理念、ミュージアム・マネージメント、経営戦略（経営方針、組織計画、人事計画、施設設備計画、資金計画）、意思決定、経営評価の各項についての概略を整理している。

倉田は明治大学在職中、学芸員養成課程の『年報』及び

『紀要』に毎号のように論考を発表し、また『同大学人文科学研究所紀要』にも二本の論文を発表している。列記すれば、次のとおりである。

『明治大学学芸員養成課程年報（Museologist）』
一号「学芸員養成の諸問題　その基礎的考察・1」一九八六
三号「館長という専門職（序）」一九八八
八号「戯論・学芸員は知的幇間なり」一九九三

『明治大学学芸員養成課程紀要（Museum Study）』
一号「博物館教育原理の基礎的考察　序」一九八九
二号「美術館の社会史　神殿・教会堂・美術の館」一九九一
三号「博物館の観衆考　見物衆から観衆へ　その1」一九九二

『明治大学人文科学研究所紀要』
二五号「博物館病理学　その基礎的研究」一九八四
三三号「博物館展示評価の基礎的研究」一九九三

これらの論文は、それぞれ博物館学の各論であり、前著の『博物館学』で十分論ずることのできなかった領域を意図的に考究していることがうかがえる。すなわち、博物館教育の基礎的原理の追究と学芸員の教育的役割についてであり、博物館経営論における組織論、利用者論、展示評価論であり、経営学的分析の手法としての病理学である。また、美術館の博物館史研究と学芸員養成の課題整理である。

これらの諸論文は倉田が退職してのち、前著を補い、かつ新カリキュラム対応の教科書として使えるよう矢島國雄が加筆編集して、『新編博物館学』として出版した。その構成は、第一部を博物館学概論（博物館学概論、博物館概論、博物館の組織と職員、博物館と博物館専門職の倫理）、第二部を博物館学各論（研究論、収集論、展示論、博物館教育論、博物館経営論）、第三部を関係資料とした。

博物館学概論では博物館学を定義し、次のようにまとめている。すなわち、「博物館学とは、博物館に関する総合的科学的認識であり、博物館とは何か、その歴史と現在を明らかにし、博物館の理念、その理念を実現する機能、そして博物館の果たすべき社会的役割・使命を考え、博物館のあるべき姿を追求することと、そうしたあるべき博物館を実現するための具体的な方法的課題・技術的課題を研究し、解決する科学である」とした。そしてその学的構成については、バイダヒャーによるドイツの『博物館学ハンドブック』[12]のそれを紹介している。博物館概論では、前著から受け継いだ博物館活動を関係中心的に見る博物館の定義について再論し、「博物館観衆考」の成果を加えた博物館利用者像について再論し、ビジター・スタディの基礎を考察している。博物館の組織と職員は、前著の学芸員論に加え、「博物館経営学考」「館長という専門職」を加筆し、機関としての博物館の組織のあり方と望まれる職員像を提示している。博物館と博物館専門職の倫理は、前著の学芸員論を受け、専門職（Profession）としての倫理的あり方を中心に論じているほか、博物館経営論的な観点からの組織としての博物館に求められる倫理について論じている。

博物館学各論では、研究論では、前著に加え、資料の収集と保存に関する方法的・技術的研究と博物館の展示や教育に関する理論・方法・技術に関する研究について大幅に加筆して具体性を高めている。収集論でも同様、理念的な部分は前著を踏襲しながら、収集と保存、登録と整理に関して具体的に論じられている。展示論と博物館教育論においては、「博物館教育原理の基礎的考察」の成果を大幅に取り入れ、展示の原理及び博物館教育原理を明らかにし、前著の展示論、教育論の理論的弱点を克服しているといえる。博物館経営論では、「博物館経営学考」や展示評価の研究を加え、博物館経営の全体構成を、アドミニストレーションと部門別マネージメントに分けて論じている。

本書は、倉田博物館学の総決算ともいうべき書である。そこにおける展示の原理並びに博物館教育の原理が、倉田博物館学の一つの到達点であるということができる。博物館学の哲学的基礎を問う原理追究の姿勢が倉田博物館学の本質であるといえよう。

註

(1) 倉田公裕『博物館学』東京堂出版、一九七九
(2) 倉田公裕『博物館の風景』六興出版、一九八八
(3) 倉田公裕・矢島國雄『新編博物館学』東京堂出版、一九九七
(4) カール・E・グース、博物館学研究会訳『良き博物館にするために　博物館管理学入門』一九六八
(5) Carl E. Guthe. *So you want good Museums, A Guide to the Management of Small Museums*, American Association of Museums, 1957
(6) 博物館学研究会編『展示　その理論と方法』一九七一
(7) Jiří Neustupný, Museum and Research, *Museum work*, 1968
(8) 博物館学研究会編『博物館と社会』一九七二
(9) Alma S. Wittlin, *Museums: In search of Usable Future*, Mit Press, 1970
(10) 博物館学研究会編『学芸員　その役割と訓練』一九七二
(11) ICOM, *Training of Museum Personnel*, 1970
(12) Friedrich Waidacher, *Handbuch der Allgemeinen Museologie*, Böhlau-Verlag, 1993

【矢島國雄】

博物館・文化財保護関連法制度論史

一・序論　**「文化財」に関する用語について**

「文化財」という用語が一般化したのは戦後、法隆寺金堂壁画の焼失をきっかけにして制定された一九五〇年（昭和二五）の文化財保護法からであって、それ以前にはごく一部の中で使われていたにすぎない。この「文化財」という用語の使用例について論及したのは鈴木良である。鈴木は「文化財の誕生」[1]の中で、「文化財」という用語の初期の使用例について言及しており、戦前の日本軍の南京占領の際に接収した文物を文化財と呼んだ例など、太平洋戦争中の使用例に触れている。しかし、それらは一部の人々の間で使われていただけであり、戦前には「國寶」「史蹟」「名勝」「天然紀念物」といった用語が一般的に使われていた。

二・**明治初年～敗戦までの「文化財」の法制度についての研究**

「文化財」の法制度の歴史は明治に始まり、戦後の「文化財」保護につながる流れが幾つかある。一つは一八六八年（明治元）の、いわゆる神仏判然令による廃仏毀釈で引き起こされた寺院の破壊に端を発した対応である。この廃仏毀釈に伴う寺院の「文化財」の破壊への処置として一八七一年も大学南校から太政官へ「集古館」建設の献言が行われる。この献言が後に現在の東京国立博物館の起源につながってくるのであるが、同年、古器旧物保存方の太政官布告に始まり、一八八〇～一八九四年の古社寺保存金、一八九〇年の古社寺保存法が制定される。この古社寺保存法は原則として古社寺に限定した法律であったが、その制定により、明治からの古社寺の「文化財」に対する保存制度は一応の完成をみた。これらの制度のうち、まず古器旧物保存方の布告の効果については研究と呼べるような論考は現在のところない。その原因はこれを評価できるだけの十分な資料がないという点にあり、布告の別表として列挙されている三一の品目から窺い知れる部分に言及する程度で留まっている。その中で鈴木廣之は三一品目の中には建築物の類、「モニュメンタルなもの」が登場しないことを指摘する一方で、この布告が「古器旧物」の売却を禁じたものでなかった点や三一の品目の内容が当時の収集家の収集対象と一致すること、そして布告の但し書きにある「品目並ビニ所蔵人名委詳記載シ其官庁ヨリ可差出事」に触れ、「博覧会の展示品になりうる品目でもあったと理解してよい」とした。つまり、文化財保護の歴史の起点になった、という視点から見ると見落

とされてしまう、ウイーン万博への出品の品目選定の側面がこの布告にあったのではないか、と指摘している。(2)

その後の「古社寺保存金」制度については「文化財」政策というより宗教政策の一環として創設された制度であることは従来の研究より指摘されてきた。(3) またこの古社寺保存金制度について明治政府による「旧慣保存」—文化的伝統の維持—政策の一つとして政治的に位置づけられてきたことは、日本史学の高木博志の研究から指摘されている。(4) この「旧慣保存」とは文化的伝統の保存といった単純なものではなく、在ロシア公使の柳原前光がロシアやウイーンで学んだ「旧慣保存であり」、それは「独自の伝統を持っていない国は一流国ではない」という考え方から欧米列強に伍して国家建設を進めていくため、天皇を中心とした「伝統」を国民国家建設の手段として再構成しようとした政治的な手段であった。一方でこの「古社寺保存金」制度の運用実態に着目した建築史学の清水重敦は、この制度の特質、すなわちその成立経緯と運用実態から社寺の経済への直接補助ではなく、「建造物の保存」を主要な方法とする制度、それは建造物自体の価値認識を含みこんだ制度であったことを明らかにした。(5)

しかし、その後、古社寺だけでなく、個人や地方公共団体の所蔵品も対象としたものに拡大していく。それが一九二九年(昭和四)に制定された国宝保存法である。同法は「佐竹本三十六歌仙絵巻」の分断事件をきっかけに古社寺保存法に代わって制定された法律である。この法律が対象としたものは、後の文化財保護法の有形文化財につながっていく。このの国宝保存法の成立過程についてはこれも建築史学の西村幸夫の論考等(6)で触れられているが、特に「「歴史的環境」概念の生成史 その一〜四」では古社寺保存法、史蹟名勝天然紀念物保存法、国宝保存法といった戦前の主要な「文化財」に関する法制度の成立過程が丁寧にまとめられている。

二つ目は史蹟名勝天然紀念物保存法が対象にしていた「史蹟」「名勝」「天然紀念物」という今日の文化財保護法でも見られる用語である(現在は「記」念物)。これは一八九七年頃から日本も近代化が進み、工場等の建設による土地に関連した「文化財」—史蹟や自然—が多く破壊されるようになってきたため、東京帝国大学の黒板勝美や三好学らによって保存運動が進められ、制定された。法の制定に先立って一九一一年には徳川頼倫を会長とする史蹟名勝天然紀念物保存協会が設立されている。黒板は『史學雜誌』に掲載された、有名な「史蹟遺物保存に關する意見書」[7]で当時の史蹟保存についての重要な考え方を提示しているが、これらについて田中琢はこの時期における意義は認めるものの、その考え方の多くは既にヨーロッパで議論されてきたことであり、エディンバラ大学のG・B・ブラウン教授の『古代記念物の保護』[8]を換骨奪胎したものである、と批判した。[9]また一方で、田中はこれらの史跡名勝天然紀念物保存の動きの背景にはドイツでの「ハイマートシュッツ（郷土保護）運動」の日本への紹介があることも同論考の中で言及している。この点について赤坂信は、当時の郷土保護の国際会議に出席した石橋五郎の報告を紹介し、更に黒板の「意見書」への影響等についても論及している。[10]ここでは黒板は「社会人心に及ぼす感化力」つまり、郷土保護運動の中でも「愛郷的（ひいては愛国的）」である点を重視していたこと、そしてそのことが後に「聖蹟」につながっていくことを赤坂は指摘している。

また史跡名勝天然紀念物の領域では、古墳の保存制度との関わりで「天皇陵」制度についての研究も進んでいる。この点についても先述の高木博志による研究があり、「文化財と違う次元の、御霊のやどる聖域」としての明治期の政策の中で天皇陵が創出されていくが、その過程の中で、神祇官→神祇省→教部省→宮内省と陵墓行政の所管が移り変わっていく中で、宮内省による陵墓の管轄を「皇室の所有物として明確化し他からの介入を許さない体制がつくられる」としている。一方で尾谷雅比古（雅彦）は一九一九年（大正八）の史蹟名勝天然紀念物保存法が制定されたことにより、陵墓古墳と位置づけられた古墳以外に、「新たに内務行政による史蹟指定古墳という国家にとって歴史的資源であり、威信財、国民教化の教育資源に位置づけられた古墳」が出現したとし、日本における古墳保存行政は、陵墓行政と史蹟行政の二面行政で行われてきたが、実態は陵墓行政が上位の制度であったことを指摘している。[11]

これ以外に「吉備大臣入唐絵詞」がボストン美術館に買い取られたことをきっかけにして制定された、文化財の国外流出を防ぐために「重要美術品等ノ保存ニ關スル法律」（略称：重要美術品保存法）が一九三三年に制定された。

このような戦前から存在していた三つの「文化財」に関する法律を、法隆寺金堂壁画の焼損をきっかけに統合して制定されたのが文化財保護法である。しかし当初の法律は今の「有形文化財」「無形文化財」「記念物」のカテゴリーのみであり、その後の高度経済成長期の一九七五年に「民俗文化財（それまでは有形文化財の中の「民俗資料」という位置づけ）「伝統的建造物群」が、世界遺産条約締結後の二〇〇五年（平成一七）に「文化的景観」がそれぞれ付け加えられた。

三．文化財保護法の研究と文化財に対する国民の権利

さて、前節までは一九五〇年（昭和二五）の文化財保護法制定以前の「文化財」の法制度について、日本史学や美術史学、考古学等の諸分野の研究をまとめたが、本節では文化財保護法を中心とした法制度の変遷と文化財の裁判を通しての法理論の形成について見てみたい。

文化財を保護する理論、特に法律学の観点から注目を集めるようになったのが一九六〇年代から七〇年代の時期である。一九七五年には、一九五四年以来の文化財保護法の大幅な改正が行われた一方で、文化財保護を目的とした裁判が多く起こされた。難波宮訴訟（一九六九年）、摂津加茂遺跡訴訟（一九七一年）、青木遺跡訴訟（一九七四年）、伊場遺跡訴訟（一九七四年）等である。特に伊場遺跡訴訟は国の史跡としての指定を解除して、国鉄の車庫を作って破壊した、というそれまでにないケースの裁判であっただけに注目された。この伊場遺跡訴訟と大きく関わり、その後の遺跡保存やその後に発生した和歌の浦訴訟とも大きく関わりながら『精説文化財保護法』[12]や『遺跡保存を考える』[13]などの著作を著したのが椎名慎太郎である。またこの時代は多くの文化財が破壊されたため、これら文化財の保存を求めた裁判を通して、法律学、特に行政法学の分野で文化財保護の法理論の議論が進んだ。この時期を、行政法学者の立場から分析したのが宮崎良夫である。宮崎は一連の裁判は地方自治法二四二条の二の定める住民訴訟、あるいは行政事件訴訟法三条の取消訴訟として提起されたものであるが、これらの訴訟で問題になっている事柄は、端的にいえば、「文化財の破壊につながりうる行政庁の行為をいったい何人がどのような方法で阻止・是正しうるかということであった」と指摘している[14]。そして、これらの裁判では「文化財保護訴訟が行政処分の取消訴訟として提起された場合の原告適格の問題」が重要な論点となった。取消訴訟の場合、処分の取消訴訟を提起しうる者は当該処分の取消を求めるにつき法律上の利益を有する者に限られているが、文化財に関する行政処分の取消を求めて争う原告が裁判上、保護に関する何らかの実態的な権利・利益を有するかが問題とされたからである。

一方で、行政法の立場から「文化財に対する国民の権利」というのはどのように考えられるのか、という問題提起に対

して、社会法学の立場から江頭邦道・林迪廣は「歴史的環境権」[15]という概念を提示した。この時期の裁判では、原告適格の問題など従来の法理論だけでは解決できなかったため、社会法の観点から新しい権利構成を提示したのである。また江頭によれば、この時期の学説を①環境権説、②共通的生活利益説、③公共信託説、④学術的価値説、⑤歴史的環境権説の五つに分類している。①は文化財は環境の一部をなし、環境共有の理論、人間の生活にとって不可欠のものであり、国民の共有物であるから国民の同意を得ない環境破壊は違法である、とする考え方である。②では住民や研究者は文化財に対して共通的生活利益を有している、と考える。③では文化財は国民共有の財産であるから、これを一定の民主的かつ公正に構成された組織に信託して管理すべきものと考え、英米法の公共信託の理論でもって把握できるとする。④は文化財が国民の良き環境を構成するか否かを問わず、純粋に学術的、文化的価値を有するがゆえにその価値がはかられる、とする。⑤は社会権的側面から国家に対し歴史的環境として文化財の保護を求めることができる、と考える説である。

この時期は遺跡の破壊だけでなく、日本の風景―「景観」が破壊された時期でもある。それまで単体の文化財の保護という手法で行われてきた日本の文化財保護の制度に、「点」的な保護から「面」としての保護が図られるようになっていった。これにより、文化財保護法の文化財のカテゴリーに「伝統的建造物群」が新たに加えられた。更に一九六五年には古都保存法（古都における歴史的風土の保存に関する特別措置法）が制定され、一九八〇年には明日香保存法（明日香村における歴史的風土の保存及び生活環境の整備等に関する特別措置法）も制定されて、文化財保護法に留まらない、より環境全体の包括的な法制度の整備も図られる。こういった社会的な状況を背景に、木原啓吉は環境を構成する文化財という観点から「歴史的環境」という考え方を提唱する。[16]またイギリスの著名な環境保護団体であるナショナル・トラストの制度も紹介している。[17]

一九八〇年代の終わりには、和歌の浦景観保全訴訟（一九八九年）、一九九〇年代の終わりの田和山遺跡訴訟（一九九九年）がある。前者は景観、後者は遺跡ということになるが、いずれも裁判上は敗訴に終わっている。しかし二一世紀になって、二〇〇一年（平成一三）の文化芸術振興基本法の制定、翌二〇〇二年の「文化芸術の振興に関わる基本方針」の策定を受けて、小林真理を中心とした文化法研究者による

「文化権」に関する議論[18]も進んできたが、文化財保護との関わりでは未だ十分な議論ができているとは言えない。また同時期の二〇〇二年から始まった国立景観訴訟を経て、二〇〇七年の鞆の浦訴訟では良好な景観の恵沢を享受する利益―「景観利益」を私法上、保護すべき利益と裁判所が認めたことにより、これまでの「景観」及び「原告適格」に関する研究に大きな変化をもたらした。この点について行政法学の分野では現在、角松生史等によって研究[19]が進められつつある。

おわりに

このように現在も「文化財」保護に関する法制度の研究は多くの分野にわたって進められている。今後益々文化財保護の法制度の研究は多分野に広がっていくであろう。しかし、これまで見てきたように法制度とはいえ、法律学だけでなく「文化財」に関わるあらゆる学問分野に目を届かせないと文化財保護制度の研究の状況を把握できないのである。

註

(1) 鈴木 良「文化財の誕生」『歴史評論』五五五、一九九六
(2) 鈴木廣之『好古家たちの19世紀　幕末明治における《物》のアルケオロジー』吉川弘文館、二〇〇三
(3) 羽賀祥二『明治維新と宗教』筑摩書房、一九九四
(4) 高木博志『近代天皇制の文化史的研究』校倉書房、一九九七。高木博志『近代天皇制と古都』岩波書店、二〇〇六
(5) 清水重敦『建築保存概念の生成史』中央公論美術出版、二〇一三
(6) 西村幸夫「「歴史的環境」概念の生成史　その二」『日本建築学会計画系論文報告集』三五一、一九八五
(7) 黒板勝美「史蹟遺物保存に關する意見書」『史學雑誌』二三―五、一九一二
(8) G. Baldwin Brown, *The Care of Ancient Monuments*, Cambridge University Press, 1905
(9) 田中 琢「遺跡遺物に関する保護原則の確立過程」『考古学論考』平凡社、一九八二
(10) 赤坂 信「戦前の日本における郷土保護思想の導入の試み」『ランドスケープ研究』六一―五、一九九七、四〇一―四〇四頁
(11) 尾谷雅比古「制度としての近代古墳保存行政の成立」『桃山学院大学総合研究所紀要』三三―三、二〇〇八
(12) 椎名慎太郎『精説　文化財保護法』新日本法規、一九七七
(13) 椎名慎太郎『遺跡保存を考える』岩波書店、一九九四
(14) 宮崎良夫「文化財」『岩波講座基本法学3　財産』岩波書店、一九八三
(15) 林 迪廣・江頭邦道『歴史的環境権と社会法　法理・裁判・実態調査』法律文化社、一九八四
(16) 木原啓吉『歴史的環境　保存と再生』岩波書店、一九八二
(17) 木原啓吉『新版ナショナル・トラスト　自然と歴史的環境を守る住民運動』三省堂、一九九八
(18) 小林真理『文化権の確立に向けて　文化振興法の国際比較と日本の現実』勁草書房、二〇〇四
(19) 角松生史「景観利益と抗告訴訟の原告適格　鞆の浦世界遺産訴訟をめぐって」『日本不動産学会誌』八六―三、ほか

参考文献

椎名慎太郎「文化財保護法・学術法」『文化・学術法』（現代行政法学全集）ぎょうせい、一九八六。林 迪廣・江頭邦道・甲斐祥郎『環境法大意』法律文化社、一九八七。川村恒明・和田勝彦・根木 昭『文化財政策概論　文化遺産保護の新たな展開にむけて』東海大学出版会、二〇〇二。鈴木 良・高木博志編『文化財と近代日本』山川出版社、二〇〇二。森本和男『文化財の社会史　近現代史と伝統文化の変遷』彩流社、二〇一〇。

【井上　敏】

学芸員制度必要論史

博物館学芸員とは、博物館法第四条に定義されている「博物館資料の収集、保管、展示及び調査研究その他これと関連する事業についての専門的事項をつかさどる」職員である。当該法の成立以前より、博物館に携わる者には博物館に関する専門知識や経験が必要であるとして、欧米諸国のキュレーターに相当する職員の必要性とその養成の重要性が繰り返し論じられてきた。それらを積極的に述べていたのは棚橋源太郎であり、博物館法に定義付けられている学芸員の概念の基礎を作り上げたといえる。

本論は、明治期から博物館法制定までの我が国における博物館専門職員必要論について、①明治期、②大正期、③昭和初期（一九二〇年代から一九三〇年代まで）、④第二次世界大戦前後（一九四〇年代から一九五〇年代まで）に分割してそれぞれの論を整理する。また、棚橋源太郎の各論については別途纏めることとする。

なお、学芸員なる用語が博物館の専門職員として使用されるのは昭和期に入ってからのことであり、それまでは「博物館職員」「博物館員」「博物館従業員」と呼ばれているが、本論ではそのうち学芸員に相当すると思われるものも含める。

一．明治期における専門職員必要論

博物館論の濫觴と称される栗本鋤雲の「博物館論」[1]には、既に博物館における専門職員の必要性を窺わせる記述がある。欧米における博物館の職員について、博物館を統括する「プロテクトル」には門閥ある貴族を任命し、「デレクトル」は公募によって選出すると記されている。また、この両職はともに学芸に長けていて、博物館の事業に習熟している者でなければ登用しないとあり、かかる知識を持たない者が職に就くと博物館の主意を誤り、その事業が完成されないためであると説明している。職務についての詳細な言及はされていないが、その職員が博物館の専門知識を有する必要があることを明確に示しているといえよう。

黒板勝美は「博物館に就て」[2]の中で、博物館を新設する際は、まず目録作成と陳列法に巧みな人物を選出し、その後建築に着手すべきであると主張しており、アメリカやロシアにおいてはその研究の進んでいるドイツの学者を登用していると紹介している。また、博物館事業は、博物館主任の苦心と才能によって優劣が決まると述べた上で、博物館運営者に対して当該事業に関する研究の進歩の必要性を論じており、「博物館の事業に當る人は最早閑人では出來ぬこととなつて居るのである」[3]としている。

以上見てきた通り、明治期において学芸員など限定的な職員に関する記述は確認できない。しかし、既に博物館に従事する者には博物館事業に特化した専門知識が必要であると述べられていることが看取できるのである。

二．大正期における専門職員必要論

松村松盛は、博物館を「人類文化の消長に關する物品を蒐集保存陳列して學術の研鑽に資すると共に民衆をして簡便なる方法を以て自由に觀覽せしむる所」[4]と位置づけており、その役割を担う人的要素である博物館館長と館員こそが、博物館の生命で精神であるとその重要性を強調している。また、博物館活動に無知な職員が運営する博物館では資料が虐待を受けており、他の博物館にも迷惑をかけるから無くなった方が良いと強く批判をしている。その上で博物館活動に従事する者は、特殊な教育を受けた者でなければその素質を持つことはできないとして、館員の養成機関の設立を求めている。当該論文は、博物館職員の必要性について詳細に言及した論文であると位置づけることができる。

また、中野治房は、「歐米の模範的博物館と其感想」[5]で、パリの博物館では資料の陳列や説明には分類学者だけでは不十分であるため、その分野に長けている専門学者を置いていることを紹介している。また、欧米では、博物館に従事する学者は大学教授に劣らず、場合によってはそれ以上であることを述べた上で、それが通俗教育を重視している結果で誠に良いことであると評価している。その性質から中野の記す学者とはキュレーターを指すと推測でき、その必要性について直接的な主張には至っていないが、それを示唆するものであると思われる。

大正期は、大正デモクラシーの風潮の中で、社会教育の意義と重要性が盛んに唱えられた時代である。博物館の役割についても積極的に論じられていく中で、博物館職員の専門性が取り上げられるようになったのであろう。

三．昭和初期における専門職員および学芸員必要論

昭和期になると、博物館令の制定要請の中で博物館職員は論じられることになる。「博物館施設ノ充實完成ニ關スル建議」[6]は、博物館事業促進会の会長であった林博太郎が当時の文部大臣田中隆三宛に提出した建議書だが、そこでは博物館従業員の養成を審議対象の議題として挙げている。その理由は、中央並びに地方の博物館や類似施設がその特

色を発揮し、教育学術上で多大な貢献をするためには、経営上知識経験が豊富な従業員が不可欠であり、政府はその養成の方法を講じる必要があるからとしている。かかる建議はこの前後にも繰り返し提出があったことが確認できる。また、『博物館研究』には、文部省主催の博物館講習会の開会式における文部大臣の訓示が下記の如く紹介されている。[7]

　博物館の仕事に従事して居られる方は、（中略）詰り観客に対して心持よく、又陳列致します所の品物に対して社會教育の効果を発揮せしむるやうに、之を能く紹介し、指導する、それ位の考えがなければ私はいかぬと思ふのであります。

このように博物館職員の意識の在り方について主張されているのは注目すべき点である。博物館の機能や目的について様々な論考が成される中で、その従事者の意義についても考察されるようになったのであろうと推測される。

四．第二次世界大戦前後期における学芸員必要論

一九四二年（昭和一七）に文部省に提出された陳情書[8]では、学校や図書館に従事する職員同様、博物館従事者に対しても国家から相当の待遇を受けるべきだとし、その改善を求める旨の記述がある。依然として博物館事業が前進しないのは、その待遇の悪さからしかるべき従業員が揃わないことが原因であると説いており、養成機関の欠如を主因としてきたこれまでの論とは別の視座から博物館活動の不振と職員との関係性が語られている。

当該時期において特筆すべきことは、学芸員に関して、その役割や在り方についてさらに多様性をもって論じられるようになったことである。藤山一雄は『新博物館態勢』で、学芸員の重要な職務は来館者へ知識を供給することであると下記のように述べている。[9]

　博物館従業員、「學藝官」の使命は學問の研究も勿論必要であるが、學問の吸収よりも、來館者に對する智識の供給者としてのサービスが本領でなければならぬ。

また、池田正晴は、博物館の教育の根幹は学芸員にあるとして、その存在の重要性を記している。大衆や研究者と博物館を結ぶために諸学会との交流を持ち、「人と人、人と物との接触を強化し、組織化すること」[10]が学芸員の重要な仕事で、これにより博物館の社会教育施設としての地位は一段と強化されると論じている。つまり、池田は博物館のヒトやモノと社会とを繋ぐパイプ役としての役割を強調していると考えられる。このように当該二論では、学芸員

の教育者としての役割を明確に提示しているのである。

一方、木場一夫は、博物館員を五分類した上で学芸員の職務について、その最大の役割は「博物館に蒐集された資料に對する學術的調査研究の任務」[11]であると述べており、欧米のキュレーターとして学芸員を捉えていた。これは、後述の棚橋源太郎の思想と類似点が認められるが、これらの論考は、当然のことながら現代まで通じる学芸員概念の基盤となっているのである。

五．棚橋源太郎の専門職員および学芸員必要論

前述の通り、博物館学芸員必要論を積極的に展開したのは棚橋源太郎である。ここに至る前段として、一九一九年（大正八）に発表された「本邦社會教育の不振」[12]では、学校教育に比べた社会教育の不振を嘆いており、それは博物館をはじめとする社会教育施設に従事する人物の養成がなされておらず、真の任務を理解した者による経営が行われていないことに起因すると述べている。この問題を第一の急務として講習会の開催、学校附属あるいは独立した養成所学校を設ける必要性を説いている。その後一九二八年発表の「博物館従業員の養成」[13]では、博物館が十分かつ効果的な活動をするためにはその職能をよく理解し、博物館経営に関する特殊専門の知識技能を有する従業員が不可欠であるとする明確な博物館専門職員必要論を提示しているのである。そして、論題にある博物館従業員の養成については、欧米諸国で行われている講習会の紹介をしているが、コロンビア大学の夏期講習の紹介の中で、キュレーターの訳語として学芸員といった呼称が使われていることが確認できる。

当該時期にキュレーターを学芸員と訳している論文は、他に團伊能の「本邦博物館に關する諸問題」[14]がある。團も棚橋の主張と同様、博物館の職能を十分理解し、博物館学の知識を有する館長やキュレーター（学芸員）の存在と、その養成機関の設立の必要性を主張している。また、斉藤報恩会博物館において、博物館職員に対して学芸員なる職名が使われ、これが博物館で実際に使用された初めての事例だとされている。この時代には、既に学芸員なる用語が博物館における重要な職務の名称として使用されていたのである。

棚橋は、博物館専門職員とその養成の必要性について、一九五〇年に出版された『博物館學綱要』[15]に至るまで、様々な表現を使用しながら多くの論文や著書[16]で論じている。こ

れは、棚橋に前述の黒板や松村と同様の見解があったからだと考えられるが、それは下記の記述から窺い知ることができるのである。[17]

凡そ教育上のことは有形上の設備も大切であるが、設備よりも實は人物である、事業成積の擧がると否とは、其從業員の手腕や人物如何によつて決するのである。

学芸員の用語が最初に論題に使用されたのは、一九四二年に発表された「博物館學藝員の重要性[18]」だと推測できる。その中で学芸員は、「凡そ博物館に於ける陳列資料並に研究資料の蒐集、整理、研究、保存及びこれが陳列説明[19]」を行う者で、資料に関する専門的学芸と博物館運営に関するエキスパートとしての素質を必要とすると説明されている。続いて欧米博物館におけるキュレーターが、大規模の博物館では大学教授レベルの専門家を、小規模の博物館においても専門学校教授程度にある学者を充当していることを紹介している。また、図書館における School inspector を官立図書館では視学官、公私立図書館では視学員と訳名を区別して用いていたことから、公私立博物館における専門職員の職名を学芸員としたことを説明した。そして、従来の博物館職員には主事と呼ばれる名称が使用されているが、それは事務系職員であるとして、大学教授に相当する職務を担う学芸員とは区別して使用するように述べられている。以上の通り、棚橋は学芸員について様々な説明をしており、当論文において、彼の学芸員論は一定の完成を見たと看取できる。

一九四四年には「博物館従業者の問題[20]」が発表され、そこでは前半で、博物館に従事する職員の分類とその職務について説明をしている。独立した項目として館長、学芸員、技術者が立てられており、学芸員の項目は前述の論文を踏襲して書かれている。後半では、棚橋が以前より問題にしていた博物館に従事する者（館長、学芸員および技術者）に対する養成の必要性を述べている。ミュンヘン大学、ルーヴル美術館、大英博物館などにおける博物館従業員養成機関についての紹介をしており、イギリスにおける博物館学芸員の資格取得方法についても言及している。そして、本国における博物館従業員養成講座の現状について紹介をしつつ、これでは未だ不十分であり、常設の機関の設置がないことを遺憾だとしている。

そして、第二次世界大戦の終戦後、一九五〇年に出版された『博物館學綱要』の第八章第三節「博物館の職員」でも、これまでの主張を繰り返し述べているのは前述の通りである。

なお、博物館法制定後のことであるが、学芸員資格の認定と養成について未だ問題が残っていたことから、その参考に資することを目的として『博物館研究』にイギリスの博物館学芸員免許試験の概要と問題の紹介をしている(21)。試験問題は概論と特論（地学、植物学、動物学、美術、考古学、民族学）の二種類について掲載が確認できる。このように、欧米における職員の実情を広く我が国に紹介したことも棚橋の大きな功績と言えるだろう。

まとめ

以上見てきたように、博物館における専門的な役割を担う職員の必要性は、既に明治期から論じられており、各々の学術的知識は当然のことながら、博物館運営に関する知識経験が求められていたのである。そして、昭和期に入ると、棚橋源太郎を中心として、学芸員の役割やその在り方について様々な主張がなされるようになる。かかる動向の中で、戦後に制定された博物館法では、世界に類のない学芸員制度が誕生したのである。

註

(1) 栗本鋤雲「博物舘論」『郵便報知新聞』七九〇、一八七五
(2) 黒板勝美「博物館に就て」『東京朝日新聞』一九一二
(3) 註2に同じ
(4) 松村松盛「第三章　社會教育の施設」『民衆之教化』帝國地方行政學會、一九二二
(5) 中野治房「歐米の模範的博物館と其感想」『東洋學藝雜誌』五〇六、一九二五
(6) 博物館事業促進會「博物館施設ノ充實完成ニ關スル建議」『博物館研究』三―五、一九三〇
(7) 「博物館講習會開會式に於ける文部大臣訓示」『博物館研究』二―八、一九二九
(8) 「博物館法令制定に關し陳情」『博物館研究』一五―九、一九四二
(9) 藤山一雄『新博物館態勢』滿日文化協會、一九四〇
(10) 池田正晴「博物館の活動と學會」『博物館研究』一五―一〇、一九四二
(11) 木場一夫『新しい博物館　その機能と教育活動』日本教育出版社、一九四九
(12) 棚橋源太郎「本邦社會教育の不振」『教育時論』一二二四、一九一九
(13) 一記者（棚橋源太郎）「博物館從業員の養成」『博物館研究』一―一
(14) 團伊能「本邦博物館に關する諸問題」『博物館研究』一―二
(15) 棚橋源太郎『博物館學綱要』理想社、一九五〇
(16) 本論で取り上げたものの他に、「社會教育上の諸問題」『教育論叢』一―三、一九一九、「博物館施設近時の傾向」「博物館施設近時の傾向（承前）」『博物館研究』二―九・十・十一、一九二九、『眼に訴へる教育機關』寶文館、一九三〇などがある。
(17) 註12に同じ
(18) 棚橋源太郎「博物館學藝員の重要性」『博物館研究』一五―一二、一九四二
(19) 註18に同じ
(20) 棚橋源太郎「博物館從業者の問題」『博物館研究』一七―六・七、一九四四
(21) 棚橋源太郎「英国博物館協会 学芸員免許試験問題」『博物館研究』二八―四・五・一〇、一九五五

【安部真里奈】

学芸員制度史

「学芸員」は、博物館等で学芸業務に携わる職員一般を指すものとして普通には使われているが、本来は博物館法の規定によって都道府県教育委員会に登録された博物館の「専門的職員」のことである。博物館法では博物館は登録されたもののみを扱うが、同法第二九条による「博物館に相当する施設」も概ね三年ごとに行われる文部科学省による社会教育調査では「博物館」として扱っており、法の外にあるものを「博物館類似施設」とし、ここにおける「指導系職員」も「学芸員」として示している。

本稿では一般名詞として用いられる「学芸員」ではなく、博物館法により位置づけられている学芸員の制度について変遷を見ていく。

一．法案等に表示された学芸員

①戦前の学芸員の職名

学芸員の職名が、法律による博物館の制度を構築していく中で現れる以前にも、齋藤報恩会博物館や日本赤十字参考館で用いられていたことを山本哲也、犬塚康博が紹介している。[1]また棚橋源太郎は一九三〇年（昭和五）の著書『眼に訴へる教育機關』「第十章　物品の蒐集製作整理保存」で「蒐集に闘するマックマレー氏の意見」を紹介する中で「學藝員」を使用している。[2]ここでの「學藝員」の使われ方はあまりよいイメージのものではないが、博物館の職員としてのものであることは間違いない。

この学芸員の名称につながるものであろう「学芸委員」や「学芸官」の性格などについても山本は紹介しており、犬塚は戦後の博物館法上の学芸員の概念が戦前の東京科学博物館の「学芸官」などを受けて形成されたものであることを明らかにした。[3]

②博物館事業促進会の建議

一九二八年二月に設立された博物館事業促進会では、当初から博物館に関する法律の制定を主張している。たとえば同年三月の「博物館施設に関する建議」では「最モ緊急ヲ要スルモノヲ博物館令ノ発布トス」と訴え、[4]その後も繰り返し同主旨の建議などをおこなってきた。日本博物館協会となってからも一九三二年六月の第四回全国博物館大会における文部大臣への答申の中で「博物館令ノ制定ニ当リ留意スヘキ事項」として「博物館職員ノ資格並ビニ養成ニ関スル規程ヲ設クルコト」と「博物館職員ノ待遇ハ他ノ教育職員ニ劣ラザルヨウ規定スルコト」と、博物館の専門職員に関することを法律に盛り込むよう訴え[5]、その後一九三九年一一月の全国博物館大会では、文部省への「博物館令の制定に就き具申」の中で、「博物館員としては館長並に相当数の学芸主事、書記、技手を置くこと」と示した[6]。

③「公立博物館職員令（勅令案）」

これらの建議や答申、陳情も踏まえて示されたのが、伊藤寿朗が「相当高度な内容を規定していた」と評価した[7]、一九四〇年に開催された「博物館令制定ニ関スル協議會」において文部省より提示された「公立博物館職員令（勅令案）[8]」である。ここでは、まず第一条に「公立博物館ニ左ノ職員ヲ置ク」として、館長・学芸員・書記をあげ、第三条では待遇と職務を示して「学芸員ハ奏任官又ハ判任官ノ待遇トス」、またその職務を「館長ノ指揮ヲ受ケ資料ノ蒐集保存展覧並ニ之ニ関連セル研究事業ヲ掌ル」と示した。法律案の中で学芸員の名称が用いられたのはこれが最初であろう。

④「再建日本の博物館對策」

第二次大戦終結後、一九四五年一一月に「日本博物館協会に依る博物館関係者」[9]によって発表された『再建日本の博物館對策』[10]では、博物館の職員を館員、係員、説明員、博物館従業者、館長、学芸員と表記し、学芸員については「蒐集された研究資料の整理保存と研究者の指導の爲め、専門的學識ある相當數の學藝員をおくことが絶對に必要である」とした。博物館の専門的業務に従事するものの具体的な形として学芸員のほか説明員もあげており、説明員はボストン美術館の陳列現場における説明を例示して今日のエデュケーターもしくはインタープリターの役割を示しているところから見ると、上述の役割を持つ学芸員はキュレーター的なイメージで示されたのではないだろうか。棚橋は博物館の教育機能を強調すると共に、研究機関としての博物館の在り方も主張しており、その中での活動の中心として学芸員を考えていたのだろう。

⑤博物館法制定に至るまでの変遷

博物館関係者によって待望されていた博物館法は、一九五一年に成立し、同年一二月一日に公布された。ここに至るまで、日本博物館協会や棚橋源太郎などと文部省とのやりとりがあり、その過程で学芸員の位置づけも決められていった。以下、社団法人日本博物館協会『昭和39年度わが国の近代博物館施設発達・資料の集成とその研究　大正・昭和編』[11]と日本社会教育学会社会教育法制研究会による『社会教育法制研究・資料ⅩⅣ』[12]により、法律案の中の学芸員に関する記載を見ていく。

一九四六年一〇月の日本博物館協会「博物館並類似施設に関する法律案要綱」[13]では、「七　博物館および類似施設は、その規模の大小に応じ、總長館長、園長、事務官相当数の学芸員、学芸員補、技師、技手、司書、書記、監視員等を置くことを要する」と記され、学芸員補は、「八　館長、園長、学芸員、技師は大学専門学校以上の学歴と、その方面に関し三年以上の実際的経験を有するものの中から選任する」とあるように学芸員には当時としては高い学歴（大学卒など）を求めており、その数は今日とは比べものにならないほど少なかったことから置かれたものだろう。

次いで一九五〇年一月の棚橋源太郎による「博物館動植物園法」では学芸員と学芸員補について、第六六条1で「博物館には、最低限度、館長、学芸員補一名及び監視員二名を置かなければならない」とし、ついで第2項に「博物館は、規模の増大に応じて、前項のほかなお、次長、学芸員、博物館教師、司書、工作員、（中略）、映写技師、監視長、機関士、事務長、及び書記各一名以上を置かなければならない」[14]とした。第六六条1に学芸員が「最低限度」置かなければならないとする中にないのは、前述のように学歴による人材不足を考慮したものであろう。

一九五〇年一一月の博物館関係者[15]による「博物館、動物園及び植物園法草案」では第七条で「博物館に置かれる専門的職員を学芸員と称する」とした。ここで学芸員は「専門的職員」となった。職務は第七条2項で「学芸員は、博物館等の種類に応じ、それぞれの博物館等資料に関する専門的技術的な指導助言及び調査研究を行うものとする」とあり、なおキュレーター的な位置に置かれている。

一九五〇年一〇月〜一一月に文部省作成の「博物館法案要綱案」では「七　博物館に置かれる専門的職員を学芸員及び学芸員補と称する」と学芸員補も専門的職員とされた。

一九五〇年一二月の博物館懇話会による「公立博物館等の最低基準案」には、

第三条　都道府県及び五大都市立博物館には、館長一名、学芸員二名、（中略）をおかなければならない。

第四条　五大都市以外の市立博物館には、館長一名、学芸員補一名、書記一名、（中略）をおかなければならない。

第五条　町村立博物館には館長一名、書記一名、（中略）をおかなければならない。

とある。学芸員が規模の大きい自治体立に置かれ、その他は学芸員補で済ませているのは上述の事情によるのだろう。

一九五〇年一二月の文部省「博物館法草案」では、

第七条　博物館に置かれる専門的職員を学芸員及び学芸員補と称する。

2　学芸員は、博物館の種類に応じ、それぞれの博物館資料に関する専門的、技術的な処理指導助言及び調査研究を行うものとする。

3　学芸員補は、学芸員の職務を助ける。

となり、法案の中で学芸員補が示された。学芸員の性格は依然としてキュレーター的である。

一九五一年二月、文部省の「博物館法案」では、

第四条　博物館に置かれる専門的職員を学芸員及び学芸員補と称する。

2　学芸員は、博物館資料の収集、保管及び展示並びにこれに関連する調査研究その他の専門的事項をつかさどり、博物館の利用者に対する専門的、技術的な指導助言を行うものとする。

3　学芸員補は、学芸員の職務を助ける。

とされて、学芸員の役割が「専門的事項をつかさどる」こととなり、利用者への対応も加わった。第一〇条に登録事項の審査要件として「専門的職員を有すること」をあげ、第一八条1で「公立博物館に、館長及び専門的職員並びに教育委員会が必要と認める事務職員その他必要な職員を置く」こととした。これらについては同年四月の文部省の最終決定案でも変化はない。

二．博物館法の学芸員と博物館法制定後の学芸員制度

①一九五一年（昭和二六）「博物館法」

学芸員は、

第四条3　博物館に、専門的職員として学芸員を置く。

4　学芸員は、博物館資料の収集、保管、展示及び調査研究その他これと関連する事業についての専門的事項をつかさどる。

5　学芸員は、そのつかさどる専門的事項の区分に従い、人文科学学芸員又は自然科学学芸員と称する。

とあり、これまでの案になかった分野による種別ができた。

学芸員の資格を現職の博物館の職員に認めるための博物館学芸員講習が一九五二年七月から実施され、一九五五年八月に終了するまでに三年間で人文科学学芸員一八二名、

自然科学学芸員一〇〇名の有資格者を出した。

②一九五五年「博物館法施行規則（文部省令）」

大学または学芸員の講習において修得すべき博物館に関する科目の単位が定められ、大学で資格を取得するには「博物館学」四単位など、総計一〇単位が必要とされた。

③一九六〇年「博物館法」の改正

学芸員資格取得のための講習を廃止して、講習による資格付与ではなく、文部大臣が資格を認定する制度に改めることとした。また大きな改定として、「人文科学学芸員又は自然科学学芸員」の区別を廃止し、単に学芸員とした。国会での審議の中で、「学芸員の職名を細分化することが地方博物館の総合的な性格から実情に適応しない点が多いため」[16]と説明されている。

④一九七三年「公立博物館の設置及び運営に関する基準（文部大臣告示）」

ここでは公立博物館の設置主体ごとに都道府県立・政令指定都市立では一七人以上、市町村立では六人以上配置する、と具体的な学芸員の数を示した。博物館の質的な向上を図る上に大きな意義があったと評価されるものであった[17]が、一九九八年（平成一〇）の改定でこの定数規定は廃止された。

⑤一九九六年「博物館法施行規則」の一部改正

生涯学習審議会社会教育分科審議会の報告[18]に基づいて、学芸員資格取得に必要な大学において習得すべき博物館に関する科目及び単位数の整備が行われ、「博物館学　四単位」は「博物館概論　二単位」「博物館経営論　一単位」「博物館資料論　二単位」「博物館情報論　一単位」と細分され総単位数も一二単位となった。

⑥二〇〇九年「博物館法施行規則」の一部改正

文部科学省に設置された「これからの博物館の在り方に関する検討協力者会議」の第二次報告[19]に基づき博物館法施行規則の改正がされた。科目の内訳は「博物館概論」「博物館経営論」「博物館資料論」「博物館資料保存論」「博物館展示論」「博物館教育論」「博物館情報・メディア論」各二単位となり、実習なども加えて学芸員資格取得のためには一九単位を課すこととなった。

三．残された課題

生涯学習社会の構築を目指す中で、博物館に期待される役割は大きい。その博物館の活動の主体となるのは学芸員である。高度化・多様化した社会のニーズに応えるために、

「専門的職員」とされる現在の学芸員の制度はそのままで良いのだろうか。多様化した博物館の業務に対して、一律に学芸員という名の下に置かれていて良いのだろうか。学芸員の名称に専門性を附加したものとすることが検討され、学芸員そのものにランクを作ろうということが提案されてもきた。また現在は大学で行われている学芸員の養成が、養成ではなく資格を与えるためだけの形骸化したものとなっていないだろうか。本文中で触れたように、博物館法制定への動きの中で想定されていた学芸員のレベルは、当時としては相当高いものであったことが推測される。そのことを鑑みると、学部段階での基礎コースに加えて大学院における比較的長期の実務経験を経て資格が取得できる仕組みも考えていかなければならないのではなかろうか。

註

(1) 山本哲也「学芸員という職名」『学会ニュース』一〇一、全日本博物館学会、二〇一二。神奈川大学COE公開研究会「学芸員の専門性をめぐって」第二回 今後の博物館活動と博物館学の方向性（二〇〇七年三月二六日開催）における犬塚康博の発言（神奈川大学21世紀COEプログラム研究推進会議『高度専門職学芸員の養成 大学院における養成プログラムの提言 神奈川大学21世紀COEプログラム「人類文化研究のための非文字資料の体系化」研究成果報告書』二〇〇八）

(2) 棚橋源太郎『眼に訴へる教育機關』寶文館、一九三〇、二二九―二三〇頁（山本哲也のご教示による）

(3) 犬塚康博「制度における学芸員概念 形成過程と問題構造」『名古屋市博物館研究紀要』一九、一九九六、一七―三六頁

(4) 日本博物館協会『昭和39年度 わが国の近代博物館施設発達・資料の集成とその研究 大正・昭和編』一九六四

(5) 註4に同じ

(6) 註4に同じ

(7) 伊藤寿朗「博物館法の成立とその時代 博物館法成立過程の研究」『博物館学雑誌』一―一、一九七五、二六―四〇頁

(8) 日本社会教育学会社会教育法制研究会『社会教育法制研究・資料XⅣ』一九七一

(9) 註7に同じ

(10) 日本博物館協會『再建日本の博物館對策』一九四五

(11) 註4に同じ

(12) 註8に同じ

(13) 「類似施設」は今日使われているそれとは異なり、動物園、水族館、植物園を指す。

(14) 動物園、水族館、植物園も同様。

(15) この関係者が誰かは明らかにされていない。

(16) 第二二回国会衆議院本会議、一九五五年七月一五日

(17) 樋口秀雄・椎名仙卓「終戦後における博物館の推移」『博物館学講座2』雄山閣出版、一九八一、一〇六頁

(18) 生涯学習審議会社会教育分科審議会『社会教育主事、学芸員及び司書の養成、研修等の改善方策について』報告、一九九六

(19) これからの博物館の在り方に関する検討協力者会議『学芸員養成の充実方策について 第2次報告書』文部科学省、二〇〇九

【鷹野光行】

欧米博物館紹介史

一・幕末に博物館を訪れた人々

我が国において、欧米の博物館が本格的に紹介され始めたのは、幕末以降である。この頃に海外に派遣された人々によって欧米の博物館が紹介され、日本における博物館の概念が次第に形成されていくこととなる。

公式に博物館を訪問した最初の人々は、一八六〇年（万延元）に日米修好条約批准交換の命を受け、米国に派遣された新見豊前守正興を正使とする遣米使節団である。使節団の通訳であった名村五八郎元度は、『亜行日記』[1]の中で、「当所博物館（パテントオヒス）ニ到リ、其掛リ官使ニ面会諸物一見ス」と記しており、特許局の展示施設を見学したことを記録している。「パテントオヒス」という仮名が用いられているため限定的ではあるものの、「博物館」という表現を日本で用いた初見であると考えられる。このパテント・オフィスについては、それぞれの団員が様々な表現で表しており、「百物館」や「博物所」「医学館の類」「器械局」「諸国物品館」「宝蔵」「名器宝物所蔵ノ所」などと記されている。パテント・オフィスの内部については、小栗豊後守忠順の従者として随従した福島恵三郎義言が『花旗航海日記』[2]の中で分かりやすく述べている。福島は、館内を「男女群集ナスコト蟻ノ如シ」と記し、右の部屋には武功人の肖像、左の部屋には万国の鳥獣類などの標本、二階には日本の資料や機械類が全てガラスケースの中に陳列されていたと述べている。また、使節団一行は、スミソニアン・インスティテューションも視察している。益頭駿次郎尚俊の従者として随行した佐野貞輔鼎は、『奉使米行航海日記』[3]の中で、スミソニアンが万国の奇珍異物を集める理由について「按ずるに、諸物を多く集めて衆民に示し、人の識見を廣からしむるものならんか」と述べ、博物館の教育機能について言及している。

遣米使節団が帰国した後の一八六一年（文久元）、今度は外交上の現地折衝という任務を背負い、仏・英・露・蘭・独・ポルトガルに竹内下野守保徳を正使とする遣欧使節団が派遣された。使節団一行は、各国の博物館や動物園、植物園を訪れている。松平石見守康直の従者として随行した市川渡は、『尾蠅歐行漫録』[4]の中で訪問した博物館の記録を残しており、大英博物館を訪れた際の記述では「今日御三使博物館ニ行カル」とある。前述した遣米使節団の名村がパテント・オフィスのみを「博物館」と記していたのに対し、市川は、動物園や植物園を除く各国の博物館の殆どを「博物館」と表現している。市川は、西洋では身分の低い者を含めたあらゆる人々の娯楽や知識習得のために博物館を設置しているのであろうと推測し、博物館の役割について言及している。

遣欧使節団に随行した福澤諭吉が、この時の見聞を基に刊行した『西洋事情[5]』は、博物館学史の中で重要な位置を占める存在といえるだろう。その初編には「博物舘」の見出しがあり、当時の博物館の実態について紹介している。福澤は、博物館を「世界中ノ物産古物珍物ヲ集メテ人ニ示シ見聞ヲ博クスル爲メニ設ルモノ」と定義し、「ミネラロジカルミュヂエム」「ゾーロジカルミュヂエム」「動物園」「植物園」「メジカルミヂエム」の五つに分類し説明している。これまでの博物館を紹介した文献が、一般的に普及しない日記などであったのに対し、『西洋事情』は当時のベストセラーとして広く愛読されたことから、「博物館」の定義が日本社会の中で確立していく上で重要な役割を果たしたといえる。

その後も、幕府によって様々な形で欧米に派遣された人々が博物館を訪れている。一八六五年（慶応元）に機械の買い入れや技師の招聘などを目的として英・仏に派遣された柴田日向守剛中一行は、両国の博物館や動物園を見学している。柴田は、この時の見聞を自身の日記『柴田剛中日載[6]』の一部として残している。この日記の中で柴田は、動物園や植物園を除く博物館のことを「ミゼーム」などと表記し、大英博物館については「ミセーム〈博物館〉」とわざわざ注記している。また、柴田の従者として随行した岡田摂蔵は、この時の見聞を綴った『航西小記[7]』において「博物館」の表現を柴田よりも多用しており、サウス・ケンジントンのことを「ソーツケンシントンミユジーム博物館の名」と記している。一八六六年には、翌年に開催されるパリ万国博覧会への参列及び徳川昭武の仏国留学のために派遣された一行が博物館や美術館、動物園などを見学している。この一行に途中から加わった栗本鋤雲は、仏国における見聞を『暁窓追録[8]』として残しており、博物館について「人ノ耳目ヲ娯マシメ智識闡發セシム亦善政ノ一端ナリ」と記し、博物館を紹介するだけでなく、その娯楽的要素や教育的機能にまで言及している。

このように、幕末に欧米へ派遣された多くの人々が博物館を視察し、その記録を残していたことが分かるが、執筆者によって博物館を表す言葉に違いが見られるため、「博物館」という用語の確立には至っていなかったことが読み取れる。また、博物館の娯楽性や教育機能にふれたものが一部あるものの、博物館の建物やコレクションについて淡々と紹介した文献が多く、その役割や必要性について考察した者は殆どいなかったのである。

二．近代化のための博物館見聞

一八六八年（明治元）、新政府が誕生すると、欧米からの遅れを取り戻すべく、政府は積極的に海外視察を行った。これらの政府関係者が視察した欧米の博物館が様々な形で紹介され、日本の博物館創設に多大なる影響を与えることとなる。

一八七一年、明治政府によって派遣された岩倉具視使節団は、通商条約改正及び欧米の国情調査のために視察を行い、これらの見聞が日本の近代化政策に生かされることとなる。この使節団の公式報告書である『特命全権大使米欧回覧實記』[9]には、一行が多くの博物館を訪れた記録が記されている。この報告書を執筆した久米邦武は、「博物館ニ観レハ、其國開化ノ順序、自ラ心目ニ感觸ヲ與フモノナリ」とし、各国の進歩過程を示すものとして博物館ほど優れたものはないと述べている。また、「目視ノ感ハ、耳聴ノ感ヨリ、人ニ入ルコト緊切ナルモノナリ」と述べ、視覚に訴える博物館を創設するよう説いている。

明治政府は、一八七三年に開催されたウィーン万国博覧会に新政府として初めて出品して以降、万国博覧会へ定期的に参加することとなる。ウィーン万国博覧会へは、博覧会事務副総裁であった佐野常民が派遣され、この博覧会での報告を『澳國博覽會報告書』[10]として政府に提出している。この中で佐野は、「博物館ノ主旨ハ眼目ノ教ニヨリテ人ノ智巧技藝ヲ開進セシムルニ在リ」とし、欧州各国は視覚による教育の有用性に注目し博物館建設を行っていると指摘している。また、佐野は、サウス・ケンジントンについても詳述しており、「『ケンシントン』博物館ノ制最モ切ニ我國今日ノ形勢ニ適中セリ」と述べ、日本の博物館はサウス・ケンジントンを参考にすべきであると記している。また、一八七六年にフィラデルフィア万国博覧会の出席を兼ねてアメリカの教育行政を調査するために渡米した田中不二麿も博物館を視察している。田中は、その報告書である『米國百年期博覽會教育報告』[11]の中で「博物館トハ文學技藝ニ開スル天造及ヒ人造ノ物品ヲ蒐集陳列シテ観覧ニ供スル者ノ総名ナリ」と記し、各博物館を「技藝博物館」「美術博物舘」「史學博物舘」「醫學博物舘」「教育博物舘」「農業博物舘」「天産博物舘」「禽獸園」「草木園」などに分類している。そして、近年、利用者のために便宜を図るに至った図書館を引き合いに出し、博物館も図書館と同様に人々の教育のために活動しなければならないと指摘している。

佐野常民は後に「博覧会の父」として内国勧業博覧会を主導することとなり、田中不二麿は帰国後に教育博物館の建設を推進した。また、日本の博物館創設を牽引した田中芳男や町田久成も万国博覧会に参加するために欧州を訪れた際に博物館を見学しており、フランスの国立自然史博物館であるジャルダン・デ・プラントや大英博物館を参考に上野公園に博物館建設を図った。このように、日本の博物館は、新政府指導のもとに欧米視察を行った中で見学した博物館を参考にしながら創り上げられていくのである。

三．博物館のさらなる発展のために

明治後半になると政府関係者だけでなく、多くの留学生や個人渡航者が欧米の博物館を見学している。

一八八七年（明治二〇）にワシントンで開かれた海獣保護会議やケンブリッジにおいて開かれた万国動物会議などに出席するため、欧米に長期滞在していた動物学者の箕作佳吉は、この時の見聞を基に「博物舘ニ就キテ[12]」を執筆した。この論文において箕作は、博物館の目的を国家の宝物の保存・一般大衆への教育と娯楽の提供・学術の進歩の三つであるとし、これらの目的を欧米博物館の事例をあげながら論じている。

一八九八年から仏国に留学した国文学者の池邊義象は、その時の見聞を綴った『世界讀本[13]』の中で、博物館について「天下諸國の古今にわたりて、いろいろな物を集めて、そこに入れば、僅の間に、何でも見て智識を得られるやうに工夫したものである」と述べ、学校や図書館と同じように人々のためになるものであると記している。また、欧米各国では、博物館資料を利用して研究を行うために模写や写真撮影を行うことが許されており、様々な職業にある人々は世界中の古今の資料を参考にすることができるとしている。このような利用が社会にもたらす効果は莫大なものであるため、決して博物館を骨董店と同一視すべきものでないと指摘している。そして、資料を順序なく陳列し、手当たり次第に積み重ねるような博物館は不規則極まる学校のようなものだとし、陳列の順序をしっかりと整えた上で展示するべきだと指摘している。

教育学及び女子教育研究の目的をもって欧米留学した教育学者の下田次郎は、一九〇六年に『西洋教育事情』[14]を刊行している。その中に「教育博物館に就て」という章を設け、世界各国二二もの教育博物館をあげ、教育博物館の成立史を紹介している。また、日本の教育博物館について、経費不足や陳列場の狭さ、人員不足、専門知識をもつ職員の不足などの欠点を指摘している。そして、欧米各国の教育施設を調査したことで感じた日本の教育界に希望したいこととして、学校博物館や地方博物館の設立をあげている。下田は、「西洋には皆到る處に、土俗上の品物等を集めたるミューゼアムがある」として、「我が國にても漸次の生長を期して計畫すれば、差したる經費も、勞力も費さずして、心掛次第で出來得るものである」と博物館の設立を切願している。

この他にも、人類学研究のため英・仏に留学した坪井正五郎は、「パリー通信」や「ロンドン通信」[15]にて両国の展示を痛烈に批判し、「博物館学」なる名称を初めて用いたとされる黒板勝美は、二年間の欧米留学の後『西遊弐年 欧米文明記』[16]を執筆し、欧米各国の博物館を紹介しつつ自身の博物館思想を述べ、植物病理学研究のためにドイツ留学した白井光太郎は、一般向けに出版した『植物博物館及植物園の話』[17]にてベルリン王立植物博物館について詳述しながら植物博物館設立の必要性を訴えている。このように、明治後半になると、様々な分野の有識者たちが海外を訪れるようになり、学術的に欧米博物館紹介を行う論著が増加していった。欧米の博物館にただ驚き感心するのではなく、その目的や役割を考察し、理想の博物館像について論じるなど、各々の論著には日本の博物館の発展を願う気持ちが表れている。

大正以降、さらに多くの学者たちが欧米の博物館を視察しており、そこで得た見聞を紹介しつつ、自身の博物館に関する考えを述べた論著が刊行されている。特に、生物学や教育学の分野では、博物館に関する論考が多く存在し、動物学者の川村多實二や永澤六郎、昆虫学者の江崎悌三などが、『動物學雜誌』に欧米の博物館を紹介した論考を発表している。[18]また、理科教育指導者でもあった博物館学者棚橋源太郎や日本の教育界において開拓的役割を果たした吉田熊次などが教育学関連の雑誌や単行本に欧米博物館に関する著述を設けている。[19]

一九二八年（昭和三）、博物館事業促進会が発足し、『博物館研究』の創刊が始まると、欧米の博物館に関する多くの論文が掲載されることとなる。前述した棚橋はもちろんのこと、東京博物館学芸官であった森金次郎や東京帝室博物館監査官であった後藤守一など、博物館学を牽引した人々が、日本の博物館を発展させるという目的をもって調査した欧米博物館に対する論考が次々と発表され、欧米博物館紹介は最盛期を迎えることとなったのである。(20)

以上、幕末から昭和前期までの欧米博物館紹介史を述べた。我が国における欧米博物館の紹介は幕末から始まり、時の権力者たちの命を受け、海外を旅した人々によって近代博物館の現状が伝えられていった。そして、日本においても博物館が誕生すると、博物館のさらなる発展を願う多くの人々が欧米の博物館を調査・紹介し、それらを参考にしながら日本の博物館は発展していったのである。したがって、欧米博物館紹介史は日本の博物館の発展を考える上で非常に大きな意義をもつといえる。

註

(1) 名村元度『亜行日記』一八六〇(日米修好通商百年記念行事運営会編『万延元年遣米使節史料集成2』風間書房、一九六〇、二三三頁)
(2) 福島義言『花旗航海日記』一八六〇(日米修好通商百年記念行事運営会編『万延元年遣米使節史料集成3』風間書房、一九六〇、三三〇頁)
(3) 佐野鼎『萬延元年訪米日記』金澤文化協會、一九四六
(4) 市川渡『尾蠅歐行漫錄』一八六一(大塚武松編『遣外使節日記2』日本史籍協會、一九二九、三六六頁(一九八七年に東京大学出版会より復刊))
(5) 福澤諭吉『西洋事情 初編』慶應義塾出版局、一八六六、四二―四三頁
(6) 柴田剛中「仏英行(柴田剛中日載七・八より)」君塚進校注『西洋見聞集』岩波書店、一九七四、三九四頁
(7) 岡田摂蔵「航西小記」一八六六(大塚武松編『遣外使節日記3』日本史籍協會、一九三〇、五〇四頁(一九八七年に東京大学出版会より復刊))
(8) 栗本鋤雲「暁窓追録」『匏菴十種』九潜舘、一八六九、一六頁
(9) 久米邦武『特命全權大使米歐回覧實記 第二編 英吉利國ノ部』博聞社、一八七八、一一一―一一二頁
(10) 佐野常民『澳國博覽會報告書博物舘部』澳國博覽會事務局、一八七五、一頁、四頁
(11) 田中不二麿『米國百年期博覽會教育報告』三、文部省、一八七七、二七頁
(12) 箕作佳吉「博物舘ニ就キテ」『東洋學藝雜誌』一六―二一五、一八九九
(13) 池邊義象『世界讀本』弘文館、一九〇二、一四一頁
(14) 下田次郎『西洋教育事情』金港堂書籍、一九〇六、四二一頁
(15) 坪井正五郎「パリー通信」「ロンドン通信」『東京人類學會雜誌』四三・四四・四五・四六・四七・四八・五〇、一八八九・一八九〇
(16) 黒板勝美『西遊弐年 歐米文明記』文會堂書店、一九一一
(17) 白井光太郎『植物博物館及植物園の話』丸善書店、一九〇三
(18) 川村多實二「米國博物館の生態陳列」(一九二〇)や永澤六郎「ジェームス・スミソン及『スミソン』學團」(一九一七)、江崎悌三「北歐見聞記」(一九二六)などが『動物學雜誌』に掲載されている。
(19) 棚橋源太郎「博物館と教育」『教育時論』一四二一(一九二四)、吉田熊次「社會教育」(一九一三)などがある。
(20) 森金次郎「私の見た歐米の博物館」(一九三〇)、後藤守一「歐米博物館の動き」(一九三二)などが『博物館研究』に掲載されている。また、棚橋源太郎の代表的著書『眼に訴へる教育機關』も海外の博物館を事例にして博物館学を体系的に論じたものである。

【茂木香奈子】

博覧会・共進会史

一．万国博覧会と日本

博覧会は一八世紀にヨーロッパで開始され、一八五一年には世界初の万国博覧会であるロンドン万国博覧会が開催された。一八六二年には第二回ロンドン万国博覧会が開催され、竹内下野守保徳を正使とする幕府の使節団が同博覧会の開会式に参加した。これが日本人と博覧会との初めての出会いであった。そして、同使節団に通訳として参加していた福澤諭吉は、帰国後の一八六六年（慶応二）に『西洋事情　初編』[1]を出版し、その巻之一で博覧会を「西洋ノ大都會ニハ數年毎ニ產物ノ大會ヲ設ケ世界中ニ布告シテ各〃同其國ノ名產便利ノ器械古物奇品ヲ集メ萬國ノ人ニ示スコトアリ之ヲ博覽會ト稱ス」と紹介し、初めて刊行物で「博覧会」という言葉を使用した。一八六七年にはパリ万国博覧会が開催され、日本から幕府が初めて公式参加したが、薩摩・佐賀両藩も独自に同博覧会に参加しており、日本の国情不安を西欧諸国にさらけ出す結果となった。

日本が政府として初めて公式参加したのは、一八七三年のウイーン万国博覧会であり、以後、日本政府は積極的に万国博覧会に参加し、日本趣味で建設されたパビリオンや庭園、そこで行われた展示や催しは、日本を世界にアピールする効果があった。一方で、これらの万国博覧会を視察した日本人が得た知識や情報も多く、博物館学・展示学の面では、日本における人類学の先駆者である坪井正五郎が、一八八九年開催のパリ万国博覧会における人類学の展示について詳細な批評を展開していることなどを例にあげることができる[2]。

二．日本博覧会の黎明

一八七一年（明治四）に京都で開催された博覧会が、日本で最初の博覧会であった。京都では、翌年に京都博覧会社が設立され、同年の第一回京都博覧会以降、毎年のように博覧会が開催され、地域活性化に大きく寄与することとなった。一八七二年には政府主催の初の博覧会が東京の湯島聖堂大成殿で開催された（湯島聖堂博覧会）。同博覧会は、文部省が全国から「珍品希物」を収集し、博物館を設けることを目的に開催されたもので、開催布告文は「文部省博物館」名で出されており（図1）、現東京国立博物館は同博覧会の開催を以て同館の創設・開館の時としている[3]。また、同博覧会の主要出品物は翌年に開催されたウィーン万国博覧会の日本館に展示された。

京都と東京で開催された博覧会の成功を契機に、博覧会は全国各地に波及し各地域の活性化に寄与した。博覧会が直ちに日本人に受け入れられ人気を博した要因については、江戸時代には、全国各地で物産会や本草会、寺社の出開帳など、書画骨董や古器旧物、珍品奇品等を展示し、民衆の観覧に供する催しが広く行われており、その延長線上として博覧会が認識されたことや、御所や旧城郭など、江戸時代には民衆が立ち入ることができなかった場所が博覧会場として使用されたことのもの珍しさなどが考えられる。

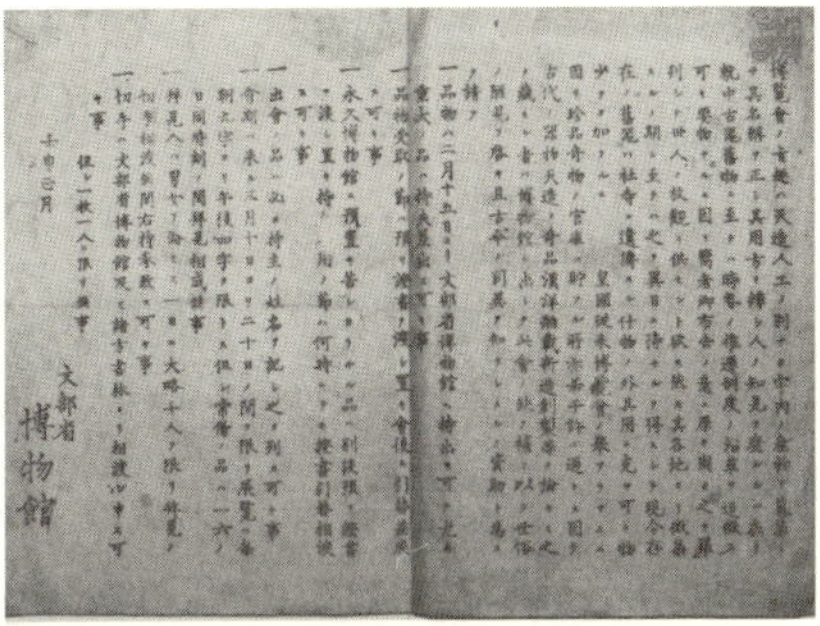

【図1　文部省博物館布告】
（尼崎市教育委員会所蔵）

三．内国勧業博覧会

明治初期の博覧会は書画骨董や古器旧物、珍品奇品等の展示が主であったが、一八七七年（明治一〇）に東京の上野公園を会場に開催された第一回内国勧業博覧会は国内産業の振興を目的に開催された。内国勧業博覧会の開催に主導的役割を果たした大久保利通内務卿・同博覧会総裁は、同博覧会開会式において「博覧会ノ効続タル大ニ農工ノ技芸ヲ奨シ殊ニ知識ノ開運ヲ資ケ随テ貿易ノ宏図ヲ介シ以テ国家ノ殷富ヲ致ス」（図2、尼崎市教育委員会所蔵『内国勧業博覧会祝詞』所収）とその意義を奏上している。当時、九州では西南戦争が繰り広げられている最中であり、戦時にもかかわらず内国勧業博覧会を開催したことに、政府及び大久保内務卿の内国勧業博覧会開催への強い意志を見ることができる。同博覧会では六館の展示館と付属施設が建設され、そのほとんどは博覧会会期中のみ使用する木造建築であったが、美術館のみは恒久的建築物として煉瓦造で建設された。実際、この建物は一九二三年（大正一二）の関東大震災で被災するまで東京帝室博物館の展示館として使用された。また、この美術館が日本で初めて「美術館」と称した建物であった（図2）。第一回内国勧業博覧会は三か月余の会期中に四五万人を超える入場者を記録し、最高賞である鳳紋賞牌を受賞した臥雲辰致の「ガラ紡」が、その後の日本紡績業発展に多大な影響を与えたように、博覧会が国内産業の振興のための政策として効果があることを政府に認識させるに十分な成果を残した。そこで、政府は同博覧会を第一回とし、この後も継続的に内国勧業博覧会を開催することを決定した。

第二回内国勧業博覧会は一八八一年に上野公園を会場に開催され、同年に竣工した外国人技師コンドル設計の上野博物館本館が、同博覧会の美術館として使用された。第三回は一八九〇年に前二回と同様に上野公園を会場に開催され、日本で初めての電車が博覧会場内を走行した。第四回は会場を京都の岡崎公園に移し、一八九五年に開催された。これは平安遷都一一〇〇年の記念事業として開催されたもので、博覧会場に隣接して平安神宮が創建され、第三回では会場内を走行した電車が、第四回に際しては正式な交通機関として京都市内を走行した。また、第四回では付属施設として神戸の和田岬に水族部放養場が開設されたが、同放養場は会期後も残され、一八九七年に同地で第二回水産博覧会が開催された際に、同放養場は拡充され同博覧会附属水族館となった（和田岬水族館）。これが日本で初めての本格的な水族館であった。第四回内国勧業博覧会当時の農商務次官であり、後に農商務大臣を務めた金子堅太郎は、その著作のなかで博覧会の経済的効用について論じ、第四回内国勧業博覧会では「我邦の富源は如何なるものか」を国民に熟知させる効果があったと評価している(4)。

【図2　第一回内国勧業博覧会の美術館】
（尼崎市教育委員会所蔵）

一九〇三年には第五回内国勧業博覧会が大阪の天王寺公園を会場に開催された。約一〇万坪の敷地に一〇展示館と付属施設が建設され、海外から一八か国が参加し、入場者数は四三〇万人余を記録したかつてない規模の大博覧会であった。また、夜間開場実施に伴い展示館にはイルミネーションが設置され、冷蔵庫やエレベーターなど、二〇世紀には家庭に広く普及していく製品が博覧会場に登場し、ウォーターシュートやメリーゴーランド、観覧車、不思議館などアトラクション施設も充実し、博覧会の娯楽化が進んだ。その一方で、日本の博覧会場内に設けられた初めての植民地展示館とされる台湾館や、アイヌ民族等二一人を住まわせて異民族の日常生活を観衆に見せた人類館では、欧米列強と同視線に立つ展示も行われた。

四．共進会

内国勧業博覧会は、全国から募集した産物を展示して一般の観覧に供し、審査の上、優秀な産物には賞を授与するというシステムで国内産業の振興を図ったが、同時代に開催された共進会もまた、同様のシステムで産業振興を図った。一八七九年（明治一二）、内務・大蔵両省は共進会開設を上申し、その魁として茶と生糸の共進会を開催することとし、同年、横浜において製茶共進会と生糸繭共進会を開催した。その後、政府主催の共進会としては一八八〇年の綿糖共進会（開催地は大阪）、一八八二年の米麦大豆烟草菜種共進会兼山林共進会（同東京）、一八八三年の第二回製茶共進会（同神戸）、一八八五年の繭糸織物陶漆器共進会（同東京）等が開催されており、当時の日本にとって重要な農産物を対象にした共進会を政府が積極的に開催していたことが分かる。

明治期には各地方でも盛んに共進会が開催されたが、次第に規模が拡大し、府県の枠を超え九州や関西等の広域圏を対象とした連合共進会方式での開催が増加した。特に一九一〇年に、名古屋開府三〇〇年記念事業として名古屋で開催された第一〇回関西府県連合共進会は、三府二八県が参加し、敷地面積約九万八千坪と第五回内国勧業博覧会に匹敵する規模で開催され、入場者数約二六〇万人を記録した。

五．明治末・大正期の博覧会

東京における博覧会のメッカとも言うべき上野公園では、一九〇七年（明治四〇）に東京勧業博覧会、一九一四年（大正三）に東京大正博覧会（図3）、一九二二年には平和記念東京博覧会と大規模博覧会が相次いで開催され、平和記念東京博覧会では国内の博覧会としては初めて入場者数が一千万人を超えた。これらの博覧会では、出品物を審査し褒賞を授与するという内国勧業博覧会以来のシステムは残っていたものの、博覧会の娯楽化がさらに進み、東京勧業博覧会ではイルミネーションやウォーターシュート、観覧車などのアトラクション施設がつくられ、東京大正博覧会では、ケーブルカーやエスカレーターなどの新しい科学技術を取り入れた乗り物が人気を博し、平和記念東京博覧会では、会場内に「文化村」と称したモデル住宅の展示場を設けて、都市の生活様式に見合った住宅のあり方が提言された。博覧会の娯楽化はすなわち、博覧会のテーマが「生産」から「消費生活」へと移行していったことの現れとも言えよう。

一方で、特定のテーマのみを取り上げた小規模な専門博覧会が数多く開催されるようになったのもこの時代であり、特に、近代的な家庭生活の普及等を目的として「こども」「婦人」「家庭」を冠した博覧会が各地で数多く開催されたことが特徴的である。また、博覧会の主催者についても従来の地方行政団体や産業団体、それらが設立した協会組織だけではなく、百貨店や新聞社、電鉄会社が主催する博覧会が登場したのもこの時代の特徴のひとつである。

【図３　東京大正博覧会第二会場夜景之真図】
（尼崎市教育委員会所蔵）

六、昭和戦前期の博覧会

昭和天皇が即位の礼を行った一九二八年（昭和三）には、東京・名古屋・京都・大阪・神戸の五大都市を含む全国各地で即位を祝う博覧会が開催され、昭和新時代の訪れを告げた。また、昭和初期には当時の日本の植民地であった朝鮮と台湾で各総督府主催の博覧会が開催され、一九三三年には大連市で満州大博覧会が開催されるなど、博覧会は日本の植民地統治のための装置としても機能した。

一九三七年の日中戦争以降、博覧会は戦争を宣伝し、国民を戦争へと動員するための装置としての役割を担った。特に、兵庫県西宮市の西宮球場・同外園では一九三八年から一九四三年にかけて、支那事変聖戦博覧会、大東亜建設博覧会（図４）、国防科学博覧会、決戦防空

【図４　大東亜建設博覧会絵葉書】
（尼崎市教育委員会所蔵）

博覧会と、ほぼ毎年のように戦争関係の博覧会が開催され、戦争博覧会のメッカとなった。支那事変聖戦博覧会と大東亜建設博覧会では、球場内に戦地を実物大で復元した巨大なパノラマが建設され、その建設にはいわゆる「ランカイ屋」が活躍した。

一九四〇年に、紀元二六〇〇年記念事業として、東京・横浜を会場に日本万国博覧会を開催する計画が進み、前売入場券まで販売されたが、日中戦争の長期化に伴い、一九三八年に中止が決定された。

七．昭和戦後・平成の博覧会

一九五〇年（昭和二五）、西宮球場・同外園でアメリカ博覧会が開催された。数年前には毎年のように戦争博覧会の開催地となっていた同地で、かつての敵国であったアメリカを包括的に紹介する博覧会が開催され、会場内にはアメリカ一周大パノラマが建設された。博覧会は、今度は戦後の新時代の訪れを告げたのである。一九七〇年には長年の悲願であった万国博覧会が大阪の千里丘陵で開催された。「人類の調和と進歩」をテーマに開催された日本万国博覧会（大阪万博）では万国博覧会史上最多となる六四〇〇万人余の入場者が訪れ、日本の高度経済成長を世界に印象付けた。また、日本万国博覧会で大規模に行われた先進的・革新的ディスプレイは、この後の日本におけるディスプレイ業の発展に大きく寄与し、博物館における展示技術の発展や革新にも多大な影響を及ぼした。二一世紀に入ると、「自然の叡智」をテーマに二〇〇五年（平成一七）日本国際博覧会（愛知万博）が愛知県で開催され、博覧会で環境問題が取り上げられた。

註

（1）福澤諭吉『西洋事情　初編』慶應義塾出版局、一八六六
（2）坪井正五郎「パリー通信」『東京人類學會雜誌』四三・四四・四五・四六・四七・四八、一八八九・一八九〇
（3）東京国立博物館『目で見る一二〇年』一九九二
（4）金子堅太郎「博覧會の沿革及其効能」『經濟政策』大倉書店、一九〇二

参考文献

中川童二『ランカイ屋一代』講談社、一九六九
寺下勍『博覧会強記』エキスプラン、一九八七
椎名仙卓『明治博物館事始め』思文閣出版、一九八九
橋爪紳也・中谷作次『博覧会見物』学芸出版社、一九九〇
東京国立博物館『目でみる一二〇年』一九九二
乃村工藝社『ディスプレイ100年の旅　乃村工藝社100年史』一九九三
財団法人江戸東京歴史財団『博覧都市江戸東京展』一九九三
大阪人権博物館『博覧会　文明化から植民地化へ』二〇〇〇
椎名仙卓『日本博物館成立史　博覧会から博物館へ』雄山閣、二〇〇五
國雄行『博覧会と明治の日本』吉川弘文館、二〇一〇

【桃谷和則】

史跡整備と遺跡博物館史

本稿では、史跡整備と遺跡博物館史を扱う。遺跡博物館論としてまとまった論考は必ずしも多くはないので、ここでは遺跡博物館の動向を説明し、その中で遺跡博物館がどのように考えられてきたかを検討したい。

まず、遺跡博物館とはどのようなものを指すのかを決めておく必要がある。遺跡博物館の定義はこれまで様々に論じられているが、多くの歴史博物館、前項の野外博物館との違いを明確に論じることはなかなか難しい。

ここでは、特定の遺跡、遺跡群及び出土品の保存、活用、展示公開を主な使命とする博物館を遺跡博物館として考えたい。ただし、これらのすべての要素を持つものを対象とするわけではなく、これらの要素の内のいずれかを備えた博物館施設も対象としたい。また、原則として遺跡内または隣接するものを取り上げたいが、位置関係を限定することはしない。要は特定の遺跡からの情報を伝えることを主な使命とする博物館を遺跡博物館と理解し、検討していきたい。

一．遺跡博物館の始まり

①遺跡博物館の萌芽

遺跡博物館は、有名遺跡から出土する遺物を保管し、公開する形で始まった。鷹野光行が紹介する[1]ように、戦前にも貝塚遺跡などで出土遺物の保存、公開をする施設は存在した。

千葉県香取市良文貝塚では、地元有志が「貝塚史蹟保存会」を結成し、多くの活動を行っている。以下、香取市教育委員会で刊行された報告書[2]により紹介したい。貝塚史蹟保存会は、良文貝塚で行われた発掘調査成果を踏まえ、出土遺物を地元に残すべく、大山史前学研究所に依頼して調査を実現した。さらに出土遺物を保有し、国史跡指定が実現した後には保存管理団体となるなどきわめて先進的な活動が行われた。出土遺物は遺跡の一角にある豊玉姫神社社務所で陳列され、一般の人々や研究者に公開された。博物館施設こそ実現しなかったが、一九三〇年（昭和五）段階で意識的に遺跡を舞台とした博物館活動が展開されており、わが国の遺跡博物館活動の最も古い例の一つと評価されよう。なお、同保存会により一九三二年に屋外貝塚観察施設が作られており、野外展示施設の最古の例と思われる。豊玉姫神社社務所におかれた陳列施設はその後貝塚青年館、貝塚区民センターの良文貝塚出土遺物陳列所に移され、現在は二〇〇八年（平成二〇）に建設された「まほろばの里　田園空間博物館」に引き継がれている。貝塚史蹟保存会が史跡良文貝塚で展開した調査、出土遺物の現地保存、現地での陳列公開、普及などの活動は現代遺跡博物館のまさに原形として学史上に位置づけることができよう。

他に美濃国分寺跡、愛知県八王子貝塚等でも陳列が行われたようであるが、現代にまでつながる恒久的な施設には発展しなかった。

② 史跡指定と博物館施設

(1) 戦後の遺跡博物館

戦後になり、本格的な遺跡の発掘調査が行われ、史跡指定と併行して出土遺物の保存管理、展示公開が行われる施設が登場する。戦後間もなくの静岡県登呂遺跡での大規模な発掘調査と特別史跡指定、博物館施設の開館、一九五〇年代の長野県中部山岳地域の縄文時代遺跡の調査成果をもとに開設された施設や千葉県域の古墳調査成果をもとに成立した博物館が代表的な例である。

静岡県登呂遺跡は、戦争中に発見され、戦後継続的に大規模な発掘調査が実施された。その成果は敗戦後の日本社会にとって大きな希望となったことはよく知られている。調査は一九五〇年（昭和二五）まで継続し、一九五二年に特別史跡に指定された。登呂遺跡出土の木製品を含む多量の出土品を展示公開するため、一九五五年に静岡考古館が開館した。発掘調査から特別史跡指定、博物館の開設に至る過程で遺跡に竪穴住居等の復元が行われ、公開された。初期の屋外展示である。その後一九七二年に「静岡市立登呂博物館」が開館し、静岡考古館を引き継いで活動を継続している。

長野県茅野市尖石遺跡では地元研究者を中心に発掘調査が行われ、成果を受けて一九四二年に国史跡に、一九五二年に特別史跡に指定された。発掘調査を主導した宮坂英弌が一九五一年に「尖石館」を開設、その後「尖石考古館」へと受け継がれた。同様に塩尻市平出遺跡では、地元で結成された平出遺跡調査会による調査成果により、一九五二年に国史跡に指定され、一九五五年に「平出遺跡考古館」が建設された。現在も、「平出遺跡考古博物館」として活動している。

一方、千葉県域では、地元と大学が連携して古墳発掘調査が実施され、史跡指定に合わせて展示施設が開設された。

千葉県金鈴塚古墳は戦前に一部調査が行われて世に知られた。戦後になって一九五〇年に東京圏の大学と地元が共同して大規模な発掘調査が実施された。出土遺物は金鈴をはじめとして貴重な資料が大量に出土した。この貴重な遺物を地元で保管することを強く望んだ地域の人々が中心となって保存、展示施設を建設するよう運動があり、その成果として一九五六年には「木更津市立金鈴塚遺物保存館」が開館した。保存館の使命は現在「木更津市郷土博物館金のすず」に受け継がれている。

また、千葉県芝山町芝山古墳群殿塚古墳、姫塚古墳が地元の人々と早稲田大学が共同で一九五六年に発掘調査され、翌年には芝山「はにわ博物館」に展示された。両古墳は一九五八年に国史跡に指定されている。

(2)一九六〇年代以降の遺跡博物館

一九六〇年代以降も国史跡に関わる遺跡博物館は多く開設されている。一九六〇年代では播磨町郷土資料館（大中遺跡）、千葉市立加曽利貝塚博物館、横浜市三殿台考古館、一九七〇年代では、浜松市伊場遺跡塚資料館、愛知県清洲貝殻山貝塚資料館、名古屋市見晴台考古資料館などが代表的な例である。

一九六〇年代以降の遺跡博物館も、戦後の遺跡博物館と同様に、大規模な遺跡の発掘調査成果を受け、国史跡に指定される一方で出土遺物の保存、公開する施設として時として地元の保存運動に後押しされながら建設された施設が多い。

これらの遺跡博物館では、これまでの保存管理に加えて、野外の遺構展示など、博物館周囲の遺跡の特性を活かした展示が多く採用されるとともに、地域住民参加のもと、土器作りなど様々な普及活動が展開されはじめる。千葉市立加曽利貝塚博物館の土器研究成果を踏まえた土器作り講座などが、多くの成果を生み出した成功例として著名である。

(3)小結

戦後、社会的な混乱の中で、静岡県登呂遺跡での調査などの学術調査の進展により、貴重な遺跡の様相が明らかになるにつれて、遺跡博物館の必要性が社会的に認識されていった。遺跡博物館は最初の段階では調査による貴重な出土品の保存、公開が最大の使命であった。一九六〇年代から一九七〇年代には史跡指定を受けて、出土品の保存、公開に加えて遺跡の価値を社会に伝えることが望まれるようになり、学芸員が配置され、研究活動が行われる遺跡博物館も徐々に増えていった。一九六〇年代以降は、史跡の近くにあり、出土品が見られる遺跡博物館から、学芸員による研究活動を基盤とする博物館活動を展開できる遺跡博物館への転換の過程とも言うことができよう。

二．風土記の丘構想とその実現

遺跡博物館が少しずつ博物館活動を展開し始める中で、一九六六年（昭和四二）に、広域に分布する遺跡群を全体的に保存整備し、あわせて資料館を設置して遺跡群と歴史資料の一体的な保存と活用を目指す風土記の丘構想が文化財保護審議委員会により発表された。風土記の丘構想はこれまでの個別の遺跡を対象とする遺跡博物館の考え方を大きく変えるものであった。また、構想に基づく風土記の丘整備には国庫補助が交付されることが多く、きわめて短期間に風土記の丘が整備され、資料館が建設されていった。

早い例では、宮崎県西都原風土記の丘と西都原資料館（現宮崎県立西都原考古博物館）、一九六六年、さきたま風土記の丘、埼玉県立さきたま資料館、一九六七年などがある。続く一九七〇年代には近江風土記の丘、紀伊風土記の丘、房総風土記の丘など、一九八〇年代から一九九〇年代に多くの風土記の丘が整備された。山本哲也によれば[3]、風土記の丘はこれまでのところ一九カ所が整備され現在まで活動を続けている。風土記の丘一九の内、一三施設が国庫補助事業として採択され、六施設が地方公共団体が独自に設置している。

風土記の丘は一九九〇年代前半に設置された山形県立うきたむ風土記の丘、岐阜県高山市風土記の丘史跡公園・古代集落の里などを最後に、新たに設置されることはなくなる。

風土記の丘構想とその実現は、遺跡博物館の歴史の上に新たな方向を示した点で大きな変革をもたらした。個別の遺跡を基盤とする従来の遺跡博物館に加えて広域分布する遺跡群を保存活用の対象とする遺跡博物館の誕生は大きな画期となったといえよう。また、風土記の丘に設置された資料館は、名称が変わるものもあり、活動内容も時代に即して変化しながら現在まで活動を継続している。その活動の成果は、現代社会の中に遺跡の保護、活用を位置づけるための大きな力となっている。

三．遺跡整備活用と博物館活動

風土記の丘構想が終了したのち、文化庁は国指定史跡の整備に加えて活用を実現するための方策を打ち出し、その実現にむけて強く指導するとともに、国庫補助制度も整備する。

新たな方向に沿って実現された遺跡博物館の古い例は、一九九〇年代前半の新潟県藤橋歴史館、歴史の広場遺構展示館、大阪府高槻市ハニワ工場館などがある。その後続々と史跡整備にともない活用のための多くの博物館施設が設置され、現在に至っている。

現在、文化庁は、国史跡指定に伴う史跡保存管理計画作成にあたり、整備と活用の項目を設け、積極的に史跡整備に合わせた保存管理計画策定を求めている。整備活用にはガイダンス施設、博物館施設の整備も含まれており、現在史跡保存管理計画策定中の多くの市町村でガイダンス施設、博物館施設の設置計画が進められつつある。このような中で今後も史跡整備に関わる多くの施設が建設されることが予想される。

さて、このようにして設置された博物館施設には大きく二つの方向性が認められる。

一つはガイダンスを目的として、収蔵施設を持たず、学芸員が配置されていない施設である。この場合には博物館としての機能のうち展示だけが実現され、他の機能は持たないため、実質的な博物館活動は困難であると言わざるを得ない。研究活動ができないのであれば、新たな情報発信が困難で展示の更新も難しいのだろう。

一方、学芸員を配置し、活発に博物館活動を展開している館も多い。長野県長和町黒耀石体験ミュージアムでは、明治大学黒耀石研究センターの研究活動の成果を背景に活発な体験学習を展開している。また、福島県郡山市大安場古墳ガイダンス施設は公益財団法人郡山市文化・学び振興公社によって運営され、埋蔵文化財担当職員が配置され、地元ボランティアとともに地域と一体となった活動を行っている。山形県西沼田遺跡公園は、NPO法人西沼田サポーターズ・ネットワークにより運営され、ガイダンス施設には三人の学芸員が配置されている。復元された住居の宿泊体験、水田の田植え、草取り稲刈りなどの体験学習、遺跡内の環境学習など多様な活動が展開されている。

史跡整備と活用を目指した博物館施設は一九九〇年代以降全国的に多数設置されているが、学芸員が配置されない展示に特化したガイダンス施設は、今後時間の経過とともに展示情報が古くなり、社会に史跡の価値を伝えるには不十分な状況になってしまう可能性があり、危ぶまれるところである。紹介した館を含め、学芸員を配置し、博物館活動を展開している博物館は研究活動を基盤として新たな情報を生みだし、継続的に社会に史跡、資料の価値を伝える活動を展開することが期待される。

おわりに

遺跡博物館は、戦前の遺跡出土遺物を保管、公開するごく限られた活動から始まり、戦後になって大規模な遺跡発掘調査の進展を背景に史跡指定に関わって出土遺物の展示公開する博物館が多く設置された。その後風土記の丘構想によって広域を対象とする博物館施設の登場を経て、現在は史跡整備の一環として保存活用を目的とした博物館施設が多く設立される状況にある。

遺跡博物館が文化財の価値を社会に伝えるためには、学芸員配置を前提に資料の保存、研究活動、普及活動、展示活動を備えた博物館であることが必要であろう。特に博物館活動の基盤となる研究活動の必要性は強調しておきたい。

註

（1）鷹野光行「遺跡博物館のこれから」青木 豊・鷹野光行編『地域を活かす遺跡と博物館　遺跡博物館のいま』同成社、二〇一五

（2）香取市教育委員会『国指定史跡　良文貝塚』二〇一六

（3）山本哲也「風土記の丘と博物館」青木 豊編『史跡整備と博物館』雄山閣、二〇〇六

【辻　秀人】

観光と博物館論史

日本において「観光」が広く注目され、博物館との関連で議論の俎上にのぼり始めたのは戦後、とくに一九五〇年代以降である。とくに両者の法的な整備の進展は博物館法、観光基本法の制定が最初の画期で、この時期以前には関連論文は少ない。やがて文化庁の発足、大阪万国博覧会の開催や週休二日制の定着により、日本では観光旅行の大衆化の時代を迎える。しかしこの段階でも関連論考は多くはなかった。やがて大きな節目の第二の画期に至る。博物館の指定管理者制度の導入、文化芸術振興基本法、日本商工会議所による「地域におけるニュー・ツーリズム」展開の提言、エコツーリズム振興法、観光立国推進基本法、観光庁の発足など法的、機関的整備が行われた段階で、飛躍的に関連論文の発表が増加した。本稿では、博物館及び観光を取り巻く条件整備に伴う二つの画期を設定して検討し、各画期期間の観光と博物館についての論考の代表的なものを紹介検討する。

一・**観光基本法制定以前**（〜一九六三）

戦後まもなく社団法人日本博物館協会では『観光外客と博物館並に同種施設の整備充實』[1]を発行した。これは「観光外客に対し、本邦博物館・動物園・植物園・水族館等科学館施設の整備充実に関する調査の必要を認めて、これが特別委員会を設けて研究審議し、館園の充実に関する施策の決定を見るに至った」ものである。

緒言には「時節柄観光事業の性質にかんがみ、ただちに博物館並に同種施設従業者にとっても好指針たるにとどまらず、ひろく観光事業関係者においてもまた参考とすべき点が少なくない」とし、「これを印刷に附し、観光事業関係各方面に配布した」と結ぶ。

当該書は、我が国における観光と博物館について正面から取り組んだ最初の文献である。内容は(1)観光事業の重要性、(2)観光事業に対する博物館並びに同種施設の任務、(3)観光地における季節博物館動植物園水族館等設備の充実完成、(4)館園外客迎接施設の整備、(5)観光地に新たに設置すべき博物館並に同種施設、(6)全国館園の共同的観光対策である。

(1)では、サンフランシスコ平和条約締結後、海外から日本への渡航が自由になった際に外国人観光客が殺到することを予測して「本邦の特異の文化を真によく理解せしめて帰すことは、日本の品位向上の点から見てきわめて重要」

と提言する。とくに「観光外客の殺到を単に一時現象にとどまらしめず。永続的ならしむることがきはめて必要」とする点も重要であろう。

(2)任務では、①既設館園の設備の充実、②主要都市への館園の新設、③全国的に必要な観光準備に速やかに着手。さらに、④さしあたり進駐軍及び家族を対象に応急的整備を急ぐことの四点が示されている。いずれにしても当時の館園は「一般に規模が小さく内容また貧弱ですこぶる小規模なものまで合算して全国にわずか五三館園の総数に過ぎない」状況であり、現在の館園数五七四七館園（二〇一六年（平成二八）一月二八日、平成二七年度社会教育調査中間報告（文部科学省）より。博物館及び博物館類似施設の合算した数値）と比較すると雲泥の差がある。さらに「これらが改善につとめて、観光外客迎接に萬遺憾なかしめることは、実に刻下の急務である」とあり、日本独特の美術館及び家庭博物館の開放にまで言及している。(4)の館園外客迎接施設の整備に至っては、一〇に及ぶ項目で微細な部分にまで整備が求められる。うち①から⑦は欧文（英文）の表記に関する指摘で、説明書きや案内書、刊行物、ガイドなどである。ただし、この件は既に『博物館研究』の「観光外客と博物館説明札[2]」に指摘がある。⑧はミュージアムグッズ、⑨は宣伝、⑩は土足の問題、⑪は洋式便所の設置である。各項目は現在では大半が解決された問題であるが、なお一部館園には残された課題である。戦後の混乱期に作成された冊子ではあるが、一部を除いて今日の外国人観光客に対する対策と共通する。この内容は、翌年刊行の日本博物館協会「観光と文化観覧施設[3]」にも共通する文がある。

波多野完治監修『見学・旅行と博物館[4]』は、「博物館教育・見学指導・博物館・遠足と旅行・全国修学旅行地案内」の各項目から構成され、本稿との関連では関忠夫「博物館」、岡義雄「遠足と旅行」、岩瀬俊助「見学指導」がある。内容は博物館見学の計画及び実施上のマニュアルが中心で、全国修学旅行地案内は北海道から九州までの観光地の案内で、博物館との関連は極めて薄い。このほか永嶋正信[5]は秩父自然科学博物館を中心に、日光、富士の各博物館の利用率と年間の利用時期また誘致範囲を比較し、現在の傾向及び観光客が利用した交通機関の状況を報告した。

井上萬壽蔵「観光施設としての博物館[6]」は、観光を「人が一時的に日常生活の場を離れ、再び戻る予定でレクリエーションを求めて移動すること」と定義し、さらに博物館を展示施設であり社会教育施設であるとともに、観光施設であるとした。とくに運輸省観光局の『観光資源要覧』[7]第四編に「陳列施設として取り上げられているのに注目し、そこに観光行政当局のこれら施設に付与する重要性がうかがわれる」とするも「博物館の観光施設としての重要性を認めつつも実情が適応していない、とくに運営上観光客への配慮を欠く」という懸念を示す。さらに「博物館の使命を保存にのみ限定せず進んで観覧者のための配慮を十分に講ずることが、結局観光施設としての使命を全うする所以である」とした。最後に「所与の条件下に於いて勤めて欠点を補う措置を講じ、観覧者にできるだけの満足を与え、彼らをして楽しく一巡したうえで悔いなく立ち去らしめることを目標として万全の配慮をすること」が、観光施設としての博物館の至上命令であると結んだ。

以上、観光基本法以前の観光と博物館に関する記述を検討してきた。いずれも、今日において基本的事項に属する問題であろう。

二．観光基本法制定以後（一九六三〜二〇〇六）

戦後の混乱期を経て国民生活の安定化とともに観光ブームが起こり、人々の国内外への移動（観光）が頻繁になってきた。その受け入れ施設としての博物館に関する議論が頻繁に俎上にのぼり始めた段階である。この時期の関連論文には、地域開発と博物館の果たす役割に関する研究が目立つ。とくに「まちじゅう博物館」「エコミュージアム」と称する恒久展示施設を設けない展示や地域づくりに関した論考が多く見られ始めたのも特徴である。

菊池直樹[8]は高知県大方町砂浜美術館の実践例を報告した。さらにこの期間には「ヘリテージツーリズム」や「エコツーリズム」など、欧米の概念をとりいれた地域資源再発見の観光が注目された。産業博物館・企業博物館への関心が高まったのもこの段階で、『全国企業博物館ガイド』『近畿の産業博物館』[9]などのガイドブックや多くの関連論文があり、その関心は現代に継続されている。

世界各地で「民俗文化」や「伝統文化」をターゲットにした観光開発が活発化する中で、観光と博物館の存在への関心も高まり、瀬川昌久は『文化のディスプレイ　東北アジア諸社会における博物館、観光、そして民俗文化の再編』[10]で研究成果を提示した。若園雄志郎[11]はアイヌ文化にかかわる事例の検討を通じて「観光における博物館の役割は、不特定多数の来館者がその地域の文化に対して認識する契機となるだけでなく、発展・創出された文化に対する議論を深め、その文化がどのような背景の元に選択され変化してきたかを提示」し、従来の博物館の機能を活かして継続することで「観光における地域文化を改めて地域住民が位置づけることが可能」とした。そのため地域住民、民俗、さらに来訪者の相互を仲介し、相対的な認識を深める装置として博物館が地域に必要と説く。この他、アイヌと博物館、観光に関する研究はいくつか見られる。

三．観光立国推進基本法制定以降（二〇〇七～）

我が国での観光行政が飛躍的に発展し、整備が行われた段階である。関連の論文は多く、内容的にもIC関連や新設博物館の観光客誘致、地域貢献への期待等があり九州国立博物館の創設における三輪嘉六[12]の文化観光と博物館、地域開発など一連の指摘は傾聴すべき点がある。

村木美幸[13]は、白老地域の観光の歴史とアイヌ民族博物館設立の経緯から観光と博物館について考える。アイヌ観光は様々な問題を抱え、かつ多くの批判にさらされてきた。とくに近年では、入館料収入だけでの運営が困難であり、アイヌ文化に関する事業の受け入れ、様々な補助金制度の活用、各種機関への支援要請など博物館の継続的な運営手段を模索している現状に加え、資料継承の面においても重要な役割があるとする。これに言及した山崎幸治[14]は種々細かに検討を加えた後に、アイヌ民族の中にも多様性が存在することを挙げ、アイヌ民族博物館が白老町のアイヌの伝統文化を中心に扱っており、また北海道各地に各々のアイヌ文化博物館が存在しないため、結果的に観覧者に固定的なアイヌ文化のイメージを与えるという問題があり、どのように多様性を見せるかが課題となると指摘。この問題は観光の側にも存在し、博物館と観光地での提示（表現）手法を考えるヒントとなるとした。いずれにしても結論のみを評価するのではなく、それに至るまでの歴史性を踏まえ、今後の在り方を考えなければならないと結ぶ。この後、アイヌ文化、先住民観光と博物館については須永和博[15]をはじめ多くの論文が公表されている。

鷲尾裕子[16]は「観光資源としての博物館に関する一考察」で博物館を観光資源としてとらえつつ、今後の博物館の課題を国内観光の視点で論じ、今後の指針を探る。社会教育調査による博物館数、及び博物館等を観光対象とする割合の年次変化を検討した結果、博物館等を観光対象とする割合が減少傾向の中で、観光資源としての博物館数は増えている点を指摘。さらに博物館世代論と今後の国内観光について、博物館が「一過性の見学施設」から変化する様子を検討し、最後に二〇〇〇年（平成一二）以降、ニューツーリズムの取り組みが進む国内観光振興面で第四世代へつながる取り組みが全国各地に萌芽することを期待すると結ぶ。博物館設置で地域観光開発の成功例の一つとして広島県呉市大和ミュージアムがあり、山本理佳[17]は当該博物館の設立による地域の観光・地域戦略の変化についてまとめた。

近年「ＬＣＣ」「爆買い現象」に象徴される東アジア観光客の急速な増加や世界遺産登録による経済効果の異常な期待など、観光面では新たな局面を迎えつつある。中島宏一[18]は近年とみにその活動が注目され、充実しつつあるボランティアについて注目した。この間、日本博物館協会では平成二五年度第六一回全国博物館大会・分科会二【観光と博物館】[19]、二六年度第六二回大会・分科会【観光・まちづくりと博物館】[20]と二ヵ年にわたって観光と博物館を取りあげ、平成二七年度には『博物館研究』[21]で「特集　観光と博物館」を掲載している。また近年においては「観光と博物館」に関する研究書、論文は数多く、その対象も広く、労作も枚挙にいとまがない[22]。

註

（1）日本博物館協會『觀光外客と博物館並に同種施設の整備充實』一九四七

（2）博物館事業促進會「觀光外客と博物館説明札」『博物館研究』四―四、一九三一。このほか博物館説明札に関しては『博物館研究』（二―五、一九二九）に特集されている。

（3）日本博物館協会「観光と文化観覧施設」『博物館研究』復興二―三、一九四八

（4）波多野完治監修『見学・旅行と博物館　聴視覚教育新書Ⅵ』金子書房、一九五二

（5）永嶋正信「観光地の博物館利用について」（昭和三四年春季大会研究発表要旨）『造園雑誌』二〇―一、一九五六

（6）井上萬壽蔵「観光施設としての博物館」『MUSEION』五、一九六〇

（7）運輸省観光局『観光資源要覧４　陳列施設』一九五五

（8）菊池直樹「「地域づくり」の装置としてのエコ・ツーリズム」『観光文化』一〇一―一、一九九九

（9）『全国企業博物館ガイド』講談社、一九八七。『近畿の産業博物館』阿吽社、一九九〇

（10）瀬川昌久編『文化のディスプレイ　東北アジア諸社会における博物館、観光、そして民俗文化の再編』風響社、二〇〇三

（11）若園雄志郎「観光が地域に与える影響と博物館の役割」『早稲田大学大学院教育学研究科紀要』一二―一、二〇〇四

（12）三輪嘉六「文化財と博物館と観光と」『観光文化』三一―一（特集地元力―地域を支えるその実力と可能性）、二〇〇七。三輪嘉六「文化観光への視点　博物館の役割」『観光文化』三四―五、二〇一〇

（13）村木美幸「博物館活動と観光　アイヌ民族博物館の事例から」『第二三回北方民俗文化シンポジウム報告書』二四、二〇一〇

（14）山崎幸治『第二三回北方民俗文化シンポジウム報告書』二四、二〇一〇

（15）須永和博「先住民観光と博物館」『立教大学観光学部紀要』一八、二〇一六

(16) 鷲尾裕子「観光資源としての博物館に関する一考察」『松蔭大学紀要』一七、二〇一四

(17) 山本理佳「大和ミュージアム設立を契機とする呉市周辺の観光変化」『国立歴史民俗博物館研究報告』一九三、二〇一五

(18) 中島宏一「観光と博物館　観光学習と博物館、ボランティアの活動」『北海道歴史文化財団研究紀要』一、二〇一五

(19) 金子徳彦ほか「第六一回全国博物館大会報告　分科会二「観光と博物館」」『博物館研究』四九―三、二〇一四

(20) 小林秀樹ほか「第六二回全国博物館大会報告　分科会二「観光とまちづくりと博物館」」『博物館研究』五〇―三、二〇一五

(21) 宮瀧交二「観光と博物館」、井上毅「科学博物館の取り組み」、田尾誠敏「観光資源としての史跡と博物館」、落合博晃「美術館と観光」、田中孝則「福井発　日本から世界に」『博物館研究』五〇―九（特集　観光と博物館）、二〇一五

(22) 中村浩・青木豊編『観光資源としての博物館』芙蓉書房出版、二〇一六など。国立情報学研究所の検索システム（CiNii Articles）を使用しての検索の結果、「観光・博物館」のキーワードでは二七六件の論文がヒットし、全文検索では六二四五件、「博物館・観光資源」では九二三件、「観光・博物館論」では一三件であった。（二〇一六年七月検索）

【中村　浩】

博物館建設必要論史

博物館建設を必要と考えるその意識は、まず海外の博物館にならい、生まれてきたという流れがある。つまり多くの知識人の、幕末・明治初期における海外への渡航経験があったからこそ、当該意識が芽生えたと言える。また、その後の御雇外国人の建言、さらに後の専門博物館の建設必要論など、実に多種多様な博物館建設必要論が見られるのである。

一・幕末から明治へ―海外の博物館事情から学ぶ―

明治前夜、欧米の博物館に触れた日本人は、博物館という施設の存在を確認し、日本においても博物館が必要であるとの認識を深めていったと思われる。

本稿では、博物館建設必要論の初期の重要な位置付けを、田中芳男の舎密局（せいみきょく）における博物館構想に認める。

舎密局は、開成所の理化学分野を大阪に移した理化学教育推進の場であったが、田中芳男は「舎密局園囿計画草稿」などから、草木園、鳥獣展覧所、薬用植物園、金石類標本陳列所とともに舎密局が存在すべきことを説いていたことがわかる。

その構想は、パリで見学したジャルダン・デ・プラントがモデルであり、そのような施設の必要性を認めていたのである。一八六九年（明治二）の田中と平田助左衛門の連名の覚書に、「今般坂地へ右局御建設御興學に相成候處、仍舎密局と被称候へは甚以宏博にして、單に舎密局と相唱候へば偏固不適當に御座候哉と奉存候間、化學理學之兩儀を（包括）し、博物館と御唱替被仰付度　此段奉伺度候」と、広範な研究教授の場としての「博物館」の必要性を説いたのであった[1]。

もう一人、田中芳男とともに日本の博物館を作った人物として評価される町田久成がいる。町田による一八七一年四月の「集古館建設ヲ建設致候一大要件」に始まる「大学献言」は、文化財保護の観点による博物館建設必要論として位置付くものである。古器旧物の散逸及び破壊の実態を憂い、その保護を訴えるとともに、集古館（博物館）の必要性を説いたことは、現在の文化財保護思想、博物館の保存機能に確実につながるものとして評価される。それも、献言の翌月には、異例の速さで太政官布告「古器旧物保存方」が出されている点も重要である。

二・御雇外国人の博物館必要論

地方博物館の建設必要論の濫觴を求めると、御雇外国人ホーレス・ケプロンに認めることができる。

ケプロンは、開拓使の教師頭取兼顧問として一八七一年

（明治四）八月に来日。そして一〇月九日付けで開拓使に対し、開拓に当たっての必要事項を記した建言書を提出する。その冒頭に、次の通り記されている。

一千八百七十一年第十月九日東京ニ於テ北海道開拓使へ呈ス

今般北海道へ大学校及ヒ開拓使官署御建築相成候ニ付、左ノ一緊要事件ニ御着意有之度奉存候

就テハ如斯教導ノ道ヲ開クニハ文房及ヒ博物院ハ欱クヘカラザル事ハ當然ナリ

つまり、「教導ノ道ヲ開ク」には「文房（ライブラリー）」（図書館）と「博物院（ミセーム）」（博物館）が必要であると、その設立を提案しているのである。

そしてこの建言書は、博物館等の設立のみを求めたものではなく、資料の蒐集に当たって日本産の鉱物・動植物を採集し、諸外国のものと交換するという具体的な資料蒐集方針も提言されており、単に理想としての施設を求めるだけの博物館必要論ではないことがわかる(2)。

そもそもケプロンは来日以前、アメリカ農務省庁舎を新築するなどの改革を進めるその中で、図書館や博物館も整備したという。そのケプロンにとって、博物館必要論を説くのは至極当然だったとも言える。

さて、この建言が、北海道の博物館建設に直接関わったかどうかであるが、ケプロンが帰国した翌年の一八七五年六月、東京芝山内の開拓使東京出張所内・旧仮学校跡に、北海道物産縦観所が設置され、翌七六年二月には「東京仮博物場」と改称。翌一八七七年、札幌の偕楽園内に札幌仮博物場が、その二年後の一八七九年には函館仮博物場が開場する。東京仮博物場が一八八一年の東京出張所閉鎖に伴い閉場となった後、その資料は札幌博物場や函館博物場などへと移管された。これらの一連の動きは、ケプロンの建言が遠因と考えることができるのであり、ケプロンの考えた「博物院」がまさに具現化されたと考えることが可能となるのである。つまり、地方博物館必要論の嚆矢とともに、その成果が顕れた点でも注目すべき画期的事例であった。

またその他の御雇外国人としては、モースやワグネルにも、博物館建設の必要論を認めることができる。

神田一ツ橋にあった東京大学理学部の「博物場」は、モースの提言により一八七九年に開設されたことが知られる。大森貝塚や陸平貝塚などの先史考古学の標本類などが陳列されていたようだが、その標本蒐集の後には陳列室の必要

性があるとし、モース自ら全体設計からキャプションの色分けまで手がけつつ、その必要性を実践で示したのである。

またワグネルは、ウイーン万博の顧問としてその役を果たした後の一八七五年、万博の報告に当たって「藝術百工上藝術博物館ニ付テノ報告」、「東京博物館創立の報告」の二編を提出する。特に前者において博物館の目的、教育施設としての立場、マネージメント、展覧会のほかリスク対応にも触れつつ、「實ニ國家ノ爲メ缺クベカラザル一課ニシテ其事業ノ勞ヲ分取スベキ愛國ノ民ヲシテ全ク滿悦セシムルニ足ルベキナリ」と、その必要性を説いているのである。(3)

このように、複数の御雇外国人から博物館建設必要論が挙がったが、それは母国で博物館に精通したであろうと考えれば、必然だったと言えるのかもしれない。

三．一世紀を経て実現した岡倉天心の九州博物館必要論

二〇〇五年（平成一七）、九州国立博物館が開館する。それ以前は、東京・奈良・京都に「国立博物館」があったわけだが、その一連の動きとして、一八七二年（明治五）に起源を持つ東京国立博物館が、一八八九年、九鬼隆一により帝国博物館として整備され、さらに一八九五年に帝国奈良博物館が、一八九七年に帝国京都博物館が設置されて以降、一世紀を超える長きにわたって所謂「国立博物館」が設置されることはなかった。しかし、設置の必要は、帝国京都博物館設置の後まもなく発せられる。それは、帝国博物館美術部長となった岡倉天心によるもので、一八九九年の「古代美術保存の点よりすれば、余は実に九州に於て九州博物館設立の必要を認む」という一言であった。

その発言とは、同年二月八～一〇日の『福岡日日新聞』に掲載された、記者・森仏生（筆名・半仏生）による談話記事を根拠とする。(4)博多入りしていた天心を訪ね、そこで当地を中心とした談話として出たのが「九州博物館」設立構想であった。具体的には「九州の地たる、他方に異なる歴史を有し、古来外交の衝に当りし要地なるを以つて（中略）宝什少しとせず」ものがあり、「珍重して保存す可きものなり」とする。そのための九州博物館であるが、「完全なる博物館を設立する事」の困難さも理解しつつ、「仮に倉庫様の物を拵らへ」るとか、「博物館に附帯して余は又九州大文庫なる者を設け」ることの必要性を説いている。

なお、天心は九州のみならず、紀州・高野山、河内、大坂、北海道、台湾にも、「将来に益々文化の普及を謀る可き土地なれば、各々一ヶ所宛博物館を設け置くの必要を認

むるなり」と加えている。つまり、あくまで博多において「九州博物館の必要論」が披瀝されたのであり、他地域での必要性も認めていることは見逃すべきではない。

いずれにしても、その後約一世紀という時間を経て開館した九州国立博物館に関連する天心の九州博物館建設必要論は、長年の悲願達成という劇的な展開として、博物館史上、最も有名な逸話の一つとなっているのである。[5]

四．専門分野別などの博物館建設必要論

数の上でも博物館が成熟していない時代において、扱うテーマや資料・作品の特性などにより、専門分野別など特定の博物館の建設必要論が、その時々に認められる。

坪井正五郎は、「戰後事業の一としての人類學博物館設立」[6]にて、日露戦争後に「爲すべき事」「造る可き物」の一つに人類学博物館を挙げている。日露戦争の戦勝後、「世界を相手とし」、「我が國情の眞相を知らしめん」ためなど、六項にわたり縷々その理由を示しつつ、「人類學博物館は早晩設立有る樣に爲度いもの」と考え、「戰後」の「紀念として是程好いものは少からう」と、そのタイミングにも言及している。

白井光太郎は、『植物博物館及植物園の話』[7]の冒頭に、「植物博物館設立の必要」の項を設けて多岐にわたり論じ、「縷述せる所により（中略）學問上及實業上より見て國家の經營上に必要にして植物博物館の設立が如何に我國目下の急務であるかを弁釋せりと信ず」と述べるに至っている。

ほかにも特殊な個別テーマの博物館建設必要論がある。

例えば内田嘉吉は、「安全博物館設置の急務」[8]において、「近年諸外國に於て、安全博物館を設置し、災害防遏の手段と爲しつゝあることは、最も其當を得たるもので、我國に於ても、速に其例に倣ひ、博物館を設置するの必要あるは論を俟たぬ」と断じて、安全博物館建設の必要を説いた。

また例えば田邊尚雄は、「音樂博物館建設の趣旨」[9]において、「いかなる小國と雖も音樂博物館或は樂器陳列室の設備なき國は無く、（中略）此の種の施設を有せざる我が國」を憂い、「文化日本の名に於て（中略）東亞音樂を中心とせる音樂博物館の建設を期するは極めて緊急事なり」と、音楽博物館の必要性を説く。

これら特に太平洋戦争以前の多くに共通するのは、諸外国の事情を挙げ、日本の不備を嘆く点にある。説得のための常套手段とも言えるごとくなのである。

そして、昭和初期において、二雑誌で「現代美術館問題」

と特集され、その建設必要論が示されたのも、見逃せない論説の数々が掲載されるものとして挙げるべきである。

一九三四年（昭和九）の『美之國』[10]では、石川宰三郎「近代美術館並に現代美術展覧會場の必要　大東京完成の面目の爲めにも」、石丸優三「現代美術館の提唱」、和田英作「現代美術館の實現を希ふ」、川合玉堂「現代美術館の効果」の論説が並ぶ。ただし、執筆者間で、美術館と美術団体の公募展の展覧会場に対する認識の若干の相違が見られるが、現代美術展覧のための何らかの施設建設の必要性を求める点では、一致していると言える。

次に、『美術』[11]における特集記事「現代美術館問題」は、平生釟三郎文部大臣の現代美術館待望論の発言を受けて組まれた特集とされる。まず「常設現代美術館と展覧會場への希望」と題し、二三名の意見が掲載されている。それは、「現代美術館に對する希望」と「展覧會場に對する希望」について、所謂アンケートにより寄せられた意見であった。

そしてその後、「現代美術館建設運動の根本はこれだ」の題で田澤田軒が執筆。「場所を何處にするとか、現代美術館がよいとか展覧會場がよいとか（中略）よりも先づ美術館なり展覧會場なりを建設すべき基礎、根元となるべきものを摑むことが第一である」と、現代美術館問題の突くべきところを明快に示している。そして、美術関係者の「一致協力」を求める意見でまとめられているのである。

今でこそ当たり前のように存在する「現代美術館」であるが[12]、昭和初期にその必要論が説かれていたことは、再確認が必要と考えるところである。

そして、これらのような専門的事項をつかさどった博物館の建設必要論は、テーマの勃興次第であるという側面も否めないところであり、現代においても時折論じられる機会のある性格を有していると言えるのである。

五．『再建日本の博物館對策』

敗戦後、「新日本の建設に際し、これが基礎工事を擔當すべき教育機關並に文化施設の改善は實に刻下の一大急務で（中略）博物館施設の復興擴充は急務中の急務」とのもと、日本博物館協会（当時は社団法人）から、『再建日本の博物館對策』[13]が発行された。戦後間もない一九四五年（昭和二〇）一一月のことである。これは、棚橋源太郎による執筆と言われるものである[14]。

その一節に「我が博物館施設擴充の方針」が設けられ、「看過してならないの」が、「建設すべき博物館の全系統と、これが配置に關する問題」とする。東京科学博物館や帝室博物館の再公開はもとより、国史館構想を「國立中央歴史博物館」として完成すべきことを説き、「軍事・衛生・通信・交通・演劇等に關する特殊博物館の問題」、そして、地方博物館、郷土博物館の問題に至る。特に、「地方博物館で不幸戰災の爲め燒失又は破壊されたもの、或は未だ建設公開の運びに至ってゐなかったもの」を、「罹災中小都市復興計畫」に載せ、その建設の必要性を説いている。なお、郷土博物館については、「寧ろ既存の由緒ある建物を陳列所として利用するやうにしたい」と、必ずしも新たに建設するのではなく、博物館によりその在り方を認めているのは、注意すべきである。そしてその項の最後で大学・専門学校などに附設される学校博物館も、その建設の必要を挙げて「學徒の教育上の利用」とともに、「我が文化施設及び教育機關の不備を補ふこと」を提唱している。

敗戦から立ち上がるべく、博物館の建設も必要であるという論旨である中、各博物館の性格を以て設立の在り方を示しているわけである。

以上、紙数の都合上、終戦直後までの代表的な論説を挙げるに留まったが、現在に至っても相応の建設必要を認めるからこそ、新設館が現れ、また建設されていくのである。つまり、本来博物館個々に、建設必要論があると理解すべきことを、最後に明記するものである。

【山本哲也】

註

（1）椎名仙卓「田中芳男の博物館創設を回顧する　没後一〇〇年に寄せて」『博物館研究』五二―一、二〇一六。国立科学博物館『国立科学博物館百年史』第一法規出版、一九七七

（2）関 秀志「明治初期～中期における北海道の博物館　札幌を中心に」『北海道開拓記念館研究年報』四、一九七五

（3）植田豊橘編『ワグネル傳』博覽會出版協會、一九二五

（4）岡倉天心『岡倉天心全集3』平凡社、一九七九（初出は『福岡日日新聞』二月八日・九日・一〇日、一八九九）

（5）なお、天心の必要論以前に、鎮西博物館建設の構想があったことが知られている。

（6）坪井正五郎「戰後事業の一としての人類學博物館設立」山本利喜雄編『戰後經營』早稲田大學出版部、一九一七

（7）白井光太郎『植物博物館及植物園の話』丸善書店、一九〇三

（8）内田嘉吉「安全博物館設置の急務」『安全第一』丁未出版社、一九一七

（9）田邊尚雄「音楽博物館建設の趣旨」『自然科學と博物館』一〇―九（一一七）、一九三九

（10）美之國社編『美之國』一〇―三、一九三四

（11）東邦美術學院編『美術』一一―一〇、一九三六

（12）「現代美術館」が誕生したのは、『美之國』の特集刊行から三〇年後、一九六四年のことであり、それは長岡現代美術館であった。

（13）日本博物館協會『再建日本の博物館對策』一九四五

（14）宮崎 惇『棚橋源太郎　博物館にかけた生涯』岐阜県博物館友の会、一九九二

記念事業と博物館建設論史

現在我が国に設置されている博物館には、皇室や国家あるいは自治体などの記念事業とともに興った博物館設置運動のなかで建設されたものが数多く存在する。これらの設置運動により、我が国の博物館は大いに発展を遂げた。同時に博物館は、その時代背景を反映して性質を変化させてきたといえる。特に戦前における記念事業と博物館建設の関わりは、皇室の慶事を利用して、発展の好機会にしようとする「皇室便乗の事業」と指摘される(1)。また、戦後においては、記念事業として設置された博物館について「記念物」や「ハコモノ」といった批判的な面で語られる(2)。

本稿では、我が国の博物館発達と記念事業の関わりと当時の博物館建設論を通史的に確認することで、前述のような批判が生じている原因や背景について考察する。

一．明治・大正時代の博物館建設論

博物館建設に関する論文は、岡倉天心や神谷邦淑など明治中期から既に確認されるが(3)、記念事業としての博物館建設の嚆矢は、一九〇〇年（明治三三）の皇太子（大正天皇）御成婚からであろう。商工会議所会頭渋澤栄一らが首唱者となり東宮御慶事奉祝会が設立され、その設立主意書は、東京市中に美術館を建設し奉祝の意を表すとともに「帝國特徴ノ美術ヲ奬勵シ給フ聖旨ノ萬一ニモ副ヘ奉ル(4)」こととしている。一九〇八年九月、現在の東京国立博物館の構内に竣工したこの建物は、表慶館と名付けられ、その建設にかかる寄附金額は四〇八、五〇一円に達し、記念事業としては大成功であったといえる。しかし同館の位置づけは、あくまで皇室のための美術館であり、博物館の発展という側面においては、極めて限定的な効果であったといえる。

日露戦争が終戦に近付くと、戦勝記念事業としての博物館建設が叫ばれるようになる。一九〇四年、坪井正五郎は「戦後事業の一としての人類學的博物館設立」を著し、日露戦争の戦勝記念として人類学的博物館の設立を求めている(5)。坪井は、我が国に欠けている機関として「博物館として立てられた博物館」を挙げ、人類学的な視点と日本人のナショナリズムの高揚を図るには、人類学的な博物館が最も有効であり、日露戦争後が好機であると主張している。

一九〇六年には、黒板勝美が『歴史地理』において「古文書館設立の必要」を発表し、一八九七年に制定された古社寺保存法による社寺所有資料の保存も目的としながら、専門的な古文書研究の場である古文書館を「我國未曾有の大戰として、日本人の精華を發揮せる此日露戰争の好記念として」設立し「歴史の根本材料となれる古文書の保存を永久に計つてもらひたい」と論じた。[6] また、一九〇八年に山崎直方が発表した論文「國立博物館の設立を望む」では、一般国民に対する学術普及上国立博物館の創設が重要であるとの認識から、国立博物館の設立が戦勝記念として最も高尚かつ理想的であるとしている。[7] さらに、現状の国家財政難による設立消極論への理解も示し「計畫だけは今日に於いて立てておいて貰いたい」とまで言及している点は特筆すべき点であろう。

大正時代には、明治末年の大逆事件（一九一〇年）を契機として、国民思想の健全化を緊急の課題として、通俗教育の推進により博物館の役割が見直されはじめ、記念事業による博物館建設は地方へも波及する。

一九一二年（大正元）、明治天皇が崩御すると黒板勝美は、『東京朝日新聞』に連載された「博物館に就て」において明治天皇の鴻業記念として明治博物館の必要性を訴えている。[8] 黒板は、明治時代を最も激しい変化を生じた時代と位置づけ、その目覚しい発展は明治天皇の御聖徳と御稜威に因るものであるとして「先帝陛下を記念し奉るべきものは、こゝに明治時代の文化を復元するに足る博物館を以てすることを最も適當なこと」とし「それによつて國民の知能を啓發し、趣味を向上せしむること幾干であるか知れぬ」と記念事業として博物館を建設することの有用性を指摘する一方、国立絵画館や国立工芸館等は「記念事業以外としても、國家が必ず進んでその創設を實行せねばならぬもの」とし、記念事業に限って建設すべきものではないと指摘している。また、中山龍次は、『太陽』に掲載された「明治天皇紀念新博物館設立私議」において「明治天皇に対し奉る紀念事業は、第一之に依りて國民の精神教育に資す可き事、第二に鴻業の一端を後世に伝ふ可き事、第三に將來帝國をして益々隆盛ならしむる爲め國民を鼓舞奬勵する事の三大趣旨の下に計畫する事を以て最も當を得たるものなりと信ず」と論じた。[9]

一九一五年には、大正天皇御大典（即位の礼）に際して、京都で御大典記念博覧会が開催されると、博物館建設の機運も高揚していく。大正天皇御大典記念として建設されたものは、大礼記念茨城県立教育参考館、大典記念山口教育博物館（現・山口県立博物館）、市立大阪市民博物館、大典記念京都植物園（現・京都府立植物園）などが挙げられる。[10] さらに、一九一九年には、史蹟名勝天然紀念物保存法が制定されたことにより、保存施設としての博物館の機能にも注目が集められた。また一九二四年の皇太子（昭和天皇）御成婚時には、宮内省が管理していた上野公園と上野動物園を東京市に、さらに京都帝室博物館を京都市に下賜し、それぞれ「恩賜上野公園」「恩賜上野動物園」「恩賜京都博物館」と改称している。同時に、東京府に対して上野公園の敷地が美術館建設用地として下賜され、一九一九年に東京府美術館（現・東京都美術館）が開館している。一方、渋澤栄一が中心となり上野公園内に天産、工芸の両部からなる自然科学博物館を設置しようとする運動も興るが、関東大震災により中止されている。

二、戦前の博物館建設論

一九二六年（昭和元）一二月、昭和天皇が即位し、一九二八年の即位の大礼記念を機として、記念事業による博物館建設は全国的な展開を見せる。棚橋源太郎は、一九二八年に博物館事業促進会を組織し、その設立趣旨書において、現状の博物館の不分さを指摘するとともに博物館の職能と其の教育学芸及び産業等について国民に及ぼす影響を指摘し、全国に博物館の建設を訴えた。[11] 同時に博物館事業促進会の機関誌である『博物館研究』を発刊し「御大典記念事業として博物館建設の勧誘」[12] に着手し、「御大典記念の事業として各地に種々の計畫があるから、本會は此好機を逸せず博物館の建設を推奨する」[13] として全国各地の市長や県知事宛に勧奨状を送付し、それに応える形で市町村が主体となり積極的に博物館建設が進められた。その例として、鹿児島郷土博物館（現・鹿児島県立博物館）、大礼記念京都美術館（現・京都市美術館）、横浜市大典記念商工奨励館などが挙げられる。[14]

またこの時期、渋澤栄一、郷誠之助、徳川家達らにより、関東大震災により損壊して取り壊された東京帝室博物館の本館の復興事業として新館を建設し帝室に献納しようとする「帝室博物館復興翼賛會」が組織されている。復興本館は、昭和天皇の即位を好機として広く国民から寄附を集め、一九三八年により美術博物館としての性格を明らかにし開館することとなった。[15] これに対し、満州国立中央博物館副館長を務めた藤山一雄は、『新博物館態勢』で「新建築が餘り立派すぎ、反(かえ)って國法的内容も瘠(や)せて見えます」と批判し、「これだけ多数の金を使って居て、現実の国民生活に如何なる効果を与へ得るか疑問であります、また博物館の概念を歪めさせるのではないかとも思ひます」と続け、「單なるモノの展示場」ではなく「博物館エキステンション」を重視した参加型の博物館が理想的であるとした。[16]

一九四〇年は我が国の皇紀二千六百年に相当することから、建国の祝賀と国威発揚を目的とし、様々な記念事業が計画された。博物館においても東京科学博物館の「皇紀二千六百年記念科學博物館拡張計畫案」や渋澤敬三が中心となった「皇紀二千六百年記念日本民族博物館設立建議案」等が策定された。一九四一年六月には、教育審議会答申「社會教育ニ關スル件」で記された、「文化施設ニ關スル要綱」の中で「東亞に關スル綜合博物館ヲ設置スルコト」として大東亜博物館の設立が計画された。翌年、日本博物館協会によって大東亜博物館建設調査委員会が設立され「大東亞博物館建設案」が提出されると、文部省も国家事業として建設計画を推進することを決定した。さらに、棚橋源太郎は「新東亞建設と博物館教育[17]」を、荒木貞夫は「國家の興隆と博物館の重要使命[18]」を『博物館研究』に発表し、郷土教育とともに大東亜皇国博物館としての大博物館の建設を要求している。また、黒板勝美は、内閣総理大臣の諮問機関として一九三五年に組織された「二千六百年祝典準備委員會委員」となるとその建設計画を牽引した。黒板は、「單に日本の二千六百年間の歴史的のものを陳列する陳列場ではありませぬ、其の國史館を中心として日本精神の作興運動と云ふ意味に於て社會的の國民教育の上に一大貢献させたい[19]」と、国史館の教育的役割について明確に述べている。皇紀二千六百年記念事業としては、その他にも音楽博物館や映画博物館、渋澤敬三による実業博物館の設立、さらには万国博覧会の開催やその跡地を利用した中央科学博物館の設置、国立自然史博物館の設立などが企画されたがいずれも戦争の激化により実現しなかった。

戦時下、ナショナリズムの高まりのなかで皇国民の教化施設としての性格を強めていたこのような博物館と記念事業との関係性は、戦後変化する。

三、戦後の博物館建設論

一九六八年（昭和四三）は、明治百年にあたる年であり、明治百年記念として国家規模による様々な記念事業が計画された。特に記念事業の柱として、国立歴史民俗博物館の建設が位置づけられた。同博物館の建設を積極的に主張したのは、黒板勝美に師事した坂本太郎である。坂本は、明治百年記念準備会議の委員長として、皇紀二千六百年記念にて黒板が主張した国史館の流れを汲む博物館の建設を主張している。[20] 一方、地方においては、高度成長期における急速な宅地造成による文化財の破壊が問題となり、文化財保護に対する社会的な関心が高まったことにより、多くの地方公共団体が置県百年や市制百年の記念事業として、博物館の建設を計画した。北海道開拓記念館、青森県立郷土館、山形県立博物館、群馬県立歴史博物館、佐賀県立博物館などがその一例である。[21]

この時期の博物館建設について加藤有次は、「各地に設置されている博物館は、何等かの記念事業として設定されている例が多く、博物館が記念物化してしまった。いわば記念建造物であり、博物館の研究・教育活動の進歩を阻止してしまった[22]」と、記念事業による博物館建設を、当時の博物館の低調な研究・教育活動の要因の一つとして指摘している。

さらに、山崎淳子は、明治百年記念事業としての博物館の増加を評価しながらも、「土地開発に伴う埋蔵文化財の発掘が、歴史博物館の設置をうながす要因になるであろうし、一方博物館をアクセサリーと考える所では、博物館の基本である資料をほとんどもたない立派な建物を建設する傾向となってあらわれてきている」現状を問題視し、「博物館は記念物ではない。資料と人とを兼ね備えた機関である。そうすると単にその地域に博物館がないからといって、行政的配慮のみで博物館を設置することは、後の運営に大く(ママ)の問題を残こす(ママ)ことになる[23]」と明確に指摘した。また、金山喜昭は、博物館の使命や社会的な役割が「郷土の文化や芸術の発展のため」「郷土文化の創造」などのように抽象的な不明瞭なものになった」とし、「公立博物館の多くは、博物館としての社会的な使命が不明確のままハコモノとして建設されたために、住民生活にとってのニーズが低い」と、公共事業に組み込まれた博物館建設が近年の低調な博物館活動の要因の一つと指摘している。[24]

おわりに

以上のとおり、日本における博物館建設は、国家の記念事業とともに発展を遂げてきた。しかし同時に、博物館の使命や社会的な役割もその記念事業や時代背景に合わせて、殖産興業から通俗教育施設、皇国民の教化、文化財の保存施設、或いは地方自治体のステータスシンボルとして時代を追って変化しており、それが現在の博物館の使命を抽象化してしまったと一因ともいえる。しかし同時に、明治から大正期には、既に明確な博物館学の視座に立った建設論が確立しており、単に記念事業に便乗するといった短絡的な視点のみではない意識が存在していたといえる。

註

(1) 金子淳『博物館の政治学』青弓社、二〇〇一、三七頁
(2) 加藤有次「近代博物館変遷史にみる教育的役割　主として社会教育における博物館理念の思想史への試論」『國學院大學博物館學紀要』一、一九六八、三七頁
(3) 岡倉天心は「博物舘に就て」『日出新聞』（九月二一・四・五・六日、一八八八）において博物館の「都府の盛觀」としての機能に言及し、神谷邦淑は「博物舘」『建築雑誌』（七―八一・八四、八―八五、一八九三）において「都會の盛觀を添ふる贅物たるは抑々過てり矣」と盛観の機能だけではないと指摘している。
(4) 東京国立博物館『東京国立博物館百年史』第一法規出版、一九七三、三八七―三九七頁
(5) 坪井正五郎「戰後事業の一としての人類學的博物館設立」山本利喜雄編『戰後經營』早稲田大學出版部、一九〇四
(6) 黒板勝美「古文書館設立の必要」『歴史地理』八―一、一九〇六
(7) 山崎直方「國立博物館の設立を望む」『太陽』一三―五、一九〇七
(8) 黒板勝美「博物館に就て」『東京朝日新聞』一九一二
(9) 中山龍次「明治天皇紀念新博物館設立私議」『太陽』一九―一〇、一九一三
(10) 註1に同じ。三七頁
(11) 日本博物館協会『わが国の近代博物館施設発達資料の集成とその研究』一九六五、四〇頁
(12) 博物館事業促進會「博物館事業促進會事業報告」『博物館研究』三―三、一九三〇
(13) 平山成信「會務報告」『博物館研究』一―一、一九二八
(14) 註1に同じ。四二―四三頁
(15) 註4に同じ。四五五―五二三頁
(16) 藤山一雄『新博物館態勢』滿日文化協會、一九四〇
(17) 棚橋源太郎「新東亞建設と博物館教育」『博物館研究』一三―八、一九四〇
(18) 荒木貞夫「國家の興隆と博物館の重要使命」『博物館研究』一三―一〇、一九四〇
(19) 紀元二千六百年祝典事務局『紀元二千六百年祝典記録8』一九四〇、五〇二頁
(20) 丸山泰明「文化政策としての民俗博物館　国民国家日本の形成と『国立民俗博物館』構想」『年報　人類文化研究のための非文字資料の体系化』三、神奈川大学、二〇〇六
(21) 註1に同じ。一九一頁
(22) 註2に同じ
(23) 山崎淳子「博物館と地域社会」『國學院大學博物館學紀要』三、一九七〇
(24) 金山喜昭「「まちづくり」を踏まえた公立博物館の役割」『法政大学キャリアデザイン学部紀要』二〇〇四、三二一頁

【松岡広樹】

各県博物館史論史

一．各県博物館史の研究状況

日本の博物館の歴史については、多くの研究者によって語られてきたところである。しかし、それが都道府県別（以下、「各県」と称す）の博物館史となれば、未だに全県において究明されているとは言えない。それを裏付けるものとして、各県の『県史』において、博物館の歴史や状況を取り上げている例は極めて少ない。筆者の管見では、目次の項目として博物館の名称が明記されているのが、宮城、静岡、滋賀、鳥取、岡山、愛媛、熊本、鹿児島の八例しかなく、その大半は県立の施設の設置・概要についてで、その内容も短文であり、県内の博物館史を語るものとは言い難い。県内における博物館の歴史的経過が、軽視されてきた結果であろう。

一九七〇年代後半より博物館史を明らかにしようとする動きが見られるようになる。その動きのひとつとして、一九八一年（昭和五六）に刊行された『日本博物館沿革要覧』がある。これは、各県ごとの歴史的論考ではないが、「まえがき」において、「この要覧は、日本の博物館発展の経過を研究しようとする場合の手がかりを提供することを目的に編集したものである」というように、明治初年以降、一九七七年末までの博物館の館名、所在地、設置者名、種別とともに、設置年月日と存廃についての記録が記載されており、第一部の年表形式とともに、第二部では県別に区分され、各県の博物館史を知る基礎的なデータとなっている。また、各県の博物館の先駆としての物産陳列館・商品陳列所などがひとつのジャンルとしてまとめられている。しかし、本書は、博物館史として筋道を立てて論考されているものではなく、あくまで博物館史研究のためのデータを提示するに止まっている。なお、物産陳列館については、近年『近代日本〈陳列所〉研究』として各県ごとにまとめられた論考などがある。

『日本博物館沿革要覧』の発行と呼応したかのように、一九八〇年頃に國學院大學博物館学研究室の加藤有次の提唱により、各県の博物館史を記録する活動が行われた。加藤は、各地の博物館や社会教育機関に在籍していた同大学の卒業生たちに働きかけ、『國學院大學博物館學紀要』（以下、『博物館學紀要』）に特輯を組み各県の博物館史の完成をめざした。その巻頭言で加藤は、「明日の博物館のためにも、過去における地域博物館の歩みを再考する意味で、博物館における地域史に重点をおき特輯とした」と述べている。また、「過去の人々が、その地域の自然風土の中で生活の歴史的風土を築いてきたことを学び、明日への正しい生き甲斐を学習する場」と述べ、各県の博物館の設置・発展を明らかにする必要性を提唱した。この動きは、各県の博物館史を解明する発端となった。そしてまず『博物館學紀要』の第五輯・第六輯が「地方博物館史の展開」の特集として組まれ、次の論文が掲載された。

【五輯（地方博物館史の展開1・特集）一九八一年三月】

① 「秋田県の博物館史」冨樫泰時　二〜一三頁

② 「新潟県における明治時代の博覧会・博物館史」横山秀樹　一四〜一八頁

③ 「神奈川県博物館概史」三輪修三　一九〜二五頁

④ 「物産陳列館の一事例―千葉県における場合」前川公秀　二六〜三七頁

⑤ 「金沢博物館の展開―初期地域博物館の動向」四柳嘉章　三八〜四八頁

⑥ 「大分における社会教育思想の展開」後藤重巳　四九〜五三頁

【六輯（地方博物館史の展開2・特集）一九八二年三月】

⑦ 「北海道の博物館―函館博物館を中心に」岡田一彦　一〜六頁

⑧ 「第5回内国勧業博覧会における「陳列」の諸問題―博覧会事務局に対する奈良県の動向を中心として」芳井敬郎　七〜一三頁

⑨ 「歴史系博物展示雑考―島根県における遺跡の相当施設化に関連して」千家和比古　一四〜三六頁

この「地方博物館史」の特集においては、秋田、神奈川を除き各県の博物館の黎明について触れたものであったが、これを契機として『博物館學紀要』には県内の博物館の設置、展開などを論考した所謂博物館史を究明しようとする動きが高まり、多くの論考が掲載されている。

【九輯　一九八五年三月】

⑩ 「岩手県の博物館発達史（その1）」熊谷常正　一〜七頁

【一一輯　一九八七年三月】

⑪ 「和歌山県南部における博物館」内川隆志　一〇一〜一一一頁

【一二輯　一九八八年三月】

⑫「三重県博物館史」矢野憲一　七～一七頁
⑬「長崎県の博物館　沿革と実態」下川達弥・立平進　一八～三〇頁
⑭「熊本県博物館史」富田紘一　三一～三八頁
⑮「名古屋の博物館史」井上光夫　三九～四六頁
⑯「群馬県博物館史」磯部淳一　四七～五三頁
⑰「福島県の博物館活動史」高力英夫　五四～六一頁
⑱「岐阜県の博物館120年の歩み（1）」今井雅巳　六二～七一頁
⑲「長野県博物館史　松本市立博物館の歩みを中心として」窪田雅之　七二～九二頁

【一三輯　一九八九年三月】
⑳「滋賀県博物館史」宇野茂樹　一～八頁
㉑「福岡県博物館史」副島邦弘　九～二四頁

【一四輯　一九九〇年三月】
㉒「宮城県博物館史」佐々木和博　二八～三九頁
㉓「山梨県博物館史」小野正文　四〇～四七頁
㉔「福井県博物館史」赤沢徳明　四八～六〇頁
㉕「和歌山県博物館史」青木豊・内川隆志　六一～八六頁
㉖「兵庫県博物館史」大平茂　八七～一〇〇頁
㉗「島根県の博物館」宮沢明久　一〇一～一〇九頁
㉘「宮崎県博物館史」高橋浩明　一一〇～一二〇頁

【一五輯　一九九一年三月】
㉙「宮城県における大正期の博物館　宮城県図書館博物標本陳列室をめぐって」佐々木和博　一～九頁
㉚「広島県博物館簡史」倉橋清方　一〇～三一頁
㉛「鳥取県博物館史」中原斉　三二～四一頁
㉜「鹿児島県博物館史」金山喜昭　四二～五三頁

【一六輯　一九九二年三月】
㉝「茨城県博物館史」瓦吹堅　一～九頁
㉞「奈良県の文化財保護の道程と博物館」菅居正史　一一～二七頁

【一八輯　一九九四年三月】
㉟「沖縄県博物館史」池田栄史　一～一三頁

【二〇輯　一九九六年三月】
㊱「佐賀県博物館小史」木下巧　一七一～一八三頁

【二一輯　一九九七年二月】
㊲「徳島県の博物館史」山川浩実　一二二～一三四頁
㊳「石川県における戦後博物館の動向」高橋裕　一三五

〜一三九頁【二七輯　二〇〇三年三月】

㊴「愛媛県の博物館史」石野弥栄　一〜一三頁【三五輯　二〇一一年三月】

㊵「千葉県の博物館設置構想の推進と現状」前川公秀　一九〜三八頁【三九輯　二〇一五年】

㊶「戦後期に於ける静岡県公立博物館の展開」中島金太郎　一五〜三七頁【四〇輯　二〇一六年】

㊷「静岡県下に於ける戦前期学校博物館の動向」中島金太郎　一九〜三四頁

㊸「北海道物産陳列場について」松田佑斗　一五九〜一七〇頁【四一輯　二〇一七年】

㊹「近代栃木県の博物館史（序）―明治・大正時代の日光山を中心に」伊東俊祐　一二三〜一四四頁

『博物館學紀要』に掲載された各県博物館史は以上のようなものであるが、これらの論考の内容は一九八〇年代で終わっており、現状に至る歴史ではない。しかし、これを契機に、他の博物館関係の雑誌などにも一九九〇年代あたりから各県の博物館史に関する論考が散見できるようになる。たとえば、次のようなものがある。

㊺「徳島県の博物館史覚書」企画展「博物館の誕生」解説

㊻「戦前期徳島における博物館事情」長谷川賢二『博物館史研究』一一、二〇〇一年

㊼「宮城県における博物館の嚆矢　明治12年設置の博物館をめぐって」佐々木和博『博物館学雑誌』一六―一・二、一九九一年三月

㊽「北海道の博物館の現況について（Ⅲ）」片桐宏理『博物館学雑誌』二三―二、一九九八年三月

㊾「沖縄県教育会附設郷土博物館について」園原謙『沖縄県立博物館紀要』二八、二〇〇二年

㊿「福岡博物館の開設と廃止」高田麻美『地方教育史研究』三四、二〇一三年五月

51「静岡県における博物館の発生」中島金太郎『國學院大學紀要』五八、二〇一五年一月

ようやく各県博物館の歴史について注目され、調査研究される状況にはなったが、残念ながら未だ全県に及んでい

る訳ではない。ただ、近年では、『県史』刊行後に『県教育史』が編纂され、そのなかで博物館について触れられた例や、各県の博物館協会、あるいは博物館協議会の記念号などで県下の博物館の歴史を回顧する討論会の記録や記事が認められるようになってきている。たとえば、『岐阜県教育史』通史編近代三で「名和昆虫博物館の創設」について触れ、通史編各論一での「岐阜県における博物館活動の概況」の論述などは特筆すべきものである。今後の広がりを期待したい。また、博物館協会などの記念回顧は、静岡県博物館協会創立四〇年史、愛知県博物館協会五〇年史、富山県博物館協会五〇年史などに県内博物館のあゆみ（年表）が掲載されている。しかし、さほど詳細な内容と言えるものではない。

二．各県博物館史概略

各県における博物館の歴史は、大概して次のようなものと言える。すなわち私立の博物館においては、寺社の宝物館あるいは個人コレクションの公開を目的とし、公立館では地場産業の促進をめざした物産陳列館や商品陳列所を発端とする。それとともに、地域の博物館として教育博物館が広がりをみせ、また「古器物の調査保存機能を持った博物館」や「殖産興業を目的とするいわゆる勧業博物館」が登場する。それは、椎名仙卓によれば一八七一年（明治四）に文部省博物局の観覧場として湯島に博物館が設置され、のちに教育博物館となり、それを模して地方に普及していったものであり、文部省年報によれば一八八七年までに全国二二県において博物館が設立されていたという。その後、一九〇〇年代から大正時代に至っては、棚橋が指摘するように「国民精神の振興は先ず児童青少年の郷土研究、愛郷土精神（Heimateinn）の涵養からと云う思潮が教育界に修然と湧きあがつて来た」結果、「全国の小学校師範学校などでは、郷土博物館の創設に熱中したりするようになった」とされる。その流れが昭和初期には、地域博物館への関心が高まり、施設の設置が増加していった。そして戦後の一九四六年（昭和二一）アメリカの教育使節団による報告書に博物館の整備が勧告され、戦火で消失した文化財や地域文化の保護継承のため博物館法が制定され、地域博物館の設置が推進された。高度成長下では明治百年記念事業あるいは自治体確立百年事業として県立から市町村立までの公立館の設置がモニュメントとして促進された。各県とも、大まかには以上のような同じ道のりを歩んで来たと思われる。それらは行政主導型で、地域住民からの要望、あるいは地域活動における必要性から行われてきたものとは言えないかもしれないが、前掲の各県の博物館史に関する論考は、各県にはそれぞれ様々な背景があり、様々な歩みもあったことを提起している。本項で掲載した県別の博物館史の整備状況の分布を地図に落とすと、青森、山形、埼玉、東京、富山、京都、大阪、岡山、山口、香川、高知の一一県で博物館史がまとめられていないことが判明する。東京都や大阪府のように、設置された館数があまりにも多く、それらを体系的に集約する難しさはあるが、地域の博物館史を体系的に掘り起こすことにより、その地域と文化の独自性を解明し、新たな地域創生のための博物館のあり方を知る手懸りになるはずである。その視点ですべての県で博物館史が論考されることが必要である。

【県別博物館史の整備状況】

参考文献

棚橋源太郎『博物館・美術館史』長谷川書房、一九五七
椎名仙卓「教育博物館の成立」『博物館学雑誌』二―一・二、一九七七
椎名仙卓「所謂〝物産陳列所〟に就いて」『博物館研究』一四―六、一九七九
倉内史郎・伊藤寿朗・小川 剛・森田恒之『日本博物館沿革要覧』野間教育研究所紀要別冊、財団法人野間教育研究所、講談社、一九八一
高嶋雅明「商品陳列所について」角山 榮編『日本領事報告の研究』同文館出版、一九八六
加藤有次「巻頭言」『國學院大學博物館學紀要』一二、一九八八
加藤有次「巻頭言」『國學院大學博物館學紀要』一四、一九九〇
富樫泰時『秋田の博物館 その歴史と背景』秋田文化出版、二〇〇三
三宅拓也『近代日本〈陳列所〉研究』思文閣出版、二〇一五

【前川公秀】

総合博物館論史

一・総合博物館の定義

「総合博物館」の定義は、一九七三年（昭和四八）一一月の文部省告示「公立博物館の設置及び運営に関する基準」において示されたものが、今日でも一般的と思われる。「「総合博物館」とは、人文科学及び自然科学の両分野にわたる資料（中略）を総合的な立場から扱う博物館をいう」というものである。同基準には併せて、人文系博物館が「考古、歴史、民俗、造形美術等の人間の生活及び文化に関する資料」を扱い、自然系博物館が「自然界を構成している事物若しくはその変遷に関する資料又は科学技術の基本原理若しくはその歴史に関する資料若しくは科学技術に関する最新の成果を示す資料」を扱うと定義されていることから、総合博物館は、これら両種の博物館を兼ね備えたものという意味でもあると理解できる。

人文系だけでも、あるいは自然系だけであっても、複数学問分野に依拠しているものは総合博物館と呼ばれることがある。その意味で、「総合博物館」には多様な解釈があるといえるのが現実である。

なお、「総合」は「綜合」とされることがあり、論者によっては、その使い分けに大きな意味を付与することがある(1)。以下では便宜上、引用を除き「総合」を用いることとする。

二・原初的な総合博物館論

総合博物館という語は戦後に現れたと見られるが、それに相当するものが、二〇世紀前半に用いられていた。具体的には、棚橋源太郎『郷土博物館』(2)における例がある。棚橋は本書において、郷土博物館には、その内容によって「ゼネラル・ミユージヤム（普通博物館）」と「スペシヤル・ミユージヤム（即ち特殊博物館或は専門博物館）」の二種類に大別できると説く。そして、「特殊博物館」はおおむね歴史博物館、科学博物館、美術博物館の三つに分けられるものとする。また、「普通博物館」は科学・歴史・美術を「綜合」したもので、地方の小さい都市に多く見られるといい、一方の専門的な「特殊博物館」は大都市に少なからず存在するという。このような論述から明らかなとおり、「普通博物館」は先に見た総合博物館の性格に通じるものということができる。

棚橋は同時に、この二類型を博物館発達史にも重ねている。多くの博物館は、「各分科を綜合した所謂普通博物館」として発足し、収蔵資料の増加と施設の拡張を通じて別館を設け分化するようになるという。したがって、「綜合」を専門性の未分化な段階と見ていたということであろう。

棚橋の議論の行方を見ておきたい。戦後の代表的な著作『博物館學綱要』[3]では、博物館はその収集品の種類・内容によって、「綜合博物館（General museum）」と「専門博物館（Special museum）」に大別することができ、専門博物館はさらに、歴史博物館、科学博物館、美術博物館の三つに分けられるという。設置の傾向としては、地方の小博物館には歴史・科学・美術を一緒にした「綜合博物館」が多く、大都市には「専門博物館」が少なくないとする。

この内容は、『郷土博物館』で論じた類型を踏襲したものである。その中においても、「普通博物館」が「綜合博物館」へ、「特殊博物館」と改められていることは特徴的である。「普通」、「特殊」の語が直訳的すぎること、博物館発達史の理解に照らすと、「普通博物館」が一般性を持ちうるものとはいえず、逆に「特殊博物館」が高い専門性を有する発展形であるという認識があったことによるものであろう。

「普通博物館」にせよ、「綜合博物館」にせよ、棚橋はこれらに積極的な意味を見出していなかった。博物館としては初期的な専門未分化の存在であり、しかも小規模館に多いという見方が示されていることから、やがて解消される方向があるべき道筋と認識されていたと思われる。

なお、『博物館學綱要』において棚橋は、「専門博物館」の範疇にも「綜合博物館」というタイプを設定している。「綜合科學博物館」と「綜合歴史博物館」である。自然科学系、歴史系の、それぞれにおける諸分野並存のイメージで、先の「綜合博物館」との関係について論及はない。ただし、前者は「科學博物館としてのこれまでの傳統を破り、博物學のみの範囲を脱して物理化學の資料をも網羅して、自然科學諸分科の全體に亙る綜合科學博物館」とされており、先進的と見ていたようでもある。

三．郷土学を軸とした「綜合博物館」論

総合博物館の理念を明快に説き、その積極的な存在意義を主張する動きが現れるのは一九七〇年代で、「秋田県立綜合博物館設立基本構想」[4]（一九七二年）を嚆矢とする。策定の中心を担った倉田公裕は、この構想で展開した考えを自著『博物館学』における「地域（県立）博物館論」でもおおむねそのまま論じており、彼の博物館研究の重要な部分であったと思われる。

倉田はまず、従来の総合博物館のあり方を厳しく批判する。人文系と自然系の同一館における並存を「総合博物館」と称しているに過ぎないものとし、「総合」とはただ単に集めたという意味でしかないという。そのため、展示室の構成も、縦割りの学問系列による区分がなされ、ただそれが同一の空間に収められているだけであるという。倉田の目に映っていた総合博物館とは、棚橋の段階で説かれたものと変わらないものであったという理解ができる。

このような諸分野の並列的混在への批判に続き、倉田は対案を提示する。これからの総合博物館は、「従来の並存的集合ではなく、郷土誌（Heimat Kund）を中心とした、綜合博物館を考えるべき」というのである。ここでは、概念として「綜合」について意が払われており、「綜合（Synthesis）とは、分析され、分解されたものを再び一全体に結合する手続きである。一般的にいって、綜合は分析よりも高度の機能であり従って、綜合は直接的、間接的に分析を前提としているといえよう」と述べている。県立博物館としての総合博物館について論じているため、結論的には「府県域を風土的に綜合した郷土博物館」が目指すところであり、「学問系列の諸学を、県域という風土（郷土）による統合」を果たした「郷土学」に依拠する博物館とするのである。

倉田の主張をまとめれば、同一地域の資料という以外には、諸分野が融合するところのない「総合博物館」ではなく、地域を基盤にした学際的統合によって、総体としての地域像を追究し、描出する「綜合博物館」を理想とするものであったといえる。したがって、総合博物館は博物館発達史の通過点ではなく、むしろ高度かつ先進的な博物館として待望されるものと変貌することになる。秋田県立博物館は一九七五年に開館し、先進性を具現した最初の「綜合博物館」となるはずであった。しかし、実際のところはどうであったのだろうか。

そこで倉田とともに、基本構想の策定に携わった加藤有次の所論[5][6]に触れておこう。加藤は、これまでの総合博物館はいくら豊富な資料をとりそろえたところで、「集合博物館あるいは複合博物館程度の次元」にとどまるものと指摘し、その理由は「総合に対する明瞭な理念体系や方法論が欠如したからであると考えている。秋田県立博物館についても成功とは評していない。綜合展示部門においても「やや分類展示の並列化から逸脱できない傾向があった」とし、「郷土秋田の総合化が概念上は既成しても、それがいざ展示のごとき実体化操作の段階においては、意図する部分が伝達しにくいようである」と「綜合」の理念と現実のギャップを指摘している。また、問題解決の手立てとして「人文と自然両科学の接点の領域を占める学問を、今後の総合博物館にとっての新しい方法論的メスとして用いることはできまいか」という。

倉田にしても、加藤にしても、ともに目指すところは一致していたが、「綜合」の実現への道程は険しかったということだろう。

なお、秋田県立博物館では、開館以後、郷土学（秋田学）の構築と総合研究の推進を意識的に進めており、博物館活動の原動力として、倉田や加藤の理念が根づいたと思われる。

四．地域博物館としての総合博物館論

一九七六年（昭和五一）に開館した平塚市博物館は、「地域博物館」の理念を打ち立てたことで知られている。同館は、相模川流域という実体的な地域をフィールドとして、自然と文化を総合的に追究してきた。また、住民の学習権の保障を重視し、住民参加型の活動を展開してきたことも特徴である。

同館発足時の中心を担った浜口哲一・小島弘義は、地域博物館にとっての博物館資料は、日常的な民具や出土資料などの物質文化資料と、歴史的な美術資料、古文書等を中心とする歴史的資料、生物・地質などの自然史資料からなるとして、これらを「身近な自然と人間を考えていく資料」と位置づける。[7] 幅広いジャンルの博物館資料の一体的・一括的な認識が知られる。したがって、これらを活用するためには、二分野以上の「複合か総合博物館の方が地域住民の欲求に応えられるばかりでなく、館の機能上からも必要となってくる」という。また、博物館は専門家のための研究機関ではなく、幅広い地域住民とのパイプを築き、維持することを不可欠とする。実践的な立場から、総合博物館の意義を主張したものといえる。

こうした議論や博物館の実情を踏まえながら、一九八〇～九〇年代に地域博物館論を深化させたのが伊藤寿朗である。伊藤は、地域博物館の特質として「二つの主張」があるという。[8] 一つは、資料の意義づけ方である。専門領域ごとの普遍的成果（法則、法則性）を地域に適用する形で資料の価値を見出すのではなく、地域課題に即してその地域の資料を意義づける必要があるとするのである。個々の専門領域の成果を不可欠としながらも、「自然科学の領域と人文・科学の領域の、地域課題に即した総合化」こそが重要であると説く。

二つ目は、博物館と市民の関係である。市民は啓蒙対象ではなく、市民が地域課題を見出し、それを博物館が支え、ともに課題に応えていくことが必要であるという。

以上を踏まえると、地域博物館論は、地域課題に立脚した学術的総合性の担保、地域運営の主体としての市民との協働に特徴を持つ総合博物館論と位置づけることができる。総合博物館は、地域社会に求められるべきであり、市民の知的成長のための装置ということさえできるのである。

五．模索の中の総合博物館論

一九七〇〜九〇年代、積極的な総合博物館論が展開されてきたが、数量的には総合博物館が我が国の博物館の主流となったことはない。文部科学省による平成二七年度社会教育調査の結果によれば、博物館（登録博物館及び博物館相当施設）の一二・一パーセント、博物館類似施設の六・七パーセントを占めるに過ぎない。県立クラスでは、二〇一七年（平成二九）七月末現在、総合博物館は一七館あり、そのうち九館が一九八〇年（昭和五五）以前の開館と古いものが多い。さらに、総合博物館であった神奈川県立博物館や福井県立博物館が自然系と人文系に分割されていった例（神奈川は一九九五年、福井は二〇〇〇年）も考えると、実在してきた総合博物館は、初期的ないしは過渡的存在と見なされてきたと思われる。

そうはいっても、一九八〇年代末から九〇年代に開館した、千葉県立中央博物館（一九八九年）や徳島県立博物館（一九九〇年。前身は一九五九年）、滋賀県立琵琶湖博物館（一九九六年）といった総合博物館では、新たな方向が模索されており、大なり小なり人間生活と自然環境の相互関係に視点を置いた展示を設けてきたことで注目される。こうした動向は、自然史博物館である兵庫県立人と自然の博物館（一九九二年開館）にも共通しており、環境への関心の高まりが広く影響しているのであろう。中でも琵琶湖博物館は、総合性の追求とともに、積極的な市民参加型調査とその成果の展示への導入も試みており、県立館としての地域博物館の実践例として注目された。

ただし、いずれの館にしても、自然系・人文系の各分野が必ずしも総合（倉田や加藤の説く「綜合」）されているとはいいがたい面があったのも事実である。

総合博物館である栃木県立博物館の開設準備段階から開館後の運営を牽引した樋口弘道は、社会環境の変化の中で総合博物館自体の自己変革の必要性を説く。同時に、専門分野の高度化と細分化の一方での学際化の進展に注目して、「総合博物館も、〝そうごう〟の意義を再考すべき時にきていると感じ取っているのではないだろうか」と指摘する(9)。

事実、内省的に従来の総合博物館を乗り越えようとする議論があったことは注目してよい。その一例として、徳島県立博物館における常設展更新計画の策定がある。地域博物館論や琵琶湖博物館の活動に影響を受けて総合博物館の意義を見直し、現代の環境問題や環境思想などに照らして「人間と自然の相互関係」を視点とした「総合性」と「地域性」を徹底して追求した展示を目指したのである。そのため、あえて通史展示を廃し、徳島県内の地域構成に基づき「山」「里」「まち」「海」といった空間を単位とした展示コーナーを中核に据えることで、自然系・人文系各分野の調査研究、資料収集の成果を集約し、かつ参加体験的要素を導入することを目指すものであった[10]。しかし、理念が先行した、模索途上のプランであった（常設展更新は二〇一七年時点においても実現しておらず、構想自体を大きく見直している）。

二一世紀に入り、従来からあった総合博物館の移転・改組により、沖縄県立博物館・美術館（二〇〇七年開館。前身は一九四五年）、三重県総合博物館（二〇一四年開館。前身は一九五三年）が開館した。とくに三重では、徳島県立博物館の構想にもあったような、地域区分別総合展示が実現されており、総合化の前進がうかがえる。

一方、「山梨の自然と人」をテーマとする歴史博物館である山梨県立博物館も新設された（二〇〇五年）。自然史博物館として同様の関心を含んでいた兵庫県立人と自然の博物館とは逆のパターンが登場したといえる。総合博物館の志向性が普遍性を持ちうる可能性を示しているともいえよう。また、自然系や人文系の複数の博物館の相互補完を通じての緩やかな総合化という選択肢も考えさせられる。

なお、総合化が多様な地域像を捨象してしまう恐れがあるという批判[11]もあり、今後も総合のあり方について検討していく必要がある。

註

（1）倉田公裕『博物館学』東京堂出版、一九七九。加藤有次「総合博物館学」『新版博物館学講座1』雄山閣出版、二〇〇〇
（2）棚橋源太郎『郷土博物館』刀江書院、一九三二
（3）棚橋源太郎『博物館學綱要』理想社、一九五〇
（4）註1（倉田前掲書）に同じ
（5）加藤有次「総合博物館」『博物館学講座1』雄山閣出版、一九七九
（6）加藤有次「総合博物館」『博物館学講座3』雄山閣出版、一九八〇
（7）浜口哲一・小島弘義「地域博物館における学芸員と特別展」『博物館学雑誌』二一―一・二、一九七七
（8）伊藤寿朗「地域博物館の思考」『歴史評論』四八三、一九九〇
（9）樋口弘道「総合博物館」『新版博物館学講座4』雄山閣出版、二〇〇〇
（10）長谷川賢二・鎌田磨人「総合博物館・地域博物館としての徳島県立博物館の方向性」『徳島県立博物館研究報告』八、一九九八
（11）内山大介「博物館における「郷土」・「地域」とその展示」『歴史民俗資料学研究』一二、二〇〇七

【長谷川賢二】

郷土博物館・地域博物館論史

我が国の郷土博物館論の歴史は、ドイツ教育界における郷土保護思想を明治期に我が国に輸入した事から始まる。こうした郷土保護思想は、大正期に「天然紀念物」という名称で我が国の郷土思想として社会に浸透していった。明治時代の郷土保護の思想は、大正時代では抜本的には特別の発展を見せなかったものの、思想自体は多数の論考によって洗練されていったことは忘れてはならない。

その後、大正時代末期における郷土教育や博物館の発展準備期間を経て、昭和時代前期における郷土博物館論の華々しい展開へと繋がっていくことになる。

本稿では、明治時代、大正時代の郷土保護思想の発展から、昭和時代前期の本格的な郷土博物館論の展開までの代表的な論考を集成し、郷土博物館論史の変遷史を考察するものである。

一．明治時代の郷土博物館論史の展開

我が国における郷土博物館論史の本格的な展開は、大正時代以降に本格的な萌芽を見ることは周知の通りであるが、既に明治時代においても郷土博物館論が発展する基礎となる論考は、多数確認されるのである。その主なものは、主要都市のみに限定せず、地方にも博物館を設置すべしとする、基本的意味での郷土博物館論が郷土教育論を基調に展開された。以下は、その代表的な論考について紹介するものである。

①岡倉天心の博物館論

岡倉天心は、一八六九年（明治二）に著した「博物館に就て」[1]の中で、東京のみならず京都にも博物館を建設すべきであるとする論を下記の如く記した。当該論文は、我が国最初の博物館必要論であり、博物館建設論であった。

土地ニモ關スル事多カラン京都ノ博物館ト他ノ博物館トノ關係如何ニ就テハ京都ハ所謂京都博物館タルヘキ事ニシテ奈良ナリ東京ナリヘ連絡ヲ通シ日本ノ博物館トナスヘシ

上記の如く、京都・奈良にも博物館を設置し、相互に連携を図るべきであるとしている。当該発想は、岡倉以降の論者によって、各都市単位に博物館を建設すべしという思潮の基礎となった論文であると評価できよう。また、本思潮の延長に郷土に博物館を設置すべしとする、郷土博物館論が展開されていくことになったと看取されるのである。

②高山林次郎の博物館論

高山は、「博物館論[2]」の中で各地方に国立博物館を設置すべしという論調と、同時に専門的な博物館の設置をついても下記の如く言及している。

吾人は先ず是目的の爲に大いに國立博物館を増設し少なくとも全国各師團若しくは各高等學校所在地に各一箇を建設せむことを望まざるべからず。而して増設と共に各地方の事情に隨て其種類を區別すること、亦極めて肝要なりとすべし。（中略）即ち各地方の情勢に應じ、商業地には商業博物館を設け、工業地には工業博物館、美術工藝地には美術工藝博物館、農業地には農業博物館を設置すべきなり。

上記の如く高山は、中でも博物館の増設、専門的な博物館の設置の必要性を強く望んでいたことが理解できよう。該点は、後の郷土における専門的な博物館、即ち郷土博物館の設置に関する論調の基盤となる論考であると指摘できるのである。

二．大正時代における郷土博物館論史

大正時代においては、明確な「郷土博物館」なる名称での論考は記されなかったものの、郷土保護の思想がドイツ教育界から輸入されたことは当該時代の最大の特徴である。具体的な郷土保護に関する論著は、ドイツ教育学を範とした三好学の『天然紀念物』が嚆矢と考えられる。

大正時代には、概ね「天然紀念物」という名称で論考が展開されていった。かかる名称は、自然の景観や動物・植物・遺跡などといった事物を直截に指すものであったが、後に郷土保護に思想的な裏づけや発展の土台として活かされていく礎となったのである。

また、行政においても郷土博物館史における展開が見られ、一九二四年（大正一三）に文部省普通学務局内に社会教育課が設置されたことも我が国の文化財行政の上では転機をなす出来事であった。また一九二六年には、京都での大正天皇御大典記念事業の開催を受け、記念事業としての博物館建設の気運が社会的に大きく高まった時代でもあった。

大正時代における代表的な郷土博物館論は、「天然紀念物について」の名を冠した論文に展開されるが、その代表的人物は黒板勝美であったことは周知の通りである。

①黒板勝美「郷土保存について[3]」

黒板は、大正時代の博物館学の発展に極めて大きな影響を与えた人物である。また、郷土博物館史においても、重

要な役割を果たした論者の一人に挙げられている。黒板は、「郷土保存について」の中で、郷土保存についてドイツ（当時のザクセン）の郷土保存協会の例を挙げて以下の様に述べている。

他の各地方と聯合して各その郷土に於ける天然界人文界の遺物保護を目的とし、着々その事業進行し來りしなり（以下略）

同論考中には、郷土博物館という名こそ記述されてはいないものの、各地方が国と協力し、その文化的特色を活かしていくべきであると述べている。こうした考え方が、後の郷土博物館の設置に重要な役割を果たすことになるのである。

②三好学『天然紀念物』(4)について

実際に、郷土保存における博物館の重要性を述べた論は、三好学が嚆矢といえる。

三好は『天然紀念物』の中で以下のように述べている。

海外諸國でも中央の保存機關と地方の保存機關とは絶えず連絡をとつてゐる如く我邦に於ても同様の關係になつてゐることは、保存事業の効果を収める上に於て必要である。（中略）地方の公共團體或は個人に於ても保存事業を尊重して、郷土の天然紀念物其他の湮滅を防ぐことに努め、法律で指定されるまでもなく保存の實を舉げるやうになることが望ましい

以上のように、「郷土博物館」という具体的な名称こそ使用していないものの、「天然紀念物」という地方の文化的特色を活かす博物館を設置するべきとの論考がなされていることは、行政の後押しと相まって郷土博物館論の発展や、郷土博物館設置の直接的な基盤となるなど、大きな影響を与えたことは明らかであるといえよう。

三．昭和時代前期における郷土博物館論史

昭和期に入ると、郷土博物館論は隆盛を極めることになる。この発展の背景には、明治・大正時代の博物館学発展期において、多数の学者の弛まぬ努力によって研究基盤が築かれていた事実があったからである。

郷土博物館論の隆盛の背後には、文部省が推し進めていた「郷土研究」の思想が、地域・郷土においてもその研究の機運が浸透していったという社会的背景によるものと考えられよう。一九二九年（昭和四）には、文部省内において社会教育課を社会教育局に拡大して開設され、同年発行の『農村教育研究』第二巻第一号には、棚橋源太郎

が論文を寄稿した「農村と博物館問題[5]」が発表され、翌年一九三〇年には、郷土教育連盟『郷土 研究と教育[6]』や『新郷土教育の原理と實際[7]』が発行された。一九三一年には、雄山閣出版から『郷土史研究講座』が刊行され、多数の郷土研究についての論が掲載されたことを見ても、当時既に郷土博物館や郷土研究についての研究者が多数存在したことは、疑う余地の無いものである。更に、一九三六年には郷土教育連盟から『郷土教育學習指導案[8]』、一九四二年には、社団法人日本博物館協会が『郷土博物館に關する調査[9]』を発行した。このように、多くの学者による様々な郷土博物館論が展開され、明治・大正時代と比較すると具体的に郷土という研究対象がクローズアップされることとなった。

①棚橋源太郎の郷土博物館論

棚橋源太郎は、元々理科教育・科学教育博物館が研究の主題であったが、昭和時代前期における郷土博物館論の急速な発展に伴い、棚橋もまた郷土博物館論に注力していくことになった。昭和時代初期において棚橋は、一九二九年に「農村と博物館問題[10]」、一九三一年には「郷土教育の一考察[11]」、一九三二年に『郷土教育』、また同時期に『博物館研究』『郷土研究』『公民教育』等に盛んに郷土博物館についての論文を寄稿しており、『郷土博物館[12]』の中で「郷土博物館」について以下のように述べている。

頗る簡単に附設することの出來る簡易な、圖書館すらない町村が少ない有様である。故に今日我が邦の町村に社會教育上最有力な郷土博物館を有するに至ることは、大いに望ましい所である。（中略）郷土博物館は同時にまた、郷土の美点ばかりでなく、その短所に至るまで郷土の眞相を認識させ、郷土の一員としてこれが改造或は向上發展に、努力せんとする責任感を惹起せしめることが出來る。

上記の論考から、当時の地方の郷土における教育普及活動がまだ不十分であると棚橋が考えていることが理解できる一方で、郷土博物館に対して期待する所が極めて大きいことも同時に読み取れるのである。

②柳田國男の郷土博物館論

柳田國男は、郷土博物館に関して論考では郷土館と呼称し、些か批判的な論考を寄せているのが特徴である。かかる観点の基盤は、昭和時代における多数の郷土博物館が急速に設置されたが故の、不具合について言及したことに起因するものであったと行間から読み取れる。柳田は、「郷土研究と郷土教育[13]」において以下のように述べている。

> 郷土館では到底我々の考へてゐることが實現出來ないにも關はらず、これがあるとこれを絶對のもののやうに思つて、それ以上に考が進まない嫌があると思ふのです。（中略）いくら遺物が多くても、よい指導者を得なければ全く無意味なものになつて終ひます。ただ旅人の好奇心をそそるだけで、土地の人には何の興味も無いものとなり易いのです。

以上の柳田の論考は、主に郷土博物館の不備不足について展開されているが、郷土博物館の必要性については認めつつも、その役割が十分に果たせていないことについての苦言を呈していることが窺える。中でも、柳田が言う指導者、即ち博物館経営者の人材不足について指摘しているのである。昭和初期に目覚ましい発展を遂げた郷土博物館であったが、発展と同時に不備についても論じられていることが窺えるのである。

③森金次郎の郷土博物館思想

森金次郎は、「郷土博物館の設立と經營」の中で、ドイツ・アメリカ・イギリスなどの諸外国の郷土博物館について紹介した上で、我が国の郷土博物館の設立と収集、博物館の建物と陳列品・学術研究上の貢献・教育活動などについて言及した。また、郷土博物館の展開についても下記の通り述べている[14]。

> 吾人の意見にては第一着手として府縣廳所在地又は之に匹敵すべき主要大都市に於て府縣市立の郷土博物館を設立したいのである。云ふ迄もなく、是等の大都市は各地方文化の中心地であつて歴史的より見るも經濟上より見るも郷土の資料を蒐集し又は研究するに最も利便多き土地である。（中略）併し餘りに經濟貧弱なる一町村などにて到底獨立せる博物館を維持發展せしむることは先づ不可能と云つてよい。斯かる土地では町村の小學校か圖書館に郷土室を附設する位ひが關の山と思はれる。

森は、本来郷土博物館の設置に適していない場所においても、郷土博物館が設置されかねない現状を論じている。また同時に、郷土博物館が無暗に設立されていくことについても危惧しているのである。

おわりに

我が国における郷土博物館論史の展開は、昭和期における発展が極めて重要な位置を占めていることは明確である。多数の学者が、郷土博物館について論考を寄せ、将来の展望や現状の不備不足について論じている。また、多数の郷土博物館が設置された社会的な背景からみても、郷土博物館論は昭和期において隆盛を極めたといっていい。もっとも、岡倉天心、高山林次郎などの明治期における博物館の全国展開に関する論文が既に展開されていたことが、郷土にも博物館を設置すべしという論調の源流になったことは明らかであるし、大正期におけるドイツ郷土保存思想の影響により、我が国の「天然紀念物」に対する論考が、三好学や黒板勝美によって展開されたことも、その後の郷土博物館の設置意義や展示物、活動について強い影響を与えたことは明らかである。

戦前における郷土博物館論の発展は、多数の先進的な学者や、国民教育が重要視されていた社会情勢の後押しによって支えられ、多数の論考や、出版物が刊行された。これは郷土博物館が、我が国の教育にとって大いに期待されるものであったことが窺える。しかし、戦後における郷土博物館論は、戦前に比較して停滞してしまう。これは、郷土博物館論が博物館学における全体的な論調から地域博物館、殊更、個別詳細に対する論考が多く見られるようになったことが原因ではないかと考えられる。そのため、郷土博物館論についてではなく、地域における博物館に関する批判が多く見られるようになり、郷土博物館論に取って変わってしまっているのが現状であるといえる。

註

(1) 岡倉覚三（天心）「博物舘に就て」『日出新聞』九月二・四・五・六日、一八八八、八二―八三頁
(2) 高山林次郎「博物館論」『太陽』五―九、一八九九、六四三―六四四頁
(3) 黒板勝美「郷土保存について」『歴史地理』二二―一、一九一三、二頁
(4) 三好学『天然紀念物』冨山房、一九一五
(5) 棚橋源太郎「農村と博物館問題」『農村教育研究』二―一、一九二九
(6) 郷土教育聯盟編『郷土　研究と教育』
(7) 峯地光重・大西伍一『新郷土教育の原理と實際』人文書房、一九三〇
(8) 郷土教育聯盟『郷土教育學習指導案』刀江書院、一九三七
(9) 日本博物館協會『郷土博物館に關する調査』一九四二
(10) 註5に同じ
(11) 棚橋源太郎「郷土教育の一考察」『教育研究』三六七、一九三一
(12) 棚橋源太郎『郷土博物館』刀江書院、一九三二、九―一〇頁
(13) 柳田國男「郷土研究と郷土教育」『郷土教育』二七、一九三三、二六七―二六八頁
(14) 森金次郎「郷土博物館の設立と經營」『郷土　研究と教育』六、一九三一、二一七―二一九頁

【二葉俊弥】

歴史博物館論史

歴史博物館とは、広義的にとらえれば、人類の歩みを実証する資料を所蔵し、これに歴史学的解釈を加えて展示公開する機関である。また、「モノ」に考古学や民俗学、美術史学などといった学際的な視点で歴史的な価値を見出して「資料」化し、資料に基づいてあらゆる人々に永続的な教育普及事業をおこなうところである。地域性や時間軸といった対象範囲による異同はあるものの、史実に則した歴史叙述をし、資料に依拠した展示活動をおこなうことは共通している。博物館は、価値が見出された資料の所蔵を前提とする以上、古くは正倉院にまで遡ることができるが、展示教育という観点を加味すれば、その設置は近代以降となる。

一．歴史博物館のはじまり

広く人文系博物館のひとつとして位置付けられてきたが、博物館概念の創出期には、歴史博物館は独立したものではなかった。福澤諭吉著『西洋事情　初編』[1]のなかでは、博物館は世界中の物産、古物、珍物を集めて公開し、見聞を広めるために設置されているとしたうえで、鉱物博物館（ミネラロジカル・ミュヂエム）や動物園、植物園などを列挙しているものの、ここには歴史博物館の記述はみられない。また、栗本鋤雲著『博物舘論』[2]でも、天造博物館や古代人工博物館、人工術博物館、物産商業博物館が挙げられているに過ぎない。

しかし、欧米諸国に歴史博物館がなかったわけではなく、上記の施設に包摂されていたととらえるべきである。鳥居龍蔵は、「帝國博物舘風俗古物歴史物品陳列方法に就て」[3]のなかで、便利上と断りつつ、帝国博物館の展示を①風俗部、②古物部、③歴史部と分類している。この概念は、歴史学の博物館内における部門的独立性を認めるものであり、ひいては歴史博物館の創出を予見させる。

歴史博物館では、先駆的かつ画期的な出来事を取り上げたり、それらを担った人物が顕彰的に紹介されたりすることがある。とすれば、江戸期に開催されていた物産会にもその系譜を認めることができる。京都には、本草学者であり、分類学の父と称された小野蘭山がいた。蘭山の江戸出府後、京都の物産会は山本亡羊らに引き継がれるが、蘭山の死後、一八五九年（安政六）に「五十年忌記念展覽會」が開催され、肖像画はもとより、著書や遺墨などが陳列されている。京都の本草学をリードし、江戸本草学にも影響を与えた蘭山の業績を讃えて記念した展覧会の形態は、顕彰そのものであり、歴史展示としての性格を有している。日本では建物よりも先に博物館活動が展開されていた背景があるが、これは歴史展示の先駆的な事例といえよう。

二．明治期の歴史博物館史

明治になると、法令が整備され、そして、博覧会の開催といった連動性のなかで、歴史博物館は創設されていくことになる。一八七一年（明治四）に「古器舊物保存方」（太政官布告二五一号）が出され、近畿地方を中心に「宝物」が調査される。これは、のちの文部省となる「大学」が、集古館の創設を求めていたことにあわせて、古器旧物の保存を図ってもらいたいと献言したことをうけて出されたものだった。古器旧物の対象は三一部門にわたっており、このなかに、古書画や古書籍並古経文、古仏像並仏具などといった、歴史資料も含まれている。

一八七〇年に大学南校物産局が設置されると、田中芳男や町田久成が博覧会開催を企画する。一八七一年三月の「辨官宛大學南校上申書」をみれば、大学南校博物館として、九段招魂社や元三番薬園で物産会を開催しようとしていたことがわかる。ここに将来的な博物館構想が窺え、その背景には、博物館創設の必要性を訴えていた田中と町田らの思いがあった。当初よりも会期が短縮されて五月一四日からの一週間、九段招魂社での物産会開催となったものの、この時に刊行された「明治辛未物產會目錄」によれば、田中・町田両人も出品していることがわかる。この「古物之部」には歴史資料も確認でき、出品の大多数は自然科学系で占められているものの、この頃を歴史分野を意識した博物館誕生の萌芽と位置付けることができよう。

一八七一年七月一八日太政官布告（三六一号）により、大学が廃止されて文部省が設置、ここに博物局が置かれる。一八七二年には、文部省博物局が湯島聖堂内で国内最初の博覧会を開催する。これを国家による博物館活動の端緒とすることができ、古器旧物保存方の成果を凝縮したものとなった。同年、同じ場所に近代図書館と位置付けられる書籍館が設けられ、一般公開を目的として旧幕府時代の書籍類が集められた。書籍館は文部省のあと、浅草文庫（蔵前）、東京書籍館、東京府書籍館と変遷し、一八八〇年には東京図書館となる。上野に移転後、一八九七年には帝国図書館となった。

旧幕府時代の古典籍などを収集し、さらには一般公開を企図して書籍館が設けられたのは、町田久成の構想も影響している。町田は渡英した経験をもとに、一八七三年に大博物館建設について太政官に建議している。この内容には、上野山内の寛永寺跡地を博物館と書籍館の予定地とし、ここには図書館機能を備えていた大英博物館をモデルとした壮大な計画があった。あわせて、ウィーン万博へ参加する意義と、その準備のために博物館の重要性を訴えていた佐野常民らの尽力もあって、歴史博物館創設の機運は高まっていくことになる。

そのようななか、大隈重信を総裁、佐野常民を副総裁とするウィーン万国博覧会事務局（澳国博覧会）が設置されたことは、その嚆矢となった。佐野常民は、万国博覧会に参加する目的や意義として、博物館を建設し、将来的には博覧会を開催できる基盤づくりをおこなう計画を立てていた。つまり、万博への参加、ならびに日本での開催を目指すにあたって、博物館創設は必要不可欠と認識していたのである。ウィーン万博から帰国した後に出された報告書にも、近代博物館の設置の必要性を提言しており、これは、明治政府のスローガンである殖産興業・富国強兵にも通じるものと考えていたようである。いわば、博物館創設が国力を高め、国民のイデオロギー形成にも一役を担うととらえられていたのである。これは、栗本鋤雲が、「博物舘なる者は國の盛衰に關して其國人民の開明進歩するに隨い此舘も亦隨て盛大を致すなり」[4]と述べていたことにも大きく関連している。

一八七五年は、日本の博物館史にとって大きな転機となる。この年、文部省所轄の東京博物館（のちの国立科学博物館）、そして、澳国博覧会事務局が内務省所轄の博物館（のちの東京国立博物館）となり、二系統の博物館が設置される。特に後者については、日本の伝統的古器旧物や歴史資料を陳列し、「皇国の主館」として公開された。いわば、国立の博物館施設の一部門を歴史資料が担うこととなり、歴史展示の重要性を増すことになった。一八八九年に帝国博物館になると、京都と奈良にも帝国博物館が設けられる。こうして、旧都には皇国史観の涵養の拠点としての役割を求めた博物館が国家主導で創設されていった。

このように政府が掲げた政策とリンクしながら設置された歴史博物館もある。例えば、遊就館は、当時、陸軍卿だった山縣有朋らが、祭神の遺徳を尊び、古来の武具などを展示する施設として、一八八二年に開館している。明治政府は殖産興業と富国強兵をスローガンに掲げており、この国策のもとで進められていった事業である。いわば、学校教育とは画した国民教育という広い視野のもと、国威発揚を目的とした施設としてつくられたのである。

三．歴史資料の確立

また、地域で開催されていく博覧会の動きも無視することはできない。例えば、一八七七年（明治一〇）に開催された長崎博覧会はその一例である。長崎県令は、博覧会開催にあたり、教部省に収めた踏絵などのキリシタン資料の借用を求め、政府と協議をしていく。長崎県令は、禁教は過去のことであり、長崎の歴史を象徴する陳列品と認識していた。しかし、教部省をはじめ太政大臣三条実美らは「普通考古之遺物」とは異なり、外交上の問題に発展しかねないとして貸し出しを拒んだ。当時の日本がまだキリスト教の信仰を、法的に保証したわけではなかったという時代背景もあるが、歴史資料と行政資料とを明確に峻別していたやり取りである。

その後、こうした概念は変容し、従来、役所で作成されていた公文書から一町人が記していた日記等まで歴史資料としてとらえられるようになった。発掘遺物といった考古資料は、政府内部でも当初から歴史資料として位置付けられていたことや、行政資料と歴史資料の認識の差は、地域や省庁の立場によっても生じていた。こうして、行政資料としての役割を終えたものが、歴史資料へと転化されたことで、新しい資料を創出し、これに呼応してそれらを保存管理する施設の必要性が増していった。

こうした資料概念の形成は、歴史博物館の創設を後押しする。歴史学者である黒板勝美は、その立場から古文書館の必要性を提唱しており[5]、歴史資料の保護に尽力する。従来、廃棄されていた旧幕府時代の公文書や地方文書の救出に率先してあたった。黒板勝美は、一九〇七年から一〇年にかけて渡欧・渡米した経験をまとめた『西遊弐年　欧米文明記』[6]を発表する。そのなかで、フランスの国立古文書館に関心を寄せており、日本では「内閣にもうけらるる記録課」（現在の国立公文書館内閣文庫）がこれに相当する機関になるべきだという思いを強く抱く。そして、「ルーヴルに美術の國民的自負があるならば、こゝ（国立古文書館：筆者注）には歴史の國民的自負が示されて居る」とまで断言し、歴史資料の重要性を見出しているのである。まさに、国家形成期における日本人としての証徴を、ここに求めている。こうした黒板の概念は、歴史資料に包摂される古文書という新しい資料の創出を促したのである。黒板はさらに史跡や歴史資料を保存、活用する博物館論を展開した[7]。

歴史資料の確立は、古器旧物保存方などによる法的整備によるところが大きく、帝国博物館が収集していったものもこれに寄与している。一八九七年には古社寺保存法が制定されることになるが、これは、古器旧物保存方よりもさらに歴史性を重視したものだった。古社寺保存法の第四条には、社寺の建造物や宝物類でとくに「歴史ノ証徴」（正当性の証明）があると認められたものは、「特別保護建造物」や「國寶」に指定されることになった。これにより、歴史資料の重要性が法的にも認められることになり、これを有する由緒ある社寺では宝物館などが設立されるに至っている。

四．社会教育・郷土教育と歴史博物館

また、国内の社会教育行政の成熟も、博物館の設置に大きく寄与している。一八八五年（明治一八）に文部省の所掌に「通俗教育」が明記されたことを端緒に、一九一九年（大正八）には担当課が置かれ、翌年には社会教育主事、一九二九年（昭和四）には社会教育局が設置されている。博物館を制度的に促進する体制が整えられていったのである。

歴史資料の対象範囲も広範に及んだことから、設立主体も官立の博物館ばかりでなく、多角化の様相を呈してくる。特に大学をはじめとする学校機関には、学術標本とされる歴史資料が多数所蔵されており、所属する大学教員の研究対象や学生教育に用いた教本など、その種類は多岐にわたる。日本の大学博物館の起源は、一八七七年に設置された東京大学の小石川植物園であるが、以降、各地の大学でさまざまな館種の附属施設がつくられていく。歴史博物館に類型されるものとして、一九二八年に開設された「國學院大學考古學陳列室」（現・國學院大學博物館）、一九三〇年の「天理外國語學校海外事情參考品室」（現・天理大学附属天理參考館）などがある。このように歴史資料を有する機関は、社会教育の推進も相まって設置に至ったのである。

さらに、地域では郷土博物館の創設の動きも生じている。これには、棚橋源太郎らの尽力が大きかった[8]。棚橋源太郎は、一九二八年に現在の公益財団法人日本博物館協会の前身にあたる「博物館事業促進會」を発足する。博物館の拡充などを掲げ、郷土博物館の整備をおこなっていった。地域の社会教育拠点となる郷土博物館を設置し、網の目で連携させる拠点とする一方、国立博物館とのパイプ役を博物館事業促進会が担い、社会教育の底上げを図ろうとしたのである。

こうした取り組みもあり、地域に根差した歴史や民俗、美術、自然などといった多岐にわたる資料が収集され、展示活動をおこなう社会教育施設が設けられていったのである。草の根レベルで収集された歴史資料に基づく展示活動は、地域のアイデンティティを醸成するものとなっていった。

当時の政治や社会状況に呼応するように歴史博物館は設置されていったが、なかには設置に至らず、構想に留まったものもあった。例えば「紀元二六〇〇年奉祝記念行事」が企画されると、このなかで日本万国博覧会の東京開催が挙げられた。ここに、黒板勝美が願っていた「國史館」の設置も含まれていたものの、日中戦争の激化などによって、中止に追い込まれている。さらに、文部省科学局により準備され、木場一夫により進められた大規模な大東亜博物館も結局実現とはならなかった。

五．戦後の歴史博物館

戦後復興のなかで、一九五一年（昭和二六）に博物館法が制定される。前年に施行されていた文化財保護法につながる法律であり、博物館法第二条の定義に、「歴史、芸術、民俗、産業、自然科学等に関する資料を収集し、保管」するると明記された。一九六〇年以降におこった博物館ブームもあって、歴史博物館の地位は実質的に確固たるものになったといえる。また、企業が博物館を創設するようになると、そこでは社史を取り扱うようになり、大学でも自校史をカリキュラム化するのにあわせて学内に歴史博物館がつくられていき、設立主体の裾野が広がった。

歴史博物館では古代から現代に至る通史展示が一般的だったが、その地域の特徴に特化した展示がおこなわれ、工夫やオリジナリティもみられるようになってきている。他方、歴史博物館にも指定管理者制度が導入され、従来の博物館活動が見直されていくなかで、苦境の時代を迎える。歴史学は一朝一夕では明らかにできない中長期的な調査を要する学問であり、時勢に揺るがない体制のなかで成果を生み出すものである。また、博物館は利益を追求する施設ではなく、不朽の社会教育施設であり先人たちもそう望んでいた。経営効率化と利益追求を目的とした指定管理者制度を導入することは、このような博物館の性格にそぐわないばかりか、前述してきた博物館草創期の理念ともかけ離れている。近年、導入の見送りや見直し、業態別導入が顕著となっているのは、自然の道理ともいえる。

また、各地で起こっている地震災害などにより、地域の文化財を保護・救出する動き（文化財レスキュー）が、分野や業種をこえて高まっている。その主体として地域社会の核となり、地域住民のアイデンティティを継承していく機関として、歴史博物館の存在は無視することができない。このように、歴史博物館の役割や使命は、時宜に応じて重要なものとなっている。国際化社会であることが、歴史博物館の存在を高めているのである。

註

（1）福澤諭吉『西洋事情　初編』慶應義塾出版局、一八六六
（2）栗本鋤雲「博物舘論」『郵便報知新聞』七九〇、一八七五
（3）鳥居龍蔵「帝國博物舘風俗古物歴史物品陳列方法に就て。」『教育報知』三五五・三五七・三六〇、一八九三
（4）註2に同じ
（5）黒板勝美「古文書館設立の必要」『歴史地理』八―一、一九〇六
（6）黒板勝美『西遊弐年　歐米文明記』文會堂書店、一九一一
（7）黒板勝美「史蹟保存と歴史地理學」『歴史地理』二〇―一、一九一二。黒板勝美「博物館に就て」『東京朝日新聞』一九一二
（8）棚橋源太郎『眼に訴へる教育機關』寶文館、一九三〇。棚橋源太郎『博物館學綱要』理想社、一九五〇

参考文献

青木 豊編『明治期博物館学基本文献集成』雄山閣、二〇一二
安高啓明『歴史のなかのミュージアム　驚異の部屋から大学博物館まで』昭和堂、二〇一四

【安高啓明】

自然科学博物館論史

自然科学という語には、物理学、化学、生物学、地球科学、天文学といった自然科学全体の礎となる理論研究＝「理学」という意味合いで用いる場合と、それらに加えて医学、農学、工学等「応用科学」を含めた意味合いで用いる場合がある。博物館においては、生物・化石・鉱物・地質等自然物（天産物）を扱う博物館を「自然史系博物館」、物理・化学に基づく原理・現象そのものや、それらの応用を扱う博物館を「理工系博物館」と呼ぶ傾向がある。

前者では、一次資料である自然物を収集し、または現地にて保存・活用することで博物館活動が展開されることに特徴があり、後者では、主に原理・現象を再現する装置や機器等を稼働させ、来館者にそれらを体験させることで博物館活動が展開されることに特徴がある（図1）。

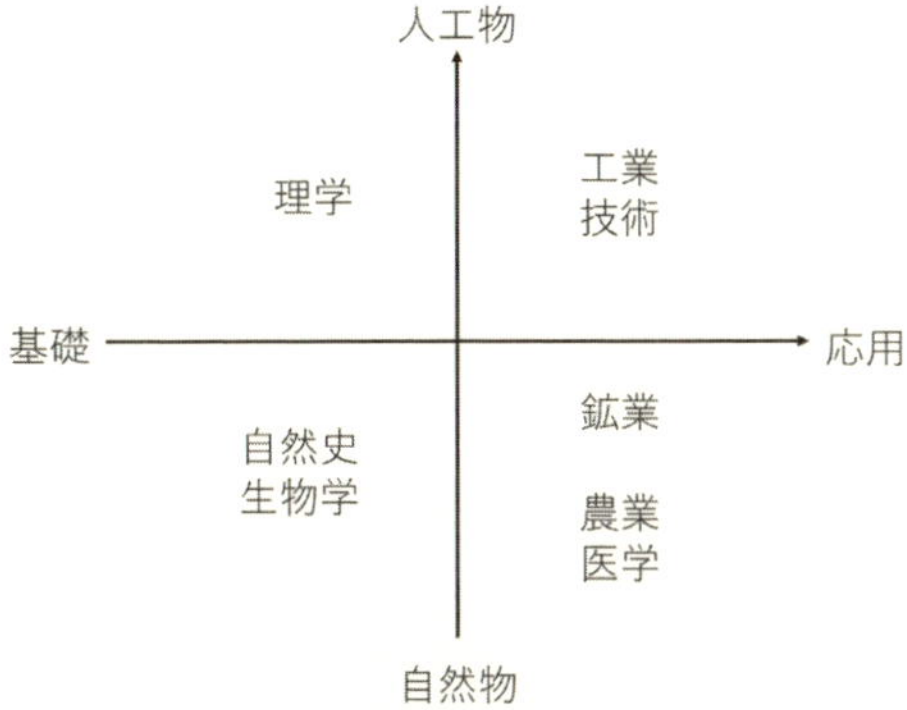

【図１　自然科学博物館の分野分類】
（高橋雄造『博物館の歴史』2008、23頁より）

ここでは、自然史系博物館と理工系博物館に関することを自然科学博物館としてとりあげる。また、扱う年代は、明治期から第二次世界大戦敗戦時までを扱う。

一．明治時代の自然科学博物館

明治以前にも、自然科学博物館につながる活動が展開されていた。動物、植物、鉱物等天産物を分類、記載する本草学を中心に、それらを収集・分類し、展示して広く公開する物産会が展開されていたことが挙げられる。

我が国の自然科学博物館は、このような背景をもとに、一八六四年（慶応元）に、薩摩藩英国留学生として渡英した町田久成と、一八六七年に、幕府からパリ万国博覧会に派遣され、当時の博物館や植物園を視察した田中芳男が中心となって設立された。特に田中は、パリ万国博覧会の経験より、一八六八年（明治元）に、植物園と動物園を兼ね備え、また理学研究も加えた博物館構想を、新政府の舎密局御用掛に進言した。

一八七一年に、文部省博物局の観覧施設として、招魂社内

（現在の靖国神社）に展示場を設置し、一八七二年文部省博物館として、湯島聖堂内で初めて博覧会を開催した。博覧会の内容は、古美術、小道具の他、我が国で産出・採集された自然物を陳列するものであった。この博覧会は、我が国の物産を広く世界に知らしめるために、一八七三年に開催されるウィーン万国博覧会に出品する資料を全国から収集したものを中心に構成された。この頃、富国強兵と殖産興業を掲げる明治新政府にとって、農工業製品の商品見本市としての勧業博覧会の開催は急務であり、それらと自然科学系博物館建設を連動させようとする考えがあった。

文部省博物館は、一八七三年に内山下町に移り、太政官正院の墺国博覧会事務局が管理する博物館として併合、同年から公開された。当初は天産、考証物品、工業物品が扱われた。

同年一一月に、国内の行政全般を所管する内務省が新設されると、殖産興業に関する行政事務は内務省が統括することとなり、一八七五年に内務省博物館となる。以降、天産、農業樹林、工芸機械、芸術、教育、法教、陸海軍に関連する資料が扱われ、理工学や産業に関するものが多く陳列、殖産興業政策のための博物館の色合いが強くなった。

一八七三年に、同事務局の副総裁に佐野常民が任命され、工業技術等を修得するためにウィーンに派遣された。佐野がウィーンに派遣された目的は、

・日本の物産を紹介して、海外に情報を発信する
・諸外国の列品や書物等から西洋の風土・物産を学び、機械等の技術を伝習し、我が国における学芸の進歩や物産を広める
・学術進歩のために不可欠な博物館を建設し、博覧会を開催するための基礎作りを行う

等で、国威発揚、西洋諸国の技術の伝習、博物館建設に必要な情報等を得ることであった。

一八七五年、佐野はウィーン万国博覧会報告書を政府に提出した。そのなかには、大学南校のお雇い教師ゴットフリート・ワグネルが作成した「東京博物館創立ノ報告」が含まれ、佐野の意見書が添えられていた。意見書には、農業、工業、芸術、史伝の四部門に分類して公開し、あわせて術業伝習場を併置すべき、と記されていた。術業伝承場に記載されたなかに、機械を運転して物品を作成する機械上の工芸と化学を修得させる目的があり、実際に山下門内博物館の敷地内に術業伝習所場を設置した。佐野は、博物

館は物品を見せることにより、智巧技芸の進展を促し、物に触れることで感動を得る、諸外国と交流することによって殖産興業に利すると述べ、最終的に富国強兵や殖産興業を充実させるための手段として自然科学博物館をとらえており、このような考えをもとに我が国の自然科学博物館の方向性を示すものとなった。

さらに、農商工業に関する行政業務を統合し、一八八一年に農商務省が設置された。勧業業務を同省で処理するため、内務省博物館は農商務省博物局に移管された。移管されると、美術の勧奨が新たに加わったことで、次第に殖産興業という側面から、伝統的な日本画を保護する美術工芸品と深くかかわる博物館へ傾倒していった。

一方、一八七一年、アメリカの農務局長だったホーレス・ケプロンは、北海道開拓事業を推進するために黒田清隆開拓次官によって頭取兼顧問として日本に招聘された。ケプロンは、来日早々、北海道の開拓使に対し、開拓にあたっての必要事項の建言「教導ノ道ヲ開ク」をまとめる。そのなかで、日本産の鉱物、動植物、昆虫を採集し、諸外国のものと交換するという具体的な自然科学博物館の方針を提言した。ケプロンは一八七四年に帰国するが、その提言により、翌年には北海道物産縦観所が開拓使東京出張所内仮学校跡に開設された。ケプロンの提言は、中央における博物館論とは異なる、地方における自然科学博物館に関しての論として極めて重要な意義を持つ[1]。

二．教育博物館の誕生と自然科学博物館

文部省博物館は、博覧会事務局に併合されたが、富国強兵や殖産興業の目的で展開する動きに対し、文部省は学校教育のためには博物館が必要であることを説き、博物館の機能を、内務省から文部省に返還するよう太政大臣に求めた。なかでも田中不二麿が中心となり、社会全体が殖産興業に収斂化するなかで、博物館本来の教育性までもが軽視されてしまうことへの危機感より、返還を強く働きかけた。

一八七五年（明治八）、併合された文部省博物館の分離が認められて、湯島聖堂内に東京博物館を設置し独立した。分離・独立のための条件として、併合時の所蔵資料を内務省博物館においていくこととなったことから、東京博物館は収蔵資料を持たない博物館として始まった。そのため、全国からあらためて標本資料を集めることに専念し、資料を展示・公開するまでには至らなかった。

文部省は、一八七七年に、東京博物館として収集された

資料をすべて引き取り、上野公園内に教育博物館を設立、それは学校教育を側面から支える教職員のための専門博物館として誕生した。教育博物館では、物理や化学等の実験器具、動物、植物、地学等の標本を陳列した。また理化学機器を製作して全国の小中学校、師範学校に紹介・斡旋や、教材用の博物標本を作成して有償で払い下げた。

この活動を展開したのは、教育博物館補に任ぜられた手島精一である。手島は東京開成学校（東京大学の前身）の幹事として製錬学（応用科学）と工作学（機械工学）を生徒に指導していた。また随行通訳として一八七六年にフィラデルフィア万国博覧会に赴いた折、ロシアの工業教育に関心を持っていた。帰国後は教育博物館補に任ぜられ、工業教育のために必要な活動を教育博物館で展開したのである。

さらに手島は、一八七八年パリ万国博覧会にも随行する。イギリス、ベルギー、ドイツにも立ち寄り、「教育博物館ニ關スル意見」をまとめた。そこには、①物品解説目録の編成、②和漢書籍目録の編成、③椅子・卓子製造、④指物（実物）教授具の製造、⑤指物（実物）用・理化学用掛図の製作、⑥理化学器機の製作、⑦金石学・植物学・動物学標本の製作を教育博物館の業務、加えて文部省より、⑧教育博物館の教育を普及させるため、内国博覧会に物品を出品、⑨教育博物館職員の地方小中学校への巡回、⑩教育博物館委員を編成し、重要事項を審議する、を挙げた。そのなかで⑤、⑨、⑩以外を実現する等、教育博物館活動の礎を築くこととなった。

手島は、基礎となる一般向けの物品を教育参考品として国民の知識涵養のために活用することが博物館の目的であるとし、国力の増進には、科学知識の普及・振興が重要であり、そのためには一般向けの博物館が必要である、と考えていた。

教育博物館は、一八八一年に東京教育博物館と改称。館長となった手島は、本格的に国民の科学知識の普及と学校教育の資質向上を図るために、学校教員の資質向上を目的に、所蔵している理化学の実験用具を利用して、物理学、化学、光学、衛生学、音響学、熱学等の学術講習を行った。

しかし、太政官制の廃止と内閣制度の発足、またおりからの深刻な財政難から、東京教育博物館は廃止へと傾くこととなる。一八八六年、同館は文部省総務局の所属となり、館長制の廃止、一八八八年には、教育品の一部だけを残し、その他の資料を帝室博物館に譲渡し、これまで使用してきた建物を新設の東京美術学校に明け渡し閉鎖となった。残った教育品は、湯島聖堂構内に移転となった。翌年東京師範学校附属東京教育博物館（一九〇二年に東京高等師範学校附属東京教育博物館と改称）として再出発するも、教育品を陳列するだけで、名ばかりの博物館であった。

この頃、注目すべき動きとして、東京帝国大学教授箕作佳吉が、東京博物館などの展示を念頭に、博物館について論述し、初めて生態展示に言及するといった動きも見られた。(2)

一九〇六年、理科教育の実践教授法を中心とした著作を上梓し、学校教育経験を有する棚橋源太郎は、東京高等師範学校附属東京教育博物館主事兼務となる。棚橋は同館で教育関係者のための専門博物館としての活動を進めるが、一九〇九年より二年間欧米に留学。一九一一年に帰国した棚橋は、展覧会や講習会、見学者に対する展示解説、館外への資料の貸し出しや巡回展等、積極的な博物館教育および経営を同博物館で展開し、通俗教育（社会教育）の拡充を図るようになる。また当時の我が国に必要とされる博物館として、自然科学系の博物館が軽視されているとし、その建設を進言する。そして博物館とは単なる見世物小屋ではなく、国民の教育に必要な機関であるとして、欧米に倣い、その発達を図ることが必要であると唱える。(3)

同年、同博物館内に通俗教育館が開設された。通俗教育館は「自然科學及び之が應用に關する卑近なる器械標品模型繪畫及び寫眞の類を陳列して、公衆の觀覽試用に供する事、及び通俗の圖書を備へて公衆の閲覽に供する事の二つ」(4)を事業内容とした。展示は「天産」「重要商品製造順序標品」「理學器械及び器械模型」「天文地理」「衛生」の五部門からなっていた。

一方、農商務省に移管した博覧会事務局が管轄する博物館は、動物、植物、鉱物といった天産部、農業林業部、園芸部、工芸部、芸術、史伝部、動物園で構成されていたが、一八八六年に宮内省に移管し、一八八九年に帝国博物館と改称されて以降、古美術中心の展示となった。

三．大正時代における自然科学博物館

ケプロンの建言等もあり、日本各地において、地域社会の産業の発達を促し、その地域の自然物や産業特産物等を陳列する、物産陳列場が盛んになった。一八九六年（明治二九）になると、国内外の商品見本を収集、陳列する施設として農商務省貿易品陳列館が設置され、各地にあった物産陳列場はその傘下に組み込まれ、輸出貿易品を中心に陳列する施設が各地に建てられた。

一方、高等師範学校附属東京教育博物館は、一九一四年（大正三）に東京教育博物館と改称した。棚橋は一九一六年から特別展を開催するとともに通俗講演会と映写会を開催、東京教育博物館の将来計画として、「名稱は教育博物館であるが、その實質は民衆教育を目的とする科學博物館である」[5]という認識の下、本格的な国立の自然科学系博物館の設立を目指した。

この頃になると、新たな科学戦の時代に入ったことを示した第一次世界大戦の影響―それは化学薬品やその原料の輸入が途絶えたこと、自国内でそれらを供給できる方法を考えなければならぬ状況であったこと等も含まれる―を色濃く受け、急速に理科教育の強化充実が議論されるようになっていく。例えば一九二二年、日本各地の工業都市に理化博物館を創設し、陳列されている機械に市民が触れ、操作することにより理化思想の涵養に役立てることを目的とした「理化博物館建設ニ關スル建議案」が第四五回帝国議会衆議院に上程されたり、帝国学士院の斡旋で発足した学術研究会議が科学博物館設立を建議し、文部大臣に具申したりする等、欧米の科学博物館を範とした自然科学系の国立の博物館建設の機運が高まったことが挙げられる。

前後するが、このような動向に対し、政府は一九二一年、「東京博物館ハ文部大臣ノ管理ニ屬シ自然科學及其ノ應用ニ關シ社會教育上必要ナル物品ヲ蒐集陳列シテ公衆ノ觀覽ニ供スル所トス」と官制に記した東京博物館官制を公布し、東京教育博物館を東京博物館、初代館長を棚橋に任じた。この記載により、学校教育のための教育博物館から、社会教育のための自然科学の博物館へとその性格を変えることとなった。東京博物館は、天産物、主要商品製造順序、器械および器械模型、人類土俗品、衛生の五つの分野に分けられ、なかでも器機および器械模型に関しては、それらの原理・現象を理解させるために、観覧者自身がそれらを操作する方法が取られていた。

しかし、一九二三年九月一日の関東大震災により、東京博物館は建物及び資料のすべてを失った。一方、この震災を契機に、東京帝室博物館が創立以来所蔵していた天産資料を一九二四年に東京博物館は譲り受け、自然史資料を拡充した博物館への道も歩むこととなった。

四．昭和初期から敗戦までの自然科学博物館

すべてを失った東京博物館は、一九二四年（大正一三）から湯島聖堂内に仮設の建物で、震災に関する資料、電気

機械、航空資料、灯火器、農具等を収集・公開した。そののち東京帝室博物館から譲渡された天産資料も公開された。また、震災復興という名目で上野公園内に四千坪の敷地を確保し、一九二八年（昭和三）に、現在の国立科学博物館日本館を起工、一九三一年に竣工した。この頃、同館館長を務めていた秋保安治は、東京博物館の将来を見据えた考察をおこなっている(6)。

湯島聖堂内の資料はすべて上野に移転することとなり、東京科学博物館と改称した。そこでは、理工学・動物・植物・地学に資料を分類し、かつ理工学の原理・現象を理解させるために、毎日時間を定めて、様々な科学実験を公開した。さらに敷地内には、大型製鉄所模型、製鉄工程標本、空中窒素固定装置、蚕業標本等も陳列された。また東京科学博物館は、官制により、地方の博物館の指導・助言をおこなうことが示された。一方、日中戦争の勃発から戦時体制へ移行すると、国策に沿った事業を自然科学博物館でも展開するようになった。

一九四〇年が皇紀二六〇〇年にあたることで、国民精神の昂揚とともに、資源の確保や生産力の増大を目指すといった国策がすすめられた。当時の科学審議会や科学振興調査会では、国策に沿った科学分野へ対応することが求められ、自然科学博物館の充実もその一環であった。東京科学博物館の拡張計画や、国威発揚のために、化学工業や機械、電気を扱った展示施設等で構成される万国博覧会を東京・晴海で開催を予定したが、戦況の悪化等で中止となる。

註

（1）山本哲也「ケプロン、ホーレス」青木豊・矢島國雄編『博物館学人物史　上』雄山閣、二〇一〇
（2）箕作佳吉「博物館ニ就キテ」『東洋學藝雜誌』一六―二〇五、一八九九
（3）棚橋源太郎「本邦社會教育の不振」『教育時論』一二二四、一九一九
（4）棚橋源太郎「通俗教育博物館施設の現況及將來の計畫」『帝國教育』三七一、一九一三
（5）棚橋源太郎「先ず自然科學博物館を建設すべし」『現代教育』八、一九一四
（6）秋保安治「東京博物館の現在とその將來」『科學知識』九―三、一九二九

参考文献

椎名仙卓『図解博物館史』雄山閣出版、一九九三
金山喜昭『日本の博物館史』慶友社、二〇〇一
椎名仙卓『日本博物館成立史　博覧会から博物館へ』雄山閣、二〇〇五
高橋雄造『博物館の歴史』法政大学出版局、二〇〇八
椎名仙卓『近代日本と博物館　戦争と文化財保護』雄山閣、二〇一〇
鷹野光行・西源二郎・山田英徳・米田耕司編『新編博物館概論』同成社、二〇一一
椎名仙卓・青柳邦忠『博物館学年表　法令を中心に』雄山閣、二〇一四

【江水是仁】

美術館論史

美術館とは、博物館の一種であり、絵画、彫刻、工芸をはじめとする造形芸術を主として扱うものである。美術館では、美術品という芸術性を有する資料を中心に扱い、人間の感性を育む役割を担っていることから、鑑賞を第一義とする傾向が強いのも特徴の一つである。そのような特徴を持つため、教育的な意義を重要視する他分野の博物館とは違い、その在り方についても独自の論が展開されている。本稿は、明治期から昭和前期の美術展示の博物館及び美術館に関する論著を基に、美術館学論史を編年的に概観するものである。

一．明治期～大正期

我が国における近代的な美術館の誕生は、明治期以降となる。一九一三年（大正二）の『日本美術年鑑』第三巻、第六章の美術館の項に挙げられているものは、東京帝室博物館（一八七二年）、奈良帝室博物館（一八九五年）、京都帝室博物館（一八九六年）、府立大阪博物場（一八七四年）、農商務省商品陳列館（一八九六年）、さらには当時まだ未公開であった私立大倉美術館の六館が数えられる。[1] この内の大倉美術館は、一九一七年に大倉集古館の名で開館するため、その後の一九二六年に開館した東京府美術館が、美術館の名を付して開館したという意味で、我が国最初の常設の美術館であるといえよう。

明治期に、国家的施策として、美術品の保存と教育、それを行う博物館の設置という考えを具体的に明示したのは、岡倉天心である。その嚆矢となった論考が、一八八八年（明治二一）の「博物館に就て」である。岡倉は、博物館の要件を「保存ノ点」「考究ノ点」「都府ノ盛觀」の三点、すなわち、美術品の保存、美術品の研究、都市の活性化であるとし、この三点から博物館の必要性を論じている。[2] まず、「保存ノ点」では、論中で「過去ヲ知ラザレハ現在ニ活用セス将來ニ波及セス」と述べ、美術品の保存の重要性を示し、その保存方法に「美術品登錄保存」「美術品模寫点檢保存」「美術品輸出制限法」「博物舘保存」の四つを挙げている。中でも、散逸の恐れがなく、行政の手数を煩わすこともない「博物舘保存」が最も便宜であるとしている。次に「考究ノ点」では、これについては「一般就觀ノ便」「專門家ノ便」「公衆の便」の三つを挙げている。ここでいう「一般就觀」は、論中では外国人が日本美術を鑑賞する場合に用いられているので、外国人を指していると考えられる。すなわち、美術教育の対象を「外国人」「専門家」「一般公衆」に分けて考えており、いずれを対象としても、美術品が各地の寺院に散逸しているよりは、博物館に集成されている方が便利であると論じているのである。最後に、「都市の盛觀」では、都市の体裁としても博物館は必要であるとし、海外の著名な博物館・美術館を例に挙げ、美術品を公衆に示す博物館設置の必要性を論じている。

一方で、内田四郎は、一九〇四年に「繪畫陳列館」において、今日の展示及び展示工学につながる論を展開している[3]。内田は、絵画陳列館を「古今の名畫傑作を聚集し之れが保存並に陳列をなして國民をして自由に之れを觀覽せしめ以て一般の美術思想を高尚ならしめ斯道の後進をして其技術の進歩を計らしむる爲め設けられたる建築物なり」とし、当時の我が国の美術振興策に対する設備の不完全さを指摘し、完全な絵画陳列館の設立を希求している。その内容は、「繪畫陳列館の歴史」から「繪畫陳列館の分類並繪畫の配列」「繪畫陳列館の位置」「繪畫陳列館のプラン」「繪畫陳列館の外觀」「堅面の特性」「繪畫陳列館の裝飾」「繪畫陳列館の材料及構造」「暖房及換氣」「採光法」「畫壁に於ける等輝曲線」「地面より反射する光線」「繪畫陳列に就て必要具」にまで詳細に至っている。

さらに、大正期に入ると、石井柏亭が「博物館の設備に就て」において、日本が持つべき博物館の種類について自身の見識を示している[4]。石井は、日本が持つべき博物館として、「國立美術館」「美術工藝、歴史、宗敎、考古學、人種學等の博物館」「近代美術館」「都市の發達沿革を示す可き博物館」「科學博物館」「地方的博物館」の六つを挙げている。中でも、石井が最も重要視しているのは国立美術館の設置である。石井は「日本帝國の飾りとなり、日本國民の誇りとなるものは、先づ此國立美術館でなければならぬ」とし、その陳列についても、年代別・流派別にして、学術的に整頓したものであるべきだと述べている。また、設置場所は美術的中心地である東京にすべきであるとし、絵画の陳列方法なども詳細に提言されている。さらに、印象的なのが以下の部分である。

斯して若し私の理想に近い國立美術館が成立った曉には我々日本人は大威張りでそれを外國に吹聽することが出來る。東洋美術を本當に知らうとするにはどうしても日本へ渡つて國立美術館を見舞わねばならぬと云ふことが世界の評判となれば、日本へ渡る歐米人の数が増加するのは眼に見えたことである。

このように、外国を意識した主張は、岡倉の論でも見られたが、欧米諸国による植民地支配の時代であった当該期においては、博物館・美術館において文化財を保存し、それを外国に向けて発信することで、自国の優秀を示す必要があったのではないかと考えられる。

二・昭和前期

昭和期に入ると、満州事変の勃発や経済の恐慌などによって、国内の社会情勢は悪化しつつあったが、この時期には多種の美術館が誕生している。例を挙げると、公立のものでは、一九三三年（昭和八）に大礼記念京都美術館、一九三六年に大阪市立美術館、私立のものでは、一九三〇年に大原美術館、一九三五年に徳川美術館、一九四〇年に根津美術館など、今日の著名な美術館が開館している。このように、昭和前期は、美術館設立史上一つの画期であったといえる。

また、一九二八年には博物館事業促進会（現・日本博物館協会）が発足され、同年に『博物館研究』が発刊されたことにより、我が国の博物館学は一気に躍動していくこととなった。

かかる時代に、美術館の設立意義を展開した人物として、矢代幸雄が挙げられる。矢代は、一九三〇年、講演記録である「美術館問題」において、美術館設立の意義を「國民文化の記念碑としての意義」「民衆娯樂及び社會教育的意義」「歴史研究及び歴史教育的意義」「美術研究及び美術教育的意義」の四つに大分している。[5] まず、「國民文化の記念碑としての意義」であるが、これは、国民の創作物である美術を美術館で公開することによって、海外にその優秀を示し、美術館を国民の愛国心愛郷心の現れとして機能させるという意義である。次に、「民衆娯樂及び社會教育的意義」であるが、これは美術館を実物を用いた社会教育の場や、音楽会や芝居を行う民衆娯楽の場として機能させるという意義である。次に「歴史研究及び歴史教育的意義」であるが、これは、美術を歴史の産物として扱い、歴史教育の場として機能させるという意義である。最後に「美術研究及び美術教育的意義」であるが、これは、美術館を美術本位のものとして機能させるという意義である。矢代は、「民衆娯樂及び社會教育的意義」及び「歴史研究及び歴史教育的意義」の二つを美術館の根本精神とすることには批判的であり、美術館は美術研究・美術教育本位であるべきだと述べている。これについて、注目すべき箇所を以下に引用する。

> 美術館は靜かであつて欲しい、演説に依つて美術品が解説されない方がよい、勿論或る程度まで解説される必要はあると申上げて置きます。一體美術の感化は口で言へないから筆で現はすのであります。（中略）言葉に於ける表現形式は不純であります。それであるから純な言葉に依らざる造形美術があるのであります。私は美術の感化と云ふものは靜かなる美術館の感化に委した方がほんたうに円滿なる影響を及ぼすのだと云ふことをお考え願ひたいと思います。それがためには、美術研究本位で美術館を經營しなければなりません。

すなわち、矢代は、美術館では余計な解説は不要であり、美術鑑賞は言葉に頼らず静かな場で行うべきであると主張しているのである。この主張は、鑑賞を第一の目的とし、出来る限り優秀なオリジナル作品を展示することを良しとしてきた、我が国の従来の美術館の傾向と一致するものである。また、矢代は、美術館組織及び経営上の原則を「美術館ノ建築様式」「美術的効果本位ノ陳列方針」「研究者本位ノ設備」「社會教育的ノ爲メニ爲サル可キ設備」「美術館従業者ニ公共的義務ヲ自覺セシムルコト」「美術館ノ公共性ヲ明瞭ナラシムル爲メ、公共的後援ヲ奬勵シ、名實共ニ社會民衆ヲシテ「吾等ノ美術館」トシテ利用發達セシムルヤウ組織スルコト」「國家的美術館體系ノ確立スルヤウ助力スルコト」の七つの項目において記し、観覧者本位の美術館の在り方について論を展開している。

さらに、小林政一は、一九三三年に「美術館」において、美術館を「美術品を集藏し、之を展覽せしめて一般人士の美術愛好心を滿足せしむると共に、美術研究家の研究に便宜を與へ、美術の發達に資する建築である」と定義し、美術館に訪れる人は「美術品を享樂する爲に來る人」と「美術研究の爲に訪れる人」に二分できると述べ[6]、これらの人々の為に多数の美術品を収蔵し、併せて研究の為の設備を完備することが必要であると主張している。また、小林は、美術館を「古代の歴史美術品を公衆に観覧せしむるもの」「近世に於ける各時代の代表的美術品を常設的に陳列して観覧に供するもの」「現代の新作品を期限を限って交替陳列するもの」「特殊のもの」の四つに大分している。さらに、美術館と博物館の区別についても言及している箇所があるので以下に引用する。

美術館と博物館の區別は甚だ曖昧である。近頃になつて科學博物館、農業博物館が出現し、自ら美術館と區別さるる様になつたが、従來の博物館は美術品、考古學的標本が主なる陳列品となつて居たため、美術館と博物館とは判然たる區別をつける事が出來なかつた。この情は歐米に於ても同様で此の間に判然たる區別はないが、分類の第一に擧げた内で古代の美術品を主とする博物館は、一般に Art Museum、Museum of Art、Museum of Fine Art といふ名が用ひられ、第二の比較的近世の美術品陳列に使用さるるものは、Gallery、Art Gallery と呼ばれて居るものが多い様である。分類の第三に擧げた展覽會用のものは Exhibition Gallery、Art Exhibition Gallery と呼ばれる。

このように、博物館が細分化されつつあったかかる時代には、欧米諸国にならって美術館の定義や分類の必要性も高まりつつあったのではないかと考えられる。

一方で、当該時期は、美術品の修理保存といった現在の保存科学につながる論著も見受けられる。秋山光夫の「美術品の修理保存[7]」や、森芳太郎の「古畫の洗浄に就て[8]」、遠藤三衛門の「古書畫の修理に就て[9]」などがあるが、中でも注目すべきは、複製品の重要性を説いた関野貞である。

古物や古跡の調査研究に携わっていた関野は、一九三四年の「保存上重要美術品の複製をつくれ」において、絵画・彫刻・工芸に関する複製品を作り、博物館・美術館において陳列展覧することを提言している[10]。その理由として、古来重要美術品の多くは常に秘蔵され、容易に見ることができないので、これにかわるべきものを博物館に展観する必要があること、博物館では各時代の代表作品を全て網羅することは困難なため、原品のないものはその複製品で補い、時代流派的に陳列を試みる必要があること、国家が貴重な資料として国宝や重要美術に指定し、保存上十分の注意を払っていても、災厄に遭う可能性があること、さらにその中には絵画等のように一ヶ月以上の展観を許さないものや、経年劣化による破損を免れがたいものがあることを挙げ、複製品の意義を明示している。また、関野が速やかに実行を希望するものとして挙げたのが、西洋の彫刻や絵画等の複製品を蒐集することである。原品の蒐集は古美術の国外持ち出しが厳禁である状況から難しいが、複製品を蒐集することは困難ではないとし、我が国の博物館や美術館ではそれらの複製品を蒐集して、美術家の研究に資するべきであり、美術家以外の学者や公衆にも、広く西洋美術の源流を知らしめることが美術向上の上必要であると述べている。関野のこの提言は、鑑賞を第一義とされる傾向にあった美術品を、研究や保存の面から捉え、その複製品の意義を指摘し、我が国の博物館・美術館における複製品の普及を先導したものであったといえよう。

以上のように、近代的美術館誕生期である明治・大正期から発生した美術展示の博物館論及び美術館論は、昭和前期の美術館設立画期に発展していったのである。

註

（1）日本美術年鑑編纂部編『日本美術年鑑3』一九一三、一六〇―一六七頁
（2）岡倉覚三（天心）「博物舘に就て」『日出新聞』九月二・四・五・六日、一八八八
（3）内田四郎「繪畫陳列館」『建築雑誌』二〇六・二〇七、一九〇四
（4）石井柏亭「博物館の設備に就て」『太陽』二・三、一九一四（『石井柏亭集』平凡社、一九三一、二四―三〇頁）
（5）矢代幸雄「美術館問題」「美術館問題（承前）」『博物館研究』三―三・六、一九三〇、一―三頁
（6）小林政一「美術館」『高等建築學21』常盤書房、一九三三
（7）秋山光夫「美術品の修理保存」『博物館研究』三―二、一九三〇、一―八頁
（8）森　芳太郎「古畫の洗淨に就て」『博物館研究』九―六、一九三六、四頁
（9）遠藤三衛門「古書畫の修理に就て」『博物館研究』一四―二、一九四一、二―三頁
（10）関野貞「保存上重要美術品の複製をつくれ」『博物館研究』七―七、一九三四、三―四頁

【渡辺真衣】

民俗博物館論史

一．民俗資料の概念

民俗資料は、文化人類学的に捉えられた土俗品の一つに始まるといえる。

一八八七年（明治二〇）に坪井正五郎は、土俗品の中でも特に現在の民俗学が扱うものに近い削りかけに注目し、『東京人類學會報告』一七において「削りかけ考材料」を発表した。また、大正期に入り、折口信夫が雑誌『土俗と傳説』を編集するなど、考古学を含めた民族的な土俗の中で、日本の伝承文化を基礎とする民俗的な土俗が台頭する。

一九二一年（大正一〇）、渋澤敬三と宮本馨太郎ら仲の良い友らが趣味の倶楽部を結成し、アチック・ミューゼアムの活動が始まる。渋澤は、従来の民俗的な土俗の中で使用される生活の道具を「民具」と名付けた。当会の活動の中でも、一九三六年（昭和一一）に刊行された『民具蒐集調査要目』は、現在の民俗分野の分類の基礎となっており、博物館現場における分類としても根付いたといえる。

二．国立博物館と民俗資料

一九三九年（昭和一四）に渋澤敬三によってアチック・ミューゼアムは、保谷の民族学博物館に移管された。渋澤は欧州の野外博物館見学の経験から、野外展示と陳列館とを兼ねた博物館を理想とし、日本の地に具現化した。しかしながら同館は一九六二年に閉館している。

その後、国立民族学博物館が一九七七年に開館した。開館に際する問題については、渋澤の弟子である宮本常一の『民具学の提唱』[1]などによく表れている。宮本は、渋澤が描いた国際的視野に立つ野外博物館という新しい形の国立博物館に対し、黒板勝美による国史館との抱き合わせ案に文部省が同調したため、渋澤が拒絶したと記している。研究機関としての性格については、同館の創設者である梅棹忠夫の「国立民族学博物館の制度と組織」[2]や『民族学と博物館』[3]にて論じられている。

また、国立歴史民俗博物館は、明治百年記念事業の一つとして一九八三年に開館した。民俗分野においては、熱望された民俗資料を扱う国立の博物館である。史的に紹介されているものでは、岡田茂弘の「国立歴史民俗博物館」[4]が挙げられる。

三．民俗文化財と博物館

民俗文化財の指定制度は、博物館における民俗資料の概念に大きな影響を与えた。特に有形・無形文化財について広くまとめられたのは、二〇〇七年の『民俗文化財　保護行政の現場から[5]』である。本書は、大島暁雄や長谷川嘉和ら多くの研究者により、「地域伝統芸能等を活用した行事の実施による刊行及び特定地域商工業の振興に関する法律」（お祭り法）などの法整備の点、無形ならではの変容と保存の点、博物館における収集及び展示の点、音や踊りの記録保存の点などを主な問題として取り上げている。博物館現場や文化庁、東京文化財研究所など、複数の視点から捉えられている点が特徴である。

同年、大島暁雄は『無形民俗文化財の保護　無形文化遺産保護条約にむけて[6]』を著し、自身の考えをまとめて論じている。本書は、文化財保護の歴史のほか、新たに二〇〇五年に設けられた「民俗技術」を詳述している点が特徴である。大島は、一九七五年の法改正による民俗芸能単体の民俗文化財化の背景について、従来の地域社会の人々から有志の保存会への担い手の変化で「型の伝承」がより重要視されたのではないかと推察している、そして、民俗技術の保護の窓口を、その地域の博物館や資料館に担当してほしいと論じている。

四．博物館における民俗資料概念の確立

一九三三年（昭和八）に柳田國男は「民俗博物館建設の必要性[7]」を論じた。柳田は従来、土俗資料の内に数えられていた生活の道具を独立させ、国立の専門民俗博物館として保護や整備をすべきとしている。

一九五四年に宮本馨太郎は「民俗資料の保管と展示[8]」を発表した。宮本の論の特徴は、民俗資料の理論化であり、展示法などの分類を試み、収集時点から他分野とは異なる独立した学問の資料として論じた。本論が、文化財保護法第一次改正の年と重なる点も注目すべきである。宮本はほかにも、一九六八年に「民俗博物館建設への歩み[9]」と題し、国立の民俗博物館論として『民具マンスリー』にて全四回の連載を行い、一九八五年に『民俗博物館論考[10]』として集大成としている。

一九六五年に文化財保護委員会により『民俗資料調査収集の手引き[11]』が刊行され、収集の指針が示されている。

五．民俗資料展示論—懐古否定と意味付け—

博物館における民俗資料概念の一般化は、一九七〇年代の各市区町村における歴史民俗資料館の設立からである。同時に、人々の観覧に視点を置いた展示論が次々と発表さ

れるようになり、民俗博物館論において、大半を占めるようになる。

一九七〇年（昭和四五）に神埼宣武は「民具の展示について　青梅の民具の例から[12]」にて、無神経かつ高飛車な展示法を指摘し、資料の使用された場の再現及び参加を課題としている。神埼の論から具体事例を用いた問題提起が行われているといえる。

一九七一年に田辺悟は「地方博物館の現状と問題点[13]」において、懐古趣味の否定とともに「『過去をふまえて現代を思考し、将来をどう方向づけるか』という歴史的な基盤に立脚しての展示」の重要性を説いている。

同年に勝部正郊は、「民具の展示に思う[14]」の中で、同様に懐古調の否定と「考えさせる説明」の必要性を論じている。

一九七二年に潮田鉄雄は、「民具整理の実務8　展示[15]」にて、「調査研究の集約が展示になる」とし工程順に並べる事ではないと断言している。

一九七三年に内田賢作は、「博物館における民俗資料展示について[16]」を論じている。内田は、有形と無形の民俗文化財に触れており、民俗芸能について、衣裳や用具の保管展示のみならず、技術という無形の面の展示を必要とした。

一九七四年に、一志茂樹は「民俗学と地方史研究[17]」の中で、前出の『民俗調査収集の手引き』が極めて大雑把であるとし、中央と地方の意識の差を問題視した。一方で、長野県の事例として「文化財保護法」改正以後、小中学校の教員の努力により、民俗資料館が一五〇以上増加している事を示しながらも、ただ埃を被って雑然と並べられている状態をリバイバルブームに乗じたものだとしている。

このように、昭和四〇年代は、博物館の増加とともに収集後の民俗資料の現状や、展示のあり方が初めて問われた。

六．民俗資料展示論—再現と活用—

一九七六年（昭和五一）には、『日本民俗学』において、民俗博物館をテーマに特集が組まれた。当テーマは、宮本馨太郎から論じてきた国立の民俗博物館建設に対する意見を、日本民俗学会がまとめたものである。中でも、大藤時彦の「民俗博物館に対する希望[18]」や平野文明の「無形民俗資料の収集・利用の意義と問題点[19]」においては、民俗資料を用いて何らかを再現し、伝える行為に注目している。また、岩井宏實は「地方民俗博物館の問題点[20]」の中で、懐古趣味や物珍しさのみが残る事を懸念した。特に祭りという無形資料について観光的なショーではなく、地域資料という立ち位置を明確にすべきとしている。

同年に宮本常一は「付・博物館の展示に関連して[21]」において、つまみ食いのような展示や、現代の解釈で展示する事による問題を指摘した。宮本は一九七九年にも『民具学の提唱[22]』の中で資料の収集について論じている。宮本は、前論に加え、名称不明や用途不明などの問題点を聞き書きで解決しなかった点に不満を抱いている。また、モノを集めるのみでは資料にはなり得ず、学問的教育的に利用可能の状態まで整理する事であるとしている。そして、博物館が地域社会に役立つという目的だけでなく、民具の形状及び名称を知るだけの施設であってはならないと強く論じている。

一九七八年に林道明は、新潟県の佐渡国小木民俗博物館で勤務していた頃に「民俗資料の保存・保護はどうあるべきか　小地域民俗博物館よりの視点と問題点[23]」を執筆し、町村立の地域民俗博物館の財政困難や、収集活動を行ったものの埃を被ったまま展示されず、協力的だった住民の意欲低下及びそれに伴う資料の破損や散逸を指摘した。その上で、収蔵庫よりも先に展示を行い、資料価値を見直し、協力者の厚意に報いるべきであるとした。現在、佐渡国小木民俗博物館の展示は収蔵展示を基本として、部屋ごとに多くの資料を保管しながら、一部説明を加える手法が見て取れる。

同年、相沢韶男は「郷土資料館（民俗博物館）に思う[24]」において、他国の博物館成立の目的を論じたのち、「民俗博物館や郷土資料館は、自らのことを知るためのものである。自国の生活様式や文化のなりたちを理解することが、相手国の人々の生活文化や心情を理解することにつながる」としている。

一九七九年、宮本馨太郎ら文化庁内民俗文化財研究会が編集した『民俗文化財の手びき　調査・収集・保存・活用のために[25]』において、民俗文化財の総合的な扱い方が示された。本書では、特に「保存の場所」の項において、再現展示における保存上の危険や、永久保存用の資料を収蔵庫に保存すべきとしている。現場では不評であった『民俗資料調査収集の手引き』から一新し、より具体的に注意点などを国が示した点に特徴がみられる。

一九八八年に国立歴史民俗博物館において、『民俗展示の構造化に関する総合的研究』が発表された。このうち、福田アジオは「民俗資料と民俗展示[26]」の中で、有形・無形資料が融合した展示の必要性を示唆している。

一九九四年（平成六）に武士田忠は、「地域博物館の抱える諸問題[27]」の中で、宮本常一の「嘘が入る」論を引用しながら、口承文芸の展示をプロに任せたり、むやみにアニメーション制作したりする点に疑問を投げかけている。

同年に日比野光敏は、「博物館・展覧会・学芸員そして民族学　ある地方公立博物館の事例から[28]」の中で、「(漠然とした)昔の人々の生きざま」から脱し、無形事象にも注目し、あえて形になりにくい展示テーマに挑戦すべきとしている。

同年の上原靖の「民俗博物館を造るということ[29]」では、長野県立民俗博物館の設立を要望とし、学校博物館における民俗資料の有様を変えるため、県立博物館への資料の吸収を要望している。上原は宮本と同様、文化庁の前身である文化財保護委員会の調査委員や、特別調査の委託の経験がある。柳田國男をはじめとして民俗博物館建設の要望が多かったのであるが、関係者の冷ややかな反応に対する上原なりの答えを示している。また、民俗資料を学校で収集するに際し、資料の偏りや台帳作成の不備、教員の意識が低い事を問題視している。

一九九六年に大塚和義は、「展示の理念と評価の方法[30]」にて、特定の地域に関わった人間像が見えず「どこでもおなじような民俗展示」を問題視し、過去形でなく現代との接点がみえる展示を理想としている。また、大塚は民俗分野の中で展示評価のあり方に注目している。

同年に青木俊也は「現代史展示[31]」として団地や近現代の展示に言及した。二〇〇二年には、「２ＤＫ生活再現展示[32]」として、ノスタルジックな視点を踏まえた上での展示の必要性を指摘している。

一九九七年に砂田光紀は、展示学の面から、分類展示が多用されるものの展示意図の所在の欠落を指摘している[33]。

一九九八年には、日本民俗学会において『民俗世界と博物館　展示・学習・研究のために[34]』が編まれた。本書の特徴は、学会においてまず展示を論じている点である。

二〇〇八年に岩﨑竹彦は『福祉のための民俗学　回想法のススメ[35]』の中で、民俗資料と回想法の論を確立した。この論から、懐古性を利用した民俗資料の精神医療的な面がより注目される事となる。

以上のように、民俗博物館論は、主に文化財の法的面と、一般普及の展示面で成立している。

註

(1) 宮本常一『民具学の提唱』未来社、一九七九
(2) 梅棹忠夫「国立民族学博物館の制度と組織」『季刊人類学』六―二、一九七五

(3) 梅棹忠夫『民族学と博物館』中央公論社、一九九〇
(4) 岡田茂弘「国立歴史民俗博物館」『文部時報』一一九二、一九七六
(5) 鹿谷 勲ほか編『民俗文化財　保護行政の現場から』岩田書院、二〇〇七
(6) 大島暁雄『無形民俗文化財の保護　無形文化遺産保護条約にむけて』岩田書院、二〇〇七
(7) 柳田國男「民俗博物館建設の必要」『博物館研究』六―一、一九三三
(8) 宮本馨太郎「民俗資料の保管と展示」『民俗資料とはどんなものか』長野県教育委員会、一九五四
(9) 宮本馨太郎「民俗博物館建設への歩み」『民具マンスリー』一―三・四・五・六、一九六八
(10) 宮本馨太郎『民俗博物館論考』慶友社、一九八五
(11) 文化財保護委員会事務局記念物課『民俗資料調査収集の手引き』第一法規出版、一九六五
(12) 神埼宣武「民具の展示について　青梅の民具の例から」『民具マンスリー』三―三、一九七〇
(13) 田辺 悟「地方博物館の現状と問題点」『民具マンスリー』四―一、一九七一
(14) 勝部正郊「民具の展示に思う」『民具マンスリー』四―三、一九七一
(15) 潮田鉄雄「民具整理の実務8　展示」『民具マンスリー』四―一〇、一九七二
(16) 内田賢作「博物館における民俗資料展示について」『日本民俗学』八五、一九七三
(17) 一志茂樹「民俗学と地方史研究」『現代日本民俗学Ⅰ』三一書房、一九七四
(18) 大藤時彦「民俗博物館に対する希望」『日本民俗学』一〇六、一九七六
(19) 平野文明「無形民俗資料の収集・利用の意義と問題点」『日本民俗学』一〇六、一九七六
(20) 岩井宏實「地方民俗博物館の問題点」『日本民俗学』一〇六、一九七六
(21) 宮本常一「付・博物館の展示に関連して」『民具と生活　生活学論集1』ドメス出版、一九七六
(22) 註1に同じ
(23) 林 道明「民俗資料の保存・保護はどうあるべきか　小地域民俗博物館よりの視点と問題点」『地方史研究』二八―六、一九七八
(24) 相沢韶男「郷土資料館（民俗博物館）に思う」宮田 登ほか編『民衆の生活と文化』未来社、一九七八
(25) 文化庁内民俗文化財研究会『民俗文化財の手びき　調査・収集・保存・活用のために』第一法規出版、一九七九
(26) 福田アジオ「民俗資料と民俗展示」岩井宏實・国立歴史民俗博物館『民俗展示の構造化に関する総合的研究　文部省科学研究費補助金研究成果報告書』一九八八
(27) 武士田 忠「地域博物館の抱える諸問題」『日本民俗学』二〇〇、一九九四
(28) 日比野光敏「博物館・展覧会・学芸員そして民族学　ある地方公立博物館の事例から」『日本民俗学』二〇〇、一九九四
(29) 上原 靖「民俗博物館を造るということ」『長野県民俗の会会報』一七、一九九四
(30) 大塚和義「展示の理念と評価の方法」『日本民俗学』二〇八、一九九六
(31) 青木俊也「現代史展示の実際　2DKの生活再現をめぐる問題」『日本民俗学』二〇八、一九九六
(32) 青木俊也「団地2DK生活再現展示が表象するもの」『群馬県歴史民俗』二三、二〇〇二
(33) 砂田光紀「民俗展示をめぐる諸問題」『展示学』二四、一九九七
(34) 日本民俗学会編『民俗世界と博物館　展示・学習・研究のために』雄山閣出版、一九九八
(35) 岩﨑竹彦『福祉のための民俗学　回想法のススメ』慶友社、二〇〇八

【三代　綾】

音楽博物館論史

音楽は、太古の昔より、人々の信仰や生活において重要な役割を担い、以来、単なる娯楽としての性格のみならず、各地域で独自性が見出され、信仰や儀礼と結びつき、人々の心の拠り所として脈々と受け継がれていった。我が国では、江戸時代までは民衆の中に伝統音楽が根付いていたが、明治時代に至ると諸外国からの文化流入に伴い、西洋音楽も公衆に親しまれるようになり、我が国の音楽は、西洋音楽と邦楽の二つの系統を有するという特殊な事情を内包したものとなったのである。加えて、レコードの普及も相俟って音楽は「音を鑑賞する」ものとして定着していったため、それらを展示し「五感を用いて鑑賞する」ものとして捉える発想が我が国で生まれたのは諸外国と比べ遅く、二〇世紀に入ってからであった。以降、音楽資料の展示に関する様々な動きが顕現し、「音楽博物館論」が形成されていった。

今日では、音楽に関する展示を行うあらゆる博物館をまとめて音楽博物館と称されることが多く、楽器を展示する「楽器博物館」、音楽家に関するあらゆる資料の展示を行う「音楽家博物館」、民族音楽に関する展示を行う「民族音楽博物館」、CDやレコード等の音楽媒体や、蓄音機やCDプレーヤー等の再生機器を展示する「音楽媒体博物館」、特定の音楽ジャンルに特化した展示を行う「音楽ジャンル博物館」等、その形態や展示内容は多様化している。

本稿では、我が国における音楽博物館論の確立に寄与した兼常清佐（かねつねきよすけ）、太田太郎、黒澤隆朝（くろさわたかとも）、田邊尚雄（たなべひさお）の四名に着目する。兼常は欧州遊学中に音楽博物館を訪問した人物であり、太田、黒澤、田邊は一九三〇年代に勃興した音楽博物館建設運動に携わった人物である。彼等の考え方を明示し、音楽博物館論史の変遷を追う。

一．兼常清佐の音楽博物館論

我が国で初めて音楽博物館論を提示した人物として、音楽学者・兼常清佐が挙げられる。兼常は、一九二二年（大正一一）から一九二四年までの二年間、音楽の研究のためドイツへ留学し、欧州滞在中の出来事をエッセイ集『音樂巡禮』(1)に書き残した。この文中、兼常は音楽祭を鑑賞した様子や滞在中の出来事を綴る一方で、各地の音楽家博物館を訪れた際の様子や感想を述べている。

兼常の主な訪問先は、リスト、バッハ、モーツァルト、ベートーヴェン、シューベルト等、著名な音楽家の生家や実際に居住していた家であり、これらを訪れた兼常の傾向として、まず、展示資料について実際に音楽家が使用していたという信憑性を重視する点が挙げられる。兼常は、リストやベートーヴェンの家を訪れた際、実際に音楽家の使用した音楽資料に触れることで、直接的に音楽家の息吹を感じ、感動を得たことを記録しているのである。そして、生活道具よりも楽器、楽譜や蔵書など、音楽資料の充実を訴え、更には単に実物資料を展示するだけでなく、解説を行うことの重要性を説いた。資料が展示されているだけで説明がなされていない点を指摘し、キャプションの設置や解説員による説明等、展示資料が実際に居住していた家において、如何にして使用されていたかを明示することで、より具体的に来館者が音楽家の生活を想像できる仕組みが創出されることを示唆している。

つまり兼常は、展示資料（特に音楽資料）の充実、解説の付与、音楽家が居住した家の博物館としての整備を望み、実際に音楽家が居住していた空間で、音楽家自身の生活感が感じ取れるような仕組みの構築を訴えたのである。

そして、帰国後の一九二七年（昭和二）に南葵（なんき）文庫で開催されたベートーヴェン図書展覧会にも兼常は関わっている。この展覧会では、我が国の西洋音楽研究が立ち遅れていることは自覚されつつも、基礎的な図書資料を中心に網羅的な展示が行われた[2]。展示資料は図書が中心であるため、ベートーヴェン自筆の資料は僅か二点[3]であるものの、一人の人物について多様な観点から資料が収集されたのである。その根底には、兼常が欧州で音楽家博物館を見学した経験が役立っていると考えられる。この展覧会では、展示資料が図書で構成されており、音楽に関する専門書がその大部分を占めている。専門書の他にも、伝記等も揃えられており、音楽家としての観点と、一人の人間としての観点の両面から、ベートーヴェンを紹介する図書資料が展示されていたことが窺える。あらゆる資料を展示し、ベートーヴェンの業績を来館者に理解させる仕組みは、欧州での経験が大いに役立っていると言える。

以上のように、音楽家に関するあらゆる資料を収集し、音楽家としての活動の分かる資料と、一人の人間としての暮らしぶりが分かる資料を組み合わせ、展示することの重要性を兼常は示した[4]のである。

二、太田太郎の音楽博物館論

一九三〇年代後半になると音楽博物館建設運動が勃興する。この運動では、東洋音楽を研究するための世界で最も先進的な機関として音楽博物館建設が計画され、一九三九年（昭和一四）にはその準備として多様な東洋音楽の楽器を展示する東亜音楽文化展覧会が開催された。この運動の初期段階において、音楽博物館建設の準備として欧米の音楽関係の施設を見学し、各地の展示や収蔵状況について調査した人物が音楽学者・太田太郎である。太田は欧米一三ヶ国の博物館五一館、図書館八館、音楽研究所九所、音楽学校一〇校、楽器店四店を訪問し、「歐米音樂行脚の覺書から（上）」[5]「歐米音樂行脚の覺書から（下）」[6]に記録を残している。博物館以外にも音楽の研究に重きを置いた機関を多数訪れ、各機関との連携を模索する等、将来の音楽研究に直接的に関わる交渉を各地で行った。

太田の音楽博物館論の特徴として、東洋音楽を専門的に研究する博物館の必要性を訴えた点が挙げられる。太田は欧米で博物館のみならず音楽を研究する諸機関を訪問し、将来的な音楽施設同士のネットワーク構築を約束した。日本文化を慕い日本音楽や楽器の研究を志して来日する外国人の受け皿として音楽博物館を建設し[7]、欧米の施設と連携することを理想としたのである。

また、教育機関との連携を重視した点も特筆すべきである。太田は音楽学校等の教育機関において、楽器製造の研究や実習を行う現場を視察した他、音楽を文化的視点から教育に用いている現場も見学した。科学的研究と文化的研究を行う教育機関をそれぞれ視察したことで、多様な教育機関との連携の重要性を認識したのである。

以上のように、世界中の音楽博物館が連携し、音楽研究を行うことができれば、海外の研究者の招聘等により情報交換を頻繁に行うことができ、研究者のみならず一般大衆の音楽水準もより向上することを太田は示唆した。加えて、博物館のみならず教育機関や楽器店等との連携により、研究者の往来や楽器の実物資料の提供、購入等のパイプが構築されることが期待できるため、我が国の音楽の発展のためには、多様な機関とのネットワーク構築が必須であると太田は考えた[8]。つまり、楽器博物館をはじめ音楽教育や研究に重きを置いた機関を多数訪れたことで、世界各国の施設との連携を重要視し、音楽博物館のハード面での整備を訴えたのである。

三．黒澤隆朝の音楽博物館論

太田と同時期に音楽博物館建設のための調査として東南アジアを訪問した人物が、音楽学者・黒澤隆朝である。

黒澤は一九三六年（昭和一一）に上野高等女学校で開催された音楽資料展覧会を見学したことで、音楽博物館の必要性を初めて認識した。とりわけ、楽曲の内容をパノラマ式に表現した生徒作品を鑑賞し、「音樂は音樂だけ完全にやつたらそれでい丶といふ分化教育の偏狹から綜合教育に導く爲めに、此の興味ある企てをなされた事に双手を擧げて賛成いたします」[9]と述べ、音楽を学際的視点から展示することを訴えた点は特筆すべきである。

その後、黒澤は東洋楽器を網羅的に収集する音楽博物館の必要性を訴え[10]、一九三九年に東南アジアの音楽調査へ赴くこととなる。その中で黒澤は、歴史学的、民俗学的側面からも調査を行っており、音楽のみならずあらゆる側面から各地の文化に触れたことで、音楽を多様な視点から捉え、隣接する諸分野の視点を取り入れた理解を促す展示構想を考えるようになる。とりわけバリ島の音楽、舞踊、祭り等の風俗に触れた経験により、バリ島全体を「南方土俗文化博物館」とし、東南アジア地域の民族文化研究の拠点とする構想[11]をも抱くまでになった。当時は、南方の占領地に対する一般公衆の理解を深めるという国策により、自ずと研究者のみならず一般の人々をも対象とした博物館構想が必要となった。そのため、人々に普く東南アジア地域の音楽、芸能、文化を理解させる黒澤の音楽博物館建設構想が明瞭化していったのである[12]。

以上のように黒澤は、音楽学的視点のみならず、様々な学問領域から音楽文化を捉え、文化的背景の看取できる展示を訴えたのである。

四．田邊尚雄の音楽博物館論

音楽博物館建設準備委員会の委員長に就任し、中心的な役割を担った人物が音楽学者・田邊尚雄である。田邊の音楽博物館論の特徴として、研究と教育の機能を併せ持つ音楽博物館[13]を理想とした点が挙げられる。田邊は、楽器、蓄音機等の製作工程説明装置の収集[14]を提言し、楽器をそのまま展示するだけでなく、その製作工程を示し構造を明示することを訴えた。更には、各国音楽の蓄音機レコード等の録音資料の収集、講演会、演奏会の開催により、来館者がより身近に音楽を感じることのできるイベントの開催も検討した。これらの工夫により、研究のためだけの機関ではなく、あらゆる知識層の人々を対象とした音楽博物館の建設を訴えたのである。

そして、音楽博物館建設のための準備として一九三九年（昭和一四）に開催された東亜音楽文化展覧会では、太田、黒澤、田邊の音楽博物館論が組み合わされた展示内容となる。この展覧会では、楽器を種類毎に分類し展示したこと[15]で、東洋地域の類似性を明示でき、外国人や学生等、あらゆる来館者を集めることに成功した。また、黒澤の講演会、北京の七絃琴名手が吹き込んだレコードの演奏、田邊によるインドの琵琶の演奏、バリ島のオーケストラによる演奏等、多数の講演会・演奏会が開催[16]され、あらゆる手段で多くの人々を対象とした音楽による啓蒙活動が行われたのである。

結果として、音楽博物館建設計画は戦争の激化により中止となるが、田邊は戦後も音楽博物館の建設計画に携わり、一九六九年には「楽器博物館の条件[17]」を発表する。この中で田邊は、楽器博物館を美術博物館の一種ではなく科学博物館の一種と定義付け、科学的視点から楽器を展示することの重要性を指摘している。その上で、日本楽器を研究する外国人のための博物館であるべきという姿勢のもと、展示物として、「直ちに演奏できる状態で展示された完全な形の楽器」「品名・使用目的・製作年代・製作者名を表示した名札」「楽器の演奏に使用する楽譜の例」「演奏している容姿の写真、楽器構造を示す参考品[18]」を挙げている。つまり、日常の楽器の姿の展示にこだわり、楽器のみならず、楽譜や楽器構造を示す模型等を組み合わせることで、楽器の演奏方法や雰囲気が如実に伝わる仕組みを理想としたのである。

以上の点から、田邊の音楽博物館論の特徴として、科学博物館として楽器博物館を捉えていた点、単体ではなく付属品を伴う楽器展示構想があった点が挙げられる。田邊は、音楽芸術を正しく味わうには科学的基礎を学ぶ必要があるとの考えを有していた[19]。だからこそ、楽器の構造や効果を明示する展示を目指したと言える。楽器に付属品を伴わせる展示に関しても、楽器の演奏形態をより如実に表現しようとする田邊の試みが窺える。田邊は楽器展示について、戦前、戦後を通じて検討を重ねた人物であり、その功績は大きいと言える。

おわりに

一九二〇年代に兼常の考えた音楽博物館論では、音楽家についてあらゆる側面から展示することの有用性を説いた。太田は海外の施設との連携を図り、より充実した博物館の構築を訴えた。黒澤は多角的視座による音楽資料展示を提示し、田邊は科学的視点により音楽を分かりやすく展示する工夫を考えた。このように、本稿では四名の思想をもとに、我が国の音楽博物館論を俯瞰したが、彼等に共通する視点として、あらゆる人々が音楽を理解できる博物館が理想像としてあると言える。音楽博物館論史は、「音楽」という視覚情報のみでは伝わらない素材の展示を、研究者のみならず一般公衆に理解せしめるための工夫の歴史でもある。戦後各地に民音音楽博物館、浜松市楽器博物館をはじめとする音楽博物館が建設されるようになり、その形態も多様化しているが、それぞれの博物館の特性に合わせた音楽の展示手法を考える上で、彼等の音楽博物館論はその指針となるはずである。

註

(1) 兼常清佐『音樂巡礼』岩波書店、一九二五
(2) 兼常清佐「ベートーヴェン圖書展覧會」『東京朝日新聞』三月二六日朝刊、一九二七、五頁
(3) 南葵音樂圖書館『ベートーヴェン百年忌記念圖書陳列目録』一九二七
(4) 拙稿「兼常清佐の洋行記録にみる音楽博物館論　『音樂巡礼』を中心に」『人間の発達と博物館学の課題　新時代の博物館経営と教育を考える』同成社、二〇一五、一九六―二一一頁
(5) 太田太郎「歐米音樂行脚の覺書から（上）」『東洋音樂研究』一―三、一九三八、四一―四七頁
(6) 太田太郎「歐米音樂行脚の覺書から（下）」『東洋音樂研究』一―四、一九三八、六一―六九頁
(7) 田邊尚雄「音樂博物館建設の趣旨」『自然科學と博物館』一〇―九（一一七）、一九三九、三―四頁
(8) 拙稿「太田太郎の欧米における音楽公共施設視察と音楽研究所の設置」『國學院大學博物館學紀要』三九、二〇一五、一三五―一五六頁
(9) 上野高等女學校編『課外指導による音樂教育の實績（昭和十一年二月二十二・三日 音樂資料展覽會記録）』一九三六
(10) 黒澤隆朝『樂器大圖鑑　西洋篇』共益商社、一九三八
(11) 黒澤隆朝「南方民族と音樂」『南方情勢』八五、一九四二、六―九頁
(12) 拙稿「民族音楽資料の展示と活用　ガムラン楽器の事例より」『國學院大學博物館學紀要』三八、二〇一四、八七―一〇六頁
(13) 註7に同じ。
(14) 田邊尚雄「博物館建設運動と東亞音樂文化展覽會」『博物館研究』一二―七、一九三九、二頁
(15) 瀧遼一「東洋樂器の特色」『博物館研究』一二―七、一九三九、五―六頁
(16) 今關六也「音樂博物館建設運動に關連して希望を述べる」『博物館研究』一二―一二、一九三九、三―四頁
(17) 田邊尚雄「楽器博物館の条件」『日本楽器』一三―四、一九六九、一―三頁
(18) 註17に同じ。
(19) 田邊尚雄『日本精神と音樂』文部省、一九三八

【井上裕太】

植物園論史

我が国の植物園の歴史は、小石川植物園（正式名称、東京大学大学院理学系研究科附属植物園）から始まったとされる。以降、日本各地に植物園が設立され、様々な植物の研究が行われ、その成果が展示となって活かされているのである。本稿では、明治期から昭和期の終戦直後までの我が国の植物園に関する代表的な論考を集成し、植物園に関する思想の推移を考察するものである。

一．江戸から明治初期の植物園史

我が国で「植物園」の語が使用された嚆矢は、福澤諭吉の『西洋事情 初編』[1]である。「動物園植物園ナルモノアリ」と植物園という言葉を使用しつつ、機能や植物の育成方法についても論じられ、日本に植物園の語が普及するきっかけを作ったといえる。

小石川植物園は、明治に入るまでは「小石川薬園」と呼ばれ、薬効のある植物を栽培するために設けられた江戸幕府の施設であった。一六八四年（貞享元）、現在の牛込と南麻布の二ヵ所に所在した北薬園と南薬園の廃止に伴い、現在の小石川の地に薬園が設けられたことが小石川植物園の始まりである。[2]

小石川植物園は、旧来幕府の機関であり、一般人が来園できるものではなかった。同園が一般人の来園を認めるようになったのは、一八七七年（明治一〇）、東京大学の附属となってからである。同園では、一般公開に先立ち観覧のための規則を定めたのである。当該規則については、『東京大學法理文三學部第五年報』に「小石川植物園來園規則」が記載されている。[3]当該規則では、小石川植物園の公開の主旨は、東京大学の職員と学生が植物学の研究を行うためのものであり、この規則の範囲内で一般人にも観覧が許されたことが特筆に値しよう。

二．田中芳男と植物園構想

明治時代に入り、各地の薬園は政府に接収されたことで、それらを基盤とする近代的な植物園が各地に誕生した。明治期にいち早く植物園の必要性を説いたのは、我が国の博物館の礎を築いた田中芳男である。[4]田中は、一八六八年（明治元）、大阪の舎密局御用掛に任命され、舎密局内に動植物園を兼ねた博物館を設けようと構想を計画した。[5]しかし、東京へ呼び戻されたため実現することはなかったものの、田中の植物園構想は山下門内博物館の植物分科園、教育博物館の植物分科花壇となって実現し、『東京国立博物館百年史』に詳細が記載されている(6)。植物分科園では、植物を一八種に植物を分類し各種の特徴を伝える計画がなされ、植物分類学を応用していることが分かる。

植物分科花壇については、『文部省第七年報』にその詳細が記載されている(7)。教育博物館は、施設内に植物の生態について観察できる場所がなかったため、新たに植物園を設置し公衆に縦覧させる計画がなされ、その後に裁可されている。田中の舎密局設置における植物園構想は、植物についての学習環境が必要であるとの考えに基づくものであり、この田中の構想の影響により植物分科園と植物分科花壇が設置されたのである。

三．白井光太郎の植物園思想

理学博士であった白井光太郎は、自身が刊行した『植物博物館及植物園の話』において、ベルリンにおける植物園についての機能や植栽について詳しく解説し、植物博物館の設立と植物園の増設の必要性についても説いている(8)。

植物博物館とは、植物に関する図書及び世界の植物腊葉、標本等を収集し学術的に分類整理して研究材料を供給する施設であると記し、この植物博物館の実現を白井は望んでいた。他にも白井は、学校において植物の学習が欠けていることから、植物に関する学習は植物園で行うことが効果的であるとしている。さらに、諸外国の博物館、植物園は無料であることに関心を示し、我が国の植物園も無料で公衆の観覧に供すべきであるとしている。

当該論文の他にも白井は、本草学者や本草学を研究した『本草學論攷』や『日本博物學年表』に見る本草学の年表、植物病理学の基礎を記した『植物病理學』など多数の論考を残しており、明治期を代表する植物学者だけではなく植物博物館設立の必要性を説いたことからも明らかなように、博物館学思想を持った人物でもあると言えよう。

四．大正期の植物園論史

一九一三年(大正二)、吉田熊次は一般人の知識を開発するために博物館、動物園、植物園などの実物又は模型標本によって、知識の普及開発が重大であると論じた(9)。吉田は、欧米の植物園を例に挙げ、熱帯地帯に近い我が国よりも熱帯地方の植物の完備が充実しているため、一般人の知識の開発において植物園がどれほどの利益を与えているか計り知れず、社会教育施設の設備が充実していることを論じたのである。その他、三好学による海外の植物園の報告である『欧米植物観察』[10]や、高橋清次郎が学校の植物園についての概要を記した『巡視五年』の「學校植物園」[11]などが大正期の植物園論として残されている。

五．昭和初期の植物園論史

昭和時代に入り、最初に植物園について論じたのは、西田富三郎の「植物園に就いて」である。[12]同論では、近代的な都市には植物園が必須であることを述べ、植物園の分類について論じている。西田は、分類植物園、観賞を目的とする植物園、利用の実際を示す植物園、植物公園、地域による分類、管理者による分類、教化による分類など非常に詳細な植物園の分類を定義し、それぞれの特徴と有効性について論じた。

博物館事業促進会発行の『博物館研究』では、一九二八年（昭和三）の「植物園の教育的價値」の中で、植物園の教育的価値についての研究報告がなされている。[13]同論では、日本の植物園と学校教育との関わりに関する事例が見当たらないため、アメリカのブルックリン植物園長シー・スチュアート・ゲージャが寄稿した論文を例に挙げ、アメリカの植物園が植物学の研究施設としての機能だけでなく教育普及のための生涯教育施設として機能していることを論考している。

一九二九年、「博物館学の父」と謳われる棚橋源太郎は、「博物館動植物園と兒童の教育」の中において、欧米では学校教育が博物館動植物園を利用していることを述べ、小学校と博物館動植物園との関係について論及した。[14]同論で棚橋は、ブルックリン植物園について触れ、博物館と動植物園との区別が殆どなくなってきていると述べている。動植物の飼育及び植栽は、教育的配慮がなされており、博物館の陳列方法と変わりがないとし、動植物園水族館も博物館の一種と捉えている。

一九三〇年、矢部吉禎は植物園について植物学上の知識と進歩発達と普及を図るために植物を収集栽培する施設であると定義し、大学に附属或は研究所に所属しているか、一般の観覧の可否、入園料を徴収するか否かなど、植物園そのものの分類を述べつつ欧米と日本の主要な植物園について紹介している。[15]

同年、大屋霊城は、『計畫・設計・施工公園及運動場』の中で、学術研究を目的とした植物園と営利目的の植物園が存在することを論じつつ、都市部の植物園は動物園に併設されているが、別個に設置することが合理的であると指摘した。[16] 万葉植物園のようなテーマが設けられている場合は、該当の植物を収集するだけでなく雰囲気も似せる必要があると論じている。

一九三七年、池田政晴は、「植物學博物館の事業」の中で、社会教育は今後努力していかないと学校教育と釣り合わないと問題提起し、植物学側からと博物館側からの両側から植物学博物館の事業について考察している。[17] 同論の中でも、社会教育及び学校教育の進出の項では、一般人が植物学に関心がないのは実生活に対する貢献がなされていないからであり、植物学上の過去の業績と産業上への貢献を実例と共に示して、学術研究の重要性を明らかにすることが記載されており、植物博物館の重要な仕事であると強調したのである。

他にも、小学校の理科教育の教材として利用するための教材植物園について論じた内田康平の「教材植物園經營の實際」[18] や、満洲国の首都新京特別市に移民政策の一環として計画された新京動植物園の初代園長である中保充志の「新京動植物園の建設計畫」も昭和初期における植物園論として残されている。[19]

六．戦中・戦後の植物園論

第二次世界大戦中の植物園は、時代の情勢上、空襲による被害や軍の用地として接収され、戦後には連合国軍の駐屯地として使用されることがあった。

林達夫は、『歴史の暮方』の中で小石川植物園を例に挙げ、我が国の植物園についての機能や研究に関して論考している。[20] 林は、小石川植物園が我が国を代表する植物園であると論じながら、アマチュアによる寄贈に任せ組織的に収集が行われていないこと、来園者が花を摘み、木にぶらさがり遊ぶなど植物園として機能していないことを指摘した。同著は、戦中の小石川植物園の状況を述べた数少ない論考であり、一般庶民の植物園認識を窺い知ることができる好例である。

戦後に入ると、いち早く植物園について論究したのは、佐々木尚友である。佐々木は、『植物園での研究』において様々な植物について論じるだけでなく、植物園の歴史や植物園の利用について論じた。[21] また、研究者や学生による利用よりも一般人による利用が増えることの必要性を説いたのである。多くの人は、公園のように園内を散歩するだけに留まり植物を見ていないことを指摘した。施設の面でも、温室には熱帯の植物がそれぞれに適した温度に区別して植えられており、生活に馴染みのある植物も展示されているため、一部の研究者や学生にのみ利用されているのは不具合であることから、一般人に植物園を利用してもらい、植物を見聞・観察することで、全ての人が植物に理解を持つことを期待していた。

おわりに

植物園研究については、明治期から昭和期の各時代によって明確な特徴が存在することは明らかである。明治初期には、植物園の考えが移入されたばかりの時期のため、植物学の研究は盛んであったが、植物園の研究の対象は小石川植物園に限られていた。また、全国的に見ても植物園の園数は、他の博物館施設よりも少なく、植物園の増設が求められていたことも白井の論から明らかである。大正期に入ると、各地域で植物園が開設され、植物学の研究者や学生だけでなく一般人の観覧も多くなっていった。植物園は、社会教育として位置づけられる中、理科教育充実のための設備の拡充が必要であることが論じられたのである。昭和期に入ると植物園の研究は盛んになり、植物学的にも社会教育的にも植物園は、重要な施設であることが論じられ、植物園の文化事業や学校教育との連携、移民政策の一環など植物園の研究が盛んに行われていた。一方で、第二次世界大戦前後における植物園は、公園と区別ができなくなっている問題点が論じられたのである。戦後の植物園論は、植物園の再考がなされ、公園としてではなく理科教育の学習の場としての重要性が論じられたのである。

註

(1) 福澤諭吉『西洋事情 初編』慶應義塾出版局、一八六六、四二頁
(2) 大場秀章『日本植物研究の歴史 小石川植物園三百年の歩み』東京大学出版会、一九九六、二九―三〇頁
(3) 東京大學『東京大學法理文三學部第五年報』一八七七、七―八頁
(4) 杉山正司「田中芳男」青木 豊・矢島國雄編著『博物館学人物史 上』雄山閣、二〇一〇、六一―六四頁より抜粋
(5) 田中芳男「田中芳男君の經歴談」『田中芳男君七六展覽會記念誌』大日本山林會、一九一三、二〇―二一頁
(6) 東京国立博物館「明治七年七月有用植物植付け場を設ける」『東京国立博物館百年史 資料編』第一法規出版、一九七三、二七四頁より抜粋
(7) 文部省「教育博物館年報」『文部省第七年報』一八七九、三九四頁
(8) 白井光太郎『植物博物館及植物園の話』丸善書店、一九〇三、一―三九頁
(9) 吉田熊次「第五章第十一節 博物館・動物園・植物園」『社會教育』敬文館、一九一三、六〇―六二頁
(10) 三好学『歐米植物觀察』冨山房、一九一四
(11) 高橋清次郎『巡視五年』國民學校自由講座機關雜誌社、一九一六
(12) 西田富三郎「植物園に就いて」『造園學雜誌』二―一、一九二六、三七―四一頁
(13) 博物館事業促進會「植物園の教育的價值」『博物館研究』一―三、

一九二八、五―七頁
(14) 棚橋源太郎「博物館動植物園と兒童の教育」『教育研究』三四六、一九二九、二一―二九頁
(15) 矢部吉禎「植物園」『岩波講座生物學12』岩波書店、一九三〇、三―五頁
(16) 大屋霊城『計畫・設計・施工公園及運動場』裳華房、一九三〇、三〇一―三二三頁
(17) 池田政晴「植物學博物館の事業」『日本學術協會報告』一二―一、一九三七、一四九―一五〇頁(青木 豊・山本哲也編著『大正・昭和前期博物館学基本文献集成 下』雄山閣、二〇一六、二一八―二一九頁より抜粋)
(18) 内田康平「教材植物園經營の實際」『博物館研究』一一―一二、一九三八、七七―七九頁
(19) 中俣充志「新京動植物園の建設計畫」『博物館研究』一三―一一、一九四〇、一一―一二頁
(20) 林 達夫「植物園」『歴史の暮方』筑摩書房、一九四六、一三九―一五二頁
(21) 佐々木尚友「植物園を利用しませう」『植物園での研究』研究社、一九四八、一九―二三頁

【細樅雄貴】

動物園論史

一．私的動物園から公開へ
―「人間中心」の思想および動物と人間の類縁関係の受容―

かつて、紀元前数世紀に中国やエジプトにあったとされる大きな野生動物飼育場[1]では異国産の猛獣が権力の象徴として扱われ[2]、そうした飼育場は大航海時代を経て、王侯貴族達が珍しい動物を手元において楽しむ場として機能した。この頃の典型的な動物展示の方法は、放射状にひろがる飼育場のまんなかに高い塔をおき、そこから動物を見下ろす「メナジュリー」と呼ばれるもので、その背景には人間中心の思想があった。

やがて一七～一八世紀の市民革命により、メナジュリーの市民への「公開」を皮切りに、シェーンブルン宮殿の公開（一七六五年）、パリのジャルダン・デ・プラント（一七九四年）開設が続き、一八二八年ロンドン動物学協会により公開を前提としたロンドン動物園が開園した。

この一八世紀に始まる「市民への公開」の時代は、進化論の受容の時期とも重なる。ダーウィンの『種の起源』『人間の由来』の出版などにより、動物と人類が祖先を同じくしていることが、理解され始めた。人々の人権意識の目覚めと拡がりが、奴隷解放へと向かったことと同様に、人間の祖先への関心や動物との類縁関係への関心は、動物が檻に閉じ込められているのは耐えがたいという意識につながり、それは展示の手法に影響を与えた。

二．欧米の動物園論

①展示論（建築と造園の技術革新）

二〇世紀に入ると、檻や塀を使わず、堀で隔てる手法を用いて、動物たちを遮蔽物なく見ることができる「パノラマ展示法」（ドイツ・ハーゲンベック動物園）が人々の目を驚かせた。また、一九三〇年代には一時的にモダニズムの影響が動物園の建築と展示に及ぶが[3]、分類群別・動物地理区別による配置法も工夫され、二〇世紀後半には、気候帯や植物帯の特徴を意識した「バイオーム展示」[4]も採用された。やがて、全体として生息地の状況に似た環境を整える方向が造園技術の進歩に支えられて加速し、野生動物を「彼らの生活する環境（植物）と共に見せる」ことに重点が置かれた。

このように、動物園展示法は、単体として動物を置くのではなく、自然の構成の中に入れ込む展示へと変化してきたが、ここには、風景デザインを表現する技術革新が関連した。そして現在では、環境と切り離せない存在として野生動物を見るための「生息環境再現」と、野生動物が本来もつ行動の自然な発現を引き出すという方向が共存しつつある。とくに後者は、飼育環境のエンリッチメント（豊富化）の実践へと向かい、来場者が野生動物のもつ適応的行動について知る機会を提供している。これら展示手法の改革の流れは、動物園がどういう場であるべきかという動物園論の展開にも深く関連する。

②動物園論の転換―保全施設への転換と動物福祉の実現―

世界の動物園は現在、連携をとりつつ野生動物保全機能をもつ場に変化しつつある。

人間中心への反省を迫ったのは、第一に、動物虐待への反対運動に典型的にみられた人道的愛護運動であり、その端緒は、実験動物への痛みへの配慮に始まる一連の動物福祉の考え方と運動の台頭である。第二には、そもそも野生動物を資源として扱うことへの反省にみられるような環境思想の表れである。これらの二つの思想や動物への態度の変化が、動物園を展示施設から保全施設への脱皮に向かわせた。

ここで、「動物福祉」について、少し深く触れておこう。愛玩動物・実験動物・生産動物（家畜や家禽類）という飼育下にある動物への配慮から始まった動物福祉の思想と運動は、一九七〇年代に動物園動物にも及んだ。現在では福祉の実現の程度が動物園の評価指標となりつつある。しかし、それに先立ち、スイスのバーゼル動物園の園長を務めたヘディガーは[5]、飼育下動物の野生行動発現を可能にする飼育環境について、環境内の構成に心を配り、動物が実際に利用する場の機能性を重視すべきと主張していたが、これは十分に福祉の実現に重なる。この点が、ヘディガーが動物園動物学の父と呼ばれる所以である[6]。現在では、野生動物全般への「福祉的配慮」を含めた「愛護と福祉の統一」が提案されるようにもなっている[7]。

三．日本の動物園論

①動物園の博物館機能についての言及と「四つの機能」の定式化

日本の動物園論の歴史を語るにあたり、博物館概念を動物園運営者（設置者）側が持っているのかどうか、博物館の教育機能や社会に果たすべき責任といったことをしっかり理解していたかどうかは重要である。瀧端真理子[8]によると、「一九五〇年に棚橋が『博物館動植物園法』を起草、博物館と動物園の違いは、展示物が剥製の標本か、活きた動物であるかの一点のみと主張し」たとされるように、博物館の一員として動物園水族館を位置づける意識はあったと言える。

動物園側からも、博物館機能への言及は行われている。たとえば、中川志郎[9]は欧州への視察後、動物園の四つの機能を定式化した。訪問したヨーロッパの各地の動物園は、その頃、すでに野生動物消費施設から野生動物保護機関への脱皮が始まっており、中川に大きな影響を与えたものと推察される。その四つの機能の第一は、レクリエーションである。「ショーのもつ娯楽性はそれをエスカレートさせ、そこに経済的価値を付加させたものだ」と主張し、健康なレクリエーションを展望している。第二には教育機能、第三は研究機能で、すでに欧米では多くのナチュラリストや行動学者が動物園で多くの研究をしてきた実例を挙げ、動物学研究にとどまらず、とりわけ野生動物保護のための研究が指向され、第四の野生動物保護機能へと結びつく。この「四つの機能論」は、日本動物園水族館協会が掲げる「動物園の四つの役割」の基礎となった。

②「科学と愛」の不足

また、京都市動物園園長を長らく務め、日本と世界の動物園の歴史を研究した佐々木時雄も、日本の動物園論を語る上で重要な位置を占めている。佐々木は、日本の動物園の特殊性を「動物園の側における科学とそこを訪れる人の側の愛情」が不足していることと述べた[10]。科学の不足の例として、動物学者と動物園の関係がほとんど見られないこと、博物学的関心を寄せる学者もいなかったこと、そして動物園自身も、展示は動物商から外国産動物の購入によって賄えばよいというルールを疑いもしなかったこと、よって、動物園は珍しい動物を見に行くところという文化を自らつくってしまったことだと述べている。また、動物園を支える動物学とは、獣医師の「技術」ではなく、包括的・弾力的・推理的な「科学」であると述べている点はたいへんにフィロソフィカルで示唆に富む。動物を科学の対象として見るという新しい文化を創り出す目標がそこに含まれていたと思われる。

一方、人々の愛の不足については、日本人の心の奥底にある残酷さに触れ、たとえば飼い犬への愛情と、野生動物への残虐な扱いといった両極が混在することを例として挙げた。そうした矛盾を解決していく上でも、「私」と「公」の連続した美的空間として動物園を登場させ、無理なく動物たちに尊敬の念を抱かせることを提案した。

③レクリエーション機能と保護機能

中川の言う「健康なレクリエーション」は、佐々木の望んだ「愛と科学」に裏打ちされた動物園像とも共通しているが、その後、どのように実現していったのだろう。また、野生動物保護の機能についても、本来は、展示動物を動物商から購入すればよいという姿勢を改めていくことで果たされていくものだが、その点の改革はどうだったのだろうか。

日本の動物園は、とくに一九七〇年後半から非常にその数を増やし、遊園地を併設した電鉄系会社によるレジャーランド的施設が大いに賑わいをみせた。そこにはまず「営業のための展示」があり、「科学をベースにする」風潮が生まれることは難しかった。一九七〇年代といえば、すでに欧米動物園は世界動物園水族館協会をつくり、楽しみのための動物利用施設を脱して保全施設に向かい、少なくない動物園がアフリカ・アジア・南米の生息地保護活動に関わっていった時期である。だがその頃の日本には、残念ながら現地での保全にとりくむ動物園は現れず、動物商からの動物購入は続いた。

四．動物園の「外」からの動物園論および廃止論否定論の役割

さて、動物園側の動物園論ではなく、外側からの動物園論として、川端裕人[11]を挙げよう。川端は、米国の動物園や環境保護活動家などの交流によって、日本においては、利用者側も動物園像をしっかり持っているわけではなく、楽しむことの先を立ち止まって考えてこなかった社会の側の問題でもあると指摘した。

もし、そうした社会の側の問題意識とともに、動物園のありかたを考えていけるとしたら、その入り口はどこにあるだろう。

その可能性のひとつは、一九八〇年代にさかんになった動物園廃止論や、ボーンフリー財団（一九八四年にイギリスで設立）が始めたズーチェック運動などにあると思われる。そもそも廃止論は「動物の権利」を主張する人々から始まったもので、「監禁状態にある動物を用いて教育はできない、単に娯楽の対象として動物を扱い経済効果のためにショーをすることの是非[12]」を問うなど、動物園存在自体が否定される。ズーチェック運動は、動物園の飼育展示施設を見て回り、主には動物の行動を指標として評価し動物園に対して改善の申し入れをするというものである。このように、動物園に何らかの反対や意見を唱える主張には、動物園絶対反対から現状改革というものまでバリエーションがあるものの、その根底にある哲学を理解し、たとえば

動物福祉のコンセプトとして受け容れていくことも、今後の動物園を巡る議論を深めていく上で重要であろう。多様な反対論への向かい方が、動物園の存在理由を問い続ける上で重要だと考える。

最近では、動物園学の中核には生物としての「動物の生活・行動」といった分野がまず置かれるとした上で、持続可能性（SD概念）を目指すための動物園教育論、多様な市民活動との関係構築についての理論が必要だとの主張もみられる[13]。

五.「動物園学」のこれからとケアの概念

動物園がどうあるべきかの主張の内容と、その経緯をみるには、国際動物園水族館協会（WAZA）の一九九〇年代以降の諸宣言が参考になる。

一九九一年の国際自然保護連合が提案した「かけがえのない地球を大切に」を受けて、WAZAは一九九三年に「世界動物園戦略」を発表した。それに関連し、ニューヨーク動物学協会会長の職にあったコンウェイ（Conway）[14]は、二一世紀の動物園が保全施設に脱皮していく上で、野生動物を野生捕獲によって得ることを厳しく戒めた。そして、動物園は、現地保全に関わるべきこと、生息地外保全（動物園での繁殖で個体群を守るなど）に取り組むことを目指しつつ、同時に、人々の「自然をケアする心理」の醸成を重視した[15]。そのために、環境負荷をやわらげ、エネルギーや水の使用量を減らした動物園施設運営、そして、市民参加型の野生動物保全事業を展開するよう呼びかけた。

動物園が展示施設から保全施設になるということは、何らかのかたちで保全に関わる人々を動物園を通じて増やしていくことでもある。二〇一四年のWAZAの保全戦略「Caring for Wildlife」では、動物園が動物福祉のハイスタンダードな基準をクリアした保全施設になるべきであり、その中心概念としてケア（Care）がおかれ、基準が満たされているかどうかは動物の状態の科学的観察に基づくべきとされた。

また、これらを進める上での学問領域としては、動物行動学・個体群生物学・栄養学・獣医的治療学・野生動物保全学・保全心理学・情報処理学・コミュニケーション学が挙げられた。これらの中でとくに新しい領域としては保全心理学があるが、保全の技術向上に加え、人々の行動をどう保全につなげていくかという保全心理学は、新しい動物園論の一領域と言える[16]。

おわりに―動物園教育論の必要性―

動物園論は、動物園が名実ともに保全機関になっていくための理論として、廃止論や動物愛護や福祉論を受け容れつつ構築され続けている。動物園は、そこで飼育される動物達の個々の福祉実現をめざす場となり、その認識を通じて人々の保全への参加を促そうとしている。

なお、野生動物を含む動物が、人間を含む環境とどのような関係性をもっているかを考え、よりよい関係構築を実践していく「人作り」という動物園教育については、本来、動物園のありようと関連して語られていくべきものであり、人々の、内的変化とそれに関連した行動科学は、動物園教育に含まれる。この分野についてはまた新たな稿が必要となることに触れ、ここでは動物園論の重要な一分野であることを指摘するにとどめる。

註

（1）Robinson, M.H., Foreword, in Hoage,R.J. and Deiss, W.A.（ed.）, *New Worlds, New Animals* IX,1996
（2）池上俊一「欧米の動物園の源流」『メディアとしての動物園』青弓社、二〇〇〇、一三八―一四一頁
（3）Coe, J. C., What's the Message ? Education though Exhibit Design, in Kleiman,D.G., Allen, M.E., Thompson, K.V., Lumpskin, S. and Harris, H.（ed）, *Wild Mammals in Captivity*, 1996, p167-174.
（4）Fuhrman,Nicholas E.; Ladewig, Characteristics of Animals Used in Zoo Interpretation: A Synthesis of Research, *Journal of Interpretation Research*, Vol.13, Issue 2, 2008, p31-42.
（5）Hediger,J., *Man and Animals in the Zoo*, 1950
（6）Shepherdson, David. J. and Mellen, Jill D.（ed.）, *Second Nature: Environmental Enrichment for Captive Animals*, 1998
（7）佐藤衆介「愛護倫理と動物福祉倫理の融合」『環境思想・教育研究』九、二〇一六、二六―三〇頁
（8）瀧端真理子「日本の動物園・水族館は博物館ではないのか?」『追手門学院大学心理学部紀要』八、二〇一四、三三―五一
（9）中川志郎『動物園学ことはじめ』玉川大学出版、一九七五
（10）佐々木時雄『続動物園の歴史』西田書店、一九七七、二三五頁
（11）川端裕人『動物園にできること』文藝春秋、一九九九
（12）デール・ジャミーソン「動物園廃止論」ピーター・シンガー編、戸田 清訳『動物の権利』技術と人間、一九八五
（13）村田浩一『動物園学入門』朝倉書店、二〇一二
（14）Conway, Williams, The role of zoos in the 21st century, *International Zoo year book*, Vol.38, 2003, p7-13.
（15）Rabb,G.B. and Saunders, C.D., The future of zoos and aquariums: conservation and caring, *International Zoo Year Book*, Vol.39, 2005, p1-28.
（16）並木美砂子「動物園教育理論の発展に向けて　保全心理学の視点導入の提案」『日本動物園水族館教育研究会誌』二二、二〇一五、一九―二四頁

参考文献

佐々木時雄『動物園の歴史』西田書店、一九七五
世界動物園水族館協会（http://www.waza.org/en/site/home）

【並木美砂子】

野外博物館論史

「野外博物館」という言葉の使用は、南方熊楠に始まる。南方は自らが実際に世界初の野外博物館スカンセンを見ることはなかったが、「野外博物館」という語を初めて記し、我が国に紹介したことの意義は大きいものであった。黒板勝美と棚橋源太郎は、スカンセンをはじめとする海外の野外博物館を訪れ、その時に受けた感動や野外博物館のあり方、そして意義目的等を詳細に論じたが、それを実践に移すことはなかった。野外博物館の建設を具現化したのは藤山一雄、渋澤敬三に至ってである。藤山は満州国で日本人が初めて手がけた野外博物館建設を実践し、渋澤は我が国に第一号の移築民家を建設したのである。

　実際に学として野外博物館を初めて研究したのは木場一夫であり、木場の理論は一九四九年（昭和二四）に発表されたにもかかわらず、今日の野外博物館の定義と遜色ないものであった。その後の研究も野外博物館について明確に論及したのは新井重三のみで、他はその紹介にとどまったものと言える。新井の理論は木場一夫が提唱した路傍博物館が、自然と人文の両分野に亘るものであることから、木場の概念に呼応したものとなっている。しかし新井が特に力を入れて取り組んだ、野外博物館の一分類である地学園は当時学校に造られたものが多かったが、現存しているものは極少なく成功例と言えるものはない。さらにエコミュージアムについても鶴田総一郎と杉本尚次が論じたように我が国での確立は見られず、今後も難しいものと予想される。杉本も野外博物館について多く論及しているが、我が国の野外博物館研究というよりも海外の事例を中心とした研究となっているのが特徴である。

一　南方熊楠の野外博物館論—「野外博物館」という用語の濫觴—

我が国における「野外博物館」という語は、南方熊楠の使用が濫觴であることは上述した通りである。南方は神社合祀反対運動で、白井光太郎宛書簡に「野外博物館」の語を初めて使い、社叢の重要性を訴えたと同時に、エコロジーを提唱した先駆者として自然保護にも尽力して多くの業績を残し、世界各国の文化研究に多大な影響を与えた博物学者である。

　南方は、白井光太郎に宛てた書簡（一九一二年二月九日）の中で、フィールドミュージアムを野外博物館と訳したが、これはまさに神社の神林そのものであり、社叢が我が国における野外博物館の嚆矢と見做すことができるのである。(1)南方が論じた野外博物館は自然界を指し示す用語であり、その後の博物館学者が提唱した野外博物館とは基本的な理念に違いが認められるものであった。

二．黒板勝美の野外博物館論

野外博物館を博物館としての概念で初めて論じたのが黒板勝美である。その著『西遊弐年　歐米文明記』(2)（一九一一年）にスカンセン野外博物館について詳述しているが、それはあくまでも紹介にとどめた消極的な論であった。また、野外博物館に相当する施設について「野天のミューゼアム」「博物館的公園」「公園的博物館」「動植物園的博物館」などを使用している。『西遊弐年　歐米文明記』が刊行された翌年に、東京朝日新聞に六回に亘り連載された論著「博物館に就て」（一）(3)（六）(4)にも野外博物館が散見できる。博物館資料はそれぞれの時代、文化的風気の復元が伴わなければならないことを強調し、建築物をそのまま保存活用することの重要性を説いている。その中でも野外博物館はその国の風俗・風土・文化を表すもので、まさに当該国の縮図とも言えると解釈したが、黒板の主張は史跡整備を主軸としたものであり、野外博物館をあくまでも史跡整備に活用する論であったと言える。

三．棚橋源太郎の野外博物館論

そして、野外博物館をより博物館学的に論じたのが棚橋源太郎である。棚橋は米国における児童の理科教育を取り上げ、国立公園の路傍博物館論を展開した。路傍博物館については後述する木場一夫の論が一般的であるが、「路傍博物館」なる用語は木場の使用を嚆矢とするのではなく、一九三〇年（昭和五）の『博物館研究』第三巻第五号(5)での棚橋の使用が先行である。棚橋は野外博物館に相当する施設を「路傍博物館」「公園博物館」「戸外博物館」「戸外文化史博物館」「地下博物館」「民俗園」「考古學園」「地學園」と呼称し、これまでの博物館は一般的に建物内部に物品を並べたが、建物外の露天にまで陳列するようになり、戸外博物館の名称が使用されるなど、博物館の歴史上見逃すことができない変化であると論じた。棚橋は、国立公園の地域内にある小規模の陳列館、自然観察の細道、観望所、地学園、自然動植物園、天然水族館などを公園博物館とし、特別重要な資料がある場所には、小さい路傍博物館を設けるのがよいと論じている。

このように野外博物館を意図して「路傍博物館」を使用

する一方で、棚橋はその著『眼に訴へる教育機關』(6)においてスカンセンを「戸外博物館」と命名し、理想の民俗園（Folk park）と論じた。

棚橋は建築物はそれが置かれていた場所とは全く異なる環境へ移築すれば無意味なものとなることを指摘しており、さらにスカンセンに模造が含まれていることを言及している点は特筆すべきである。また、動物の飼育展示や臭覚に訴える独特な渋の臭いという野外博物館に求められる五感に訴える展示技法の必要性をすでに指摘しており、棚橋の博物館学的意識の高さを端的に表した論と言える。棚橋は黒板と同様にスカンセンに感銘を受け、我が国にもスカンセンのような民俗園の設立を切望したのである。

四．藤山一雄の野外博物館論

社会に積極的に働きかける教育・普及活動「博物館エキステンション」を展開して、新しい博物館を目指した満州国国立中央博物館副館長であった藤山一雄が中心となり手がけた民俗博物館は、日本人が初めて着手した本格的な野外民俗博物館である。満州国に関する随筆『帰去來抄』(7)に収録された「博物館小考」は藤山の最初の博物館論で、そこには国立博物館を「特異性なき骨董倉」と非難し、のちの『新博物館態勢』(8)の理論的原形が認められ、スカンセンを模した博物館の必要性を論及している。『新博物館態勢』では野外博物館を露天博物館と呼称し、その概念を詳述している。

また、「その外の古建築が地形に應じ、模造、又は移築せられ」とスカンセンに模造が含まれていることを明記しており、前述した棚橋と同様に他の研究者には見られない鋭い観察力を読み取ることができる。藤山は一九二九年（昭和四）に渡欧した際にスカンセンを見学し、これまでの博物館に対する概念を再認識したと同時に、まさにその時に受けた感銘がのちに手がけた満州国の民俗博物館構想の範となったのである。

しかし、ハセリウスの野外博物館構想ついては「夥しい民藝品の蒐集、保存、及び展示により、博物館に全く新生命を吹き込んだ。然しながらその大半はものであつて〝生活〟ではなかつた。私は更に進んで〝生活〟を展示したいのである。」と批判的な面も見られ、スカンセンを越えた野外博物館を目指したことが読み取れる。また、韓国の慶州博物館については慶州の町全体を一つの「露天博物館」としてとらえ、満州国の烏拉（ウラ）調査においては「烏拉の如きはその集落及び環境全體が一つの展示資料として高い價値を有する」として集落全体を野外博物館あるいはエコミュージアムとして捉えている点も注目に値する論であった。

五．木場一夫の野外博物館論

木場はその著『新しい博物館』[9]の中で野外博物館を路傍博物館と論じ、自然研究や戸外教育の実施として路傍博物館の設置は学校教育及び社会教育の面から重要であると論じた。

木場の野外博物館の概念は自然系・人文系の両分野に亘るものであり、その両者は密接な関係にあることの必要性を説いたものであった。木場の『新しい博物館』は、その後の野外博物館研究において多くの研究者に引用されてきたものであるが、木場自身が自然史系の研究者であることから自然史系博物館に重きが置かれており、分類・体系に至るものではなかったと言える。

そして、木場が我が国第一号の登録野外博物館である宮崎自然博物館の設立に関与していることは特筆すべき点である。木場の『理科の学習指導』[10]に宮崎自然博物館の記述があることから、宮崎自然博物館はアメリカ合衆国の国立公園で発達した路傍博物館の理念を参考にした野外博物館であったと言える。木場は『新しい博物館』で「自然路博物館と路傍博物館の構想と実地が近い将来我が国においても実現されることは望ましい」とし、木場の目指した路傍博物館が我が国において具現化され、木場が理想としたアメリカ合衆国に於ける児童自然教育の実践が行われたのである。木場の路傍博物館論は、地質、鉱物、歴史、考古学などの人文系と自然系の両資料によるプログラム作成を指示しており、宮崎自然博物館の大きな特徴である自然と歴史の総合野外博物館に、まさに合致する理論であった。木場の路傍博物館論はこれまでも多くの研究者に引用されてきたが、宮崎自然博物館に焦点を当てた引用は見られない。

六．渋澤敬三・今和次郎の野外博物館論

我が国に民俗園の考えが入ってきたのは一九二〇年～一九三〇年代で、それは渋澤敬三、今和次郎たちが海外の野外博物館を見学して感銘を受けたことによるところが大きい。渋澤は一九二二年（大正一一）～一九二五年にかけて、スカンセン野外博物館をはじめとしてオスロー野外博物館などを見学し、我が国にもこのような大規模な民俗園の実現を強く念願したのである。朝日新聞「きのうきょう」（一九五九年一一月二九日付け）にスカンセンやグリーンビレッジを紹介したあとで「わが国にも一つ立派な野外博物館が

ほしい。東京保谷、大阪豊中、土呂等その他各地に既にその芽ばえを見せている」と述べている。しかしその実現が困難なことから、小規模ながら可能な範囲で着実にその計画を進めていったのである。渋澤は戦後になって野外博物館という言葉を使用することになるが、渋澤が実現しようとした野外博物館は単に建築物を移築しただけのものではなく、スカンセンのように生活を再現したものであった。

日本民族学会附属博物館の建設に伴う野外展覧の整備が進められると、一九三八年（昭和一三）に移築復元工事が竣工され、武蔵野民家が日本初の野外展示「オープングラウンドミュージアム」の第一号展示物となる。その後、今和次郎の設計で絵馬堂が建設され、一九三九年に「日本民族學會附屬民族學博物館」が開館するに至った。今和次郎は日本青年館郷土資料陳列所開設の際に「小博物館の開設に際して(11)」でスカンセンについての記述を残している。

今和次郎は武蔵野民家の解体と移築復元、絵馬堂の設計と建設など、我が国初の野外展示において大きな業績を残した人物である。

七、濱田耕作・後藤守一・鶴田総一郎・藤島亥治郎の野外博物館論

濱田耕作は日本児童文庫『博物館(12)』で、若者層への博物館普及に努め、その中でスカンセンを野外博物館と明確に記している。野外博物館の語の使用は南方に次いで濱田が二人目である。

濱田は日本にもスカンセンのような民俗博物館が建設されることを望み、ハセリウスの建設理念とコレクション収集法を高く評価している。しかし、『考古游記(13)』では「たゞ生きた人間が幾分見世物の如く取扱はれて、この淋しい丘上に朝から晩まで、自由を束縛せられてゐる感のあることは問題であらう」と、コスチュームスタッフのあり方については批判的であった。

後藤守一は『歐米博物館の施設(14)』で、野外博物館を野外土俗博物館と呼称し、野外土俗博物館・土俗品の露出展示というように土俗という用語のみを使用し、あくまで紹介するにとどまったものであった。

鶴田総一郎は『博物館研究』第三三巻に「日本の博物館の状況について(15)」を載せており、その中で野外博物館を述べている。前述の木場と並んで宮崎自然博物館に関与していたのが鶴田で、一九五四年（昭和二九）「新しい博物館宮崎村自然博物館(16)」の中で、宮崎自然博物館は、日本でも事例の少ない野外博物館で、動植物、地質鉱物、地理・歴

史・民俗・考古学等に亘る綜合博物館であるとして、身近な文化財の総てを活用している郷土博物館と明記し、「当該地はさして珍しくもすばらしくもなく、どの地方にもあるような自然であるが、特色ある施設と運営を行ない、識者から将来を嘱望されている」と評価した。特筆すべきは、宮崎自然博物館が綜合博物館であると同時に、郷土博物館であると指摘している点で、野外博物館は郷土博物館であると論じたのは棚橋に次いで二人目である。

藤島亥治郎は一九七八年、社団法人日本博物館協会発行の『野外博物館総覧』[17]に、「野外博物館展示の家」として野外博物館を論じた。

自らが実際に見学したスカンセンを例に挙げて、日本における民俗博物館への国民の関心が薄いことを指摘しながら、今和次郎の農村調査や保谷の民家園を社会的展示であると論じ、野外博物館の盛況は文化史的に価値のある建物を主体とする展示方式により行なわれ、これらは建築や集落の博物館で、その中に生活文化の展示を行なっているという論を展開した。

八・新井重三の野外博物館論

我が国で野外博物館を体系付けた新井重三は、一九八九年（平成元）に『博物館学雑誌』第一四巻第一・二号合併号の「野外博物館総論」[18]で野外博物館の語の使用を論じており、「文献の上で調べた限りでは「野外博物館」の名づけ親は木場一夫ということになる」と結論付けた。そしてその後、新井はエコミュージアムに傾注する。我が国のエコミュージアムを提唱した新井重三は、エコミュージアムの三原則を地域社会の発展に寄与することを目的とし、収集機能を持たない現地保存型の総合野外博物館であり、住民の運営参加を中心としたものと定義づけた。

しかし、一九七四年（昭和四九）に鶴田総一郎がＩＣＯＭニュース、全科協ニュース[19]において、「その概念は日本国内に浸透することはなかった」と述べているように、その後四〇余年を経ても、なおエコミュージアムの理念は、後述するように我が国の社会には根付かなかったと言えるのである。

新井は野外博物館の延長上でエコミュージアムの理念に迎合し、『エコミュージアムとその思想』[20]「野外博物館総論」の中でエコミュージアムを提唱し、社会に大きな影響を与えた。新井は「地域社会の人々の生活と、そこの自然及び社会環境の発達過程を史的に探求し、自然及び文化遺産を現地において保存し育成し展示することを通して当該地域社会の発展に寄与することを目的とする新しいタイプの野外博物館である」としてエコミュージアムを提唱し定議している。

新井の博物館学の業績で注目すべきは、我が国の野外博物館の分類と体系を博物館学的に理論付けた「野外博物館論」であり、その後の研究も新井の論理に沿うものが多い。一九五六年に著された「野外博物館」にその萌芽が認められ、その後一九八九年の「野外博物館総論」に至って理論の修正及び体系化がなされた。また、この間に新井の「野外博物館論」は、アンリ・リヴィエールに傾注し、一九八九年に「エコミュージアムとその思想」を著し、以降エコミュージアムの研究が中心となっていった。

この新井の野外博物館論は、移設や収集を否定し、あくまで原地における自然や遺跡のみに限定した概念であった。また、野外博物館は自然・人文に亘る豊富な資料を原地において保存すると同時に研究・教育の資に供するために、いわゆる博物館のシステムに従って開発設定されたものであると述べている。つまり、博物館（野外博物館以外のあらゆる博物館）は建物や展示施設を固定的に建設作製して、説示のための資料は、すべて屋外から採集（収集）してくる方法を採っているが、野外博物館は、その精神（アイディア）においても、その方法においても全く他のあらゆる博物館とは逆で、説示資料はでき得る限り自然環境の中におき、展示施設の方を運搬移動することによって博物館の展示形態を備えようとするもので、自然環境そのものまでも展示説明の対象として取り上げたものである。

つまりこの時点における新井の野外博物館の捉え方は、三〇余年後に纏めた「野外博物館総論」の考えとは大きく違っており、スカンセン野外博物館を野外博物館の範疇から外している点からも理解できよう。

そして一九八九年に「野外博物館総論」を纏め、我が国の野外博物館研究の概念を確立させたのである。野外博物館から除外してきた収集機能を伴う民家園等の館園をも野外博物館に含め、現地保存型野外博物館と収集展示型野外博物館に分類し、新井のこの分類は現在でも野外博物館の基本的理念として引き継がれているのである。

九．網干善教・杉本尚次の野外博物館論

網干善教は『全国大学博物館学講座協議会研究紀要』第二号[21]で従来の伝統的、正統派的な博物館の枠から脱出して〝フエンスのない博物館〟すなわち自然環境、風土の中で活かすことのできる野外博物館を構想した。

杉本尚次は、海外の野外博物館の調査を数多く行ない、欧米諸国の野外博物館の特色について詳細に報告し、野外博物館の研究論文も多いが、海外の事例を論じたものが中心となっている。

最後に「野外博物館」の語の変遷を記す。

南方熊楠（野外博物館　一九一二年）
黒板勝美（野天のミューゼアム、博物館的公園、動植物園的博物館）
棚橋源太郎（路傍博物館、戸外博物館、歴史的家屋博物館、地下博物館、戸外文化財、民俗園、考古学園、戸外文化史博物館、地学園）
藤山一雄（露天博物館、路傍博物館）
木場一夫（路傍博物館、野外博物館　一九四九年）
渋澤敬三（民俗博物館、野外博物館）
濱田耕作（野外博物館　一九二九年）
後藤守一（野外土俗博物館）

註

（1）南方熊楠「神社合祀問題關係書簡」『南方熊楠全集7』平凡社、一九一二
（2）黒板勝美『西遊弐年　歐米文明記』文會堂書店、一九一一
（3）黒板勝美「博物館に就て」『東京朝日新聞』一九一二（黒板勝美『虚心文集4』吉川弘文館、一九四〇）
（4）註3に同じ
（5）棚橋源太郎「米國に於ける路傍博物館に就いて」『博物館研究』三―五、一九三〇
（6）棚橋源太郎『眼に訴へる教育機關』寶文館、一九三〇
（7）藤山一雄『帰去來抄』東光書院、一九三七
（8）藤山一雄『新博物館態勢』滿日文化協會、一九四〇
（9）木場一夫『新しい博物館　その機能と教育活動』日本教育出版社、一九四九
（10）木場一夫「学校博物館と路傍博物館」下泉重吉・永田義夫・中村浩監修『理科の学習指導　一般篇』金子書房、一九五〇
（11）今和次郎「小博物館の開設に際して」『建築世界』二九―二、一九三五
（12）濱田青陵（耕作）『博物館』アルス、一九二九
（13）濱田青陵（耕作）『考古游記』刀江書院、一九二九
（14）後藤守一『歐米博物館の施設』帝室博物館、一九三一
（15）鶴田総一郎「日本の博物館の状況について」『博物館研究』三三―一二、一九六〇
（16）鶴田総一郎「新しい博物館　宮崎村自然博物館」『社会教育』九―一、一九五四
（17）藤山亥治郎「野外博物館展示の家」『野外博物館総覧』日本博物館協会、一九七八
（18）新井重三「野外博物館総論」『博物館学雑誌』一四―一・二合併号、一九八九
（19）鶴田総一郎「博物館も進化する」『全科協ニュース』四―六、一九七四
（20）新井重三「エコミュージアムとその思想」『丹青』六―一〇、一九八七
（21）網干善教「野外博物館構想」『全博協研究紀要』二、一九九二

【落合知子】

遺跡（考古学）博物館論史

一．**戦前期の遺跡博物館論の動向**

遺跡博物館とは、遺跡の保存・活用を目的として作られた博物館である。収蔵物を館内に入れるような従来の博物館とは違い、不動産である遺跡の近くに博物館・資料館を建築し保存と一般の利用に供する博物館である。

遺跡保存と博物館について言及した初期の例としては、一九一二年（明治四五）に高橋健自が論じた「史蹟保存に關する建議書草案」が挙げられる。同論は、海外の例を引き合いに出して日本における遺跡保存の重要さを説いたもので、史跡保存のために地方部に博物館を設置し、地方ごとに保存事業にあたらせることを説いている(1)。

遺跡の保存と活用に博物館を用いる方法は、日本独自の手法ではなく、海外を見聞した識者たちにより日本に伝えられたものと考えられる。戦前期には、濱田耕作、黒板勝美、棚橋源太郎をはじめとする研究者が遺跡博物館論を展開し、複数の論考を確認することができる。

①濱田耕作の遺跡・考古博物館論

考古学・人類学者として学史に名を残す濱田耕作は、考古学的な関心に加えて博物館学にも造詣が深く、度々博物館についての論考を執筆している。濱田の博物館論は、一九一三年（大正二）に行った欧州留学の経験に基づくもので、『希臘紀行』(2)『考古游記』(3)『南歐游記』(4)などの書籍に海外の遺跡博物館についての記述を残している。特に『希臘紀行』では、遺跡と遺物が同時に保存されていないことについて、「生みの子を母親から引き割いてしまったやうな」と記し、遺跡と遺物を分離せず現地で保存することが必要であるとして、それを可能とする機関として博物館を挙げている。

濱田自身による博物館論は、一九二〇年刊行の『考古學講座』第一〇巻に収録された「考古學研究法(5)」の記述がその嚆矢である。同書では、博物館を用いた遺物整理について言及し、また、『博物館(6)』にて考古学に関連する博物館において展示すべき資料について論究しており、これらの論考は濱田の遺跡博物館論の前段階に位置付けられる。濱田の遺跡博物館論の集大成ともいえるのが、一九二二年に刊行した『通論考古學(7)』である。同書では、遺跡の修復法について海外の事例を基に解説しており、広大な遺跡については公園的に整備し、植樹などの必要もあるとした。また、遺跡に隣接して博物館を設けることを述べ、考古学の発展のために一般市民も利用できる研究機関としての博物館の必要性を説いたことが画期的であったといえる。

②黒板勝美の史蹟保護思想と遺跡博物館

黒板勝美は、一九〇八年から二年に亘って欧米諸国に留学し、帰国後の一九一一年には欧米留学の経験を基に『西遊弐年　欧米文明記』[8]を執筆した。黒板は、留学時に見聞した遺跡に隣接する博物館の必要性を痛感し、同書中の「希臘の發掘事業と博物館」において若干の遺跡博物館必要論を述べている。翌年には、「史蹟遺物保存に關する意見書」[9]、および「史蹟保存と歴史地理學」[10]を執筆した。当該二書において黒板は、史跡を「第一類：不動性質を有せる有形物」「第二類：變化し易き天然狀態中人類の文化と最も關係の深きもの」「第三類：傳説的史蹟」の三種に分類し、これらの史跡を原地保存することを主張している。

黒板による遺跡博物館論は、一九一七年発表の「史蹟遺物保存の實行機關と保存思想の養成」[11]がその嚆矢である。黒板は、以下のように遺物の保存場所として博物館の設置の必要性を説いている。

> 博物館の設置なき保存事業は、丁度竜を畫いて睛を點ぜぬやうなものである。（中略）いは、この博物館は一方に於いて遺物の保存場所であると同時に、他方に於いては史蹟遺物保存を計畫し實行する場所となるのである。

黒板は、後世に残す最適な遺跡保存のために博物館が必要であることを主張した。また黒板は、史跡保存のために国民の史蹟保護思想の涵養が必要であると主張した。そのためにも博物館が必要であると主張したのである。

③棚橋源太郎の戸外文化財と戸外博物館

棚橋源太郎は、一九三〇年（昭和五）発行の『眼に訴へる教育機關』[12]において、史跡を含む博物館に持ち込めない文化財を保存公開する教育施設として戸外博物館を紹介した。その後、一九四九年発行の『博物館』[13]では戸外文化財を次のように説明している。

> 戸外文化財とは、考古學的歴史的遺品や建造物、ならびに史跡名勝天然記念物で、學藝の研究上や教育上に値うちがあるというので保存されている文化財の中で、その性質上、どうしても、これを博物館の内や、動植物園などへ持ち込めないために、そのまゝ戸外に保存されているものをいうのです。

棚橋は、戸外文化財は可能な限り原地の環境を含めて保存することが望ましいと述べ、遺跡も戸外文化財であるとして近接して博物館を設置することを主張した。また、翌年発行の『博物館學綱要』[14]では、歴史博物館の内、先史時代の遺跡の公開を主とする戸外博物館を考古学園、それ以後の時代のものを戸外文化史博物館に分類し、それぞれについて検討している。

棚橋は、「遺跡博物館」や「考古博物館」といった名称は使用せず、一貫して戸外文化財の保存と活用に資する博物館の論を展開した。棚橋の論の特徴は、戸外博物館の一つとして考古学園、戸外文化史博物館を分類したことである。遺跡博物館を、野外博物館の内の一形態と位置付けた嚆矢は棚橋である。棚橋は、実物教育の重要性から博物館の必要性を説いた。戸外文化財は屋内に展示しているものと比べ一層教育的効果があることから、博物館をつくるべきであると主張した。これは教育を強く意識した論であるといえる。また棚橋は、郷土愛の育成のため、やがて訪れるであろう外国人観光客のために戸外博物館の必要性を説いた。

本章では、濱田・黒板・棚橋の三名に焦点をあてて論じたが、同時期には荻野仲三郎[15]、児玉九一[16]などが遺跡の保存と博物館について論じており、戦前期においても比較的多くの遺跡博物館論が展開されていたと理解できる。

二．戦後の遺跡博物館論

①中川成夫と岡本勇の遺跡博物館論

遺跡博物館を初めて主な研究対象として論文を執筆したのは、中川成夫と岡本勇である。

中川と岡本は、一九六三年（昭和三八）に「遺跡博物館の現状と課題[17]」と題する論文を発表した。これは、日本初の遺跡博物館である静岡考古館が開館した一九五五年の八年後のことであった。中川と岡本は、「遺跡博物館の現状と課題」の中で初めて遺跡博物館を定義したのである。まず中川と岡本は、濱田耕作の著書『通論考古學』を参考に遺跡を定義した。濱田は、遺跡を広義の遺物、考古学的資料、広義の物質的遺物としている。そのため中川と岡本は、遺跡を究極的には発掘調査という考古学的研究法を通じて研究されたもの、またされうるものとしたのである。これは、黒板の史蹟の条件や棚橋の戸外文化財から考古学方面に踏み込んだ定義である。その上で中川と岡本は、遺跡博物館を次のように定義している。

遺跡博物館とは、考古学的博物館と本来呼ばれるべきものである。考古学的資料、すなわち遺跡・遺物を収集保存・展示・研究・活用する博物館ということが出来る。（中略）学問の系統からは当然歴史博物館の部門に属するが、施設面の分類からは野外博物館の一部に含まれるといえる遺跡博物館とは歴史系博物館に属し、特に遺跡の保存と活用に重点を置く博物館と定義することができる。

中川と岡本は、以上の定義づけの上で遺跡博物館が博物館の全体数と比較すると非常に少ないことを指摘したのである。また中川と岡本は、「四、遺跡博物館の当面の課題」で浜松市立郷土博物館硯塚分館、静岡考古館を例に挙げ、遺跡博物館の将来の課題として下記の通り四つ記した。①積極的に教育研究面に活用するため、収蔵庫・展示室・研究室・整理室などの分離、あるいは貸出しのために設備、拡充の必要性。②学芸員のほかにkeeperをおき、これの博物館資料化を促進させる必要がある。③屋外展示として遺跡の絶えざる手入れ、補修、架設、そのために専任職員を必置すること。④教育的環境整備をよりよく行うこと、等の問題を挙げている。四つの課題からは、開発による遺跡の破壊が進んでいた日本では、十分な設備・人材を備えた遺跡博物館が存在していなかったことが窺える。中川と岡本の論は戦前期のものと比べると、より博物館資料としての遺跡の活用と保存、博物館施設についても考察している。また日本国内の遺跡博物館を初めて対象として課題を挙げていることも本論文の大きな特徴である。

②その他の遺跡博物館論

千家和比古、高橋弘明、戸田正勝、坪井清足の遺跡博物館論は、遺跡博物館を分類していることが特徴である。

千家和比古は一九八二年の「歴史系博物館展示雑考[18]」で島根県内の遺跡など屋外展示の整備に関して分類をした。そこでは対象面積、展示方法で分類がなされており、それを踏まえて遺跡の歴史的変遷を尊重した展示がなされていないとしてやみくもな環境整備を批判した。

高橋浩明は、一九八九年（平成元）の「遺跡博物館雑考[19]」で遺跡が博物館資料として直接資料と間接資料のどちらに当てはまるかで分け、そして補助設備については案内板のみのものから博物館までを七つに分類した。高橋は現在の問題点として保存や整備に関する制約が多い点や残された遺跡、案内板などから十分な情報伝達がなされていない点などを挙げている。

戸田正勝は、一九九三年の「栃木県における遺跡博物館の現状と課題　現地保存型遺跡博物館を中心として[20]」で遺跡博物館を現状保存非公開型遺跡博物館、現状保存公開型遺跡博物館、整備保存公開型遺跡博物館、広域保存公開型遺跡博物館の四つに分類している。戸田は、いかに史跡整備するか、非公開埋蔵文化財をいかに遺跡博物館と位置付けるかを課題としている。また戸田は、遺跡博物館を歴史の追体験を可能にする一般公衆のための学習の場となる社会教育施設であるとしている。その活用がなされれば郷土の未来社会創造の大きな要因になるとして、遺跡博物館の活用が地域に与える効果まで論じた。

坪井清足は、一九九七年に「遺跡博物館[21]」という論文を発表した。坪井は、遺跡博物館を市民もしくは研究者に対する教育機関であるとした上で、遺跡博物館を三つに分類した。Ⅰ類は遺跡の近くに博物館を建てる、若しくは近くの建物を使うなど遺跡と博物館は別々なもの。Ⅱ類は遺跡を覆屋で覆うなどして遺構自体を展示施設としているもの。Ⅲ類は調査継続中の遺跡博物館とした。坪井の論の特徴は、発掘調査が終了していない遺構についても施設を作って公開すべきであるとしていることである。また坪井の分類は、海外の遺跡博物館を参考にしていることも特徴である。このような千家、高橋、戸田、坪井の論は、日本国内の遺跡整備が進み、より多数の遺跡博物館を対象に論を展開していることがそれ以前との違いである。

青木豊は、二〇〇六年に史跡整備の例を時代別にまとめた『史跡整備と博物館[22]』を出版した。また二〇一五年には鷹野光行と共同で地域別に史跡整備例をまとめた『地域を活かす遺跡と博物館[23]』を出版した。青木は、『史跡整備と博物館』で史跡整備の第一義を〝地域住民の〝ふるさと確認〟であるところの郷土学習志向の契機である郷土学習の場、次に交流人口を求めるための地域おこし、村おこしであり、地域文化の核を創出することであるとしている。また青木は、『地域を活かす遺跡と博物館』で自然・景観・文化・歴史・民俗といった地域文化の保存と活用には野外博物館が必要であること主張した。そして遺跡には野外博物館を展開するための整合性を有すること、遺跡の有する学術情報を伝達するためには博物館が不可避であること、また遺跡に関する専門知識を有した上で博物館知識と意識を持った学芸員が必要であることを主張している。青木の遺跡博物館論は、遺跡博物館に期待される社会的役割まで及んでいることが特徴である。遺跡博物館を地域に存在する遺跡の価値を高め、郷土愛の育成や観光などの点で地域に寄与するものとしている。またそのために必要な点を挙げていることも特徴である。

三．遺跡博物館論の推移と現状

戦前の遺跡博物館論は遺跡自体の意味を考察することから始まった。その後の論の動向としては、欧米の遺跡博物館を参考に、遺跡に併設した博物館の建設を求めるものであった。戦後に入ると、日本でも遺跡博物館の建設が増加したため、それを対象に論を展開するように変化した。今日の遺跡博物館論は、施設面だけでなくその活動にまで及んでいる。現在の遺跡博物館論は、遺跡を保存し来館者に公開するだけの遺跡博物館ではなく、積極的に教育活動や地域につながる遺跡博物館の必要性が説かれるまでになったのである。

註

（1）高橋健自「史蹟保存に關する建議書草案」『考古學雜誌』二―五、一九一二
（2）濱田青陵（耕作）『希臘紀行』大鐙閣、一九一八
（3）濱田青陵（耕作）『考古游記』刀江書院、一九二九
（4）濱田青陵（耕作）『南歐游記』大鐙閣、一九一九
（5）濱田耕作（青陵）「考古學研究法」『考古學講座10』雄山閣、一九二〇
（6）濱田青陵（耕作）『博物館』アルス、一九二九
（7）濱田耕作（青陵）『通論考古學』大鐙閣、一九二二
（8）黒板勝美『西遊弐年　欧米文明記』文會堂書店、一九一一
（9）黒板勝美「史蹟遺物保存に關する意見書」『史學雜誌』二三―五、一九一二（黒板勝美『虚心文集4』吉川弘文館、一九四〇所収）
（10）黒板勝美「史蹟保存と歴史地理學」『歴史地理』二〇―一、一九一二（『明治期博物館学基本文献集成』雄山閣、二〇一二所収）
（11）黒板勝美「史蹟遺物保存の實行機關と保存思想の養成」『大阪毎日新聞』一九一七（黒板勝美『虚心文集4』吉川弘文館、一九四〇所収）
（12）棚橋源太郎『眼に訴へる教育機關』寶文館、一九三〇
（13）棚橋源太郎『博物館　社會科文庫』三省堂出版、一九四九
（14）棚橋源太郎『博物館學綱要』理想社、一九五〇
（15）荻野仲三郎「古社寺保存と史蹟保存（上）（下）」『史蹟名勝天然紀念物』一―四・六・九、一九二六
（16）児玉九一「史蹟名勝天然紀念物の保存と公園行政」『史蹟名勝天然紀念物』三―一、一九二八
（17）中川成夫・岡本　勇「遺跡博物館の現状と課題」『MOUSEION』九、一九六三
（18）千家和比呂「歴史系博物館雑考」『國學院大學博物館學紀要』六、一九八二
（19）高橋浩明「遺跡博物館雑考」『國學院大學博物館學紀要』一三、一九八九
（20）戸田正勝「栃木県における遺跡博物館の現状と課題　現地保存型遺跡博物館を中心として」『國學院大學栃木短期大学紀要』二七、一九九三
（21）坪井清足「遺跡博物館」『博物館研究』三二―六、一九九七
（22）青木　豊編『史跡整備と博物館』雄山閣、二〇〇六
（23）青木　豊・鷹野光行編『地域を活かす遺跡と博物館　遺跡博物館のいま』同成社、二〇一五

【大久保太智】

児童・子ども博物館論史

戦前期の日本の博物館の形態の一つとして、「児童博物館」と称される展示施設の設置が意図されていた。戦前期の教育関係書籍には、「児童博物館」「学校博物館」なる博物館名称を頻繁に目にすることができる。また、『博物館研究』をはじめとした様々な分野の雑誌に於いても同様の用語が多々見られ、当該時期の博物館の一形態として一定の傾向を見出すことができる。現在論じられている欧米由来のチルドレンズミュージアム・子ども博物館論だけでなく、我が国にもこのような児童博物館論が存在しており、少数ながらもその実践を行った歴史は、博物館学史上重要な意義があると断言できる。

一．明治期の児童博物館論

我が国に於いて、最初に「児童博物館」の語が確認できるのは、一九〇〇年（明治三三）にブルックリン子ども博物館（The Brooklyn Children's Museum）を紹介した「佛國ブルークリン學會の兒童博物館」と題する記事である。同著に於いては「佛國」に所在するとの記載があるものの、開館年やベッドフォードに所在するという立地、館の概要等からアメリカのものを指していると判断でき、ブルックリンの所在地について訳者の認識が誤っていたものと推定できる。

同著では、児童博物館・少年博物館などと用語の統一がなされていないものの、人間生活の全てを対象とし、自主的な学習を促すことによって児童教育を促進するための機関と要約できる。[1] 同著の記載では、「兒童を樂ましめ、且つ啓發する」ことを意図し、なるべく幅広い範囲の青少年に楽しみながら実益（＝教育効果）を得られる機関を目指していることが特徴である。当論は、我が国にチルドレンズミュージアムを紹介した初の論であり、「児童博物館」との訳語を用いた最初の文献である点を先ず強調しておきたい。

続いて明治期に論ぜられた児童博物館論は、谷津直秀の「博物館内の兒童室」である。谷津は、アメリカのスミソニアンのチルドレンズルームを日本へ紹介し、その必要性について述べている。[2] 谷津は、あくまで児童の教育に博物館が有効であるとの考えのもと、子どもの知識レベルに合わせた教育施設である児童博物館を求めたのである。

教育活動に援用する施設論を多く執筆している山松鶴吉は、一九一〇年の『現今小學校の欠點及改良方法』に於いて、児童博物館論を展開している。[3] 山松の意図する児童博物館は、展示に供する資料に「教具」を充て、教具類を学校全体に配置して児童の自学・自習に供するという学校博物館的な考えを持っていた。また、児童に教具を自由に観覧・操作させることが直観教授上有効であるとの考えのもと、展示・活用施設の設置を熱望した。これは、自由な発想をもって児童が望むタイミングで観察・実験を行うことで、児童の独創性を引き出し、より円滑な自主学習を促すことができるとの考えに基づくものであり、「マインズ・オン」展示の考えを呈した初期の例と把握して良いのではなかろうか。

このように我が国の児童博物館論は、アメリカで発生した児童のための博物館を我が国に紹介し、その必要性を説くことから開始されたのである。しかし、明治期の日本では、学校教育の手助けをする教育博物館は存在していたものの、具体的に博物館に於いて教育を行うという意識が希薄であったことから、チルドレンズミュージアムの意を持った「児童博物館」は、広く大衆に受け入れられなかったものと推察できる。

二．大正期の児童博物館論

一九一七年（大正六）に小学教育研究会が刊行した『小學校の模範的設備』では、児童博物館を学校博物館と同等の存在と記載している。[4] 同著では、「校内に教具を配置」し「自學自習」を促すための存在として児童博物館を位置づけている。また同著では、児童・生徒の自主的な「實驗」を促し、より実践的な能力を涵養する存在であることを謳っている。

東京女子高等師範学校附属小学校の教諭であった吉田弘は、雑誌『児童教育』に於いて児童博物館に関する論を展開している。[5] 吉田の考える児童博物館とは、学校教育に資する当時主流の考えに基づくものであった。しかし、吉田は単に資料を展示しておくだけの静的な博物館に対して否定的であり、常に変化を続け児童の興味関心を引き付ける動的な存在でなくてはならないとも述べている。当該時期の児童博物館論では、教材を全て展示して児童の自由な観覧に供するという考えが主流であったにも拘らず、さらに一段階進んだ「活きた」博物館を目指している点で先見的な論であると断言できる。

三．昭和期の児童博物館論

①児童博物館論の主流

一九二七年（昭和二）、長沢末次郎が執筆した『自發的學習態度養成を基調としたる學習指導の實際』は、児童・生徒の自主的・自発的な学習を促すために教員がするべき指導法を論じた論著であり、その実現のために児童博物館が必要であると論じている。[6] 長沢は、前掲の『現今小學校の缺點及改良方法』や『小學校の模範的設備』と近似の論を展開していることが指摘できる。児童博物館論の一潮流として、「学校内に配置」「教材・教育参考品を展示」「児童の自主的な学習の創出」をキーワードとした児童博物館が求められ、様々な研究者・教育者が異口同音に論じている傾向が見出せる。上記キーワードに基づく児童博物館を論ずる論著では、他に同年刊行の『優良小學校の經營方針[7]』、『體驗主義新理科教授法[8]』、一九二九年の『各科學習の作業化と其方案[9]』、一九三一年の『綴方教育の分野と新使命[10]』、一九三六年の『社團法人紫城建設趣旨・城則[11]』などが確認でき、取りも直さず実物を用いて児童が自由に学習できる場としての児童博物館を求めていたことが指摘できる。

②棚橋源太郎の児童博物館論

昭和期の児童博物館論として、棚橋源太郎の論考が特徴的である。棚橋は、一九三〇年に『博物館研究』誌上で「兒童博物館問題」と題する論考を発表し、同年十一月に刊行した『眼に訴へる教育機關』に於いても第七章に児童博物館に関する章を設けるなど[12]、児童博物館論に於いても持論を呈している。棚橋の意図する児童博物館の定義は、「兒童博物館問題」の中に確認することができる[13]。棚橋の児童博物館は、児童に対する発達研究や養護に関する種々の資料を備えた児童学博物館と称する館と、児童を教育するための各種資料を備えて児童に直接享受する児童教育博物館の二種が存在し、当該時期に於いては後者の博物館が盛んに設置される機運にあったと述べている。これは、教育を研究する者・機関に対し、児童や児童教育機関の数が圧倒的に多く、また直観教授・実物教授の重要性を鑑みて児童博物館が希求されていた時代背景に基づくものと推定される。

棚橋の児童博物館論に於いて、同時期の教育者・研究者と異なる点は、「学校博物館」と「児童博物館」を明確に区別して論考している点である。当時の児童博物館論の大半は、学校に附属する教具室・器械室等を改修した学校教育のための博物館であり、今日の「学校博物館」に比定される。これに対し棚橋は、「学校博物館」は小学校から大学に至るまでの実物教育施設、「児童博物館」は上記の「児童学博物館」と「児童教育博物館」に分類する別概念の存在として両者を認識している。例えば「学校に附属する児童博物館」のような並列的な存在として両者を捉えているのである。当該時期に於いて、これほど明確に両者を区別した論は他になく、現在に於いても両者を混同している例が絶えない中で、非常に先見的な思想と看取される。

③吉野楢三の児童博物館論

吉野楢三は、児童博物館の分野に於いて先進的なアメリカの事例を取り上げ、実物教育・直観教育に活用するための機関として児童博物館を紹介している。吉野の唱えるところの児童博物館は、青少年の科学知識の向上と探求心の充足を可能とする施設としている。(14) 同著に於いて吉野は、児童博物館を「児童のための直観教育施設」と位置づけ、一般博物館の事業の振興と共にその設置・運営を促進しなければならないと指摘している。吉野は、日本の更なる国際進出・産業躍進のためには科学の発展が第一であるとの考えを持ち、科学の振興およびそのための科学教育には産業博物館・科学博物館の存在が不可欠としている。しかし、当時の日本では、世界に誇れる産業・科学博物館を持っておらず、次代を担う青少年の科学教育が不十分であるという現状から、児童博物館の建設は急務であると論じている。

また、吉野は、学校教育の書籍中心の抽象的且つ形式的な指導方法のみでは児童の学習には不十分であり、モノを観察・実験しそこから得られる様々な情報を得ることを重要視している。これは、児童の自主的且つ積極的な博物館利用による実物学習が、科学知識の涵養に有効であるとの考えに基づくものと推測される。

④児童博物館論の終焉

戦前・戦中期に隆盛を見た児童博物館論は、戦後には論じられなくなる。「児童博物館」の語は、棚橋や木場一夫が著書内で取り扱っている例を僅かに確認できるものの、これらは欧米の館を取り上げて分析したものにすぎず、戦前期に主流であった学校教育に資するための児童博物館は太平洋戦争終結とともにその姿を消すのである。この背景には、やはり戦争の存在と戦後の教育内容の刷新が影響していると推定できる。

戦時中は、疎開や学校の休校に伴い博物館が休止・閉鎖され、また資料の一部は金属供出によって散逸していたところから、事実上児童博物館は機能を喪失していたのである。また、戦後日本教育では、敗戦に伴う領土返還によって書き換えられた日本地理や、皇国史観を放棄して指導内容の一新を図った歴史分野など、戦前・戦中期の指導内容から大きな転換が行われた。これにより、従来の教育に基づく展示が意味を成さないばかりか、場合によっては軍国的であるとして廃棄・放棄が求められた資料もあったと推定できる。

混乱の戦後期に於いては、各機関が児童博物館を運営していく体力が無く、上記の理由もあって博物館が閉鎖され、児童博物館の必要性を説く論も衰退していったものと考えられる。

四　児童博物館思想の特性

これまでの諸説を分析すると、当該期の日本における児童博物館論は大きく二種の系統に分類することができる。

第一として、「学校教育」のための施設との認識である。我が国の教育は、現在に至るまで学校中心の教育制度が採用されており、博物館による教育は教育カリキュラム上の副次的な存在として認識されている。日本では、教育＝学校教育と考えられることが一般的であり、我が国の博物館黎明期に開館した「教育博物館」が、学校教育の補助を主たる業務としたことも相まって、教育に関係する博物館は学校教育のための施設と認識されたのである。また、欧米の児童博物館を紹介する論に於いても、授業の一環としての博物館利用や学校教育上の効果を謳う記載が多く見受けられ、学校ありきの児童博物館という感が醸成されたこともその一因である。

また、当該期の児童博物館は、学校博物館と同一視される傾向が認められる。これは、児童博物館が学校教育のための施設との認識のもと、「児童」の学校教育の補完を目的に、学校に保管されている教材・教具を展示の対象とし、学校内に開館した「博物館」が多数見受けられ、児童博物館・学校博物館の両用語を混乱させているのである。この両者を使い分けている教員・研究者は、確認できた中では棚橋源太郎と吉野楢三のみであり、その定義について明確に論究しようとする論は確認できなかったことから、一般教員や他の研究者の中では両者を同一、または近似の博物館と捉えていたと推定できる。

第二としては、学校教育とは異なる児童教育のための機関と認識する論である。当系統の論は、海外の児童博物館を紹介し、日本流の児童博物館の設置を求める論とも換言できる。代表的な論は、吉野楢三の科学教育を目的とした児童博物館論や京都に実在した仏教児童博物館に関する論(15)

が挙げられる。吉野の意図する児童博物館は、児童が自らの探求心に基づいて科学知識を得られる機関の必要性を訴え、社会に広く開かれた青少年科学博物館を求めた論である。また仏教児童博物館は、ボストン子ども博物館（Boston Children's Museum）を範とした児童の社会教育のための博物館である。両者の共通項として、児童の教育に基軸を置いているものの、学校教育では学べない分野の教育を標榜し、社会教育機関としての児童博物館を意図していることが指摘できよう。両者は、どちらもアメリカのチルドレンズミュージアムの思想・技法に影響を受けており、単にそれを紹介するのではなく、自らの思想や所属組織の要素を絡めつつ独自の児童博物館像を描き出していることが特質であろう。

おわりに

当該時期の児童博物館は、海外からのチルドレンズミュージアムの情報流入や実物教育を重要視する学校教育、現在とは異なる教育体系などに基づき、様々な要素が混在した存在となっていたことがわかる。また、アメリカ式の児童博物館論を導入し、日本式にアレンジして実践を目指す例があるなど、現代日本のチルドレンズミュージアム・子ども博物館研究の基礎となり得る論が存在していることも特徴的であろう。戦前期に於いて、欧米とは異なる意図を持つ我が国独自の児童博物館が計画され、その実践をみたことは、児童に対する博物館の活用を目論んだ初期の例として重要である。

註

(1) 吉 武生「佛國ブルークリン學會の兒童博物館」『今世少年』一―一一、一九〇〇
(2) 谷津直秀「博物館内の兒童室」『動物學雜誌』二〇―二三七、一九〇八
(3) 山松鶴吉『現今小學校の欠點及改良方法』同文館、一九一〇
(4) 小學教育研究會編『小學校の模範的設備』小學教育實際叢書一―七、目黒分店、一九一七
(5) 吉田 弘「兒童博物舘の施設と教育的利用」『兒童教育』二〇―七、一九二六
(6) 長沢末次郎『自發的學習態度養成を基調としたる學習指導の實際』目黒書店、一九二六
(7) 成瀬 涓『優良小學校の經營方針』創生社、一九二七
(8) 堀尾実善『體驗主義新理科教授法』教育研究會、一九二七
(9) 五味義武『各科學習の作業化と其方案』東洋圖書、一九二九
(10) 田中豊太郎『綴方教育の分野と新使命』郁文書院、一九三二
(11) 紫城後援會『社團法人紫城建設趣旨・城則』一九三六
(12) 棚橋源太郎『眼に訴へる教育機關』寶文館 一九三〇
(13) 棚橋源太郎「兒童博物館問題」『博物館研究』三―四、一九三〇
(14) 吉野楢三「兒童博物館建設の急務」『帝國教育』六七四、一九三五
(15) 中井玄道「京都佛教兒童博物館の概況」『博物館研究』一一―一〇、一九三八

【中島金太郎】

企業博物館論史

一．企業博物館論の活発化

日本の博物館学における企業博物館に関する議論が本格化したのは、同種の施設が顕著に増加した一九八〇年代の半ば以降のことである。

当然この時期以前にも企業設立の博物館は存在し、明治以降の博物館の発展に寄与した施設も含まれている。しかし、その多くは創業者の美術工芸品のコレクションを公開する美術館が多く、博物館学のなかでは私立美術館・博物館として扱われ、企業博物館論という分野は未発達だった。

一方、一九八〇年（昭和五五）前後からの時期、企業の社会的位置付けや役割が変化していった。太平洋戦争後から、高度経済成長期にかけて、企業は復興に大きな力を発揮し、戦後日本社会を牽引した。しかし、一九六〇年代以降、社会が落着きを取り戻し、国民意識の優先度が、経済的豊かさから精神的豊かさへと移行するなかで、急速な経済成長に起因する公害や都市の過密化等が社会問題化し、その責任が企業へと向けられた。この時期以降、企業は単に利潤を追求するだけでなく、社会貢献や情報公開等、新たな社会的役割を期待されるようになった。こうした社会情勢の下で、自らの社会的存在意義を示す意味も含め、社史の編纂に取組む企業が多く現れ、多彩な社史が刊行され、企業の歴史や理念を示すだけでなく、明治以降の近代化や技術的系譜を解き明かす有効な基礎資料としても評価された。あわせて、社史の編纂に不可欠な企業内史資料の収集も行われた。こうして企業内に蓄積された史資料をさらに活用し、企業の存在価値を社会に発信する手段として注目されたのが企業博物館で、社業に関する史資料を蓄えた企業を中心に、多彩な企業博物館が誕生するなかで、企業博物館に関する議論が活発化していくことになった。

二．企業博物館論の流れ（初期から一九九〇年代を中心に）

一九七〇年代は、国民の生活意識が経済偏重から「心の豊かさ」にシフトするなかで、博物館の役割が再認識され、各地に多くの公立博物館が設立された時代でもあった。一九七三年（昭和四八）に文部省が示した「公立博物館の設置及び運営に関する望ましい基準」も、公立博物館設立に具体的指針が求められた時代の要請を受けたものであり、こうした状況のなかで、同時期に盛んになる企業博物館設立の流れを受け、当時の企業博物館論は展開されていった。同時期に出版された『世界の博物館』[1]もこうした時代性を反映しているが、その続編『日本の博物館』[2]の第一三巻は『産業の発達史「企業博物館」』として編集された。監修した吉田光邦は、海外の産業技術系博物館の事例を通して、近代産業遺産・資料の保存活用の重要性を説き、日本での産業技術系博物館の誕生を評価する一方、技術革新の加速によってスクラップ・アンド・ビルドが進むなかで近代化遺産の消失に危機感を抱き、国立の産業技術史博物館設立の必要性を訴えた[3]。

こうして企業博物館に対する関心が高まるなかで、議論の基礎となる調査も行われ、丹青総合研究所と企業史料協議会による合同調査では、一九八七年の時点で国内に二八五の企業博物館が確認され、各施設の設立目的や施設概要等に関する基礎的データが蓄積されていった。

一方、企業博物館に関する初期の議論では、その定義や分類が主要な課題となり、基本的枠組みの整理と考察が行われた。佐々木朝登は、「企業がその生業に関わるものの資料を保存、展示、公開している施設」という簡潔な定義を提示し、その後の議論を深化させる糸口を開いた[4]。星合重男は、「自社の歴史とその背景にかかわる諸資料を保存・展示し、企業理念の理解を得るために、企業が設立する施設」との定義の下に、設立目的を整理し[5]、企業創業の理念や社史を示す「史料館」、製品や生業の歴史を中心とする「歴史館」、新技術や未来技術で夢を語る「技術館」、企業理念と社会貢献の在り方を示す「啓蒙館」、工場見学との併設により製造工程の理解や企業好感度を高める「産業館」の五つのタイプに区分した。星合は、一方で多くの施設では二つ以上の機能が併設され、区分にあてはめる境界は明確ではなく、多様な企業博物館を類型化する難しさも指摘している。

これら、当時の日本における企業博物館に対する議論に大きな影響を与え、世界的にも、一九八〇年代以降の企業博物館研究に主導的役割を果たしたのがV・J・ダニロフ(Danilov)である。ダニロフは、シカゴ産業科学博物館の館長兼最高経営責任者を務めた人物で、企業博物館(Corporate Museum)について、「博物館的環境のなかで、実物の展示を中心に、企業の歴史や事業、または企業理念や企業のめざすところを従業員、顧客、大衆に知ってもらう企業の一機能」という定義を示している[6]。その一方で、従来から存在した企業設立の美術館(Corporate Gallery)については、企業博物館と類似の施設ではあるが、美術に特化することで、所蔵資料が企業の生業と無関係になったり、経営者の芸術的趣向の反映、企業の地域や社会に対するメセナ機能が中心となる場合が多いといった点を根拠として、上記の定義による企業博物館とは一線を画す位置付けをしている。また、当時のダニロフの企業博物館への言及で留意すべき点は、企業博物館は、いくつかの例外を除いて、アメリカ博物館協会（American Association of Museums＝AAM、現在のAmerican Alliance of Museumsの前身組織）による博物館の定義に該当しないと指摘していることである。AAMの定義で博物館は、「組織された恒久の非営利機関であり、その活動目的は教育あるいは芸術振興である。また専門職員が配置され、実物資料の収集・保管を行い公衆に対して展示を行う」機関であるとしているが、ダニロフは、企業博物館について、「営利を追求する企業の一部である」「実物資料を持たない場合もある」「施設の性格と目的がしばしば商業主義的」「専門職員がいないケースが多い」「いつも公開されているわけではない」という点においてAAM定義の博物館と相違するとしている。このダニロフの指摘は、当時のアメリカ合衆国においても、企業博物館が発展の途上にあった状況を物語っているといえる。

諸岡博熊は、一九八一年に開催された「神戸ポートピア博覧会」にUCCが出展したパビリオンを、博覧会終了後も企業博物館として活用する計画を進め、梅棹忠夫らの助言を受けながら、企業博物館のマネジメントに対する考察を深めた。そこでは、企業が社会的責任を果たすなかで「善良な企業市民」としての姿を示し、企業と社会、とりわけ基盤とする地域社会への貢献を具体的に展開する装置として企業博物館が適していることを主張している。社内に蓄積された記録や実物資料を活用して発信し、地域の活性化に資すること、高度化複雑化することで産業技術がブラックボックス化するなかで遊離する企業と生活者を結びつけること、こうした企業博物館の活動を通して企業の存在意義を効果的に示すことができ、その機能は、企業の社会に対するコミュニケーション活動であり、単なる宣伝・広報とは一線を画すパブリック・リレーション（PR）を行うことができるとしている。(7) その一方で諸岡は、企業博物館と公立博物館の機能比較において、社会教育施設として教育普及を重視する公立館に対し、企業博物館は観客本位の運営のなかで、観客が自由に情報を受け止め楽しめる環境が重要であるとしながら、そのために企業博物館も、館のコンセプト、館長、学芸員、調査研究、広報、設備等、基本的に博物館に必要な機能を備えたマネジメントの必要性を指摘している(8)。

三．企業博物館論の流れ（二〇〇〇年代以降を中心に）

こうした議論を経て、今世紀以降、企業と社会の関係が多様化複雑化し、企業の社会的責任に対する認識が強まるなかで、企業の社会に対する自社PRの在り方も並行して多様化し、企業博物館にも新たな役割が期待されつつある。企業博物館が対象とするターゲットも、製品の顧客や立地する地域の住民からさらに広い範囲の一般市民、また、投資家や株主、企業内や関連会社等の社員・職員へと拡大した。社員や関連業界の関係者に対しては、創業の理念や企業文化、モノづくりへの取組み姿勢といった企業のアイデンティティを示し、理解を促し継承する研修学習施設としての機能を求められ、アーカイブ化された技術資料や実物資料は、新たな研究開発の参照資料としての活用を期待される。逆に広く社会に対しては、創業以来の歴史、変わらぬ理念、自社の歴史を大切にする企業風土等、企業に対する好感を醸成する装置としての役割が求められる。また、立地する地域や住民に対しては、地域活性化への貢献とともに、学校や生涯学習グループ等との連携による事業の展開等、社会貢献に基軸を置いた企業のCSR活動との連動によるフィランソロピー活動の強化につながる活動の中核施設としての役割期待も大きくなりつつある。

こうした企業の役割期待の拡大は、生業に関する博物館の拡大と機能深化を促す一方で、かつて企業博物館のカテゴリーとしては距離をもって捉えられていた美術館やビジターセンターといった施設との境界を希薄化し、生業のみならず、創業者のコレクションの公開や現代美術等への支援活動についても、博物館という装置を通して企業が社会に発信できる有効なイメージ向上のための戦略的取組みと捉えられるようになり、かつてダニロフが定義した企業博物館の枠組みも拡大しつつある。

こうした企業博物館の状況について、中牧弘允は、経済人類学的考察による新たな解釈を試みている。中牧は、企業博物館を設置企業の「神殿」に例え、その役割を神聖化と位置付けている。そこに示される企業理念や企業文化は、企業博物館という神聖化装置を通して示されるとする。企業の歴史や技術、事業内容等の発信に対して期待されるのは「尊敬」という概念であり、具体的には博物館事業を通して社会や利用者から獲得する、企業や製品についての信頼感に基づく良好なイメージ形成と位置付けている。その発展型として、個別企業の生業や歴史にこだわらず、自社名称等にもこだわらずに業種全体の歴史や技術に力点を置く企業博物館の展開は、メセナやフィランソロピー的側面を強調する形態であり、社会的尊敬を獲得する手段として機能している点に注目している。(9)

一方、高柳直弥は、これまでの企業博物館論の流れを概観し、海外における企業博物館に関する研究事例等を考察しつつ、経営する企業が、自社や自社製品のイメージ構築のために、積極的に展示内容やレイアウトを編集する姿勢を紹介している。そこでは、伝えたいイメージを効果的に表現できる資料や事項を選び強調する一方で、伝えたくない歴史やテーマは展示から外して忘れさせるといった、企業による博物館のコントロールを指摘している。(10)また、高柳は粟津重光とともに、従業員に対する集団アイデンティティ形成の装置として企業博物館の役割に着目し、企業と従業員のコミュニケーションツールとして、企業内の文化遺産形成と従業員への企業アイデンティティに関する新たな気付きを与える仕組みづくりの必要性を示している。(11)また、堀江浩司は、企業博物館と企業の関係について、今後、より戦略的なCSR活動を企業が展開する上で、企業博物館が有する資源の重要性や情報発信の在り方が、企業の持続的競争優位の観点から可能性を持っている点を指摘している。(12)

四．現状の課題と今後の方向性

これまでの企業博物館論の流れを踏まえ、企業博物館の現状を概観すると、博物館としての機能を整備した上で、着実な活動を展開し社会的評価を得ている企業博物館が数多く存在する。その一方で、基本機能の整備もなく企業PRを目的として設立される未成熟な企業博物館の存在も否定できない状況である。

こうした現状を踏まえ、今後の企業博物館論についての展開の方向性を考える上では、博物館を企業の対社会的な戦略的コミュニケーションの手段として利用しようとする企業に対して、博物館の基本的機能に対する理解を促すために有効な博物館学的議論が求められる。そのなかで、企業の戦略的意向で博物館活動をコントロールすることなく、相互理解に基づく目的を理解共有した上で、事業から独立した機能として、企業内に蓄積される歴史文化資産の保護と継承、調査研究と情報発信活動をとおして、博物館が質の高い活動を展開できる環境を整備する仕組みづくりが必要である。

そのためにも、企業博物館の実態に関するより精度の高い調査の実施と結果に対する分析と研究を深める必要がある。また、国内法のみならず、国際的視野に基づくＩＣＯＭ（国際博物館会議）が定める博物館の定義や、二〇一五年（平成二七）にＵＮＥＳＣＯ（国際連合教育科学文化機関）が採択した「ミュージアムと収蔵品の保存活用、その多様性と社会における役割に関する勧告」の主旨や内容との関連の下で企業博物館の在り方を議論することも必要であり、そのために全体の博物館学の議論と連携した企業博物館論の発展的展開が不可欠であると考える。

註

(1)『世界の博物館』講談社、全二二巻・別巻、一九七七〜七九

(2)『日本の博物館』講談社、全一三巻、一九八〇〜八二

(3)吉田光邦「近代技術と産業の発達」『日本の博物館13　企業博物館』講談社、一九八一

(4)佐々木朝登「期待される企業博物館」企業史料協議会編『企業と史料』二、一九八七

(5)星合重男「企業の博物館に期待するもの」企業史料協議会編『企業と史料』五、一九九五

(6)Danilov. Victor J. *Corporate Museums, Galleries, and Visitor Centers: A Directory*, Greenwood press. 1991

(7)諸岡博熊『企業博物館時代』創元社、一九八九

(8)諸岡博熊『企業博物館論　ミュージアム・マネジメント』東京堂出版、一九九五

(9)中牧弘允・日置弘一郎編『企業博物館の経営人類学』東方出版、二〇〇三

(10)高柳直弥「「企業博物館」の成立と普及に関する考察」『大阪市大論集』一二八、二〇〇一

(11)高柳直弥・粟津重光「インターナル・コミュニケーションの道具としての企業博物館と企業のアイデンティティ」『広報研究』一八、二〇一四

(12)堀江浩司「企業博物館と競争優位」『広島経済大学経済研究論集』三八―三、二〇一五

参考文献

半田昌之「企業博物館の課題と展望」『たばこと塩の博物館研究紀要』七、二〇〇〇

帝国バンク史料館『別冊 Muse』二〇一三

【半田昌之】

学校附属博物館論史

一．学校博物館の捉え方

ここでは、学校附属博物館（以下、学校博物館）として、まず明治期の直観主義教授法に基づく実物教育や、大正期の新教育運動の高揚により、教育実践の場として学校内に設けられた博物館を取り上げる。これは単に教材教具を保管する場にとどまらず、学校教育を補助するための施設として設置されたものである。「学校博物館」「児童博物館」の名称が混在するが、一般的に児童を対象とした「児童博物館（Children's Museum）」とは異なる。ついで、郷土教育運動の展開とともに学校内に設けられた「郷土（資料）室」についても、学校博物館の一形態として言及する。

なお、学校園については、伊藤寿朗が学校博物館の文脈で捉えたように[1]、環境、作業、実物教材を通じて学校教育に資するものであり、植物園、岩石園も含め、広義の学校博物館として考えることができるが、紙幅の関係上ここでは割愛し、学校美術館、学校動物園についても同様とする。また、高等師範学校附属東京教育博物館など学校に附属する教育博物館も、ここでは対象としない。

二．初期の学校博物館論

東京高等師範学校講師、長野県松本女子師範学校長を務め、小学校教育にも携わった山松鶴吉は、小学校の「特殊諸室の設備」について述べ、「学校博物館」に言及した。別に、「児童博物館」「児童實習室」とも表記する。山松は従来の器械標本室を「教授用具の秘藏」と批判し、教具を校内各室各所に「出陳し、兒童をして自由に之を観察せしめる仕組み」にして「兒童の自學」を促し、学校博物館に教具の展示・活用の機能を持たせた[2]。

同時期に理科教授の観点から小学校教育を論じた神野淺治郎は、教授上の補助としての実物教育における「學校博物館」「教室博物館」を提言した。前者は校舍の一室に実物標本類を陳列し、後者は教室の一隅にそれを陳列することを言う。ここで対象とする資料は理科のみならず地理・歴史・読方・算術など各科に及び、それにより児童の観察批評の眼を養うとともに、児童が資料の収集、整理、陳列に関わるべきことを述べた[3]。

小学教育研究会編『小學校の模範的設備』では、実物教育による「實際的實力の養成」を目的として児童博物館の必要性が主張された。器械標本類の一般的陳列に加え、郷土資料の陳列をあげて郷土の理解について触れ、児童による収集品・製作品の陳列の場としてもその効用を論じた。さらに職員中に児童博物館主任を置き、見学にあたっては児童を指導し、児童による観察研究実験の結果を整理吟味することが肝要であるとする。[4] この時期の学校博物館論は、実物教育の理念のもと、学校教育を補助する施設としてその機能を捉えている。

一方、歴史学者である黒板勝美は、史蹟遺物の保存にあたり、地方の状況によっては博物館の建設に先立ちまず収集を行い、その保存施設として学校の標本室をあてる一策を示した。[5] 学校博物館を地域資料の保存施設と捉える見解であったが、これはその後の発展を見ない。

一九〇二年（明治三五）には英国政府教育視察派遣員E・P・ヒュースが来日して東京高等師範学校で教育実践の講義を行い、その筆記記録である『ヒュース嬢教授法講義』が刊行された。[6] 棚橋源太郎はこの筆記記録に関わり、その学校博物館論に大きな影響を受けた。棚橋は一九一八年（大正七）に「學校圖書館と學校博物館」において、各学校に博物館的施設を設けることの不経済性と貧弱性を指摘し、学校博物館について批判的な見解を表明している。[7]

東京教育博物館嘱託、公立実業学校長を務めた堀尾實善は、学校と博物館の連携について述べ、学校博物館と郷土博物館に言及した。[8] 堀尾は学校に附設した博物館を学校生徒のみならず一般に公開して、学校教育と社会一般の知識増進に貢献することを掲げ、社会教育上、学校当事者、児童生徒にとっての三つの観点からその価値と効果を見出した。そして教師の教材研究と生徒の自学的研究や収集努力に触れ、これを単に学校開放とのみ捉えるのではなく、一種の教育方法として学校博物館を経営する必要性を唱えた。

三．郷土室の隆盛

昭和期に入ると学校附設の郷土室や郷土博物館の設立が急速に進む。一九三〇年（昭和五）の文部省「郷土室施設奨勵」、第二回全国公開実物教育機関主任者協議会の答申、一九三一年の第三回全国博物館大会における答申や「學校博物館施設奨勵建議」、一九三二年には第四回全国博物館大会でも学校の郷土室経営について取り上げられるなど、昭和天皇即位の大典記念事業も契機となって、学校に郷土室を設置し公開することが奨励された。文部省は一九三〇年から三一年に全国の各師範学校に「郷土研究施設費」を交付し、各校に土室を兒童に作らせる」ことに重点を置き、資料の収集、陳列、保管に児童の協働を求めた[10]。

さらに山崎博、石山脩平らが、郷土教育を論じるなかで学校に附設される郷土室に触れ[11]、郷土教育連盟編『郷土教育』第一八号・第二三号では、郷土研究教育施設として郷土室の実例が多数報告されている[12]。

四．棚橋源太郎の学校博物館論

棚橋源太郎は、学校博物館について批判と奨励という相反する主張を展開した。一九二八年（昭和三）の「學校教育と博物館」でいつも同じものを陳列し続ける停滞した学校博物館の弊害を述べ[13]、一九三〇年には「郷土博物館問題」において、近年の郷土博物館建設運動に言及し、博物館の実情を知らないまま「農民藝術の鼓吹者」が農村に郷土博物館建設の必要性を唱え、初等教育関係者が小学校内に郷土室を設置するよう主張したのに対し、考慮を要するべき問題で直ちに賛同はできないとした。そして小学校の郷土室設置に不賛成の理由として、各学校内における陳列は教育上の効果が少なく、経済的にも浪費になるとの二点を挙げた[14]。

また「學校博物館問題」（『眼に訴へる教育機關』にほぼ同文を再掲）で、教師の手による収集陳列とそれを児童がた

おける郷土資料の収集や郷土室の設置が推進された。また一九三〇年には郷土教育連盟の結成、機関誌『郷土』の創刊により、郷土教育運動が積極的に展開されていく。これらを背景に、郷土博物館論が盛んとなり、郷土室についても多くの論考が見られる。

農村教育者である大西伍一は、農村教育研究会を組織し、郷土教育連盟の準備誌となる『農村教育研究』を編集発行した。同誌第二巻第一号は「郷土館號」として特集を組み、棚橋源太郎、柳田國男、小田内通敏らが農村における郷土博物館の諸問題を論じ、全国の五つの小学校の事例が掲載された[9]。

そして郷土教育の実践家である峯地光重と大西伍一の共著『新郷土教育の原理と實際』で、「郷土室の建設」と題して郷土室に関する一章を設けた。郷土室に農村資料の保存と郷土保護という社会的使命を認め、博物館としての学術的な使命とともに、一般公開による社会教育の目的の達成を掲げる。設置場所として小学校その他を挙げるが、これは「村の中央で、集まり易い所」「火災と盗難の虞のない所」「管理者をわざ〳〵雇ふのも手數だから、學校・役場・社寺等に附設すれば便利」との理由による。しかし「郷

だ見るだけの「静的學校博物館」を批判し、児童が自ら関わる「動的」な学校博物館論を展開する。[15] そして一九三一年に『郷土』に掲載された「郷土博物館問題」では、各学校における郷土室新設の風潮に対し、むしろ数校が協力して郷土博物館を建設し共同利用する案を述べる。[16]

さらに一九三二年の『郷土博物館』で、町村に郷土博物館を設置できない場合は、小学校の「郷土資料室」を代用し、学校設備の一つであると同時に町村全住民の社会教育の目的にも利用するという見解を示しつつ、これを教師が用意し児童に開放して見せるのではなく、「今日の作業主義體驗教育に基づく兒童教師協働の生産物たらしめなければならぬ」と説いた。すなわち児童による作業を重視し、完成に至る道程に教育上の意義を認め、郷土室を教師の成果の場や学校の装飾物として終わらせるのではなく、教育施設として捉えるべきとした。[17]

その二〇年後、一九五〇年代になって上梓された『博物館學綱要』『博物館教育』で、棚橋はあらためて学校博物館について言及した。教師の手による資料収集と陳列、またそれを児童にただ観察させることを否定し、児童による収集と陳列、児童博物館委員の選出、陳列品に張札をつけ総目録を整え、保存管理に携わらせることを挙げ、「陳列されるに至るまでの兒童の勞作作業と、委員制の自主的運營管理に依る社會的訓練とに、教育上の價値を認める」と述べる。[18] ここに棚橋の理想とする学校博物館像が具体的に示された。そして郷土教育運動の興隆によって設けられた数多の郷土室については、この時なお現存して利用されているものがほとんどなくなっている事実に触れ、「児童教育に余り必要な設備でないことが知られる」とその評価は低い。教師主導であったと断じた郷土室に対し、「児童本位学級単位の博物館」こそ学校博物館として推奨する価値があるとした。[19]

また一九五五年には、全国博物館大会における学校博物館に関する研究発表に対し、共同用学校博物館について持論を展開した。市の中心に近く、校舎設備の融通の利く一校の教室を利用し、市内各校が協力して資料収集と展示を行い、各校は必要に応じて学級を引率してこの学校博物館を利用する。そして各校への教育資料の貸し出しや、博物館専属職員の設置にも言及した。[20]

東京科学博物館学芸官であった森金次郎は、郷土博物館について論じるなかで学校の郷土室に触れ、「特別の經費もなく唯學校の教師が餘暇を以て町村内の資料を蒐集して戸棚に包藏して置くと云ふ位ひでは到底満足はされぬ」として、棚橋の『眼に訴へる教育機關』を挙げ、棚橋が郷土室に不賛成であることに同感を示す。森は郷土博物館と郷土室を区別し別種のものとみなして、前者が一般に公開され民衆教育の中心機関となるのに対し、後者は学校生徒の教育を主眼としたもので、職能も収集資料も異なり、それは「恰も本家と分家との如き間柄」と位置付けた。郷土室は郷土博物館の分館的性質を持つことにおいて有意義であるとする。(21)

一方、大正期の自由教育・新教育運動を背景に、東京女子高等師範学校附属小学校に設けられた「兒童博物館」について、同校教官らによる研究教育実践報告がなされた。この「兒童博物館」は同校の主導した作業教育の実践の場であり、児童自らの主体的な関わりを重視し、児童博物館係の任命と児童による資料収集、整理、陳列作業など、棚橋の目指した学校博物館に近いかたちで活動が展開された。これは、昭和初期に盛んに設けられた郷土室を批判し、一般的な郷土教育・郷土室とは明確に一線を画した、児童中心主義による主観的な「新しき郷土教育論」でもあった。(22)

五．戦後の学校博物館論

戦後には木場一夫が、児童を対象とする児童博物館を広く論じ、ついで各学校で管理する学校博物館について触れた。資料の種類や収集展示方法を具体的に解説し、その教育活動による生徒への教育的効果を述べる。さらに地域の学校に教育的サービスを行う学校システム博物館を提唱し、教材の貸し出しや生徒の訪問への対応を論じた。(23)木場はすべての学校に学校図書館と学校博物館が設置されることが望ましいとし、その目的と機能に対する教師の理解を促した。

しかし棚橋・木場による学校博物館論以後、実際の教育現場では学校博物館が積極的に設置・展開されたとは言い難い。いくつかの実践報告・事例紹介はあるものの、学校博物館論としては、『博物館学講座』における加藤有次、広瀬鎮の論を見るに過ぎない。(24)

ここで加藤は、当時の学校博物館の現状を紹介するとともに、学校博物館法が制定されていないこと、資料の取り扱いと活用方法の未熟さ、熱心な教員の異動による衰退といった問題点を指摘し、学校博物館学芸員の必要性を述べている。

その後、学校博物館の歴史や実態、実践報告、余裕教室の活用や博学連携、学芸教諭の提言など、学校博物館に関するあらたな研究成果が蓄積されていくのは平成期を迎えてからである。

註

（1）伊藤寿朗「日本博物館発達史」伊藤寿朗・森田恒之編『博物館概論』学苑社、一九七八

（2）山松鶴吉『模範的小學校經營の實際』同文館、一九一〇。山松鶴吉『現今小學校の缺點及改良方法』同文館、一九一〇。山松鶴吉『小學教育最新の傾向』教育新潮研究會、一九一四

（3）神野淺治郎『兒童中心理科教授の準備と其實際』弘道館、一九一二

（4）小學教育研究會編『小學校の模範的設備』小學教育實際叢書一―七、目黒分店、一九一七

（5）黒板勝美「史蹟遺物保存の實行機關と保存思想の養成」『大阪毎日新聞』一九一七（黒板勝美『虚心文集4』吉川弘文館、一九四〇所収）

（6）棚橋源太郎・本田増次郎訳『ヒユース孃教授法講義』山海堂、一九〇二

（7）棚橋源太郎「學校圖書館と學校博物館」『教育時論』一一九〇、一九一八

（8）堀尾實善『教育の施設とその精神』文書堂、一九二八

（9）農村教育研究會編『農村教育研究』二―一（郷土館號）、一九二九

（10）峯地光重・大西伍一『新郷土教育の原理と實際』人文書房、一九三〇

（11）山崎 博『新時代の郷土教育』教育實際社、一九三一。和歌山縣師範學校附屬小學校編『新郷土教育の實際』明治圖書、一九三一。石山脩平『郷土教育』教育研究叢書、藤井書店、一九三六

（12）郷土教育聯盟編『郷土教育』一八・二三、一九三二

（13）棚橋源太郎「學校教育と博物館」『博物館研究』一―二、一九二八

（14）棚橋源太郎「郷土博物館問題」『博物館研究』三―一、一九三〇

（15）棚橋源太郎「學校博物館問題」『博物館研究』三―二・三、一九三〇。同『眼に訴へる教育機關』寶文館、一九三〇

（16）棚橋源太郎「郷土博物館問題」『郷土 研究と教育』六、一九三二

（17）棚橋源太郎『郷土博物館』刀江書院、一九三二

（18）棚橋源太郎『博物館學綱要』理想社、一九五〇

（19）棚橋源太郎『博物館教育』創元社、一九五三

（20）棚橋源太郎「学校博物舘問題につき金子氏に答える 才3回全国博物舘大会より」『博物館研究』二八―一二、一九五五

（21）森 金次郎「郷土博物館の設立と經營」『郷土 研究と教育』六、一九三一。森 金次郎「郷土博物館」『郷土史研究講座9』雄山閣出版、一九三二

（22）吉田 弘「兒童博物館の施設と教育的利用」『兒童教育』二〇―七、一九二六。吉田 弘「兒童博物館の經營」『兒童教育』二三―三、一九二九。北澤種一編『現代作業教育』東洋圖書、一九三〇。飛松 正「兒童博物館經營の要点」『兒童教育』二五―四、一九三一。堀 七蔵「作業教育の設備」『兒童教育』二七―六・七・八、一九三三

（23）木場一夫『新しい博物館 その機能と教育活動』日本教育出版社、一九四九。木場一夫「学校博物館と路傍博物館」下泉重吉・永田義夫・中村浩監修『理科の学習指導 一般篇』金子書房、一九五〇

（24）加藤有次「学校博物館」『博物館学講座1』雄山閣出版、一九七九（加藤有次『博物館学総論』雄山閣出版、一九九六再録）。広瀬 鎮「学校教育と博物館」『博物館学講座4』雄山閣出版、一九七九

参考文献

棚橋源太郎「學校と博物館」『教育時論』一六四六、一九三二
棚橋源太郎「学校と博物舘」『日本博物館協會會報』二三、一九五三
棚橋源太郎「学校と博物館」『教育学研究』二四―五、一九五七

【奥田 環】

大学附属博物館論史

大学附属博物館は、一般大学生の教養を高める場であり、専攻生や、関連する分野の学生の実物教育の場、博物館学講座の授業における実習の場である。[1]さらに、大学附属博物館も一般の博物館と同様に、収集・保存、調査・研究、展示・教育の機能を備えている。

大学附属博物館に関する研究は、一九九六年(平成七)に文部省学術審議会の学術情報資料分科会学術資料部会が纏めた『ユニバーシティ・ミュージアム設置について』の報告以降、盛んに行われるようになった。しかし、全体的な大学博物館論史を纏めた文献は未だ存在していないため、本稿では、戦前期から現在までの大学附属博物館論を纏めることで、各時代に展開された論の特徴を明らかにすることを目的とする。

本稿では、戦前・戦後を通じて展開された大学附属博物館論を概観したのち、『ユニバーシティ・ミュージアム設置について』の公表前後で如何に大学付属博物館論が変化したのかを確認することで、その変遷史の構築を意図するものである。

一．大学附属博物館論前史

我が国における、大学博物館に関する記述の嚆矢は、一九一一年(明治四四)に黒板勝美によって書かれた『西遊弐年　歐米文明記』である。黒板は、自身の欧米滞在の出来事を記録した同著の中で、欧米の大学附属博物館を紹介している。[2]

黒板は、同書中で大学博物館の必要性について論じてはいないものの、大学博物館の紹介を行ったことは、同著が刊行された当時において極めて先進的であったと看取される。

我が国において、大学附属博物館に関する必要論が論じられるのは、管見の限り一九一二年の鵬心生による讀賣新聞の記事が最初である。この中で鵬心生は、大学博物館では各学科の品物を集めて一館に纏めて陳列するように論じている。[3]大学の学科における各専門相互の関係は、非常に密接であると述べ、現状としてはこの利点を放棄していると記している。「大學博物館は云う迄もなく半公開をなさざる可らず」として、仮に「半公開」を行えば、従来大学外の研究者・愛好者が近づきがたい宝庫が開放され、個人の利益と喜悦に繋がるのみとして大学附属博物館に関する「公開」の重要性を述べているのである。

一九二九年（昭和四）、『博物館研究』第二巻第八号において「大學教育に於ける博物館の位置」と題する論が掲載された。この論は、イリノイ大学博物館のフランク・コリンス・ベーカーがアメリカ博物館協会機関誌『Museum Work : Including the Proceedings of the American Association of Museum』Vol.7, No.3 に掲載していた論文を棚橋源太郎（論中では「一記者」）が翻訳し、転載したものであった[4]。同論では、大学博物館の陳列品の有用性について着目し、実際に陳列品を見ることによって生じる理解の促進について論じているのである。

明治・大正期の大学附属博物館論の特徴としては、欧米の大学附属博物館に関する紹介が主で、大学附属博物館の性格などその具体論に踏み込んだものは少なかったといえる。

二．棚橋源太郎と日本博物館協会の大学附属博物館論

一九三〇年（昭和五）、棚橋源太郎は『博物館研究』第三巻第三号に「學校博物館問題（承前）」と題する論を発表している。棚橋は、同論の前半部分において、大学附属博物館の必要性について記述しているのである。棚橋は、専門学校及び大学博物館に関して「専門學校以上になると、一層頻繁に博物館へ出入する必要が起り、學科の性質に依つては、手近かな處に博物館がなくては教育することが殆ど不可能と認められるものもあるからである[5]」と大学博物館の必要性を訴えた上で、博物館施設の乏しさを補うために大学博物館の設置を原則とするように提唱している。

また、大学は豊富な学術資料のコレクションを有し、博物館の必要性や機能について理解している学者や専門家がおり、博物館の設置を行うにあたり最も条件が揃っているものの、日本の大学及び専門学校には、学生の教育の点からみても殆ど見るに足る学校博物館を有していないと記述している。これに対して、図書館は相当の設備と司書が配置され学生の学習に支障がないほどに整備されており、未だ学校の内外において博物館が未発達であるという重要な問題に関して大きな指摘をしたのである。

一九三〇年に上梓された棚橋の『眼に訴へる教育機關』では、第六章において「學校博物館」を論じている。これは、「學校博物館問題」として掲載された論考を再録したものであった。

その後棚橋は、一九五〇年に出版した『博物館學綱要』においても大学博物館に触れている。その基本的な論述は、『眼に訴へる教育機關』と同様であるが、学生の教育

において図書館及び博物館が設置されるべきであり、また実物教育を行う上で不都合が生じうることを指摘し、再度大学附属博物館の充実を訴えている。[6]

続いて、一九四三年に日本博物館協会が『大學專門學校に於ける現存設備の博物館的公開利用の提唱』を刊行している。加えて同書は、我が国で初めて刊行された大学博物館に特化した書籍である。大学博物館の必要性を述べるだけでなく、我が国の大学博物館のあるべき姿を初めて示した書籍であり、とりもなおさず棚橋の論の流れを汲んでいるとみられる。これは、日本博物館協会の中枢に棚橋が在籍しており、主導的な立場を取って同書の刊行に取り組んだ結果であると推測される。

三.『ユニバーシティ・ミュージアム設置について』以前の大学附属博物館論

戦後、明確な大学博物館論は、しばらくの間展開されなかった。この後、改めて大学博物館論が議論されるのは、全国大学博物館学講座協議会（以下、全博協）の発足以降である。全博協では、一九八九年（平成元）より、『全国大学博物館学講座協議会研究紀要』の刊行を始めた。この紀要の創刊号から、大学附属博物館論が論じられるのである。角田芳昭は、「大学附属博物館の現状と課題」と題する論を発表し、その機能、役割、必要性について述べている。中でも大学附属博物館の機能と役割について「第1は一般学生の教養を深める役割をし、第2は当該資料を専攻する学生や、関連ある分野を専攻する学生の専門教育の場でもあり、第3の役割は学芸員養成のための実習の場」であると述べている。[7]

また、当該時期の代表的な研究が、熊野正也による研究である。熊野は、「大学博物館のあるべき姿への一試論」で、世界の大学附属博物館の歴史を述べた上で、大学博物館機能論を展開している。[8] 大学博物館における学芸員は、社会教育上の教師という役割を強調すべきであり、その手段として研究は欠かせないとし、更に大学附属博物館の社会的位置付けを「収集保管・調査研究・展示を通じての教育普及といった三大機能を有している以上、まさに博物館は、設置者が学校法人にちがいないが、立派な社会教育機関であり、その地域にあってはその地域博物館でもあるわけである」と明確な位置付けを与えている。

一方で、一九九四年には、西野嘉章によって『大学博物館　理念と実践と将来と』が上梓された。これは、大学附属博物館に関する研究の単著として初めてのものであった。西野は、大学附属博物館については「学問の体系に則って収集された学術標本コレクションを恒久的に保存・管理する保管施設であると同時に、学内の教育研究を支援する基盤施設であり、かつまた先端的な知と情報を創出・発信する戦略施設」であるとしている。(9) しかし、西野の論の大半は、ユニバーシティ・ミュージアムの構想に関わるもので、当時西野が助教授を務めていた東京大学総合研究博物館の事例を挙げて論を展開したものであった。

当該時期における大学附属博物館論の展開は、論文の発表媒体の増加に伴って、博物館学の観点からの研究がみられるようになっているのが特徴といえよう。大学附属博物館に対する研究の方向性が、大学博物館の設置や方法論へと変化していった時期でもあったのである。

四．『ユニバーシティ・ミュージアム設置について』発表以降の大学附属博物館論

一九九六年（平成六）には、文部省の学術審議会学術情報資料分科会学術資料部会から『ユニバーシティ・ミュージアム設置について』と題する中間報告が公表された。この中間報告は、戦後の博物館に関する政府の施策を通して、初めて大学附属博物館について言及されたものである。この中間報告が発表されたことによって、大学附属博物館の研究は活発化するのである。

代表的な研究者としては、伊能秀明、(10) 黒沢浩、(11) 鷹野光行、(12) 中村浩、(13) 西野嘉明、(14) 安高啓明(15) が挙げられる。

守重信郎は、二〇〇七年に「わが国の大学博物館の問題点と背景」を発表し、大学博物館の現状として施設数・種別規模・職員・開館日数・展示活動について述べた上で、現状の大学博物館が抱える問題の背景には、法的背景・組織的背景・経済的背景があるとして、以下のように大学附属博物館における問題点を指摘している。(16) 守重は、「大学博物館の多くは、現在でも学内活動重視の閉鎖的体質を引きずっている」とする大学附属博物館の閉鎖性を指摘したのである。

二〇一一年に発表された黒沢浩の「大学博物館論」では、大学博物館の歴史を述べた上で、大学博物館の二面性は、学内を対象にした「学内共同利用機関」、一般社会を対象にした「生涯学習機関」であるとしている。(17) さらに、同氏の所属する南山大学人類学博物館についても言及し、大学博物館としてどうあるべきか論じている。また、大学博物館の課題である学芸員配置の問題について、熟慮すべき事

柄として危惧している。最後に、大学博物館の新しい形を示すことは、今後の大学博物館を考えるときの礎になるに違いないと結んでいる。

青木豊は、「大学付属博物館とは　我が国の大学附属博物館の歴史と展望」の中で、まず大学附属博物館の概要を述べ、黒板勝美から始まる大学博物館論史を紹介している[18]。また、大学博物館に対する考えについて、大学は博物館を設置するべきで、特に学芸員養成課程を開講する大学は設置しなければならないと主張している。加えて、ただ博物館を設置するだけではなく、学芸員配置の必要性も論じているのである。その理由には、博物館を維持するための専門的知識を持った学芸員が博物館活動を維持することが重要で、そうでなければ博物館運営の継続性がなくなるとしている。

最後に大学博物館の展望について、大学博物館の目的は、教育・研究資料の保存と活用及び公開と定義した。さらに大学の教育の場として、各専攻・学科の実習の場、博物館課程履修者の実習の場、生涯学習の場として大学附属博物館設置の必要性を再度論じている。郷土博物館と同様に大学と地域の関わりが重要であることから、大学附属博物館は当該地域の「郷土博物館」の役割を果たしていく、この点が大学博物館に望まれる大きな要諦であると述べている。

二〇一四年には、安高啓明の『歴史のなかのミュージアム驚異の部屋から大学博物館まで』が上梓され、日本の大学博物館・海外の大学博物館・大学博物館教育と連携活動・地域博物館と大学博物館などの観点から、総合的に大学附属博物館論が展開されている[19]。

現在の大学附属博物館論は、中間報告の内容を基本として展開しているが、大学附属博物館の問題点の背景や大学博物館の性格など総合的な研究が始まっているのである。

おわりに

以上、大学附属博物館論史について論じてきた。大学博物館論著の嚆矢は、黒板勝美による『西遊弐年　欧米文明記』で記されたアシュモレアン博物館に関するものであった。明治・大正期には、欧米の大学博物館紹介が殆どであったが、一九一二年（明治四五）に鵬心生が初の大学博物館設置論を展開し、大学博物館論に先鞭をつけた。その後の大学博物館論は、昭和期に入るとさらに進展し、中でも棚橋源太郎によって最初期の段階で論じられた大学附属博物館論は、大学博物館の設置を原則とするよう提唱するものであった。その後、日本博物館協会が『大學專門學校に於ける現存設備の博物館的公開利用の提唱』を刊行し、必要論だけでなくそのあるべき姿についてまで論究されたのが特徴であった。平成に入ると、一九八九年（平成元）には、『全博協研究紀要』が刊行され、大学附属博物館論が再び展開されるようになった。一九九四年に『ユニバーシティ・ミュージアム設置について』と題する中間報告が出された後は、大学附属博物館論が活発化し、この中間報告をベースにしながら総合的な観点から大学附属博物館論が展開されているのである。

註

（1）加藤有次・矢島國雄「大学博物館」全日本博物館学会編『博物館学事典』雄山閣、二〇一一、二〇一―二〇八頁

（2）黒板勝美『西遊弐年　歐米文明記』文會堂書店、一九一一、一八八頁

（3）鵬心生「銀座より」『讀賣新聞』四月二三日、一九二二

（4）一記者（棚橋源太郎）「大學教育に於ける博物館の位置」『博物館研究』二―八、一九二九、二頁

（5）棚橋源太郎「學校博物館問題（承前）」『博物館研究』三―三、一九三〇、六頁

（6）棚橋源太郎『博物館學綱要』理想社、一九五〇、二二八頁

（7）角田芳昭「大学附属博物館の現状と課題」『全博協研究紀要』創刊号、一九八九、七九―一〇三頁

（8）熊野正也「大学博物館のあるべき姿への一試論」『Museum study』三、一九九二、一三三頁

（9）西野嘉章『大学博物館　理念と実践と将来と』東京大学出版会、一九九六、ⅱ頁

（10）伊能秀明「明治大学博物館の再興と発展　我が国初の拷問具・刑罰具展示から全国的な地方文書の収集・保管へ（一九四五年四月～一九九三年三月）」『明治大学博物館研究報告』三、一九九八

（11）黒沢 浩「大學博物館における教育活動」『明治大学博物館研究報告』一、一九九七

（12）鷹野光行「博物館教育に果たす大学博物館の役割」『全博協研究紀要』一四、二〇一三

（13）中村 浩「大学博物館の現状と展望」『歴史科学』一九五、二〇〇八

（14）西野嘉章「大学博物館の実験展示『デジタル・ミュージアム』をめぐって」『博物館研究』三三―五、一九九七

（15）安高啓明「大学博物館組織論　法規と類型」『西南学院大学博物館研究紀要』一、二〇一三

（16）守重信郎「わが国の大学博物館の問題点とその背景」『日本大学大学院総合社会情報研究科紀要』八、二〇〇七、二〇八頁

（17）黒沢 浩編「大学博物館論」『学術資料の文化資源化』南山大学人類学博物館、二〇〇一、一六頁

（18）青木 豊「大学付属博物館とは　我が国の大学附属博物館の歴史と展望」『全博協研究紀要』一四、二〇一一、一四頁

（19）安高啓明『歴史のなかのミュージアム　驚異の部屋から大学博物館まで』昭和堂、二〇一四、一八二―一三九頁

【松田佑斗】

文学館論史

博物館学において文学館は、文学作品およびその作家を対象とする博物館と考えられている。

文学館という名称は、一八九〇年（明治二三）に設立された教育機関「熊本文學館」や、出版社「文學館」[1]などの用例はあるが、近代文学資料を取り扱う公共施設に使用されたのは、一九六七年（昭和四二）に発足した「日本近代文学館」が嚆矢である。

文学館は、日本近代文学館設立前後を起点として、その役割や機能などについて言及され始めたが、ほとんどは文学館研究というよりも、各文学館の活動報告や資料紹介が主体であった。文学館の本格的な研究は、一九九五年（平成七）に発足した全国文学館協議会[2]を契機として進められており、他分野の博物館研究と比べて研究の蓄積は少ないといえる。また、文学館は他分野の博物館と異なり、専門図書館として捉えられるなど、独自の展開がなされている。

本稿は、文学館の歴史を概観した上で、日本近代文学館を中心に展開されてきた文学館論を集成することを目的とする。

一．戦前期から日本近代文学館までの文学館史

戦前期に設立された文学館施設は、一九二八（昭和三）年に開館した「早稲田大學坪内博士記念演劇博物館」と、一九三三年に開館した「小泉八雲記念館」の二館である。二〇〇五年（平成一七）に全国文学館協議会によって編集された『全国文学館ガイド』[3]には、採録に明確な基準は無いと断りを入れた上で両館とも記載しているが、駒見和夫は「文学系博物館小考」[4]において「小泉八雲記念館」を、「文学そのものを博物館資料に位置づけ、作者や作品を土台に活動をおこなう文学系博物館の嚆矢」と評価している。

一九二七年に佐々木信綱は「萬葉博物館建設私見」において、万葉集に関する博物館建設を提案している。佐々木は萬葉博物館について、図書館を兼ねること、万葉集が編まれた時代の実物資料を収集すること、精密な万葉地図の作成や万葉の時代の遺跡を踏査等すること、外観を奈良時代の建築に模して、内部装飾も当時を忍ばせる絵画で壁間を飾ることなどを提案し、さらに「博物館には、傍らに植物園を附して、そこには萬葉關係の植物を網羅して培養し、一つには植物の實物研究に資し、一つには風緻を添へるといつた風にす」るという、風趣に富んだ万葉集の総合博物

館構想を掲げている。[5]「萬葉博物館構想」そのものは実現しなかったが、一九三二年に春日大社にて誕生する万葉植物園をはじめとする全国の万葉植物園に繋がる構想であった。

一九三四年には、文芸懇話会が「物故文藝家遺品展覽會」の企画と、文学資料の収蔵施設である「文藝記念館」構想を併せて提示している。提案者の一人であり、中心的存在であった島崎藤村は、一九三〇年に開催された「明治大正文豪遺墨遺品展覽會」の観覧記事において、「文學者の遺物遺愛の品だとか、原稿だとか、手紙だとか、その他のものは、永い月日の中には兎角散逸しやすいものであるが、既に明治の初期の人達の物などはほんの僅かのものしか殘つてゐない[6]」と憂いており、この体験が文学資料の保存を目的とした「文藝記念館」構想に繋がったと考えられる。結果的には、藤村らの「文藝記念館」構想は実現しなかったが、一九五二年には、近代作家で戦後初の個人記念館である「藤村記念館」が開館した。戦前期から文学資料の保存施設を求めた藤村の活動と、早期に自身の記念館が設立されたことは、決して無関係ではないであろう。

戦前期から日本近代文学館の設立までに誕生した文学館は、前述した個人記念館を含め、全て文学者の出身地や作品の舞台に設置された個人記念館であった。

文学館にとって大きな転機になったのは、一九六七年の「日本近代文学館」と、「東京都近代文学博物館」（二〇〇二年閉館）の開館である。日本近代文学館は、作家の顕彰を目的としていた個人記念館とは異なり、近代文学のあらゆる領域全般の資料の収集・保存・調査研究・レファレンスに資することを目的に設立され、近代文学の専門図書館としての役割を重視しながら、常設展示と特別展示も開館当初から行っていた。一方の東京都近代文学博物館は、東京に縁のある文学者や文学作品の資料の収集・保存・展示などを通じて、東京という地域における文学風土の理解と普及を目的とする地域文学館の嚆矢となる文学館であった。

その後、全国各地に多くの地域文学館と文学者の個人記念館が設立されており、『全国文学館ガイド』によれば、文学館は沖縄県を除く全国に存在する。文学館は、文学者の個人記念館に始まり、日本近代文学館と東京都近代文学博物館の誕生を転機に、専門図書館としての文学館と地域ゆかりの地域文学館とが、草創期からある個人記念館と共に全国各地に点在するようになった。

二．日本近代文学館設立前後の文学館論史

初めて文学館機能について具体的な考えが示されたのは、日本近代文学館設立準備委員会による会報『日本近代文学館ニュース』である。一九六三年（昭和三八）の『日本近代文学館ニュース』創刊号では、準備委員会の中心的人物である伊藤整が「予想以上の進展」において「『日本近代文学館』というのは、言わば、近代文学の総括的な博物館兼図書館である」と文学館機能について言及している。(7) ニュース同号の「日本近代文学館条約」には、「（一）日本近代文学図書館の設置および運営（二）日本近代文学博物館の設置および経営(8)」というように、図書館と博物館とを別々に設置すると記され、同号の「日本近代文学館設立の趣意」には、近代文学資料の保存・収集・調査研究を目的とする専門図書館として、「日本近代文学館」を設立する旨が示されており、伊藤の述べた「博物館兼図書館」という考えとは、微妙な違いが見られる。(9)

一九六七年には、川端康成が「日本近代文学館」の開館に寄せた「慶祝」において、「文学館にも展示室はあるがそれは博物館にもひろがり、博物館も資料を備えるであろうが、それを文学館からも得られる」と、文学館と博物館を明確に分け、両館が相並ぶことで協力し合えるという意義を示した。(10)

一九六八年には、大久保乙彦が「私たちの新しい図書館」で、「日本近代文学館」の役割を「収蔵の範囲を主としてわが国明治以後の文学・演劇および類縁の科学資料に限っている点では、専門図書館的である」と評し、文学館の持つ専門図書館としての性質を指摘している。(11)

以上が、「日本近代文学館」設立前後に文学館機能について言及されたものである。「日本近代文学館」は、主に近代文学の専門図書館の役割を担う館であり、後に設立される博物館機能を重視した多くの文学館とは異なるが、文学館という名称は区別なく使用され続けている。「日本近代文学館」設立後からしばらくは、文学館機能などに関する言及よりも、各文学館の活動報告や資料紹介が中心となった。

三．全国文学館協議会発足以後の文学館論史

文学館は、明確な基準や定義を持たないまま全国で設立されたが、一九九五年（平成七）に発足した全国文学館協議会を契機として、俄かに文学館に関する課題や提言など議論が活発になる。以下に、全国文学館協議会発足後に展開された文学館機能に関する言及や、研究論文を概略する。

二〇〇一年には、全国文学館協議会初代会長の中村稔が、「随想　文学館学序説のエスキスのために〈総務編〉」において、文学資料を「ひろく収集、保存、整理し、研究者等の閲覧に供することにある。きわめて限られた少数の読者のための図書館的機能を果たすことが本来、文学館の役割」と前提の上に、「だが、今日、多くの文学館に求められているのは、文学館の収蔵品をひろく展示し、公衆の閲覧に供する、いわば博物館的機能を果たすことである」(12)という、文学館機能を図書館的機能、博物館的機能という二つの用語を用いることで、図書館と博物館の両面から再評価した。

二〇〇六年には、岡野裕行が図書館学の立場から「文学館の『出版者的機能』に関する考察　日本近代文学館の復刻を中心に」において、日本近代文学館が出版している復刻本に注目し、文学館には出版社的機能としての役割もあるのではないかと、独自の視点で論じている(13)。

二〇〇七年には、鳥羽耕史が「文学館の役割　貴司山治展とブンガクな時代展をめぐって」において、文学館に三つの役割があると指摘し、「系統だった図書資料を収蔵する図書館としての役割」「生原稿などの貴重文書を収蔵する文書館としての役割」「作家愛用の品など、一点限りの物を収蔵する博物館としての役割」と、文学館機能は図書館的機能と博物館的機能に加えて、さらに文書館としての機能を見出だす新しい考え方を示している(14)。

二〇〇九年に発表された岡野裕行の「文学館の自己認識とその領域」は、全国文学館協議会の見解などを踏まえながら、文学館の領域を探る論である。文学館を「博物館」「図書館」「文書館」のいずれかに分類する考えは、文学館の可能性を狭めるものであるとし、「文学館という施設を文学館そのものとして直視し、その機能面を幅広く見据えた上で、個々の性質の違いを博物館学、図書館情報学、アーカイブズ学」から検討していく必要性を説いている(15)。

以上のように文学館は、他分野の博物館とは違い、近年になってから、そもそも文学館とは何かという根本的性格の究明が論じられており、図書館的機能、博物館的機能、文書館的機能、あるいは出版社的機能などの性格を持つという文学館の機能論が展開されてきた。

四．博物館機能に関する文学館論史

これまでに論じられた博物館学、博物館観光学の視点からの論文は以下の通りである。

二〇〇五年（平成一七）には、駒見和夫が「文学系博物館小考」において、「文学系博物館」の変遷をまとめ、「地域とのかかわりをどのように位置付けるかが大きなポイントになる」と博物館学における今後の研究の方向性を示している。また、文学館の展示は、解説文中心になるため、利用者の鑑賞の苦痛になることを指摘し、改善策として「ヘッドホーンガイドなどの個別対応型音声解説機器の活用」を提案して「単なる解説だけでなく作品の朗読などが短く織り交ぜられていたりすると、体感の要素が強まり飽きることが少ない」のではないかとの考えを提示している。[16]

二〇〇八年には、藤崎温美が「文学博物館における教育活動の課題と一試案」において、文学博物館における教育活動の現状と課題とを、いくつかの事例から紹介している。藤崎は教育活動の課題として、文学資料が「小中学生にはやや難しいレベル」であることを挙げており、「文学博物館の資料を十分に活かすためには、高等学校との連携を強めることが必要」と説いている。その上で「博学連携を行うには、まず文学博物館の学芸員の配置や体制、資質を育てる」必要があると論じている。[17]

二〇一〇年に渡邉真衣は、「地域振興と文学館」の中で、博物館学の視点から地域振興の有り方を論じている。渡邉は「坂の上の雲ミュージアム」のような、文学作品を題材に町全体で景観、交通整備をしている「フィールドミュージアム構想」は、「文学世界と地域の結びつきを可視化する地域アイデンティティー主張の場」として、観光集客に繋がるとしながらも、作品世界が永続的に支持され続けるか疑問視しており、『坂の上の雲』人気が廃れていった場合の「フィールドミュージアム構想」の危険性を説いている。[18]

二〇一二年には、山岸郁子が「〈資源〉としての文学」において、文学館の現状を主要な文学館の運営状況や入館者数などから、文学館の取り組みの可能性と課題などを挙げている。文学資料は観光資源になり得るという考えを、宮沢賢治記念館や遠藤周作文学館の事例から示し、「観光施設として位置づけられるということが文学館存続の一つの可能性ではあるが、そこにあることの意義が正確に示されていることこそが重要」とまとめている。また、日本近代文学館設立に向けた文学館運動から、地方の文学館運動までを概観し、地方の文学館運動を支えた背景には、観光振興のための「文化資源」を文学に見出だした社会的背景があると分析している。[19]

以上のように、文学館の展示・教育や、観光資源としての可能性については、散発的にしか論じられていないのが現状である。今後は、文学資料についての展示論や教育活用論、あるいは観光学見地からの文学館活用論など、研究を蓄積させて体系化することが重要になると考えられる。

おわりに

これまでの文学館研究は、根本的な文学館の機能論を中心に展開されてきたが、図書館的機能、博物館的機能、文書館的機能が文学館機能に内包されているという鳥羽の論によって、文学館機能論は一つの終着を迎えたと考えられる。今後は、文学館の各機能を各専門分野において研究することが重要であり、博物館学見地からは、文学館における展示・教育・観光（レクリエーション）などの視点から体系的に論じられることが期待される。

註

（1）出版社「文學館」は、明治二〇年代に東京に存在した出版社で、明治二四年『官私立學校案内』や、雑誌『新學界』などを刊行している。
（2）全国文学館協議会とは、一九九五年に文学館の現場で働く職員を中心に発足した団体である。
（3）木原直彦「全国文学館等一覧」全国文学館協議会編『増補改訂版全国文学館ガイド』小学館、二〇〇八、二二四―二四〇頁
（4）駒見和夫「文学系博物館小考」『和洋國文研究』四〇、二〇〇五、六八頁
（5）佐々木信綱「萬葉博物館建設私見」『早稲田文學』二五三、一九二七、九五―九七頁
（6）島崎藤村「文豪遺墨展の印象」『讀賣新聞』一〇月二六日朝刊、一九三〇、四頁
（7）伊藤 整「予想以上の進展」『日本近代文学館ニュース』一、一九六二、三頁
（8）註7に同じ。二頁
（9）註7に同じ。四頁
（10）川端康成「慶祝」『日本近代文学館ニュース』八、一九六七、一頁
（11）大久保乙彦「私たちの新しい図書館」『図書館雑誌』六二、一九六八、二八―三〇頁
（12）中村 稔「随想　文学館学序説のエスキスのために〈総務編〉」『全国文学館協議会』一七、二〇〇一、八―九頁
（13）岡野裕行「文学館の「出版者的機能」に関する考察　日本近代文学館の復刻を中心に」『情報メディア研究』五、二〇〇六、二二一―三八頁
（14）鳥羽耕史「文学館の役割　貴司山治展とブンガクな時代展をめぐって」『日本近代文学』七六、二〇〇七、三四一頁
（15）岡野裕行「文学館の自己認識とその領域」『文学館研究』一、二〇〇九、一―一六頁
（16）註4に同じ。六七―七六頁
（17）藤崎温美「文学博物館における教育活動の課題と一試案」『國學院大學博物館學紀要』三三、二〇〇八、一九一―二〇〇頁
（18）渡邉真衣「地域振興と文学館」『國學院大學博物館學紀要』三五、二〇一〇、一五七―一六六頁
（19）山岸郁子「〈資源〉としての文学」『産業経営プロジェクト報告書』三五、二〇一二、一六―二九頁

【種井　丈】

博物館機能論史

博物館機能論とは、資料の収集・整理保管・調査研究・教育普及の四つの主要な柱によって成り立つ博物館を管理運営するための方法論である。博物館学史上、このように定義されるまでには、いろいろな見識が示されてきたが、その歴史的変遷を次のように整理することができる。

一．明治時代から戦前にかけての博物館機能論

一八八八年（明治二一）、岡倉覺三（天心）は京都に博物館を設置することに対して、「作用」という言葉を用いて、収集、陳列、考査、教育、出版、模写の六つを区別して、これらを博物館に必要な要素であるとした。

まず、収集の対象を京都固有の美術としたうえで、そのために購求、交換、寄贈、貸付というように具体的な収集方法にも言及している。陳列の目的は、時世を示し、名家大家を示し、流派を示すことなどとしている。全体の関係を示すために陳列所を四つに区画することや、陳列方法についても絵画などの美術品は顔料の剥落や光線などから破損しないように細心の注意をはかること、収納箱や用材に配慮して保管することにも触れている。考査としては、寺院私有品の年代等を調査することや、それらを登録、保存し歴史の材料をつくり、鑑定して真偽を区別することなどをあげている。教育は、資料についての講義やそれに関する時代の変遷などを扱うこととする。出版は、写真や著述することは博物館の権利として収入にすることができるとし、模写についても、絵画や彫刻して売ることや写料を収入にすることもできると述べている。(1) その後、箕作佳吉は一八九九年に『東洋學藝雑誌』上で「博物舘ニ就キテ」というタイトルで次のように述べている。当時、教育のある人たちでも一〇〇人中九九人は博物館のことを、古びたものが小道具屋のように置かれているなど物好きの人には面白い所というような感想を聞くとしながら、欧米の博物館のように改良することが必要であると説いている。箕作は博物館の目的を次の三点に整理している。

第一　國家ノ寶物ヲ貯藏保管スル𪜈（こと）

第二　普通教育上參考トナルベキ陳列品ヲ備ヘ且ツ一般公衆ノ爲メニ實物ニ依リテ有益ナル智識ヲ得兼テ高尚ナル快樂ヲ感ズルノ途ヲ設クル𪜈

第三　高等學術ノ進歩ヲ計ル𪜈

第一は、一国の記録を保管する必要があるのと同じよう

に物品についても保管すべきとしながらも、国家レベルの博物館に限らず各種博物館でも同様だとしている。第二は、陳列品は一品ごとによく選ぶと共に、例えば鳥の剥製などは自然の中で生活する様子を再現するような「生態展示」を提唱している。それは、見学者にとって面白く、為になる展示の工夫をすることであるという。第三は、博物館は公衆に示す物品以外にも多くのコレクションをもつことが不可欠であり、それは植物界、鉱物界、人類学的、歴史的物品などいずれの分野でも、一国の博物館でも、地方の博物館でもその国、その地方や地域の物を保有して、専門家の研究に資することができるようにするものである[2]。

岡倉や箕作の示す博物館に対する考え方は、欧米の博物館の見聞をもとにして日本のあるべき博物館の姿を展望するものとなっている。

一九三〇年（昭和五）、棚橋源太郎もやはり欧米の博物館視察から得た知見をもとにして、『眼に訴へる教育機關』を著した。同書は日本で初めての博物館学に関する体系的な書物といえる。当時、全国の博物館数は一四二館[3]、そのうち水族館・植物園の三八館を除くと一〇〇館ほどであった。そのような状況のもとで、棚橋は博物館の機能論を次のように整理している。

まず、資料の収集については、動物・歴史・考古・美術の分野ごとにその具体的な方法を述べている。資料整理は、台帳の記載（受入日、受付の性格、価格、収集者名、収集地など）の仕方や、受入れ番号や目録番号の付け方の留意点など詳細に指示している。調査研究について棚橋は、「博物館も以前は研究が主要な仕事であつたのであるが、（中略）今日は寧ろ民衆教育並學校教育の機關と見做されるに至つたのである。が、併しながら學藝の研究は依然として博物館の一重要任務たることに變りはなく、學者専門家の研究に資する爲め、従來よりも一層積極的に働かなければならなくなつて來た傾がある」と言い、中央の博物館ばかりでなく地方の博物館でも研究ができなくてはならないとしている。この中で棚橋は、この研究はキューレター（学芸員）の責務であるというように、〝キューレター〟という欧米の専門職を「學藝員」と対比させていることは注目される。そして、教育普及は、陳列法の改善（組合せ陳列、時代陳列、ジオラマなど）や、陳列ケースの種類や活用や配置、陳列方法などについても具体的に述べている。また、学校教育を補充するために博物館の見学や実演などにより、両者が連携することにも触れている。

棚橋の博物館についての考え方は、その後も欧米の博物館をモデルにする見解が示されたが、基本的な枠組みを大きく変えるものとはならず、現代の博物館機能論に踏襲されていく。

二．戦後の博物館機能論

一九四九年（昭和二四）、木場一夫はアメリカのスミソニアンなどの大規模な自然史博物館の知見から、博物館の目的を達成する方法として、①資料の収集と整理保存、②調査研究、③出版、④展示の四つをあげている。それらの相互関係は深くつながり、博物館としてはどれ一つを欠いても、その目的と機能を充分に果たすことができないとしている。木場も、棚橋らと同じように海外の博物館の知見をもとにその機能論を展開した。

①は博物館の基本的な要件とし、博物館はその目的に合致した資料の収集活動とその内容の充実をはかるものである。収集品は、研究や展示ばかりでなく、失われてゆく生物の生活や民族の生活や習慣などを保存するためにも重要であるとしている。②は、専門家がその本性を明らかにするために学術研究を行う。アメリカの自然史博物館では大学の研究室よりも優れた研究が博物館で行われていることを挙げながら、学術研究には図書室の整備が一つの重要な要件だとしている。③は、研究の成果を世界の科学者に知らせるために印刷物にする。学術報告、通俗出版物、年報などをあげている。④は、博物館の重要な責務としながら、展示を見やすく表現し、人をひきつける力をもち、学術的な成果に裏打ちされていなければ、博物館はその教育上の活動や効果を発揮できないとしている。

その上で、木場はこの展示の段階は、収集・整理保存、調査研究、出版の各段階で蓄積された全ての知識を結合したもので、これら四つの段階が相互に結ばれているところが大学にはない博物館の特徴であるとしている。木場は、この博物館機能論については、自然史博物館ばかりでなく他分野の博物館でも共通するものであるとしながら、博物館の性質に応じて各項の重要度や、それぞれで実施法が異なるのは当然のことだとしている。

このように木場の博物館機能論は、各機能が相互関係をもちながら、資料の収集から出版に至るまでをプロセスとして捉えたところにその新規性があった。

一九五一年、棚橋の博物館に対するこれまでの知見をもとに博物館法が制定された。同法第二条に記された「博物館の定義」では、「この法律において『博物館』とは、歴史、芸術、民俗、産業、自然科学等に関する資料を収集し、保管し、展示して教育的配慮の下に一般公衆の利用に供し、その教養、調査研究、レクリエーション等に資するために必要な事業を行い、あわせてこれらの資料に関する調査研究をすることを目的とする機関」と、博物館の機能が要領よく示されている。つまり、博物館機能論上、博物館は資料を収集、保管、展示、調査研究などを実施する機関として、棚橋がそれまでに示した考え方が網羅されているのである。

一九五六年、鶴田総一郎は、博物館機能を資料の収集、整理保管、調査研究、教育普及というように、さらに整理した上で、図1に示すように各目的の相関性について、次のように述べている。まず一つは、それぞれの目的は因果律的関係にあること。これを分析すれば、収集↓整理保管↓調査研究↓教育普及という一連の流れからなり、教育普及を終局としている。

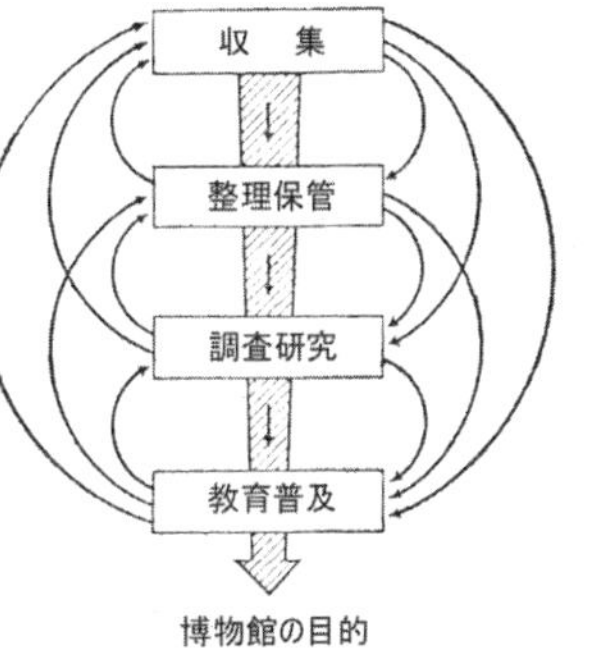

鶴田は、さらにその流れを大循環と呼んでいる。一方、個々の機能間には循環的な一つの回転があり、これを仮に小循環と呼ぶ。例えば、教育普及が収集する機能をよびさますこともあり、このことによって再び教育機能が充実されることがある。調査研究と教育普及の間や、そのほかの機能間にも、同じように相互に原因となり結果となる小回転がみられるとしている。また、四つのうちでどれか一つ欠けた三つの機能の間に相互回転がみられる場合、これを中回転と呼ぶ。さらに小回転と中回転が組み合わさって複雑な回転をすることもあるが、これを仮に複合回転と呼ぶと述べている。要するに、各機能は博物館の性質や、その時と場面の状況に応じて複雑な動きをするのである(4)。

【図１　博物館機能の相関性】

一九六三年、浜根洋は、鶴田の見解を参考にしながらも、博物館法に掲げられている〈博物館の目的〉に、博物館を教育機関とする見地から「博物館は常に庶民の教養の場である」「博物館は常に大衆と共に歩まなければならない」「博物館員は教育者であるという自覚の上に立たなければならない」ということを追加したいとしながら、博物館機能論について次のように述べる。博物館はその目的を達成するために、Conservation（保存）、Research（研究）、Education（教育）という三つの機能が絶えず循環することにより機能を発揮するとしている。これを仮にＣＲＥ循環と呼ぶ。歴史資料など有形の「もの」を扱う博物館ならば、収集し保管して研究した成果を教育するわけであるが、生駒山天文博物館の学芸員であった浜根は、天文のように無形の「もの」の場合には、まず研究から始めるという。この場合の研究とは academic なものでなく、その「もの」をいかにすれば博物館的な展示物にすることができるかを思考するものである。天文博物館が収集する「もの」は material なる「もの」ではなく principle や theory といえるもので、それを理解するために研究をすることは欠かせないという[5]。つまり、このＣＲＥ循環は、あらかじめ起点があるのではなく、博物館の取り扱う「もの」や性格に応じて、その起点が異なることを考慮しているのである。

また、鶴田の機能論に関連して、金山喜昭は自らが手がけた特別展において鶴田の機能論を検証した[6]。一九九二年（平成四）一一月、野田市郷土博物館で行われた特別展「華ひらく押絵の新世界（勝文斎の偉業）」は、明治時代の押絵師であった勝文斎が制作した押絵行燈を調査研究した成果を教育普及したものであった。そのコレクションは、所蔵者から寄託されて同館で保管していたが、特別展の準備をするための調査をしていたところ、調査先で関連資料を新たに収集することができた。さらに特別展によってその資料価値が社会に認められた。その結果、市から修復するための予算がつけられて修復作業（保存）が行われた。また、テレビ局からの依頼により番組が制作・放映（教育普及）されたことや、古い収納箱に替えて新しい収納箱を調達（保存）することもできた。特別展から二年後、勝文斎が明治時代に店を営んでいた近くの東京・銀座で「里帰り展」を開催（教育普及）することもできた。

一九七三年、新井重三は博物館の研究機能の観点から「Curatorial Museum and Non Curatorial Museum」の概念を提唱した。これは研究機能を有する博物館（Curatorial Museum）を正常な博物館だとしながらも、現実にはその機能を有していない博物館（Non Curatorial Museum）のあることを指摘した[7]。

一九七七年、加藤有次は四つの柱は相関性をもち、そのうちの一つの機能でも活動不能になると、特殊な博物館として存在することになるか、または博物館の全ての機能を失うことになる危険性があるという。そうした機能間の相関性を踏まえて、一つの博物館の内側から機能をみた場合に、それを第一次機能と第二次機能に分類している。第一次機能は博物館の基礎をなすもので、それは室内機能と室外機能に分かれる

【図２　第一次機能と第二次機能】

が、どちらも、資料の収集・整理保管・調査研究・教育普及は同じ働きかけをするものでなければならないとする。この機能は、例えば一つのモノを博物館資料にするために基礎的な働きかけをするものとなる。第二次機能は、第一次機能を受けて、どのようにして資料を活用・利用するのかを考える機能である。ここにも室内機能と室外機能の二面性が存在する。こうした博物館の機能分類をすることで、加藤はその博物館がどのような機能分野に重点を置くかが、その博物館の特徴になることを指摘した[8]（図２）。

おわりに

鶴田や加藤も述べていることだが、博物館機能論の各機能は、それぞれ等しい価値に置かれていることを指摘している。実際のところは、時代や社会環境など諸条件によって、重点の置き方が変わってきた。例えば、戦時中には博物館の資料を戦災から守るために安全に保管することに重点が置かれた。あるいは高度経済成長期になると、生活様式の変化に伴い、各地で大量の民具が処分される事態になったため、それらを文化財として保護するために資料館の建設が盛んに行われたことなどがある。

また、新井によれば、博物館機能論は博物館の定義に関わる課題だとしながら、全ての博物館を一つの定義で統一できるものではなく、博物館の多様性にも配慮することである。学術的な調査や研究活動の結果、集積された資料を管理することに重点が置かれた資料館的博物館や、教育活動や観光を目的にして設置された博物館なども現実にあるからである[9]。

註

（1）岡倉覚三（天心）「博物舘に就いて」『日出新聞』九月二・四・五・六日、一八八八
（2）箕作佳吉「博物舘ニ就キテ」『東洋學藝雑誌』一六一－一二五、一八九九
（3）文部省普通學務局『常置觀覽施設一覧（昭和四年～一一年）』一九三七
（4）日本博物館協会編『博物館学入門』理想社、一九五六
（5）浜根 洋「博物館学について」『博物館研究』三六－一一、一九六三
（6）金山喜昭「歴史博物館」『新版博物館学講座6』、雄山閣出版、二〇〇一
（7）新井重三「博物館における「研究」の性格と機能的にみた博物館の分類」『博物館研究』四五－一一、一九七三
（8）加藤有次『博物館学序論』雄山閣出版、一九七七
（9）新井重三「博物館学（理論）と博物館実践学」『博物館学講座1』雄山閣出版、一九七九

図出典

図1『博物館学講座1』雄山閣出版、一九七九、九二頁（図2を使用）
図2 加藤有次『博物館学序論』雄山閣出版、一九七七、七七頁（図6を使用）

【金山喜昭】

収集論史

一．収集・収集品（コレクション）

収集とは物を集める行為であり、その結果として集められたものがコレクションである。

フランスの思想史家であるクシシトフ・ポミアンによれば、コレクションとは「一時的もしくは永久に経済活動の流通経路の外に保たれ、その目的のために整備された閉ざされた場所で特別の保護を受け、視線に閉ざされる自然物もしくは人工物の集合」であるという[1]。

このポミアンの定義は、コレクション一般について述べたものだが、博物館の収集についてもよくあてはまる。博物館にとっての収集品群は「生命であり、骨格である」とされる[2]。近年、コレクションを持たない博物館・美術館が現われているが、それは決して本来的な姿ではない。

二．収集の歴史と収集の本質

収集に関する考え方をたどる前に、収集という行為の本質をその歴史の中に見ておきたい。

収集という行為は、人間の本源的な欲求に発する行為であるとされる。倉田公裕・矢島國雄によれば「モノを集める「コレクション」ということは、人間の本能（獲得性）に結びつくものと言われており、獲得性は人間の基本的動因の一つに数えられている」と述べている[3]。そうだとすれば、コレクションという行為自体は、現生人類であるホモ・サピエンスの登場にまで遡る可能性が出てくる。

一般的に、明確な意思のもとに行われた収集としては、ヘレニズム世界のムーゼイオンにおける標本類の集積や、ギリシャのピナコテーカのような絵画収集などが挙げられるとされる。さらにヨーロッパにおいては、古代末期から中世にかけて行われた聖遺物の収集と、その発展形としての権威象徴物の収集が始まる。そしてルネッサンスの時代になって、イタリアでストゥーディオーロ（小書斎）が成立し、一六世紀にはアルプスを越えてドイツ語圏に広がり、いわゆる「驚異の部屋（ヴンダーカンマー）」が成立することになる。

「驚異の部屋」は一八世紀に花開く「博物学（ナチュラルヒストリー）」の基礎を作ったが、その背景には、大航海時代の中で、世界各地から集められた様々な自然物（ナトゥラリア）・外来物（エクソティィカ）を理解しようという欲望があった。松宮秀治はこのことを「世界のカタログ化」

と表現し、次のように述べる。

（前略）全世界の存在物すべてを網羅し、全世界の存在物をすべてカタログ化する概念が必要となってくる。全世界をカタログ化するということは、西欧的な考え方と価値観で全世界を再整序することである[4]

収集とは通常、集めるだけにとどまらず、それを分類して理解することが伴う。そして、理解するとは、取りもなおさず、収集者の世界観・価値観の中に収集物を当てはめていく行為に他ならない。

こうした「世界のカタログ化」の試みは、科学主義・啓蒙主義の台頭と相俟って、「驚異の部屋」を「科学的」な分類体系にしたがって整序したミュージアムへと受け継がれた。

ここに博物館における収集の思想史的な意味がある。

三．日本における収集

では、西欧の制度である「ミュージアム」を受容した日本では、どのような収集がなされていたのであろうか。

日本において本格的な収集が始まるのは、江戸時代中期である。この時代は、戦乱が終わったことを受けて文化が興隆した時代である。そして、江戸時代前期に中国から伝わった『本草綱目』により、本草学が根付いたことも、標本の収集や分類に目を向けるきっかけとなった。

東アジアにおける本草学は、西欧の博物学に匹敵するが、残念ながら本草学の系譜からはミュージアム的なものが生まれることはなかった。そのことが、日本の博物館・博物館学が収集に対して取り組む姿勢に、表われているのかもしれない。

倉田公裕によれば、博物館法において「収集」という字を当てていることにもそれが現われているという[5]。倉田は「収集」に対して「蒐集」という字があることを指摘し、その意味の違いを述べる。つまり、「蒐集」という字面には「捜求と同じ意味でさがし求める、かき集める、「あつめにあつめる」という意味にとれる」というのである。それを踏まえて、「日本の博物館は収集はするが、「あつめにあつめる」蒐集はしていないのではないかと皮肉ってみたくもなる」というが、日本の博物館における収集を端的に言い当てている。

四．収集論をたどる

倉田のこの指摘を裏付けるかのように、博物館学の概説書をひもといても、収集に関する記述はそれほど詳しくないように思う。しかし、戦前に書かれた棚橋源太郎の『眼に訴へる教育機關』では収集について一章を充てている。[6]

なお、棚橋はこの本で、「蒐集」の語を用いているから、本来的には「蒐集」であるべきなのだろう。

棚橋は、まず、「普通博物館と雖も必ず若干の特色を有たねばならぬ」とする。ただし、地方博物館の場合には「その地方に関係があるとか、時代物だとか珍品だとか稀品だとか云ふやうな理由のもとに、種々雑多な物が盛んに寄贈され、それ等の品物で一杯になることが普通である」と述べて、「地方博物館に於いても…（中略）…、手當り次第その品物の適否を論ぜず、博物館へ収容するの愚をなしてはならぬ」と戒めている。しかし、その一方で、そうした「種々雑多な物」であっても、「これを適當に保存して置いて、系統的に排列したならば、必ずや立派な歴史博物館が出來上がることと思ふ」と述べているから、一見相反することを言っているように見える。だが、ここで棚橋が主張しているのは、やはり収集品は一定の方針にしたがって収集されるべきであり、そうでない場合もその中に価値を見出せば、展示に供することが可能である、ということである。棚橋の収集論は一貫して、展示に使えるかどうか、展示を前提として考えられている点に特色がある。

もう一つ、棚橋の主張の重要な点は「素人蒐集家の危険」ということである。博物館の資料収集にはアマチュアの助けが欠かせないが、アマチュアは資料を見る目に欠け（鑑別に誤りが多く）、「且つ往々破壊的である」としている。後者の点について言えば、棚橋のこの文章が書かれた時代には、今日のように文化財保護法があったわけではなく、特に考古学的遺跡の調査は野放し状態であり、そうして得られた資料は個人のものとしてコレクションされたり、売買されたりしていた。棚橋が危惧しているのは、おそらくそのような状況だったのであろう。

棚橋の蒐集論の基本的な考え方は、すでにここに示されており、棚橋の代表作とされる『博物館學綱要』[7]においても、ほぼ同じ文章で同じ内容のことが繰り返されている。

棚橋に続く第二世代の鶴田総一郎は、日本博物館協会が編集した『博物館学入門』のなかで収集（すでに鶴田はこの字を使っている）について次のように書いている。

一言で尽くせば、人間にとって、学術・教養・文化・産業・生産等の上から価値ある具象は、すべて収集の対象となり、これを所定の合理的な方法に従って獲得することが収集の目的である。[8]

ここでは棚橋が考えていたような、展示を前提とした収集ではなく、博物館の使命という観点から収集を捉えていることがうかがえる。

博物館学の第三世代ともいえる倉田公裕・加藤有次となると、収集論は鶴田の視点を発展させて、明確に博物館の役割を意識しつつ展開している。

倉田と矢島による収集論は、おそらくこれまでで最もまとまった形をとったものである。[9] そこでは、どのような収集をすべきかについて、

良き収集、すなわち、質、量ともに優れたコレクションを形作るためには、何を、どのような方向で、どのような範囲で、どのような基準に基づいて収集していくのかが明確にされていなければならない。このためには、広くて深い調査研究が不可欠である。

としているが、収集を調査研究という博物館の基本機能に関連付けているところに特色がある。そして、併せて博物館資料の収集には情報の収集も欠くことはできず、梅棹忠夫の「博情館」論を引合いに出している。

加藤有次も同様に、博物館における収集とは「必ず目的がなければならない。博物館において、資料を理論的に、科学的に、系統的に、しかも総合的に収集することが重要である」と述べる。[10] そして、収集活動に終わりはなく、「博物館が運営存続する限り、永久に継続され続けなければならない」としている。これに対して、鶴田の収集論は「すでに収集すべきものがすべて集まっている場合」を想定しているが、[11] 対極的な視点といえよう。

ところで、これらの論からは、博物館が収集するに当たっては明確な目的と基準をもってあたるべきということが前提となっていることがわかる。しかし、倉田と矢島はもう一つの選択肢を考慮する。

(前略)この何でも集めやすいものから集めればよいという方針も、一概に悪いとは言えない面もある。というのは、その価値がわからぬまま捨てられて、滅失、紛失するのを防ぐ一つの方策と言えなくもないからである。例えば、急速に失われようとしているものを緊急避難的にとりあえず博物館が収集して保存しておくという場合もある。そして、結果的に、これが無二のコレクションとなってしまうような場合があることも事実である。[12]

だが、結論としては、「「着いたところが目的地」といった

非科学的、非合理的なものであってはならない」としている。しかし、これは今日の収集論においては考えるべき論点である。というのも、例えば、今日多くの博物館が採用している昭和の展示は、かつては博物館資料とは見なされていなかった家電製品等で構成されているからである。博物館における収集活動は、今日、収集の基準と脱固定観念とのはざまにあるといえるだろう。

五．新たな視点

博物館における収集を、少し違う角度から見ることができるのは、大学博物館に関してである。一九九六年の学術審議会の中間報告において、大学にある学術標本の積極的な活用が提言されたが、それをきっかけとして、大学には研究者の調査研究の過程で収集された数多くの学術標本があることが意識され始めた。いわば、学術資料を「再発見」したということになろう。

大学博物館の資料がユニークなのは、多くの博物館、特に公立博物館では、博物館のために資料収集がなされたのに対し、大学博物館の場合には資料収集の結果として博物館があるという、逆のベクトルが働いていることである。こうしたあり方は、「驚異の部屋」からミュージアムへの発展過程を想起させるものである。

博物館における収集の方法論については、棚橋以来の論者にほぼ共通して、明確な目的と基準の必要性が説かれてきた。そのことを否定するつもりは毛頭ないが、今日、異なる発想も求められてきているといえる。ただし、どのような方針を採るかは、各博物館の判断に依ることは言うまでもない。

註

(1) ポミアン・クシシトフ、吉田城・吉田典子訳『コレクション　趣味と好奇心の歴史人類学』平凡社、一九九二
(2) 倉田公裕・矢島國雄『新編博物館学』東京堂出版、一九九七
(3) 註2に同じ
(4) 松宮秀治『ミュージアムの思想』白水社、二〇〇三
(5) 倉田公裕「蒐集考」『博物館の風景』六興出版、一九八八
(6) 棚橋源太郎『眼に訴へる教育機關』寶文館、一九三〇
(7) 棚橋源太郎『博物館學綱要』理想社、一九五〇
(8) 鶴田総一郎「博物館学総論」日本博物館協会編『博物館学入門』理想社、一九五六
(9) 註2に同じ
(10) 加藤有次「資料収集機能」『新版博物館学講座4』雄山閣出版、二〇〇〇
(11) 註8に同じ
(12) 註2に同じ

【黒澤　浩】

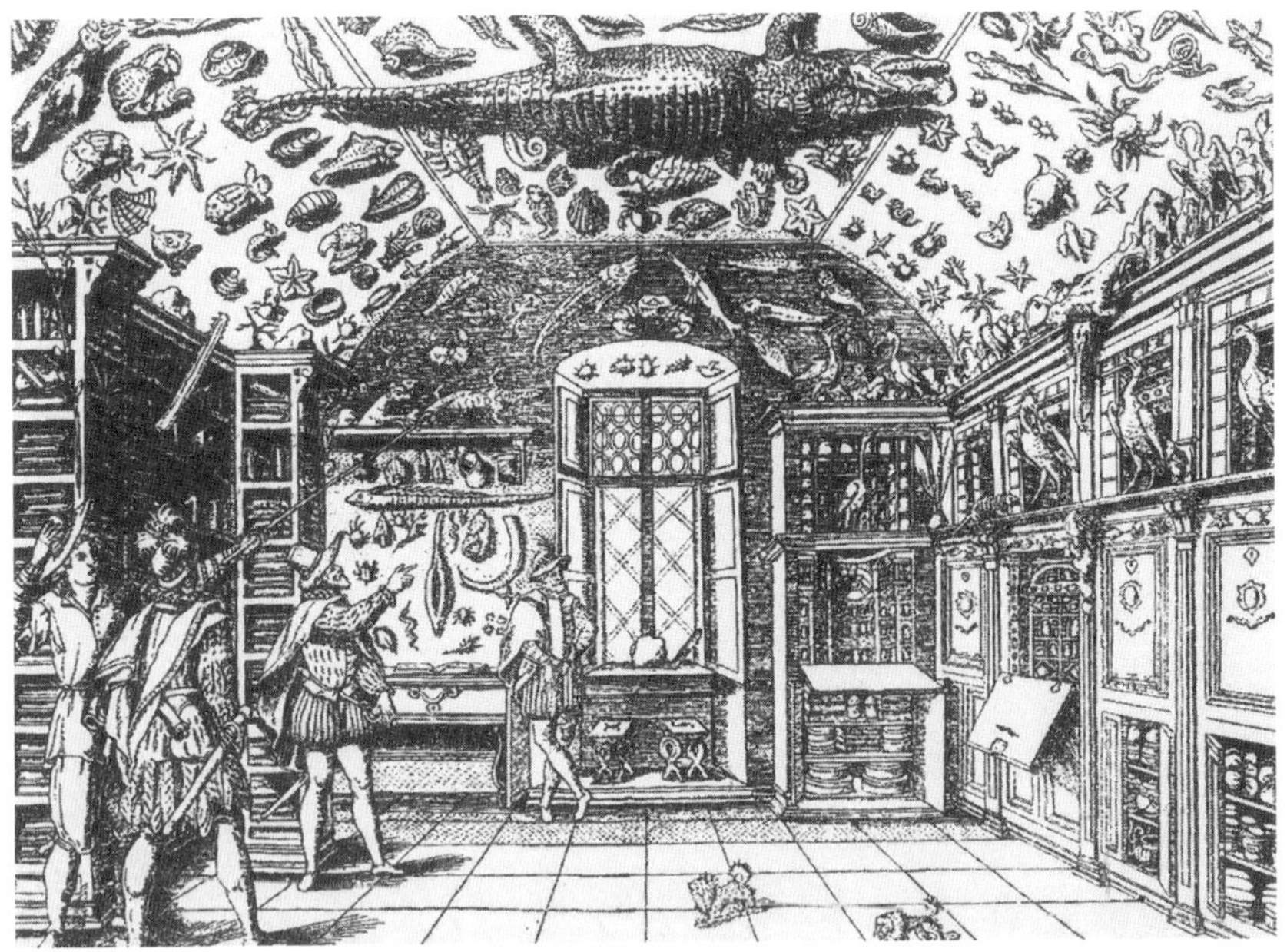

【驚異の部屋（ヴンダーカンマー）】（フェランテ－インペラート『自然誌』1599 年より）

【オレ・ウォルムの「驚異の部屋」】（『ウォルム陳列館誌』1655 年より）

資料製作論史（模型・レプリカ含む）

博物館における模型の展示は、その黎明期ともいえる一八七七年（明治一〇）に開館した教育博物館の展示でも確認できる。教育博物館は、専門的知識をもつ教師が身につけるべき知識と、教育のために必要な教材についての知識を得ることを主目的として設立され、国内外から多数の教育関係資料が収集された。その最大の役割は、理化学機器や標本などの学校用教材を全国の学校に斡旋する、または博物館で製作して安価で払い下げることであった。つまり、ここで展示される模型等は、その性格でいえば「教育品」という一次資料であり、今日の二次製作資料のように、展示上の教育効果の促進や一次資料の記録・保存を意図したものではなかった。

一方、一次資料の立体的記録としての模造・レプリカ製作の実践としては、帝国博物館の資料模造製作が挙げられる。これは展示品の不足を補うために同館美術部長の岡倉天心が館長の九鬼隆一に提案したもので、その後、法隆寺等の仏像の模造が製作された。

では、博物館学における二次製作資料の位置付けは、どのような論考を経て展開されていったのであろうか。模型・模造の役割である記録・保存と展示における教育効果の促進、さらに資料価値そのものに関する主な論考について、以下に紹介する。

一．展示における模型・模造・レプリカ活用論の展開

二次製作資料の活用による展示の教育効果に着目し、その活用案を提唱したのは、展示による人類学の啓蒙に取り組んだ東京帝国大学理科大学教授の坪井正五郎であった。

一八九九年（明治三二）、坪井は人類学標本の展示を例に「土俗的標本の蒐集と陳列とに關する意見」[1]を発表する。その特徴は「或は實物、或は模造、或は雛形、或は寫眞、或は圖書、場合場合で適宜の組み合はせを仕て成る可く理解し易い様に、成る可く注意を惹く様に」と述べているように、関連する一次資料と二次資料を並べて展示し、それらを色のついた紐で結ぶことで資料の情報を結びつけ、見学者が一目で理解できるようにした点にある。単に一次資料のみを並べることが主流であった当時の展示手法に対し、見学者の視点や理解に重点を置いた坪井の展示論は画期的であった。坪井のこうした構想は、一九〇四年に行った東京帝国大学人類学標本展覧会で実践された。

自然・科学系の展示において二次製作資料の活用を論じ

たのは、東京教育博物館の附属施設である通俗資料館で社会教育を実践してきた東京高等師範学校附属教育博物館主事の棚橋源太郎であった。通俗教育館は教育関係者を対象とした東京教育博物館とは異なり、一般大衆への教育を目的としていた。棚橋は、ドイツの博物館展示を参考に、模型や図等と一次資料を組み合わせる展示や、機械模型を来館者が操作できる体験型展示を実践した。こうした博物館や展示に対する考えを、棚橋は一九三〇年（昭和五）に発行された『眼に訴へる教育機關』(2)に纏めた。

棚橋は教育効果を高める展示として、欧米の博物館を例に「互に關係のある若干の標本若しくは模型を、自然の有りの儘の狀態に配合して陳列するのである」と述べ、一次資料に二次資料を組み合わせる「組合せ陳列」を提唱した。その意図について、「陳列法を劇化して博物館を一般大衆に興味あるものたらしめたいと云ふ努力を示すもので、人類若くは動物の生活狀態を知らしむる上に、最も有効なる方法たること疑ない。組合せ陳列は興味あり且つ美しいものとして來館者の目を惹くばかりでなく、實況を明確に示すものとしてその印象が深いのである」と記しており、博物館展示において二次資料を活用する理由として、興味の喚起と視覚情報の重視を意図していたことが窺える。

一方、歴史系の博物館展示において模造の活用を提唱したのは、帝室博物館鑑査官で後に明治大学教授となる後藤守一であった。

一九三四年、後藤は「歴史博物館に於ける模造」(3)を模型・模造の特集号である『博物館研究』七巻七号に掲載し、歴史系博物館における模造の製作と活用について論じた。後藤は模造を「模造」と「復元模造」の二種類に分類している。「模造」とは、一次資料をそのまま模造したもので、今日で言うレプリカと考えられ、「復元模造」は一次資料の欠損箇所を考証によって補完した上で模造するもので、今日で言う復元模型や模造に近いものといえる。歴史博物館で模造を製作、展示する意図について、後藤は「理解を主とする展示に於いては、必ずや一つの系統をその陳列に必要とするのであるから、容易に得難い類例を補足するためには勢ひ模造品を多く求めなくてはならぬとおもふ」と述べている。一般大衆への理解の促進という目的は棚橋と共通するものの、興味の喚起と視覚情報を重視した棚橋に対し、歴史を系統立てて展示するための一次資料の欠損を補うという、展示構成上の問題の解消を意図している点が棚橋とは異なる。

これらの活用論からは、博物館が教育機関と位置づけられ、予備知識のない人々に専門的な学問を展示によって理解させる必要が生じたこと、従来の一次資料の陳列のみでは系統立てた展示を完成させることが困難であったことから、教育効果を高める上で模型・模造等の二次製作資料の活用が論じられるようになった、という論の展開を読み解くことができる。

二、立体的記録としての模型・模造・レプリカ活用論の展開

明治維新以降の廃仏毀釈運動は、各地で貴重な文化財や史跡の破壊を生んだ。こうした動きから文化財を保護するため、一八九七年（明治三〇）に古社寺保存法が公布されるが、保護の対象外となる史跡や古建築をいかに保護すべきかが、歴史学者や建築学者を中心に議論された。

史跡保存の観点から模型の活用を論じたのは、当時、東京帝国大学助教授の黒板勝美であった。後に古社寺保存会委員や史蹟名勝天然紀念物調査会委員等を歴任する黒板は、一九一二年に「史蹟遺物保存に關する意見書」を発表し、欧米を例に史跡保護の必要性と古社寺保存法の不備を指摘した。

一九一五年（大正四）、黒板は史跡の定義、史跡保存の展開と現状の問題、意義等、黒板の史跡保存に関するこれまでの成果や持論を纏めた「史蹟遺物保存に關する研究の概説[4]」を発表した。史跡の保存方法については、史跡を現状のまま保存する「現状保存」、一部復元を行う「復旧保存」、史跡を模型化する「模型保存」、史跡を顕彰することで注意を喚起する「表彰保存」、史跡の記録調査を行う「記録保存」を挙げた。

黒板は「現状保存」を史跡保存の「第一の根本義」としているが、「現状保存」は困難な場合が多く、「復旧保存」が行われることは極めて稀であった。こうした、史跡の保存がままならない場合の応急的記録方法として、黒板は「模型保存」を提唱している。製作する模型については、「模型保存は史蹟の大きな場合に全體を一目に見る上に於いて便利であります。國民教育に於いて應用するもよいことであらうと思ふ」という記述から、遺跡全体の縮尺模型を製作し、展示等による教育への活用も視野に入れていたことが窺える。

一方、資料保存の観点から博物館による模造・レプリカ製作の必要性を主張したのは、建築史学者で当時東京帝国大学名誉教授の関野貞であった。

黒板と同じく古社寺保存法の不備を指摘し、古建築の保護の必要性を指摘してきた関野は、一九三四年（昭和九）、「保存上重要美術品の複製をつくれ[5]」を『博物館研究』七巻

七号に発表する。関野は、重要美術品を一般に展示する必要を認めつつ、博物館が各時代の代表的作品のオリジナルを網羅することは現実的に困難であること、保存に注意を払っても震災等による破損は免れ難いこと、資料の状態により展示可能期間が限られること、等の理由を挙げ、「その様式や手法の明らかなうちに、これにかはるべき複製品を作製する必要がある」と主張した。一方、欧米の博物館における模型・模造収集および活用を例に、日本の博物館に乏しい西洋美術の模型・模写を収集し、公衆への教育や美術家の研究に資する必要があることも主張しており、関野が博物館の社会的役割を鑑みた上で、二次製作資料を保存と教育普及の両面から評価していたことが窺える。

三．二次製作資料の資料価値に関する論考

二次製作資料の資料価値についての論考を行ったのは、帝室博物館監査官で、後に金沢美術工芸大学長となる秋山光夫であった。一九三四年（昭和九）、秋山は『博物館研究』七巻七号に「摹本の意義と価値」(6)を寄稿する。博物館における模本の意義について、秋山は後藤、関野と同じく原資料の保存と系統的展示を行う上での不足資料の補填における有用性を挙げている。さらに、模本の資料価値そのものについても考察を述べている。

秋山は、劣化等により原資料では失われている細部まで鑑賞する事ができること、横山大観等の芸術家が修行時代に描いた模本は美術史上特殊の価値があること、狩野派の絵師が鑑定を依頼された際に描いた模本には原資料の来歴が記されており、絵画史研究の上で重要な参考資料となること、冷泉為恭の春日権現験記絵模本のように従来の意味での模本とは異なるものの、美術史上の価値を有するものがあること等の点を挙げ、模本を「第二の原本たり得る」と評している。

二次資料の持つ一次資料としての価値に着目した秋山の論考は、博物館資料論の展開を鑑みる上で、大きな意義をもつものと評価できる。

註

(1) 坪井正五郎「土俗的標本の蒐集と陳列とに關する意見」『東洋學藝雑誌』一六―二一七、一八九九
(2) 棚橋源太郎『眼に訴へる教育機關』寶文館、一九三〇
(3) 後藤守一「歴史博物館に於ける模造」『博物館研究』七―七、一九三四
(4) 黒板勝美「史蹟遺物保存に關する研究の概説」『歴史地理』八―一、一九一五
(5) 関野貞「保存上重要美術品の複製をつくれ」『博物館研究』七―七、一九三四
(6) 秋山光夫「摹本の意義と價値」『博物館研究』七―七、一九三四

【大貫洋介】

展示命題論史

博物館展示には「ものを見せる」のか「もので見せる」のかという命題がある。一九〇四年（明治三七）、前田不二三は『東京人類學雜誌』に「學の展覽會か物の展覽會か」という論文を寄せ、「學の展示」言い換えれば「もので見せる」展示の重要性を提唱した。当該論文は博物館展示の命題について初めて論じたものである。以降、博物館展示の命題について様々な研究者によって論じられているが、現在では博物館展示とはコミュニケーションの一形態であるという「展示コミュニケーション論」が定着していると看取できる。本稿は、これまで論じられてきた博物館展示命題論を整理し、纏めたものである。

一・學の展覽會か物の展覽會か

前田不二三が『東京人類學雜誌』に記した「學の展覽會か物の展覽會か」という論文は、博物館展示の命題について論じた最初の論文である(1)。

> 學の展覽會か物の展覽會かといふ問は、言ひ換へれば學術の展覽會であるか、學術の資料たる物そのもの、展覽會であるかといふ事である。物の展覽會かも知らない。

前田不二三は、一九〇四年（明治三七）に東京帝国大学人類学教室で開催された我が国初の学術的な展覧会である「人類學標本展覽會」に関して、「ものを見せる」のか、「もので見せる」のかという博物館展示の命題を論じた。当該論文の中で前田は「ものを見せる」のが「情的展覽會」であり「もので見せる」のが「智的展覽會」であると区別し、情的展覧会の美術品の展示を除いては学の展覧会でなければならないとしている。すなわち、「もので見せる」展示でなければならないと、当展覧会の実施を踏まえて結論づけたのである。

当展覧会の主催者である坪井正五郎は、パリ万国博覧会や欧州の博物館見学等の海外での経験を踏まえて、現代の展示論と比肩する博物館展示への明確な理念を構築した(2)。

二・昭和期の展示命題論

次いで博物館展示の命題について論じたのは棚橋源太郎(3)である。棚橋は、『博物館學綱要』の中で次の通りに述べている。

> 博物舘の展示方法は、また陳列資料の性質とその展示の目的とに依って違わなければならない。博物舘で物品を陳列する目的は、第一は物品を觀衆の眼に愉快に

映ぜしめること、第二は知識の傳達の方便として物品を利用すること、この二つ以外に出でない。

棚橋が第二の目的として挙げた「知識の傳達の方便として物品を利用すること」というのは、すなわち博物館展示は「もので見せる」行為でなければならないと断定しているものと考えられる。また論文中において、芸術資料と歴史・科学資料の差異によって第一・第二の目的を使い分けるのではなく、どちらもが博物館展示には必要であると断定している。

一九五六年（昭和三一）、鶴田総一郎は、『博物館学入門』において展示を教育普及法の第一項に設定し、展示を教育活動の一つとして位置づけた(4)。鶴田の理論は、展示を教育の一形態とみなす「展示教育論」であるといえる。

鶴田の展示教育論を受け、一九七一年、倉田公裕・加藤有次は『展示　その理論と方法』において展示は教育活動の中枢であると定義した(5)。

ひとくちに博物館といってもその機能と性格は広い分野にわたって異なったものがあるから展示活動もまた一様の性格では済まされない。しかしながら展示活動はすべての博物館に共通する行為であって、一般大衆を対象としたものにしろ特殊な専門家を対象としたものにしろ、博物館の教育活動の中枢をなすものである。

また、加藤有次は、『博物館学序論』の中で、展示を学芸員の学術研究の成果の発表の場として新たに位置づけた(6)。

倉田公裕(7)は、「展示は単なる「もの」の陳列ではなく、意味があり、目的を持って、大衆に「見せる」ことである」と、「もので見せる」展示の必要性を述べた。さらに倉田は、同著の中で「展示とはひろげて示すことである。そこには積極的に見せようという意識がある。つまり、コミュニケーションの一つの形態である」と、展示をコミュニケーションの一形態とみなす、「展示コミュニケーション論」を提唱した。

一九七八年、林公義は、展示とコミュニケーションについて、展示という「見せる」技術が「ひと」を「もの」に引きつけ、さらには、両者の間にコミュニケーションを生じさせると述べた(8)。

一九八一年、新井重三は、次のように博物館展示の命題について論じた(9)。

博物館における展示とは展示資料（もの）を用いて、ある意図のもとにその価値を提示（Presentation）するとともに展示企画者の考えや主張を表現・説示（Interpretation）することにより、広く一般市民に対して感動と理解・発見と探求の空間を構築する行為である。新井は、コミュニケーションの概念を提示（Presentation）と説示（Interpretation）とに分類した。このコミュニケーションにより、「ひと」は感動と理解・発見と探求を得られるのである。新井は同著の中で、「意図なき展示は存在しない」と述べており、提示と説示という二大要素は、どちらも展示を成り立たせる上で必要不可欠な存在であると考えられる。

一九八二年、榊原聖文は「展示品の形態の新しい提案[10]」の中で、林・新井と同様の展示の概念規定をしている。

展示行為を「展示者が、ある意味内容を、列品を通じて、観客に、伝達する、行為である。」と概念規定する。端的に言えば「観客に、何かを、伝える」行為となり、極言すれば「展示は展示品と観客の間の通信である。」となる。

榊原と同年に坪井清足は歴史・考古分野に限定してこれまでとはややニュアンスの異なった展示の命題について述べている[11]。

坪井は従来の「もので見せる」展示の必要性を述べるが、展示の際に解説文を用いず動きを与える等の展示の工夫のみで鑑賞者の理解を促す展示の仕方を支持している。そして日本の「少くても一〇〇～一五〇字の説明文」を読ませる教科書的手法を否定した。

佐々木朝登は陳列と展示の違いに言及し展示の概念を論じている[12]。

展示における意図とは、展示の構想である。（中略）陳列（display）なら、「もの」があればできると考えられるが、展示（exhibition）は単に「もの」があればできるのではなく、「意図＝構想」があって、はじめて「もの」が生かされるのである。（中略）意図なきところに展示は成立しないのであり、また「展示資料＝もの」の確認・把握なきところに展示構想なしともいえるのである。

三．現代の博物館展示命題論

著者が確認している最新の博物館命題論は、二〇一四年（平成二六）の里見親幸によるものである[13]。

里見の展示命題論はこれまで論じられてきた様々な展示命題論の集約といえる内容となっているが、「単に表面的に見る受動的行為から、何だろう視たい知りたいという気持を抱かせ、引っ張り込み、見る人の積極的な動機づけに導くようにしなければならない」という、展示というコミュニケーションによって観覧者に得られるべき結果について新たに記されているのである。

一方で、二〇一二年に端信行は、これまで論じられてきた「展示コミュニケーション論」は一方向の発信を前提としたものであるという指摘をしている。[14]

端の論は、コミュニケーションというのは本来双方向からのものであるはずなのに、博物館サイドからの一方向なものに終始しているという問題を挙げ、博物館サイドと観覧者サイドとの双方向の対話が必要であるという、新たな課題を提起したと評価できよう。

おわりに

前田不二三の「學の展覧會か物の展覧會か」にはじまる展示命題論は、展示を、教育とみなす展示教育論、コミュニケーションとみなす展示コミュニケーション論に発展していった。現代では展示コミュニケーション論が主流となる中で、これまでの一方向の発信から双方向の発信へと変化を求める新たな課題が生まれている。

註

（1）前田不二三「學の展覧會か物の展覧會か」『東京人類學會雜誌』二九、一九〇四
（2）坪井正五郎「人類學標本展覧會開催趣旨設計及び効果」『東京人類學會雜誌』二九、一九〇四（青木 豊編『明治期博物館学基本文献集成』雄山閣、二〇一二）
（3）棚橋源太郎『博物館學綱要』理想社、一九五〇
（4）日本博物館協会編『博物館学入門』理想社、一九五六
（5）博物館学研究会編『展示 その理論と方法』一九七一
（6）加藤有次『博物館学序論』雄山閣出版、一九七七
（7）註5に同じ
（8）林 公義「展示」伊藤寿朗・森田恒之編『博物館概論』学苑社、一九七八
（9）新井重三「展示の形態と分類」『博物館学講座7』雄山閣出版、一九八一
（10）榊原聖文「展示品の形態の新しい提案」『博物館学雑誌』七―二、一九八二
（11）坪井清足「坪井清足氏展示を語る 表情の展示・語る展示・考えさせる展示」『博物館研究』一七―九、一九八二
（12）佐々木朝登「展示」『博物館ハンドブック』雄山閣出版、一九九〇
（13）里見親幸『博物館展示の理論と実践』同成社、二〇一四
（14）端 信行「コミュニケーションとしての展示」大堀 哲・水島英治編『新博物館学教科書 博物館学Ⅱ 博物館展示論＊博物館学教育論』学文社、二〇一二

【田中 彩】

博物館展示形態論史

一．展示形態とは

展示形態という用語とその概念は、榊原聖文や青木豊によって整理・提唱されたもので、説示型展示、提示型展示など、何をどのように見せるかという展示意図を表現するために用いられる展示法のことである。一方、「公立博物館の設置及び運営に関する基準」（一九九八年〈平成一〇〉文部省告示）では総合展示、課題展示、分類展示、生態展示、動態展示に対し「展示方法」という言葉を用いている。しかし、「展示方法」では語の意味が広いので、青木は「展示形態」を用いて意味を明確にした。したがって、展示形態は展示方法という広い概念の内に含まれる(1)。

一八八九年（明治二二）、坪井正五郎はパリ万国博覧会の展示の混乱ぶりを見て、展示には何らかの基準があれば理解しやすく、反対に基準がなければ理解できないことを指摘した。つまり、展示ではその意図が重要であり、さらに展示意図を形として表す展示形態が必要であると説いたものと考えられる(2)。のちに、展示研究が進むと、一九二八年（昭和三）に「出來るだけ陳列の方法を工夫し一見すれば容易く理解される様にしなければならぬ」と展示方法の改良が紹介され(3)、一九四四年に山名文夫は「展示者は、何よりも計畫者の展示意圖がどこにあるのか、何のために、どんな目的で展示するかといふ根本問題をしっかり把握する必要があります」と展示形態の核心を突いたのである(4)。

二．博覧会の展示

一八七二年（明治五）、初めて文部省主催の博覧会が湯島聖堂大成殿でおこなわれた。展示品は、古美術品、油絵、古道具、古瓦、武器武具、古銭、調度品、日用品、博物標本、御物等約六二〇点、これらは、前年の古器旧物保存方の布告の内容に沿ったものであった。昇斎一景筆「博覧會圖」等によれば、大成殿正面に象徴展示のように大山椒魚と名古屋城の金鯱鉾（しゃちほこ）が展示され、大成殿内には書画類、鳥類魚介類標本、植物標本等をそれぞれ部門別にまとめていた。

分類そのものは博覧会の前年に開かれた物産会の目録に鉱物門、植物門、動物門などがあり、古器旧物保存方の別紙でも三一部門を挙げていた。このような分類は新井白石の『集古十種』にさかのぼることができ、さらにウィーン万国博覧会の布告に出品する資料が二六区に分類されているから、湯島聖堂博覧会において今日の学術的レベルでの分類ではないものの、何らかの基準で分類が展示に使われていたのである。

三．分類展示、比較展示、系統展示

分類展示は初歩的なものが湯島聖堂博覧会に見られたが、欧米で展示を見て帰国した識者によってのちに情報がもたらされた。一八七五年（明治八）の栗本鋤雲を初めとして岡倉天心、坪井正五郎、鳥居龍蔵らは分類した資料を比較する展示が研究に資することを説いた。鳥居龍蔵は帝国博物館の展示を「等しく是れ石器なり。然れども今日の科學は石斧と曲玉を同一の物と認めさるなり」と、石斧と曲玉を同分類で展示することを批判している[5]。さらに神野淺治郎は教室博物館の展示を論じる中で植物や鉱物は「學問的に分類して陳列すべきである」と述べ、すでに現在に通じる学術的な分類展示を提唱していたのである[6]。

また、効果的に比較するためには、さらに系統的な展示が必要と考えられた。一九二一年（大正一〇）、丸山良二は「陳列法も系統的に排列し例へば藝術品ならば年代別、國別、流派別等により、博物標本ならば分類別、産地別等による」と述べ、棚橋源太郎、森金次郎も同じように指摘しており、系統展示も基本的な展示形態として扱われていったのである[7]。

四．生態展示、室内復元展示

生物を剥製や模型により、自然を絵画や模型によって作り、両者を組合わせて生物の生息環境を再現する手法を生態展示という。

一八九九年（明治三二）、箕作佳吉は、鳥の剥製を棚上に置くだけではなく、鳥の生息する海岸や水辺、岩上や樹上などの自然環境を再現して展示することを説いた[8]。つづいて坪井正五郎は「其鳥が砂原に居るものなら下に砂が敷いてある、水のある所に居る鳥ならば硝子で水が示して」あると欧州での見聞を基に具体的に技法を紹介し、また川村多實二は米国での生態展示の始まりを報告していた[9]。

生態展示で用いる剥製製作は明治初年に本格化し、湯島聖堂博覧会を主導した田中芳男も学んでいた。また、博覧会を開催した文部省博物局では剥製が作られており、生態展示への興味の深まりは、こうした剥製製作の進展と無縁ではあるまい。

以後も谷津直秀、森、棚橋により生態展示が説かれた[10]。さらに「主トシテ例ヲ動物ニ取トリタレ𪜈其他ノ學科ニ於テモ同一ノ精神須臾モ忘ル可ラズ」と生態展示の手法を他の分野でも考慮するよういち早く説いたのは先述の箕作であり、[8] 林博太郎も同様に歴史品や工芸美術品にも取り入れるよう主張していた。[11]

歴史や美術に時代的背景を用いるとなると、時代部屋を想起するが、大森啓助は「同時代の繪畫、彫刻、家具の類を同時代のスタイルを有する部屋に混ぜこぜに陳列して見せること」を混合展示という名称で語り、海外の博物館の例を紹介していた。これらは現在の組合わせ展示や室内復元展示（移設）の先駆けといえよう。[12]

五．提示型展示・説示型展示、美術展示

提示型展示（鑑賞展示ともいう）は視覚による理解を重視し、美的感性で資料（作品）を鑑賞する感性型の展示形態であり、説示型展示（教育展示ともいう）は資料が持つ学術情報へ知識を深める思考型の展示形態である。

一九〇四年（明治三七）に前田不二三の、提示型展示（美術品の展示）の意味を「情的展覧会」と、説示型展示（非美術品の展示）の意味を「智的展覧会」と言い表した論考が端緒であった。[13] 黒板勝美も「博物館は學術的、或は藝術的に價値あるものを、系統を正して配列」するものとして美術と非美術を分け、明治神宮宝物殿の展示を論じる中で、展示品の宝物は「必ずしも美術的價値の存するものでもなく、歴史上の參考に資するやうな學術的の意義もない。即ち公衆をして鑑賞的に見物し、或は研究的に參觀さする性質のものでなく、謹んで拜觀す可き性質のもの」と述べて美術展示と非美術展示を「美術的價値」と「學術的の意義」、「鑑賞的に見物」と「研究的に參觀」と対比させて説明している。[14] このような区別は以前からあり、とりわけ美術の展示については単独で論じられてきた。

たとえば、一八九三年に田原榮は「生中（なまなか）なる學術上の分類を廢して専ら美術工藝の沿革を示す」と述べ、展示の「主眼」を「沿革」に求め、「沿革」を表現するために不足があれば「摸品」に代えることを提唱した。[15] これは外国作品との比較や制作年代、制作地を明示して一般の観客が興味を持ちやすくするためであった。さらに「様式風格の變遷」「年代別、國別、流派別」「發達、系統」等を表現する意見を高山林次郎、箕作、内田四郎、石井柏亭、丸山が述べている。[16] このような比較対照、様式の変遷を取り入れた展示は単なる鑑賞展示とは異なり、むしろ美術史学の課題解決に資する美術史的展示といえる。

実際に作品の変遷を見せる浮世絵の展覧会が一八九八年に上野公園新坂下伊香保温泉楼上で開かれた。その展覧会目録に「陳列品をば紐育展覧會に倣ひ、時代に従いて撰擇整理」とあるから、アメリカでの制作年の研究をもとに時代順に展示したのであった[17]。

一方、このような美術史的展示に警鐘を鳴らしたのは美術史研究者の矢代幸雄であった[18]。矢代は美術館を美術的効果本位にするために、「美術館經營者ガ自ラ歴史的配列ヲ偏重セントスル傾向ヲ有スルコトヲ警メント欲スルモノナリ」と述べている。「歴史的配列」とは「歴史の挿絵のやうに美術品を取り扱ふ」ことと述べているから、美術史的展示から鑑賞展示への回帰を唱えたのである 。

以上の議論を経て、一九三〇年（昭和五）に再び棚橋によって二つの展示形態が合わせて論じられた[7]。棚橋は博物館で物品を陳列する目的として「第一は物品を観衆の眼に愉快に映ぜしめること、第二は知識傳達の方便として物品を利用することの二つの外に出てないのである」と明確に述べた。第一は先述した前田の情的展覧会すなわち美術の展示であり、第二は知的展覧会すなわち非美術の展示である。とはいうものの、美術品にも非美術品にも互いに同じ性質を含んでいるから「藝術品と雖も先づ以て觀衆によく理解されなければならず、歴史や科學の資料にしても、亦品物それ自體に於て既に觀衆に訴へる力を幾分有つて居るから何う云ふ品物の陳列にもこの展觀と説明の兩目的を顧慮しつゝ物品の性質に應じて、何れか一方に重きを置くに過ぎないのである」と整理し、「展観と説明の兩目的」を資料によって分ける風潮に対し、柔軟な解釈を示した。土器や埴輪が美術的に鑑賞されることもある現代とは異なり、当時にあっては斬新な考えであったのである。

ところで、一八八一年に遡るが、棚橋の説く「展観と説明の両目的」を一つにする折衷的な展示が計画されていた。高橋由一の「螺旋展畫閣創築主意」は螺旋形の展画閣と呼ぶ展示館を造る企画書であるが、高橋とその弟子が描いた油絵を展示する目的のためにこの建物は美術館と見なされている[19]。けれども展示する絵画は歴史的人物の肖像画であり歴史的事実を描いた歴史画であるから、歴史館の性格もあった。展画閣は実現しなかったが、のちに歴史画の展示は一九二六年（昭和元）の聖徳記念絵画館や一九三七年の海軍館で現実のものとなっている[20]。現存する聖徳記念絵画館の展示品は明治天皇と昭憲皇太后の事績を当代の著名な画家が描いた芸術品であり歴史画だから、「展観と説明の両目的」を一つにした、芸術品を展示して歴史を説明するものであった。

その後、一九三三年に後藤守一は「歴史部の陳列といふものは感覚に訴えるものではなく、知覚に訴えるもので、解釋説明さるべきもの」と考古学研究者としての矜持を示した。(21) 一方、一九三九年に帝室博物館（現・東京国立博物館）に勤める美術史研究者の野間清六は「帝室博物館の如きは、古美術館を使命とするとは云へ、鑑賞陳列のみによるわけには行かない卽ち鑑賞と共にその發達推移を知らしめることを現在の文化は要求するのであり、鑑賞陳列もある系列中に置いて、比較研究の出來るやうにしなければならない」と述べ、棚橋と同じく博物館の現場を知る研究者ならではの柔軟で現実的な対応を説いたのである。(22)

六．その他の展示形態論

簑作が「標品ハ唯々生長シタル物ノミナラズ生長ノ態ヲ示スモノモ亦必要ナリ」と成長の過程の展示を、(8) 坪井は穀物を「精製する順序」を写真や図書を用いて、共に時間軸で展示することを唱えた。(5) ほかに、松村松盛は「科學的の配列により製作の順序を一目瞭然たらしめ、圖表標本等に依り物産の歴史を明かにし」、棚橋は「開化史的陳列法」を工芸品の展示に用いて時代の様式を示す方法を示し、吉野楢三も「陳列は特に科學的、系統的となり同時に開化史的陳列法を採用」とそれぞれに時間軸展示、歴史的展示を示唆している。(23)

また、棚橋は「機械の模型や本物が、其の構造や原理を示す爲め、動力を仕掛けて常に運轉させてある」と動力を用いた動態展示を説明し、「觀覧者がボタンを一つ押すか、ハンドルを廻はせば直ぐに動くやうになつて居る」と体験展示を紹介した。(7) さらに、蓼花生も「電鍵による觀覽者の自由操縦で、その射撃運動の状況を眼のあたり實験することが出來、宛ら實戰に臨んでゐるやうな壯烈な氣分が湧いてくる」と体験展示を評していた。(24)

「デービット、マーレー氏の博物館論」では「舊式な博物館では正面陳列と稱えて博物館へ入ると正面の廣間に巨大な人眼を惹くようなものを若干陳列する」と紹介し、(3) 棚橋は「博物館の玄關口のホールの陳列は、一般に緒論的性質を帯んで居て」と述べ、同じく象徴展示を論じていたのである。(7)

註

(1) 榊原聖文「展示形態論および展示概念について」『博物館学雑誌』五―一、一九八〇。青木 豊「展示の分類と形態」『新版博物館学講座9』雄山閣出版、二〇〇〇。同『博物館展示の研究』雄山閣、二〇〇三

(2) 坪井正五郎「パリー通信」『東京人類學會雜誌』四六・四七、一八八九・一八九〇

(3) 博物館事業促進會「デービット、マーレー氏の博物館論」『博物館研究』一―二、一九二八

(4) 山名文夫「展示技術の基本的考慮」『博物館研究』一七―三、一九四四

(5) 栗本鋤雲「博物舘論」『郵便報知新聞』七九〇、一八七五。岡倉覚三（天心）「博物舘に就て」『日出新聞』九月二・四・五・六日、一八八八。坪井正五郎「ロンドン通信」『東京人類學會雜誌』五〇、一八九〇（註2に同じ）。同「土俗的標本の蒐集と陳列とに關する意見」『東洋學藝雜誌』一六―二二七、一八九九。鳥居龍蔵「帝國博物舘風俗古物歴史物品陳列方法に就て。」『教育報知』三五五・三五七・三六〇、一八九三

(6) 神野淺治郎「第五節　學校博物館及び教室博物館」『兒童中心理科教授の準備と其實際』弘道館、一九一一

(7) 丸山良二「博物館」『日本社會教育の研究』明誠館、一九二二。一記者（棚橋源太郎）「美術工藝の博物館に就いて」『博物館研究』一―三、一九二八（『眼に訴へる教育機關』所収）。棚橋源太郎「第十一章　博物館の陳列」『眼に訴へる教育機關』寶文館、一九三〇。森 金次郎「私の見た歐米の博物館」『博物館研究』三―一〇、一九三〇

(8) 箕作佳吉「博物舘ニ就キテ」『東洋學藝雜誌』一六―二二五、一八九九

(9) 坪井正五郎「歐米諸國旅行雜話」『農商務省商品陳列館報告』一、一九一二。川村多實二「米國博物館の生態陳列」『動物學雜誌』三二―三八〇、一九二〇

(10) 谷津直秀「活氣ある博物館を設立すべし」『新日本』二―一二、一九一二。森 金次郎（註7に同じ）。棚橋源太郎（註7に同じ）

(11) 林 博太郎「雜録　本會主催第二回全國公開實物教育機關主任者協議會（開會の辞）」『博物館研究』三―一一、一九三〇

(12) 大森啓助「ミウゼオグラフイー　博物館學（二）」『新美術』二二、一九四三

(13) 前田不二三「學の展覽會か物の展覽會か」『東京人類學會雜誌』一九、一九〇四

(14) 黒板勝美「明治神宮寶物殿懸賞競技審査批評寶物殿の性質上より見たる批評」『建築雜誌』三四七、一九一五

(15) 田原 榮「博物舘の陳列法」『讀賣新聞』七月二五・二六日、一八九三

(16) 高山林次郎「博物舘論」『太陽』五―九、一八九九。箕作佳吉（註8に同じ）。内田四郎「繪畫陳列館」『建築雜誌』二〇六、一九〇四。石井柏亭「博物館の設備に就て」『太陽』二一・三、一九一四。丸山良二（註7に同じ）

(17) 石井研堂「浮世繪展覽會の始」『增補改訂　明治事物起原』春陽堂、一九四四

(18) 矢代幸雄「美術館問題」『博物館研究』三―三・六、一九三〇

(19) 高橋由一「螺旋展画閣創築主意」青木 繁編『高橋由一油画史料』中央公論美術出版、一九八三

(20) 堀川安市「内地の博物館を視察して」『科學の臺灣』八―四、一九四四

(21) 後藤守一「帝室博物館歴史部の陳列」『博物館研究』六―七、一九三三

(22) 野間清六「陳列品の質と量とに就て」『博物館研究』一二―六、一九三九

(23) 松村松盛「第三章　社會教育の施設」『民衆之教化』帝國地方行政學會、一九二二。棚橋源太郎（註7に同じ）。吉野楢三「青年の地方開發指導機關としての郷土博物館網建設　上」『帝國教育』六七一、一九三五

(24) 蓼 花生「博物館めぐり　國防館を訪う」『博物館研究』七―八、一九三四

【山田磯夫】

展示技術論史

資料（作品）を単に置いただけでは、「展示」とは呼ばない。博物館側、特に学芸員が何らかの意図により、資料を配置することにより初めて「展示」となる。なお、見せるために資料を並べることを「陳列」とも呼ぶ。見せるという行為という点からみると、陳列もあながち「展示」とは大きな違いはないように思えるが、展示には意図や関係する情報付加のみならず、見せる、見てもらうための配慮や演出が必要である。

この展示のために学芸員は、日ごろから見学者に如何にしたら展示意図を伝えられるか、どのように表現したらいいかなどを思考し、そのための展示技法・技術を考え、日々研鑽を積んでいる。展示経験を蓄積し、更なる良質な展示を目指すために展示技術が創意工夫され、今日までの展示の発展があるわけである。展示技術は、展示形態と相関関係にある。

加藤有次は、展示構成要素の中で「展示空間と環境」の項に「展示技術」として①建築、②デザイン、③照明、④色彩、⑤視聴覚機器、⑥製図、⑦写真、⑧金工・木工・石工、⑨機械、⑩電気、⑪空調、⑫保存科学を挙げている。[1]小稿は明治から昭和戦前期の展示技術論を通覧するが、当時の論考の傾向としては加藤の展示技術論に列挙された項目では、建築と照明が中心である。①建築、③照明に関しては別項で述べるので、加藤の述べる展示共通の基礎課題でもある②デザイン、⑥製図、⑦写真に関するグラフィックやラベル、⑧金工・木工・石工に関連して演示具、保存科学に関連した⑪、⑫ケースの仕様など、展示技術に関連する論考が見られ、本書の他の項目で扱われないので技術論として紹介していく。

一．展示技術論の流れ

展示技術論の嚆矢として指摘[2]されている論考は、坪井正五郎の「土俗的標本の蒐集と陳列とに關する意見」[3]で、一八九九年（明治三二）のことである。単に資料を見せるだけではなく、実物のみならず原材料はもとより図書や写真など周辺の二次資料を駆使すること、また資料の背後にある情報なども必要であると述べている。いわゆる説示型展示を目指しているものの、技術論というより形態論というべきであろう。

遡って坪井の著述を見てみると「パリー通信」[4]に展示技

術論というべき一文がある。一八八九年から九〇年に開催されたパリ万国博覧会の様子を記したもので、中の「物品陳列上に鏡の應用」がそれである。ルーブル美術館に於いて、陳列品の背面に鏡を置いて後ろ側まで見える展示を見学しヒントを得たもので、坪井は全面を見せる必要がある時は、ガラスの棚板を三・四寸の高さにして下に鏡を置くという提案をしている。これは現代のアクリルの展示台底部に鏡を置いて資料底部を見せる展示台のようであるが、坪井の新案として紹介しており、全周見せるための展示技術論の魁といえるだろう。

二・キャプション製作技術論

博物館草創期のキャプション「説明札」は、資料名称程度の情報が記されたに過ぎないようである[5]。次第に博物館の発展とともに、展示技術も進化し、また観覧者の要求や配慮も加わって研究が重ねられていった。

田原榮は、「博物館の陳列法」（一八九三）として『早稲田文學』に発表したが、一般の参考になるとして、新聞社が追加取材した論考もある[6]。ここで陳列札の解説は、物名を記すことが第一、合わせて用途、次いで製作年代を記すことで、その時代背景を知ることができる。第三には製作地、第四に製作者を記せば流派・系統が明らかになるので、これも必要とする。

神保小虎は、「鑛物博物館の陳列術」[7]（一九一三）で「札紙」、つまりキャプションが「博物館に於て最も苦心を要するものは札紙なり」として、記載する情報を詳細にし、二、三行の肝要なる記事を添えることで観覧者は大いに喜ぶが、各資料の美点を観覧者に探させることは罪深き博物館であるという。さらに字体と字配り、形や大きさ、配置にも注意しなければ観覧者に混乱を来すと、早くも大正期に現代に生きている展示技術論を展開している。田原が美術館を念頭に置いたものに対して、神保は博物館を意識し、資料の美点を観覧者に探させる美術鑑賞の手法を暗に批判している点も注目される。

次いで、執筆者は「記者」とあるが、「博物館説明札に關する諸問題」[8]（一九二九）は、『博物館研究』創刊草創期に説明札の効用を述べ、題目、本文、備考が三要素で、個別的説明札と総合的説明札を紹介する。更に色は白が基本で、ケースとの調和と紙の褪色を防ぐために灰色や浅黄色を推奨する。昭和初期のキャプション仕様は基本的に大差ないといえるだろう。また、米国博物館協会発行誌掲載の

「博物館の説明札に就て[9]」や「説明札及其作り方[10]」の紹介記事もあり、キャプション製作技術の問題が、当時の学芸員など博物館職員に求められていたことを窺い知れる。

更にボストン美術館学芸員による「美術館の説明札[11]」を紹介し、ラベルは陳列上絶対的必要欠くべからざるものではなく、むしろ説明員を置く、またガイドブックの方が有効とするなど、アメリカの美術館におけるキャプションの在り方が垣間見え、その後の日本の解説技術に影響を与えている。

また記者は、「陳列品の説明札に就いて[12]」（一九二九）では、博物館事業促進会（日本博物館協会）主催の博物館並類似施設主任者協議会で、かつて説明札のことが問題になったと記されており、この頃博物館において主要な技術的テーマであったことを知ることができる。そして説明札は、陳列品の次に見るべきもので、第一に考慮すべきは色合で、陳列品と調和する色が望ましく、説明札を立てるには鉛製の支えと綿布で被ったものを背面に貼り付ければ、角度の調整ができるとしている。説明札は、陳列品の配列と同等の趣向と注意を要すると、キャプションの重要性を訴えている。

棚橋源太郎は、『眼に訴へる教育機關[13]』（一九三〇）内の「舊博物館の陳列法」の項目の中で、ドイツでは、説明札の文字が細かく、見物人は拡大鏡を携帯する必要があったことを紹介する。棚橋は、これ以外にも陳列を美しく見せる工夫が欠如していることを憂い」、展示技術上の工夫が必要と訴える。

森金次郎の「欧米科學博物館に於ける陳列品の蒐集及び陳列方法に就いて[14]」の報告には「説明札及び陳列題目掲示法」があり、陳列室には大題目、を目立つように掲示して、来館者に順序や系統を理解させることが肝要で、ドイツは先進的であるという。説明札は、米国では、簡潔に記述され、長い説明文を要する時は印刷物に任せるとする。すなわちテーマ・パネルやガイドブックの重要性を報告している。

続いて森は、「統計上より見たる米國の博物館[15]」（一九三三）で、米国博物館の陳列上の改善進歩として、新機軸として物を陳列せず、事柄を陳列する原則を紹介している。おそらく実物資料の展示ではなく、グラフィック・パネルなどによるものであるが、資料のない展示が当時の人々の目には、斬新なアイデアとして映ったのであろうか。

後年に奈良国立博物館長となる蔵田蔵（くらたおさむ）は、「陳列札に就て[16]」（一九三九）で、アメリカのダラス美術館長の論文を紹介する中で、キャプションの最重要点は、記載事項を的確、かつ明瞭に書く。第二点は、簡単単純の語彙を使用し、六〇〇字までに限定すべきで短いほどよく、約三〇語が適当である。陳列札の位置は、作品から容易に見える位置に置くこと。文字の大きさは一八ポイントで、通常の博物館で考えているより大きく、実験結果によると読みやすい文字は、白地に黒字のタイプ文字で、灰色、薄茶色の字に黒色も可であるとしている。陳列札には、作者名、年月日、題名、寄贈者名等は、上部より下部にある方が効果的である事実を発見したという。陳列札は、絵画の場合右側床上五尺（約一五〇センチ）に置くが、これは多年の研究によって観覧者が右から左に向かって歩くためで、高さは読みやすいためであり、本来は作品の真下に置くべきであるが、額縁では影になることがある。蔵田自身の考察も入っているとみられ、かなり具体的で現代博物館に生きている内容といえる。

三．ケース仕様技術論

資料を陳列するためには、ガラスケースを使用することが多くの書で見ることができるが、ケースについて技術論的な論考は意外と少ない。

前出の神保小虎は、「鑛物博物館の陳列術[17]」（一九一二）でケースについても論究している。内装色を考慮し、温湿度の重要性を訴え、空気の進入を防ぐため、ガラスも高価であっても厚さのある今日のエア・タイトケースを求め、展示の棚（展示台）も傾斜が必要であると、現代博物館に生きた思想が披歴されている。

棚橋源太郎は『眼に訴へる教育機關[18]』（一九三〇）の中で展示には、神保同様に塵がつかないようエア・タイトケースを使用し、温湿度管理を行い、照明もケース外からあて、褪色を防ぐためボタンを押すことで見るときにのみ点灯すべきとする。資料選択とともに観覧順路の重要性を説き、ウオールケースを効果的に使用すること。ケース配置も、採光の位置関係を考慮し、密閉空間となると観覧者を圧迫し、監視が行き届かない危険性を指摘し、ケースの必要性と、大きさ、形態、構造など様々な仕様について言及するなど、本格的にケースの重要性を述べている。

帝室博物館の秋山光夫は、「繪巻陳列箱の考察[19]」（一九三二年）で絵巻が大きな陳列箱（ケース）の下部に陳列されてきた弊害を訴え、絵巻用の「のぞき」を製作したものの、観覧者にとっては真上から覗き込むため疲労感が出るという欠点があることを紹介している。ボストン美術館で考案された絵巻専用陳列箱を紹介するが、作品にとって有効な方法であるか疑問も呈している。当時から絵巻を、如何に観覧者により良く見せることができるか、展示技術に腐心していたか窺われる一文である。

大森啓助は、「ミウゼオグラフィー　博物館學（三二）」[20]（一九四三）で木軸のケースフレームに金属を用い、防塵・防湿のための二重防水装置としてエア・タイトケース、桟なしのガラスケース、現在のミュージアム・ガラスにあたる無反射ガラスケースなどを紹介しており、戦中期にあって現代的な展示技術が考案されていることに驚きを隠せない。

四．演示具技術論

展示技術論における演示具に関する論考は、冒頭で紹介した坪井正五郎が考案した鏡を使った展示台である。坪井以降、演示具に関しては特記するような研究は著されていないが、画家の石井柏亭は、「博物館の設備に就て」[21]（一九一四）で小品は両面硝子入り額で回転装置とすることを提案。谷津直秀も「欧米博物館の教育的施設」[22]（一九三二）で、アメリカのピッツバーグの児童博物館で両面見せる必要がある扁平資料の展示には、鏡が有効であり、また顕微鏡の利用を紹介している。坪井の鏡を使った展示台提案から、相当時間が経過しているにもかかわらず、鏡利用が普及しなかったのだろうか。

渡邊榮吉の「陳列用具の設計に就て」[23]（一九三八）は、ケースを除く衝立陳列台等演示具に関する本格的論考である。展示台などは、現在一般的であるユニット式展示台と壁面パネルを提唱している。更に材料の規制寸法で製作すれば、経済的となり資源愛護となるとしている。経費面から木材で製作されるが、歪みが生じることがあり材料の選択や加工法が重要で、虫害防除の措置も述べ、資料や資源保護対策も考慮する先進的内容である。

大森啓助も前出の「ミウゼオグラフィー（三三）」[24]で、変化のある陳列効果のため、折畳み式の移動式衝立の使用を挙げる。素描や版画は褪色から守るため現在の引き出し式のケースに入れ、必要な時だけ見せ、絵画では今日のピクチャー・ワイヤーは目障りにならず、動かしやすいことを紹介している。また展示技術として、回転支柱（ターンテーブルか）に資料をつけケースに展示することで全面を見せられるとしている。顕微鏡や拡大鏡の使用など、今日で一般に使われている演示具が披露されている。広い意味で展示技術になるのであるが、盗難予防として赤外線による防犯装置なども挙げている。

以上、展示技術としてキャプション類、ケース、演示具などの技術的仕様を中心に見てきた。当時の博物館人により現代博物館に生かされた技術や思考、また時代的に技術的に未発達であった点は考慮しなければいけないが、先人の展示技術に向ける思想は今日まで古びることなく連綿と受け継がれていることを確認できるだろう。

註

(1) 加藤有次『博物館学総論』雄山閣出版、一九九六
(2) 青木 豊『集客力を高める 博物館展示論』雄山閣、二〇一三
(3) 坪井正五郎「土俗的標本の蒐集と陳列とに關する意見」『東洋學藝雜誌』一六―二一七、一八九九
(4) 坪井正五郎「パリー通信」『東京人類學會雜誌』四七、一八九〇
(5) 田中芳男の『外國捃拾帖　三　墺國博覧會』（東京大学総合図書館蔵）には、一八七三年（明治六）のウィーン万国博覧会のキャプションが収められており、当時のキャプションの一例を知る貴重な資料である。横書きで一行目に「日本帝國出品」、二行目にこれの独訳が付され、三行目にグループ「Ⅱ」、四行目に№「a」。下段五行目に名称「Plantes midicinales」（薬用植物？）と記されている。
(6) 田原 榮「博物舘の陳列法」『讀賣新聞』七月二五・二六日、一八九三
(7) 神保小虎「鑛物博物館の陳列術」『地質學雜誌』二〇、一九一三
(8) 一記者（棚橋源太郎）「博物館説明札に關する諸問題」『博物館研究』二―五、一九二九
(9) 一記者（棚橋源太郎）「博物館の説明札に就て」『博物館研究』二―五、一九二九
(10) 記者（棚橋源太郎）「説明札及其作り方」『博物館研究』二―五、一九二九
(11) 記者（棚橋源太郎）「美術館の説明札」『博物館研究』二―五、一九二九
(12) 記者「陳列品の説明札に就いて」『博物館研究』二―一〇、一九二九
(13) 棚橋源太郎『眼に訴へる教育機關』寶文館、一九三〇
(14) 森 金次郎「歐米科學博物館に於ける陳列品の蒐集及び陳列方法に就いて」『博物館研究』五―九、一九三二
(15) 森 金次郎「統計上より見たる米國の博物館」『自然科學と博物館』四―六、一九三三
(16) 蔵田 蔵「陳列札に就て」『博物館研究』一一―一二、一九三八
(17) 註7に同じ
(18) 註13に同じ
(19) 秋山光夫「繪巻陳列箱の考察」『博物館研究』五―九、一九三二
(20) 大森啓助「ミウゼオグラフィー　博物館學（三）」『新美術』二三、一九四三
(21) 石井柏亭「博物館の設備に就て」『太陽』二一・三（『石井柏亭集　上』平凡社、一九三三所収）、一九一四
(22) 谷津直秀「歐米博物館の教育的施設」『郷土教育』一八、一九三二
(23) 渡邊榮吉「陳列用具の設計に就て」『自然科學と博物館』九―一〇五、一九三八
(24) 註20に同じ

【杉山正司】

映像展示論史

本稿は、博物館で用いられている映像展示に関する論史を纏めることが趣旨であるが、我が国で「映像展示論」と題する論文は、博物館における映像展示自体が一九七〇年（昭和四五）に初めて登場したこともあって、非常に少ないため、幻燈・ＶＴＲは当然であるが映像展示を拡大解釈して鏡の展示・鏡を用いる展示の歴史も含めて論述するものである。

しかしながら、映像展示の種類は多岐にわたっており、すべての歴史について述べることは紙幅の関係で困難であることから、鏡・幻燈をキーワードに、それらを利用した展示の歴史について述べるものである。

また、活動写真・映画に関する論考は、中田俊造による「教育映畫に就いて」[1]をはじめとして多数記されているが、本論は博物館展示に軸足を置くところから埒外とする。

一．映像展示論

現在、「映像展示論」と題して発表されている論文は、管見の限りでは、一九九七年（平成九）の青木豊による『博物館映像展示論　視聴覚メディアをめぐる』[2]一冊のみである。なお、本著の先行論文として、一九九五年に記された「博物館に於ける映像展示の研究」[3]がある。

上記以外では、「博物館展示論」や「展示論」のなかに「映像展示」と立項されている場合や、またその場合でも映像展示における映像機器の技術的観点で記されているのが通常である。

上述の青木に拠る「博物館に於ける映像展示の研究」では、映像展示の必要性や日本での映像展示の現状、博物館における映像展示の分類等々が明示されている。また、二〇一三年の青木豊による『集客力を高める　博物館展示論』[4]の第四章「三　集客力を高める二次資料の活用」において映像展示機器の陳腐化と記録映像の制作について述べられている。

二．鏡に関する展示論

鏡に関する展示論で最も古い論文は、一八九〇年（明治二三年）の坪井正五郎による「パリー通信」[5]である。そこには、博物館展示に鏡を用いる展示方法を下記の通り記している。

物品陳列上に鏡の應用、ルーブル博物館實物の部には陳列段の縦の板即ち陳列品の後に當る面には鏡が用ゐてござります、之は恐く陳列品を美しく見せ品數が多くて賑かな様に見せる爲に仕た事でござりますが（中略）此鏡棚は、私の新案で未だ何所でも見た事がござりません、諸君御試みを願ひます、

ガラス鏡がまだまだ珍しかった一八九〇年において、鏡を展示に用いることを坪井は主張しているのである。

次に、鏡を実際に映像展示として用いたものを論じたのは、一九二六年（大正一五）の山田幸五郎による「光學を應用せる娯樂物[6]」である。そこでは、イギリスにおいて、同年に開催された光学会合の余興として出品された「頭のない人」などの鏡を使った不思議な展示が、どのような原理でできているのかを解説した論文である。

三．幻燈

映像展示の最も古い事例としては、幻燈が挙げられる。一八七三年（明治六）、後に東京教育博物館館長となった手島精一が、博物館・博物館学での映像展示目的ではなく、教育目的で我が国に幻燈を持ちかえったことが、田邊尚雄による「東京博物館と故手島精一翁[7]」に記されている。

昨今では、二〇一五年（平成二七）の『幻燈スライドの博物誌 プロジェクション・メディアの考古学[8]』がある。これには、幻燈とはどういうものであるか、人々にどのように楽しまれていたか、また、海外のマジックランタンの例も挙げて論じられている。そして幻燈には、今後のプロジェクション・メディア[9]の進むべきヒントが必ず潜んでいると述べられている。

四．ＶＴＲ

ＶＴＲに関しては、後にも述べるが映像展示としての歴史がまだ浅いためか、幻燈や鏡のように単一で示されたものが、筆者が調べた限りでは存在しないようである。よって、先に挙げた論文からの引用が多くなるがご了承いただきたい。

映像展示と聞いて最も多くの人びとが思い浮かべるのは、テレビなどで映像を映し出し、発掘の様子や、当時の暮らしの様子を再現した映像を示すというものであろう。このようないわゆるＶＴＲ（videotape recorder あるいは videotape recording[10]）を使った展示の歴史というのは先に述べた鏡や幻燈に比べればはるかに浅く、世界的に見ても一九六七年（昭和四二）のモントリオール万国博覧会が初である[11]。

何故ならば、当然のことながらテレビが登場しなければ

ならないからである。では、テレビが発明され、ビデオが登場すればすぐさまVTRを使った映像展示が増えたかというとそうではない。長らくテレビは高価なものだったからである。映像展示の濫觴は一九七〇年の大阪万国博覧会であると、青木豊は『博物館映像展示論』(12)で断定している。

　このようにVTRを使った多くの人々が「映像展示とはこういうもの」だと考えているであろうものの歴史とは浅いものである。

おわりに

　映像展示の歴史は、博物館そのものの歴史に比べればまだまだ短く、映像展示論の歴史となればもっと短い。

　昨今では、「プロジェクションマッピング」など様々な今までにはなかった映像展示の手法が出てきている。

　博物館をただの「建物」にしないためにも、映像展示はどのようにすべきであるのか、どのようなものであるべきなのかを論じ、「映像展示論」そのものを今以上に確立していく必要があると筆者は考える。

　また、調査不足や文献の漏れ、その他さまざまな欠点が多々見られるとは思うが、ひとまず今回はこれだけにとどめさせて頂き、次の機会により詳しい「映像展示論史」を述べたいと思う。

【表1　映像展示論史年表】

年	文献
一八九〇年	坪井正五郎「パリー通信」
一九二六年	山田幸五郎「光學を應用せる娯樂物」
一九二九年	田邊尚雄「東京博物館と故手島精一翁（一）（二）（完）」
一九九六年	青木豊「博物館に於ける映像展示の研究」
一九九七年	青木豊『博物館映像展示論　視聴覚メディアをめぐる』
二〇一三年	青木豊『集客力を高める　博物館展示』
二〇一五年	早稲田大学坪内博士記念演劇博物館編『幻燈スライドの博物誌　プロジェクション・メディアの考古学』

註

（1）中田俊造「教育映畫に就いて」『郷土教育』一八、一九三二
（2）青木豊『博物館映像展示論　視聴覚メディアをめぐる』雄山閣出版、一九九七
（3）青木豊「博物館における映像展示の研究」『國學院大學博物館學紀要』二〇、一九九五
（4）青木豊『集客力を高める　博物館展示論』雄山閣、二〇一三
（5）坪井正五郎「パリー通信」『東京人類學會雜誌』四七、一八九〇（青木豊編『明治期博物館学基本文献集成』所収、雄山閣、二〇一二）
（6）山田幸五郎「光學を應用せる娯樂物」『科學知識』六―七、一九二六
（7）田邊尚雄「東京博物館と故手島精一翁（一）（二）（完）」『明治文化研究』五―二・三・四、一九二九（青木豊・山本哲也編『大正・昭和前期博物館学基本文献集成　上』所収、雄山閣、二〇一六）
（8）早稲田大学坪内博士記念演劇博物館編『幻燈スライドの博物誌　プロジェクション・メディアの考古学』青弓社、二〇一五
（9）『幻燈スライドの博物誌　プロジェクション・メディアの考古学』第一部「プロジェクション・メディアとしての幻燈」を執筆された土屋紳一（早稲田大学坪内博士記念演劇博物館デジタルアーカイブ室。アーキビストにして写真家。現代メディアと写真の可能性

を模索する作品を国内外で発表）が論中で用いている語である。

(10) 意味としては「レンズと暗箱を使用し像を映し出すもの」。もっとも現在はＤＶＤやブルーレイが主流であるため、この用語を使うべきではないのかもしれないが、「テレビで流れている映像」という広い意味で今回は使用させていただく。

(11) 註２に同じ

(12) 註２に同じ

参考文献

青木　豊「博物館展示論研究史（二）」『國學院大學博物館學紀要』二二、一九九七

【中島愛美】

展示コミュニケーション論史

一・展示論の黎明

戦後の高度経済成長以降の右肩上がりの景気において、各地で博物館が誕生し、それに伴い博物館をめぐる課題は細分化され、加速度的に増加したことは周知の通りであり、今日の博物館学の展開を見ても明らかである。本項テーマである展示コミュニケーション論にまつわる議論も案に違わず、科学技術の発展と相まって一九七〇年代以降、積極的に議論されることとなる。

とは言え、これは無論、明治期の坪井正五郎の「パリー通信」[1]、前田不二三の「學の展覧會か物の展覧會か」[2]、大正期の濱田耕作『通論考古學』[3]をはじめ、昭和期の博物館学に偉大なる功績を残した棚橋源太郎や木場一夫、鶴田総一郎らによる論述が礎になっていることは言うまでもない。戦後の展示についての記述を時系列で見ていくと、まずは一九四九年（昭和二四）の木場一夫による論述が挙げられる[4]。木場は展示を収集・研究・出版の段階で蓄積されたすべての知識が結合したものであるとし、博物館を博物館たらしめているものは「展示」であると論じている。

次に続くのは棚橋源太郎である。棚橋は日本博物館学の金字塔となった『博物館學綱要』[5]において、「第一は物品を観衆の眼に愉快に映ぜしめること、第二は知識傳達の方便として物品を利用すること」とし、大衆の興味を惹く展示が必要と明示した。このような考え方は欧米での多くの博物館見学や、東京教育博物館での特別展覧会の開催、赤十字博物館での実践が反映されていると考えられ、一般大衆を対象にした教育性・娯楽性を兼ね備えた展示の必要性を説いたものとして評価される。棚橋の展示理論は一九五一年に公布された博物館法第二条（定義）にある、「レクリエーション等」という記述に反映されたとされる。

続いて、鶴田総一郎による論述を挙げることとする。一九五六年、社団法人日本博物館協会が編集した『博物館入門』は、学芸員資格取得のための国家試験用のテキストとして出版された経緯もあり、いわゆる博物館学を概説する定番となったものである。前編後編に分けられ、前編は鶴田総一郎が「博物館学総論」[6]を、後編は各種博物館別に博物館実務者が各論を論じている。鶴田は、冒頭で「博物館学は、心理学を片翼とする教育学の未開拓の一分野として存在し、従って、これから研究されねばならぬ教育学の特殊な方法として、博物館学的方法が厳存するといえる」と述べ、「博物館学的方法」という博物館独自の教育学の必要性を主張している。実際、「博物館の目的を達成するための方法」として、収集法・整理保管法・研究法・教育普及法に大別して詳説している。ここで特筆すべきことは、博物館における調査研究を資料の収集に関する応用学的研究または科学技術研究法と、資料そのものの本質を研究する一般学術的研究と、この二つの結び付きを人間の側から研究する教育学的研究の三種類に分類して論述している点である。この最後の教育学的研究が、鶴田の言う教育普及法であり、「もの」と「人」とを効果的に結びつける方法である。教育普及法では展示と教育活動という二項を設けて具体的に解説しているが、鶴田は展示を主体とするのではなく、利用者を主体として教育普及を考える必要性を説き、その一つに視聴覚メディアの導入も示唆しているのである。こうした考え方が次世代に続く展示論への布石となったことは明白である。

二．展示コミュニケーション論の端緒

実際、「コミュニケーション」という語を使って博物館展示理念を論じたのは、倉田公裕であると考えられ、一九六九年（昭和四四）、社団法人日本博物館協会の機関誌である『博物館ニュース』[7]のコラム「陳列と展示」において、展示をコミュニケーションの一形態であると論じたものが初見であろう。倉田は、「陳列」と「展示」の語義を分け、「陳列」は「ものを「ならべておくこと」」で、ものの自身が中心で、ものの持つ価値に依存しその見せ方に積極性が薄い」とした上で、「展示とは、「ひろげて示す」ことである。そこには積極的に見せようという意識がある。つまり、コミュニケーションの一つの形態であり、語りかけるテーマがあり、もの同志の関連、つまり、見る時間の流れ、ストーリーがある」と説いたのである。倉田自身「展示コミュニケーション論」という語を使用したわけではないが、この展示＝コミュニケーションという図式こそが「展示コミュニケーション論」の端緒であると言えよう。このコラムは後に倉田公裕と加藤有次が代表を務めた博物館学研究会による『展示　その理論と方法』[8]に再掲載されるのだが、本書には倉田による「展示法～人文博物館を中心として～」[9]も収められており、『展示　その理論と方法』での倉田による二つの論述は、その後の倉田による一連の展示コミュニケーション論の骨子となっており、以降の『博物

館学[10]』や『博物館学講座[11]』の素地となっていることが窺える。

倉田は「展示法～人文博物館を中心として～」において、「展示はその目的、展示物の質、型等により、また、それぞれの館の性格、部屋の構造、展示設備の如何、予算の多少、学芸員の質と量の問題があり、一律の答を出すことはできず、また、簡単な組合せになった法則などない」としながらも、美術系博物館を中心に人文博物館の展示について、理論から具体的な実践に至るまで充実した論述を展開している。展示の定義として、ユネスコがまとめた『THE ORGANIZATION OF MUSEUMS practical advice[12]』での定義を参照にして「「展示（Exhibition）とは、見せること（to show）陳列すること（to display）目にふれる様にすること（to make visible）であり、多くの国語において、展示とは、ものを選び意味のある表示（meaningful shawing of things）目的のある陳列（display with purpose）を意味している」と説かれる如く、展示は単なる「もの」の陳列ではなく、意味があり、目的を持って、大衆に「見せる」ことである」と記している。ちなみにここでの定義には「コミュニケーション」という記述はなく、後の『博物館学』などにおいては「展示は（省略）「ひろげて示す」ことであり、そこには人に積極的に見せようという意識があり、コミュニケーションの一つの形態である」という部分を定義に追加しているところが興味深い。

そもそも「コミュニケーション」とは、「①社会生活を営む人間の間に行われる知覚・感情・思考の伝達。言語・文字その他視覚・聴覚に訴える各種のものを媒体とする。②動物相互間での身振りや音声などによる心的内容の伝達」（『広辞苑』第二版より）という語意があるが、倉田が言及した「コミュニケーション」の意味も、基本的には「情報の伝達」である。ただ、その伝達を誰に何をどのようにして行うのかということこそが倉田が重要としている点である。倉田は、先に挙げた展示の定義を実現するために、つまり一般大衆の興味を惹きつけるために、教育性と娯楽性を兼ね備えた展示になるように工夫し、配列や照明や色彩などに注意を払う必要があると述べている。実際、次章において、「展示室の条件（展示空間の質）」と題し、見学者目線での展示室における環境整備の実践論を解説している。その内容は、動線計画、視線計画、温湿度の条件、照明・採光の条件などの物理・化学的条件についてや生理的・心理的条件から見た疲労についてなどである。

そして、最終章「展示の方法」において、倉田は展示室での空間配分の必要性や展示技術の理念を論じているが、最後に「演出」について言及しているのである。倉田は「展示は合理的な配列で、解り易く、単調さを避け、そしてリズミカルに処理することが必要である。そこで展示に演出性が要求されるのであろう」と論じているが、展示をいかに効果的に見せるかということを総合芸術としての舞台演出にたとえて説明しているのである。そのために、①資料の正確な理解と解釈、②展示における具体的、感覚的な空間の処理が必要であるとしている。つまり学芸員は演出者であり、的確に資料研究をし、充分な理解を土台とした上で、解釈し、その解釈が展示の芸術的な創造へとつながるということである。

このように「演出」についての言述まで見てくると、倉田の展示コミュニケーション論は展示をマス・コミュニケーション（マスコミ）を意識し、対峙して考えているのではないかと推測できる。実際文中においても「実物により教育するということは、他の手段即ち、学校や読書或いはテレビ、ラジオ等では得られない博物館独自の方法でなのである」や、「博物館は他の娯楽（映画、テレビ、スポーツ等）と競り合っている」等の記述が見られる。倉田は文末を「旧来の博物館の悪いイメージをかえさせ、教養と娯楽の場としなければならないと思うのである」と締めているが、当時のマスコミの隆盛や娯楽の多様化が目立つ時代背景こそが、「展示コミュニケーション論」を創出したのではないかと考えざるを得ないのである。

三．「コミュニケーション」の氾濫

博物館学としての論述ではないが、『展示（エキジビション・ディスプレイ）の科学　ショーウィンドウから万国博まで』[13]という本が一九六九年（昭和四四）に発行された。題名からも商業的な展示について書かれていることが窺われるが、実際博覧会や百貨店での展示会、ショールームなどにおける展示について企画から実践まで、様々な角度で書かれている。「脚光をあびる〝展示〟の科学　コミュニケーションをもっとも効果的にするために」という章では、「展示とマスコミ」などについて論述している。本書発行当時は驚異的な経済成長を遂げ、各地のテレビ地方局開設や雑誌創刊などマスコミの活動や、企業による宣伝活動、商業的イベントの開催の活発化が目覚ましく、さらに翌年には大阪府で日本万国博覧会が開催されることも相まって、商業展示の需要が高まったと考えられる。こうした商業展示の隆盛は当然博物館学にも影響を及ぼし、一九七〇年代後半以降、博物館学の視点から、博物館展示が論じられることとなる。

一九七八年の林公義による展示論もその一つである。[14] 林は、「展示」を、「通り過ぎようとする人の目を捉え、注意を喚起し、より深く観察させるような手段、平易さを意図した「ひと」と「もの」とのコミュニケーション手段」とし、マス・コミュニケーションにおける「展示」と博物館における「展示」を分けて説明している。林による論述は、先に挙げた『展示（エキジビション・ディスプレイ）の科学』と非常に類似している。

また新井重三は、一九八一年の『博物館学講座7 展示と展示法』[15] において先に挙げた倉田や林の「コミュニケーション」という語が含まれた記述を紹介した上で、展示論を展開している。しかしこれはコミュニケーションを「情報伝達」という意味で使用しているに過ぎず、新井はまず博物館における展示を、マスコミ、博覧会の展示、デパートにおける商品展示、商業的に美術展なども包含したコミュニケーション論に位置づけてから、博物館展示は他のコミュニケーションとどこが違うのかについて抽出していくように、博物館展示の目的や意義について論述している。

一九七〇年代〜八〇年代は、好景気が新しい博物館をさらに全国に増加させることになる。コンピューターを利用した映像機器（ビデオテーク）を開発導入した国立民族学博物館もその一つであり、全国の博物館に映像機器が導入されるようになるのもこの頃からである。また、一九八五年につくば市で開催された国際科学技術博覧会も、「展示」における技術を一気に向上させた。

そうした中、一九八二年に日本展示学会が創設されることとなる。積極的な展示学の追究は日本展示学会発行の学会誌『展示学』を見ても明らかである。展示学会の初代会長は梅棹忠夫であるが、梅棹は『メディアとしての博物館』[16] において、「博物館は大量の情報を蓄積し、処理し、提供する情報機関である」とし、総合的な情報伝達メディアであると明言している。博物館を「博情報館」や「博情館」と表現したことは周知の通りである。梅棹は「コミュニケーション」という語は用いず、「メディア」を用いていたが、こうした考え方は展示を総合的コミュニケーションの手段（メディア）であるとする展示学会による展示論に通じ[17]、今日の展示論でのごく一般的な定義になっている。

しかし、一方で、「コミュニケーション」にまつわる論述は展示だけにとどまらず、展示室においての人を介したコミュニケーションにまで及んでいる。並木美砂子による来館者研究[18]や、高橋裕が言及した博物館全体を「メディアミックス」として捉える「ミュージアム・コミュニケーション」という視点[19]もそれに該当し、滋賀県立琵琶湖博物館による「展示室におけるコミュニケーション　展示と人・人と人[20]」と題したシンポジウムの開催などは記憶に新しい。

註

(1) 坪井正五郎「パリー通信」『東京人類學會雜誌』五―四六、一八八九
(2) 前田不二三「學の展覽會か物の展覽會か」『東京人類學會雜誌』一九、一九〇四
(3) 濱田耕作（青陵）『通論考古學』大鐙閣、一九二二
(4) 木場一夫『新しい博物館　その機能と教育活動』日本教育出版社、一九四九
(5) 棚橋源太郎『博物館學綱要』理想社、一九五〇
(6) 鶴田総一郎「博物館学総論」日本博物館協会編『博物館学入門』理想社、一九五六
(7) 倉田公裕「陳列と展示」『博物館ニュース』四―一〇、一九六九
(8) 倉田公裕「陳列と展示」博物館学研究会編『展示　その理論と方法』一九七一
(9) 倉田公裕「展示法～人文博物館を中心として～」博物館学研究会編『展示　その理論と方法』一九七一
(10) 倉田公裕『博物館学』東京堂出版、一九七九
(11) 倉田公裕「館種別博物館における展示と展示法」『博物館学講座7』雄山閣出版、一九八一
(12) UNESCO, *THE ORGANIZATION OF MUSEUMS practical advice*. 1960
(13) 古田昭作『展示（エキジビション・ディスプレイ）の科学　ショーウィンドウから万国博まで』学習研究社、一九六九
(14) 林公義「展示」伊藤寿郎・森田恒之編『博物館概論』学苑社、一九七八
(15) 新井重三「展示概論」『博物館学講座7』雄山閣出版一九八一
(16) 梅棹忠夫『メディアとしての博物館』平凡社、一九八七
(17) 端信行「展示と社会」日本展示学会編『展示学事典』ぎょうせい、一九九六
(18) 並木美砂子「来館者研究における「コミュニケーション論」の検討」『博物館学雑誌』二六―一、二〇〇〇
(19) 高橋裕「博物館の計画推進」日本展示学会編『地域博物館への提言』ぎょうせい、二〇〇一
(20) 布谷知夫編『琵琶湖博物館研究調査報告　展示室におけるコミュニケーション　展示と人・人と人』二四、二〇〇六

【丸山憲子】

総合展示論史（二元・二重展示論）

一．高山林次郎の「綜合的方法」と棚橋源太郎の「綜合陳列」

桝渕彰太郎[1]の指摘するように、従来の「性格の異なる資料を並列的に寄せ集める集合（gather）」としての展示に対する、「総合的」な展示法を意味する語としては、一八九九年（明治三二）、高山林次郎の用いる「綜合的方法」が最初の使用例である[2]。

> 美術博物館中に於て従來の無趣味なる分析法を用ゐず、成るべく綜合的方法によりて、一時代の文物境遇と當時の作品とを品彙比照せしむことを望む。是の如くせば、美術に對して多少時代的後背を添ゆるを得べく、又隨て各時代に於ける様式風格の變遷を目睹するを得む。（傍線筆者）

ここでは、ある時代の美術品を同時代の文物と共に配置することで、作品を、それが制作された歴史的背景の中に組織化する、ということが目指されている。この考え方は後の「時代室」に通じるものだが、その文脈で総合展示の手法を述べているのが棚橋源太郎である。棚橋は、一九五三年（昭和二八）に出版された『博物館教育』の中で「綜合陳列」の項を設け、これを詳述している[3]。

> 綜合陳列（Synthetic display）分類式や年代順の陳列は、動植物學専攻の學者學生や、美術史専攻の人達には便利だろうが、素人の大衆には余り興味がないというので、博物學博物館などでは動物の剥製標品を、その棲息原地の植物土石などと一緒に、綜合的に陳列してその生活狀態を示す、所謂原地グループ（Habitat group）陳列法が工夫された。歴史美術の博物館でも、或る時代の文化の特色を表現するために、繪畫の額・工藝品・家具・狩猟具・農工具・家庭用品などを、組み合わせて綜合的に陳列するところの、所謂時代室（Period room）と稱する陳列法が發達した。（傍線筆者）

「綜合陳列」の考え方が博物学博物館に用いられると「原地グループ陳列法」、歴史美術の博物館に使われると「時代室」となる。美術品を扱う立場であった高山林太郎のいう「綜合的方法」は、棚橋の「綜合陳列」の、時代室としての面のみを述べた言葉であるということができる。

また、ここでいう「時代室」とは、一九三〇年発表の『眼に訴へる教育機關』[4]で述べられている「時代陳列室」と同義のものであろう。時代陳列室とは、「或時代に於ける物品を取揃へて見せる室若くは小屋」のことであるが、展示環境をもなるべく当時のままに再現しようとすることから、展示室の設計労力や観覧者の見やすさ等の点で多々問題が発生する。そこで棚橋は、一九五〇年発行の『博物館學綱要』の中で、解決法としての「改良時代陳列室」の有効性について説いている。そこでは「綜合的陳列」という語を登場させている。(5)

> この改良時代陳列室法では、その時代の工藝的作品を一室に蒐め、夫々適當な位置にこれを配置して、綜合的陳列を行ひ、その時代の特色を表現しさへすれば、それで滿足すべきであるとなし、室や窓の如きもこれを普通の大さにし、小さい品物の陳列にはケースまで持込むやうになつたのである。

高山、棚橋の両者は、資料を並列させるのではなく、集合させることで、資料のおかれていた環境や時代背景を展示の上で表現しようと試みている。「綜合」という言葉は、「資料の集合」という意味で使われていたのであろう。

一九五六年には、鶴田総一郎が『博物館学入門』の中で、「資料の形態からみ」たときの「資料の排列様式」を四項目に分類している。学術的分類に従った「a．分類学的・系統的展示」、歴史的年代順に展示する「b．歴史的・発達史的展示」と、「c．綜合展示」、そして特定の課題についてまとめて展示する「d．課題展示」である。(6)

> c．綜合展示
>
> 「a」と「b」との方法は一般社会人にはあまり興味のもてない方法なので、たとえば博物学博物館などでは動物の剝製標本を、その棲息地の植物・岩石・土などといっしょに綜合的に展示してその生活状態をあらわすような方法、つまり原地グループ展示法（habitat group）が工夫された。また歴史博物館でつかう時代室（period room）などもその例である。（傍線筆者）

この言葉選びから、鶴田は棚橋の考えを受け継いでいることが見て取れる。

ただ、ここで筆者が注目したいのは、「d．課題展示」の項を設け、これを「綜合展示」とは別の展示として整理している点である。同時代のものや同じ環境におかれていた資料を並べることで、結果的に資料の背景を観覧者に「想像」させるという考えに留まっており、館が何らかの学際的アプローチをもって展示構成するという考え方は、以上三者の定義からはあまり読み取ることができない。

二、新井重三の「二重展示」と「綜合展示」

棚橋・鶴田の考えを汲みつつ、「綜合展示」の概念を大きく変化させたのが新井重三である。新井重三は、一九五八年（昭和三三）に発表された「博物館資料の展示法とその形態について」の中で、博物館学における展示用語が統一を欠いている点を指摘し、今までの「綜合展示」に類する語やその関連用語の整理を試みている。また、その上で自らも新たな「綜合展示」の概念を提唱しており、解説のためにまず、棚橋の「二元的配置」という言葉を援用している。「二元的配置」とは、専門家向けの研究資料を貯蔵室に、一般大衆向けの陳列資料を陳列館に分けて配置するというものである。新井は、この一般向けの「陳列資料」を更に分離し、「分類展示法」と「綜合展示法」を用いて、双方共に展示室に展示する「二重展示（Double arrangement system）」の有効性を主張する。[7]

> 展示標本そのものに中心を置き、それを最も効果的に表現することを目的とする場合と、それ以外に展示標本及び、展示資料（図表、絵画、写真等）を通して、統一された法則なり思想なり、又は、学説なりを理解させることを目的とする場合とがある。前者を分類展示法と呼び、後者を綜合展示法と称する。（傍線筆者）

また、綜合展示法について更に説明を加え、

> 展示対象物（展示課題）の詳細な分析に入って行く傾向をとらず、逆に、展示対象物を駆使して全体として一点に統一し、効果的な解説をほどこして、展示課題の目的を達成せんとするものである。この場合は展示対象物がそのまま展示課題にはならず、展示対象物は、課題の目的を達成するための手段として展示ケース内に位置する場合が多いであろう。

としている。「展示課題」という概念が、ここで初めて綜合展示に盛り込まれているのが見て取れるが、これは新井自身も意識していたことのようであり、

> （鶴田総一郎の「課題展示」は、）おそらく、筆者が一九五三年に述べた綜合展示の内容と一致し、本篇で述べる、綜合展示法中の課題解説展示に近いものと推測する。

と述べている。ここで登場する「課題解説展示」であるが、新井は自らの「総合展示法」を、更に博物学博物館で主に使われてきた「生態展示」と、「課題解説展示」の二つに分けており、後者をまさに「筆者が既に強調した綜合展

示（一九五三）に全く一致するもの」としているのである。

この「課題解説展示」については、

> この展示は標本とラベル（名札）だけでは成立しないもので解説用として、図表、絵画、写真、模型、スケール、拡大鏡、電気仕掛設備、光束設備、発音設備それに記号、解説文などの解説補助装置を縦横に駆使して展示課題の目的を達成せんとするものである。この場合は、標本自体まで解説の素材としてケース中に位置している場合が多い。

と説明する。また新井は、この課題解説展示を棚橋源太郎の「綜合的陳列」とも「近いものと推定される」としているが、「解説的、誘導的な色彩によつて彩られ」た展示としての要素は弱いのではないかと筆者は考えている。

以上の新井の用語の整理によって、「綜合展示法」という展示法と、その下位概念としての「生態展示」、「課題解説展示」という展示形態がはっきりと区別されることとなり、「綜合展示」と「課題展示」を並列した関係として述べていた鶴田の定義から進歩することとなった。

一九八一年になると、「展示の形態と分類」の中で、「課題解説展示」と同義の言葉として「課題展示」という名称を用い、その内容を詳述している(8)。

> 課題展示とは、あるテーマ（課題）について研究した成果を物（資料）を通して表現する方法で、前述した四者（個体展示（個別展示）、分類展示、歴史的展示、生態展示の四つのこと。筆者補足）が比較的客観的であり、展示担当者のオリジナリティーが入れにくいのに対して、課題展示は担当者（学芸員）の意図を生かし、主張が中核になる展示という意味で博物館にとって重要な展示である。

三．新井重三以降の「総合展示」

一九七八年（昭和五三）、林公義は「展示」の中で以下のように「綜合展示」を定義している(9)。

> d　綜合展示　展示する資料の種類や内容を体系的に整理し、集団としての組み合わせによる展示法である。自然系と人文系の資料領域を組み合わせた場合は観覧者の興味も増大する。ある資料を中心として考えられるいくつかの思考角度から、過程や結果を提示し、さらにこれら小集団としての資料が統合されると効果はより得られる。総合配列的なこの方法は多くの博物館において用いられている。

棚橋の「組み合せ展示」と、新井の「課題展示」両方の要素を汲んだ定義であるといえよう。またここでは、「いくつかの思考角度」から生み出される「過程や結果」をもの統合することによって、より個々の展示資料を相関関係のある「一集団」として見せる、という効果が重要視されているようである。この考えは、加藤有次の「組織化（Organize）」という言葉にも通じるものがある。[10]

また、一九八〇年の富士川金二は以下のように「総合展示」を定義している。[11]

f．総合展示

他の展示法に比較して一般観衆にうけられるものであって、ある程度集団的展示に類似するものである。資料の種類、内容および性質に応じ、特定の展示目的に集成工夫して行なうのであるから、人文科学、自然科学資料が総合排列するようになるもので、多くの博物館において用いられる方法である。

富士川の定義では、「特定の展示目的に集成工夫して」展示配列を行なうため、必然的に「人文科学、自然科学資料」の垣根が排される、という説明になっており、より展示のテーマ性の優位が主張されるものとなっている点が注目される。

また、先に挙げた加藤有次は、人文・科学分野に限らず、あらゆる学問的見地に立脚して資料を収集し、展示しなければならないという主張をしており、青木豊がその考えを継いでいる。[12]

総合展示が意図するものは博物館展示のそれと同じく資料が内蔵する情報の伝達に他ならない。ただ、伝達情報が単一の学問領域による研究成果であるところの抽出情報に限定されるのではなく、総合的な研究成果に基づく情報の伝達なのである。

また青木は、従来の総合博物館では、一つのテーマについて、○○部門、○○部門など異なった展示部門のコーナーでそれぞれ扱うことはするかもしれないが、それぞれの専門学術成果を一堂に会し、観覧者の理解を一目の元に促すような展示はなされていない、とも主張している。

以上のような定義の変遷を経て、総合展示の形態分類を試みているのが、先にも挙げた桝渕彰太郎である。[13] この分類を概観すると、以下のようになる。

■総合空間（再現）展示

高山、棚橋および、棚橋の系譜をもつ鶴田、林、富士川の定義がこれにあたる。総合展示法の中でも、展示意図に基づいた空間再現の技法を持つ展示を指す。

■総合課題（解説）展示

新井の主張する、ある一つの課題を設定し、その課題を解説するための展示を指す。その課題を解説する手段として一次資料である鉱物や岩石などが、パネルや題箋などと共に併存する。

■総合学域展示

加藤が提唱し、青木が継承した概念。一つの資料について自然系・人文系を超えたあらゆる学問領域に基づいて収集、研究された成果の展示を指す。

なお「総合学域展示」は未だに実施されてはいないとされており、総合展示の実際上の進展は、今後に期待されている。

註

（1）桝渕彰太郎「総合展示の研究　総合展示からみた形態的分類試案」『國學院大學博物館學紀要』三六、二〇一二

（2）高山林次郎「博物館論」『太陽』五―九、一八九九（姉﨑正治・笹川種郎編『改訂註釈　樗牛全集1』博文館、一九八〇所収）

（3）棚橋源太郎『博物館教育』創元社、一九五三

（4）棚橋源太郎『眼に訴へる教育機關』寶文館、一九三〇

（5）棚橋源太郎『博物館學綱要』理想社、一九五〇

（6）日本博物館協会編『博物館学入門』理想社、一九五六

（7）新井重三「博物館資料の展示法とその形態について」『博物館研究』三一―一〇、一九五八

（8）新井重三「展示の形態と分類」『博物館学講座7』雄山閣出版、一九八一

（9）林　公義「展示」伊藤寿朗・森田恒之編『博物館概論』学苑社、一九七八

（10）加藤有次『博物館学序論』雄山閣出版、一九七七

（11）富士川金二『改訂・増補　博物館学』文成堂、一九八〇

（12）青木　豊『博物館展示の研究』雄山閣、二〇〇三

（13）註1に同じ

【山極佳子】

ジオラマ展示論史（組み合わせ展示論）

棚橋源太郎の『博物館・美術館史』[1]によると、ジオラマ展示は一八一五年にロンドンのバロック博物館に博物館展示として初めて登場し、その後現在の大英自然史博物館の前身であるサウスケンジントンの自然史博物館に導入された。そして、日本の博物館に具体的な展示としてジオラマが登場したのは、一九一二年（大正元）に開館した東京高等師範学校附属東京教育博物館に付設された「通俗教育館」における天産部門での動物の生態展示であったと記されている。

本稿では、以上のようなジオラマ展示を中心に、日本で展開されてきた論を集成することを目的とする。

一．明治時代から戦前にかけてのジオラマ展示論

初めて博物館展示としてのジオラマに着目したのは箕作佳吉[2]であり、それは一八九九年（明治三二）のことであった。箕作は、博物館展示論を展開する中で、生態展示・ジオラマ展示やあるいはこれに相当する展示形態名称こそ使用していないが、資料個別の展示ではなく資料の生活環境が一目で理解できるといった、いわゆる生態展示を紹介しているのである。箕作の卓見というべき論説は、アメリカのエール大学で動物学を専攻し、一八九八年にワシントンで開催された「北太平洋及びベーリング海のオットセイ保護問題評議會」、ケンブリッジでの「萬國動物學會」などへ日本政府の代表として派遣された際に、大学付属博物館や各地の博物館を見学したことによるものであろう。

箕作の提唱し濫觴とする生態展示を継承し、理論的な充実がされていく谷津直秀の論文「活氣ある博物館を設立すべし」[3]には、生態展示について次の如く記している。

> 余の所謂活きたる博物館とは次の如きものを云ふ。
> 第一に、凡ての點に於て教育的ならざるべからず。市街生活は特に自然より遠ざかるもの故、凡てに於て自然の狀態を示す様に努むべし即ち一例を出せば孔雀の如きも如何なる場所に生棲するやを示す爲めに、其週圍を實物或は油繪を以て現出すべし、鹿や、熊や、雷鳥や、鴈鴨皆此の如くすべし。

椎名仙卓[4]は、谷津の理論について次の如く述べている。

> 箕作の提唱した展示が、いくつかの標本を集団として扱うことによって、生態の判明するような展示であったのに対して、谷津は標本そのものよりも、その生物

が生きていた時の自然環境が重要であり、それには標本のみでなく、絵画や模型・蠟細工などを総合的に利用活用することによって、構成すべきであると説いているのである。

生態展示は、箕作が提唱し、谷津によって理論上大きく進歩するが、これを具体的な形として実現したのは、東京高等師範学校附属東京教育博物館に付設された「通俗教育館」の主事であった棚橋源太郎である。

次いで、一九〇八年から二年間にわたり欧米を遊歴した黒板勝美は、『西遊弐年　欧米文明記』[5]「五　米國の圖書館」の中で、アメリカ自然史博物館に登場した生態展示の新方式である〝Habitat group〟を見て、日本に輸入されていた見世物のジオラマになぞらえて「ジヨラマ的」と独特の呼び方をしている。しかし、黒板が「ジヨラマ的」と一度使ったのみということのほかに、一八九九年から一九二〇年（大正九）までの諸学者の主な論文を概観する限り、博物館の展示においてジオラマ展示という手法は未だ一般化していなかったと思われる。

一九二〇年、動物学者で京都帝国大学教授であった川村多實二は、アメリカ各地の博物館の生態展示を見学し、「米國博物館の生態陳列[6]」と題する論文を著した。川村は、生態展示の歴史から生態展示の設計、組み立て、剥製法などについて詳細に紹介している。中でも、〝Habitat group〟という新式の生態展示の手法を紹介する以外、もう一つの〝Cyclorama group〟という展示方式を紹介した。また、「生態展示」「ジオラマ」の両者を、本展示形態を指す語として使っていることから、「ジオラマ」の邦訳を「生態展示」とした初見であろうと思われる。

一九四九年（昭和二四）に木場一夫は『新しい博物館　その機能と教育活動[7]』を著し、「生態展示」の部分は、川村多實二の「米國博物館の生態陳列」の全文を掲載している。こうした事例から、川村の論文は当時の生態展示の基本文献となっていたのであろう。

また、木場は『見学・旅行と博物館[8]』には、小形生態群[9]の展示における効果と学校教育の役割について以下の如く述べている。

（前略）またこの生態群を小形に製作したものは博物館から学校に貸し出されており、ニューヨークのアメリカ自然博物館およびシカゴの自然博物館などではその成果においてすぐれた実績を示している。（中略）学校における学習の資料として、標本戸棚に眠っている標本を活用して、小形生態群を製作することは、きわめて有意義の作業であると思われる。

一方、帝室博物館の主任鑑査官であった後藤守一は、一九二七年に海外の博物館の施設を調査するため欧米に派遣された。その後、報告書としてまとめた『歐米博物館の施設』[10]の中で、後藤はジオラマ式陳列を次の如く記している。

> ヂオラマ式陳列　自然科學博物館及び土俗博物館には、此の集団陳列がよく利用せられてゐる。殊にヂオラマ式陳列によって、動植物の自然界に生活する狀態のカットを試み、之を順序陳列し、また土俗において土人の生活狀態を示す工夫は、獨逸または米國において好んで用ゐられるてゐるところである。

後藤は、ヂオラマ式陳列は自然科学博物館などに多用されている現状をみて、当該館種に限定される展示方法ではなく、歴史博物館においてもヂオラマ式陳列は必要の陳列法であると強調している。後藤の指摘が、わが国の人文系ジオラマを多産する基礎となったと考えられる。

前述のように、箕作佳吉、谷津直秀、川村多實二などによってジオラマ展示が日本に紹介された。その後、棚橋源太郎は一九三〇年に『眼に訴へる教育機關』を著して以来、ジオラマに関して様々な論述をしている。まず、『眼に訴へる教育機關』[11]の中では、次の如く記している。

> 組合せ陳列　博物、土俗、歴史の博物館では、組合せ陳列（グループエキシビジョン）と云ふことが普く採用されて來た。此陳列法は互に關係のある若干の標品若しくは模型を、自然の有りの儘の狀態に配合して陳列するのである。此陳列法で最も進歩したものは舞台裝置の一種で、特殊の照明法を施したケース内に陳列をして、見物人は窓を通じて見るやうになって居る。故にまたヂオラマ式陳列と云ふことも出來るのである。

棚橋は、ジオラマ展示を「組合せ陳列」と称し、高い効果が得られる情報伝達手段であり、見学者にとって楽しみながら見ることができる展示形態であると記している。

二．戦後のジオラマ展示論

『眼に訴へる教育機關』において、棚橋はジオラマ展示を「組合せ陳列」と称したものを、一九五〇年（昭和二五）の『博物館學綱要』[12]では「集団陳列」と呼称を変え、さらに集団陳列を「原地集団陳列」と「時代陳列室」に分けたのである。そして、自然系を「原地集団陳列」、人文系を「時代陳列法」と区別し、それまでの展示法における呼称の錯綜を明確にしたのである。また、原地集団陳列法の最も進歩したものを「ヂオラマ式」として捉えている。つまり、展示法は集団陳列法であり、展示形態はヂオラマ式として捉えているのである。

（前略）ゆえにダゲール・ポートンのこの透明画の一連から成るジオラマは、今日の主として曲った背景畫と立体的前景とを、人為で透視的に融合させて出来ているところの小型グループとは、根本的に異ったものである。随てこのグループにジオラマなる語を使用することは全く正しくないのである。[13]

棚橋は、当時一般に呼称されていたジオラマは全く異ったものを指す名称であることを強調した。

ジオラマの展示上の効果について、加藤有次[14]は以下の如く述べている。

このような余興的方法の一つとして、ジオラマは発展したものであるが、大衆に一事象を理解させ、それを充分に消化させる効力をもつことから、博物館の展示法の一分野に導入され、集団展示（グループ展示）として重要な役割を荷担するようになったのである。

加藤の論述では、一切の文字による説明なしに、多大な情報をその展示の中に包含させうるというジオラマの特徴によって、見る人は楽しみながら展示の内容を容易に理解できるのである。

しかしながら、一九七〇年代以降、最盛期を迎えるジオラマ展示に対して、新井重三[15]は「博物館の展示」の中で、ジオラマの展示上の限界を示唆した。

三次元世界にこだわる限り、伝達できる情報は形態学（Morphology）の領域に限られてしまうのである。その意味で博物館では生態学的情報を伝達する手段として「生態展示」なる様式が出現したけれども、これにも限界がある。アメリカ自然史博物館展示部長Mr.Reekie（一九七一）をして「生態展示はつまるところ、三次元の絵にすぎない」を言わせてしまったのである。時間のファクター（動きのこと）が入れない。つまり、生態が真に表現できないもどかしさが彼をしてそう言わせたのである。

そして、梅棹忠夫[16]は民族学、人類学を中心にする博物館において、ジオラマの問題点を次の如く言及している。

（前略）この方法は、動植物の展示には、かなりの程度に有効であろうが、人間文化を対象とする民族学博物館には、てきとうなものとはいえない。まず、前項にのべたように、人間の模型をつくることは、はなはだぐあいがわるい。室内そのほかの環境を再現することはできるが、そこへ人間を展示するのはむつかしい。（中略）この種の生態的展示はまた、みるもののイメージを固定してしまって、自由な想像力をはたらかせる余地をなくしてしまうという点でも、問題がある。

梅棹は、動植物展示には効果的であることを肯定するが、人間文化に関する展示においては、ジオラマの展示形態は不具合であると指摘した。

さらに、金山嘉昭[17]は、自然系博物館が主に対象とする生態展示は、現地調査が可能なので、真実を歪曲する危険が少ないことに対し、歴史系博物館が対象とするジオラマ展示は、時代が遡って資料が稀少になればなるほど、ジオラマ製作時の考証が問題になることを指摘した。

続いて、佐々木朝登[18]はジオラマ展示の教育的効果に対する疑問を次の如く述べている。

（前略）画家も写実的な描写力を持つ人が少なくなって、近年の技術は著しく低下している状況にあるが、ジオラマは根強く市民の支持を受けている展示法である。将来は、ジオラマの静止性を映像でおぎなっていくべきであると考えている。

ジオラマといえば、文字を媒体とせず楽しみながら見ることによって理解できるといった、博物館展示の基本を踏襲する画期的な展示方法である。こうした展示効果に対し、青木豊は『博物館展示の研究』[19]の中で、次の如く記している。

ここで考えねばならないことは、これからもジオラマは博物館展示を代表する展示装置であるかどうか、ということである。つまり、映像展示が登場するに至り、自然系ジオラマ、人文系ジオラマともに再考せねばならない時期に到達しているとかんがえられよう。

青木は、映像展示の出現により、ジオラマ展示の重要性を再考することが必要であると示唆した。

そして、近年のジオラマ展示について、下湯直樹[20]は「時間のファクターも兼ね備えた映像展示が博物館に出現し、ジオラマ展示にも静止性を補うべく、ハーフミラーを用いて、後景の模型に、可動性のある映像の虚像を前景として組み合わせたマジックビジョンが登場するに至った」と述べている。

おわりに

これまでのジオラマ展示に関する研究は、ジオラマ展示の形態・方法を中心に展開されてきたが、ジオラマ展示の特徴は教育効果に内包されているという棚橋の論によって、ジオラマ展示論は一つの到達点を迎えたと考えられる。しかし、映像展示の出現などによって、ジオラマ展示の大国である日本の博物館の展示に対しては、如何なる影響があるか、様々な視点から体系的に論じられることが期待される。

註

（1）棚橋源太郎『博物館・美術館史』長谷川書房、一九五七
（2）箕作佳吉「博物舘ニ就キテ」『東洋學藝雑誌』一六―二二五、一八九九
（3）谷津直秀「活氣ある博物館を設立すべし」『新日本』二―一、一九一二
（4）椎名仙卓『日本博物館発達史』雄山閣出版、一九八八
（5）黒板勝美『西遊弐年　歐米文明記』文會堂書店、一九一一
（6）川村多實二「米國博物館の生態陳列」『動物學雑誌』三三―三八〇、一九二〇
（7）木場一夫『新しい博物館　その機能と教育活動』日本教育出版社、一九四九
（8）波多野完治監修『見学・旅行と博物館　聴視覚教育新書Ⅵ』金子書房、一九五二
（9）木場は『見学・旅行と博物館』の中で、「ジオラマ」と「小形生態群」なる両者の名称を使用しているのが特徴的である。つまり、「ジオラマ」の対訳として「小形生態群」なる造語が考案されたが、その後一般的な名称とはならなかった。
（10）後藤守一『歐米博物館の施設』帝室博物館、一九三一
（11）棚橋源太郎『眼に訴へる教育機關』寶文館、一九三〇
（12）棚橋源太郎『博物館學綱要』理想社、一九五〇
（13）註1に同じ。
（14）加藤有次『博物館学序論』雄山閣出版、一九七七
（15）新井重三「博物館の展示」『博物館研究』四二―四、一九七〇
（16）梅棹忠夫『メディアとしての博物館』平凡社、一九八七
（17）金山嘉昭「博物館展示法の一考案　ジオラマ展示を題材として」『博物館学雑誌』七―二、一九八二
（18）佐々木朝登「展示の原則」『博物館ハンドブック』雄山閣出版、一九九〇
（19）青木 豊『博物館展示の研究』雄山閣、二〇一二
（20）下湯直樹「ジオラマ展示・生態展示・時代室展示」青木 豊編『人文系博物館展示論』雄山閣、二〇一三

【鄒　海　寧】

博物館教育論史

博物館は人びとの教育に対して如何なる役割をもつのか、その認識と理解が、博物館教育のあり方と具体的な実践方法に作用してきたと考える。そこで、博物館における教育の位置づけに焦点を置き、幕末から戦後の博物館法制定までの動向を中心に、論史の概略をまとめることとする。

一・**幕末・明治・大正期**

一八六六年（慶応二）、博物館の役割をわが国で最初に説示した福沢諭吉の『西洋事情』(1)では、初編巻之一に博物館の項目が設けられ、収集品を人に示して「見聞を博くする」ものと言及している。博物館教育論の端緒を開く見解である。二年後の外編巻之二でも、政府の職分の項で人民の教育を説いてそれを担う一つに博物館をあげ、「人民を開花するの一大助なるが故に、政府より其施行を助けざる可らず」とあり、博物館は収集展示をもとに知識や経験を積むための常に開放すべき施設と主張し、人民に対する教育基盤としての重要性を指摘している。そして博物館は、「自から人心を導て放僻邪侈の風を除き」「其場所に逍遙すれば人の健康を助け」、また「其實物を觀れば人の智識を博くす」として厚生と教育の効用を述べ、さらに貧富の別なく施される観覧は、知識面とともに道徳的な価値をもつことを示したのである。

福沢の主張などを背景に、明治政府は一八七一年（明治四）から博物館創設に着手し、六年後に文部省の教育博物館が、その五年後には農商務省の博物館が開館に至る。この間に文筆家の栗本鋤雲も、博物館の盛衰は人民の開明進歩を表すものと述べて、教育の役割を指摘している。(2)

その後、一八九三年に建築家の神谷邦淑は、「過去及現在の物件を保存貯蓄する」ことを博物館の目的と捉えて論じている。(3)ここでは公衆の慰観と考究を役割としてみとめているが、それは収集保存の延長に生じる利益だとする。また同年、人類学の鳥居龍蔵は帝国博物館の物品陳列が「乱雑無法」で「古物、骨董店の恰かも大なるもの」と批判し、「半ハ以て學術學者の參考に供し半は以て廣く衆人の一斑智識を興ふることを計畫せさる可からす」と提起している。(4)二元展示を提起する見解で、公衆の教育を博物館の役割に見据えた主張と捉えられる。

しかし、陳列の状況を変えるのは困難であったようである。理学博士の箕作佳吉は、一般的な博物館の理解はアルコール漬けの動物標本や鉱物などを厭になるほど並べ、古びた物が古道具屋のように曝してあるというもので、普通の人にはつまらぬ場所で、どうでもよいと考えられる存在だと述べている。[5] このため鳥居と同様に専門家と一般の観覧の場を分ける二元展示を促し、公衆の教育と娯楽に供する陳列品は精選し意匠を画して注意を惹き、教えるところを瞭然とさせるべきと説く。そのうえで博物館の目的を三つあげ、第一を国家の宝物の貯蔵保管、第二は陳列品を備えて一般公衆への有益な智識と高尚な快楽の提供、第三は高等学術の進歩を計るための専門研究への貢献にあると述べている。収蔵保管と研究とともに、教育を博物館の機能に位置づけ、この教育を主たる目的とも捉えた考えである。

博物館の中心的な機能に公衆の教育を掲げ、これを強く打ちだすべきと鳥居や箕作は論じたが、代表的な館である帝室博物館の展示形態や活動はその方向に進まなかった。一九〇四年に人類学者の坪井正五郎は、帝室博物館は帝室御蔵品の一部を陳列しておくのが主目的で、博物館自体を研究して作り上げられたものではないため、物品陳列場に過ぎない状況にあると批判的に述べている。[6] 宝物収蔵を主要な役割とした帝室博物館の活動が影響し、博物館という機関において、公衆の知識を高める教育の機能の定着を困難にしていたとみられる。

けれども、博物館を人びとの教育に資するべく位置づけの主張は続く。一九一一年、文部省視学官の服部教一は博物館を社会教育上必要な知識教育の施設と捉えて普及を促している。[7] 翌年に理学博士の谷津直秀は、博物館が国民教育に欠かせない緊要な機関であるとして、「博物館より受くる教育は年より云へば幼稚園の生徒より白髪の老年に及び、又生活の状態より云へば學校教育を充分に受け得ざる労働者、職工、店員等に至るまでも恩恵に浴するなり」と説示した。[8] そのうえで「活きたる博物館」であるべき第一の条件を、「凡ての點に於て教育的ならざるべからず」と述べ、市民の教育に益する展示をはじめ、講義や通俗の講話の実施、学校教育との相互補助、研究者に向けた図書館の併設を指摘している。公衆への教育を博物館の目的に位置づけ、それに適うように展示のあり方だけでなく、活動を組み立てるべきとする主張である。谷津が示した博物館像は、現代の生涯学習社会における博物館論に通用する。

また、一九一六年（大正五）、棚橋源太郎は「國民教育と博物館」[9] と題した講演で、博物館は国民教育の必要機関であると説き、教育利用を促進する欧米の「ミュージアムエキステンション」の考え方を紹介した。さらに、一九二四年の「博物館と教育」[10]では、学芸の研究目的とともに民衆教育に資するために、作品や参考品を「貯蔵」する機関として博物館を位置づけている。

明治から大正期の議論は、教育を博物館活動の目的と認識し、そのために機能として如何なる展示や活動を実践すべきか、を考究する議論が趨勢であった。一方で、資料の収集保存の延長として博物館の教育活動を捉える論説もみられた。ただしその主張においても、当時の博物館展示の批判的な検討をもとにしながら、教育の機能を高める必要性が言明されていた。

二．戦前・戦中期

昭和に入ると、博物館の役割や機能を体系的に捉えて博物館教育が論じられるようになる。その先導者が棚橋で、一九三〇年（昭和五）の『眼に訴へる教育機關』[11]において、博物館が社会教育の職能を有することを明示している。この社会教育の範疇は学校教育と専門家への学芸研究をも含むもので、博物館は社会のすべての階級と年齢の人たちに開放され、人びとが「自己を稗益（ひえき）し愉快を感ぜしめる」ための教育と楽しみの機関であるとする。そしてスミソニアンのジョージ・ブラウン・グードの言葉を引き、「自然の現象及び人類の業績を最もよく説明し得べき物品を保存して、これを民衆知識の向上と文化の発展とに利用する施設」と定義づけている。先の谷津の主張を進めた考え方であり、幅広い市民の教育や研究を博物館の目的と捉え、それに向けて収集や保存などに取り組むとするのである。

その後、一九三四年に日本博物館協会は、「國民敎化運動の一翼に參加して或は建國歴史の闡明（せんめい）、産業資源の展示などによって國民啓發擧國一致のために竭（つく）」すことを活動方針に掲げるようになった[12]。軍国主義の時勢のなかで、国策に則った国民教化機関として博物館が位置づけられていく。

一方で、帝室博物館総長の杉榮三郎は一九三五年、博物館の本分は公衆への社会教育とともに、研究者への資料提供のための蒐集と、貴重物品の保存存続にあると示している[13]。これは帝室博物館の事業から述べたもので、教育を研究・保存とともに機能の一つとする認識であり、戦後に制定される博物館法の博物館の定義に近い。翌年、日本博物館協会理事長の正木直彦は、実物の展示による社会教育的な活動そのものが博物館事業であるとして、その責務を強調している。[14]

その後、戦時体制の強化が進む一九四〇年に、日本博物館協会長の荒木貞夫（陸軍大将）は博物館を社会的大衆教育機関と位置づけ、資料の蒐集観覧を基礎として一般の教育と研究に貢献し、一方、「永遠の保存」によって国民智徳の向上、および国民への自尊心と研究心を与えることが使命だと述べている。[15] 国民教育と研究と保存が博物館の機能であり、その核は国民大衆の教育とする考えである。ただし、「國家興隆の源泉を尋ね一方其國民精神の昂揚を爲すと共に他方其活動の實力培養機關たる博物館振興が竝んで必要」と主張し、強化される国家思想のもと、博物館の教育の使命も軍国主義に傾倒するものとなっている。これは先年に示された日本博物館協会の活動方針に沿う思考であったが、荒木は軍国教育を徹底した軍人といわれ、この会長のもとで、博物館の目的となる教育が国難打開の国民教化をより濃厚にするのは必然であった。

また同年、満洲国立中央博物館副館長の藤山一雄は、近代的博物館の活動は「民衆の教導、學校教育への助力に盡すこと」にあると説き、ひろく社会における教育を目的に掲げている。[16] その教育は動的に外部に働き、蒐集展示を活用して社会教導にまで乗り出すもので、これが国家興隆と文化向上に益をなすと捉えた位置づけである。博物館経営者は国家や民族の生活を教導する責任と自覚をもたねばならぬとするなど、社会情勢と植民地博物館の命題などを反映して、国家主義的教育観を帯びたものとなっている。翌一九四一年（昭和一六）、理学博士の岡田彌一郎は博物館が死物の陳列場のように認識され活動的でないと指摘し、主要事業をあらゆる方法で国民教育に徹底すべきと説いている。[17] すなわち博物館を公共的教育機関とみる見解である。

このように戦前・戦中期は、博物館の活動を体系的に捉えて教育について論じられるようになり、その内容は三つに大別される。一つは、研究を含めた幅広い教育を博物館の目的と捉え、収集や保存の機能をもつとする考えである。いま一つは教育と研究も収集や保存と同様の機能とみる理解で、これは各機能を並列的に捉える考え方と、教育の機能を他よりも一段上に置く考えとに分けられる。ただし、戦時下態勢の強化にともない、国民への教育の役割が強く求められ、それを受けた論説が展開されていく。該期に政府が主導して開設を目ざした中央科学博物館や国史館、大東亜博物館などは、国家主義に則った国民教化を博物館の役割に据えて提起されたものであった。

三、戦後期—博物館法制定前後

敗戦を経て、博物館による国民教化の役割は否定される。けれども教育を目的とする博物館認識は、当初は継承されていた。文部事務官の木場一夫が一九四九年（昭和二四）に著わした『新しい博物館』[18]では、学術研究と教育を博物館の使命・目的と位置づけ、資料の収集と保存整理、調査研究、出版、展示の四段階を経て、目的が達成されるとする。棚橋源太郎も戦前と同様に、成人・学徒教育と学芸研究、娯楽を役割と捉え、あらゆる人への教育を本質とする博物館のあり方を示し、その遂行に向けた蒐集整理と保存、展示の充実を説いている。[19]いずれも、教育の使命を遂行するために各機能の整備を主張したものである。

そして一九五一年、戦前からの懸案であった博物館の法令化が実現に至る。社会教育法のもとに制定された博物館法であるが、博物館の定義の条項には、目的として収集・保管・展示・必要な事業・調査研究をあげているものの、人びとへの教育の役割は明示されなかった。教育は、展示と必要な事業の一部に包括される働きとして位置づけられており、これは明治期以降の博物館教育論の潮流から逸れた考え方である。収集と保存に重きを置いた戦前の帝室博物館の状況をベースにしたものか、あるいは戦時下において国民教化に傾倒したことへの反作用かとも推測される。また、戦前の東京科学博物館制と博物館令案の水準を維持しながら、研究と教育を内在する機能として定義されたとの指摘もある。[20]いずれにしろ、この定義によって博物館における教育の認識が変わっていく。

一九五六年の『博物館学入門』[21]で鶴田総一郎は、収集・整理保管・調査研究の方法により、資料にひそむ真理を明らかにし、その成果を一般に教育普及させることが目的であると述べ、従前の理解と同様に教育を役割とする博物館像を示している。しかし、博物館法下での博物館開設の進捗とともに、教育を博物館の一つの機能とする認識が学芸員や博物館関係者に浸透し、社会的な理解として普遍化していった。博物館教育の論議もこれに則した検討が大勢となり、現在に至っているのである。

註

（1）福澤諭吉『西洋事情　初編』慶應義塾出版局、一八六六（富田正文・土橋俊一編『福沢諭吉選集』一、岩波書店、一九八〇）

（2）栗本鋤雲「博物館論」『郵便報知新聞』七九〇、一八七五

（3）神谷邦淑「博物館」『建築雑誌』七―八一・八四、八―八五、一八九三

(4) 鳥居龍蔵「帝國博物舘風俗古物歴史物品陳列方法に就て。」『教育報知』三五五・三五七・三六〇、一八九三

(5) 箕作佳吉「博物舘ニ就キテ」『東洋學藝雑誌』一六―二一五、一八九九

(6) 坪井正五郎「戰後事業の一としての人類學的博物館設立」山本利喜雄編『戰後經營』早稲田大學出版部、一九〇四

(7) 服部教一「社會教育に就きて我國の教育者に警告す」『帝國教育』三三九、一九一一

(8) 谷津直秀「活氣ある博物館を設立すべし」『新日本』二―一一、一九一二

(9) 棚橋源太郎「國民教育と博物舘」『教育時論』一一二二、一九一六

(10) 棚橋源太郎「博物館と教育」『教育時論』一四二二、一九二四

(11) 棚橋源太郎『眼に訴へる教育機關』寶文館、一九三〇

(12)「日本博物館協會は何をするか」『博物館研究』七―三、一九三四

(13) 杉榮三郎「博物館の本務」『博物館研究』八―一、一九三五

(14) 正木直彦「博物館の使命」『博物館研究』九―一二、一九三六

(15) 荒木貞夫「國家の興隆と博物館の重要使命」『自然科學と博物館』一一―一三一、一九四〇

(16) 藤山一雄『新博物館態勢』滿日文化協會、一九四〇

(17) 岡田彌一郎「なぜ博物館を國民教育に一層活用させぬか」『博物館研究』一四―七、一九四一

(18) 木場一夫『新しい博物館　その機能と教育活動』日本教育出版社、一九四九

(19) 棚橋源太郎『博物館學綱要』理想社、一九五〇

(20) 犬塚康博『反博物館論序説』共同文化社、二〇一五

(21) 鶴田総一郎「博物館学総論」日本博物館協会編『博物館学入門』理想社、一九五六

【駒見和夫】

郷土教育論史

戦前期の我が国では、「郷土教育」と称する教育思想が存在していた。郷土教育は、「明治初期にドイツ教育界の影響下によって取り入れられ、小学校低学年における教授の直観化の手掛りとして郷土学習としての郷土教育論」が発端である。[1] 本稿は、明治期から昭和初期における郷土教育の概要を述べたうえで、昭和初期に文部省と郷土教育連盟が盛んに唱えた郷土教育論の特徴を、博物館学の視点から考察するものである。

一．郷土教育の概要

一八七七年(明治一〇)になると、欧米の教育組織、特にドイツの「ハイマートクンデ」と称する教育制度を模範とした「郷土教育」が、学校教育を中心に展開された。

大正期には、郷土愛を涵養する心情的な面が強調され、郷土誌・史を付け加えて享受する、いわゆる教材の地方化が行われ、土地の名所や偉人等を称えるお国自慢が流行し、体験や情感に教育上の重点が置かれた。一九二一年(大正一〇)一二月には、文部省普通学務局内に社会教育課が設置される。その事務分掌の一つとして「図書館および博物館に関すること」が定められ、郷土教育を行う上で重要な役割を担っていく図書館や博物館は、大正期になってはじめて社会教育機関として位置づけられた。

昭和期には、相次ぐ恐慌による不況の中、経済的・思想的な不安や動揺から脱却するため、郷土教育が盛んに提唱された。さらに、学校教育機関だけにとどまらず、社会教育機関においても郷土教育が盛んに行われるようになった。戦前期における郷土教育は、「郷土を教育の目標として、郷土に関する知識を付与し、郷土愛の覚醒や愛国心を涵養すること[2]」が目的であった。

二．文部省における郷土教育論

大正・昭和期の文部官僚、教育者であった武部欽一は、「郷土教育の本義」の中で、郷土教育が盛んに提唱された経緯や当時の状況について論じている。

一九二七年(昭和二)八月、文部省は、全国の師範学校や付属小学校、または市町村立小学校に対し照会を行い、「郷土史料の展覧、校外教授等、授業時間外に於て郷土認識郷土愛好の念を養成しまする為に施設して居る事項があるかどうか[3]」等の調査を行った。さらに、一九三〇～三一年には、師範教育費国庫補助金の一部を郷土研究施設費として交付し、全国各府県の師範学校に対し郷土教育を徹底させた。この国家的な施策により、「師範學校に郷土室等を設けまして郷土資料を蒐集せしめまするると共に、其の資料に依つて實際生活と教育とを結び附(4)」けられていくこととなった。

右のような文部省における郷土教育論がその後も展開されていったことは、「小學校教育ノ實際化ニ關スル施設如何」と題する帝国議会での文部大臣の答弁から窺い知ることができる(5)。

小學校教育ヲ實際生活ニ卽シテ行ハシムル爲、郷土教育ヲ奬勵シ、郷土社會ノ生活、經濟、產業等ニ關スル理解ト之ニ寄與スル能力トヲ得シムルコトニ力メ、之ガ爲ニ師範學校ノ課程中ニ新ニ「地方研究」ヲ加ヘテ郷土教育ニ關スル適材ノ養成ヲ圖リ、尚其ノ郷土研究施設ニ對シ最近六十二万千餘円ノ國庫補助ヲ行ヒタルト共ニ他方師範學校小學校等ノ敎職員ニ對シ郷土教育講習會、郷土教育資料展覽會等ヲ施行シ、以テ郷土敎育ノ振興ニ資シタノデアリマス。

郷土教育は、「郷土社會ノ生活、經濟、產業等ニ關スル理解ト之ニ寄與スル能力トヲ得シムル」ためのものであり、その手段として、「郷土教育講習會、郷土教育資料展覽會等ヲ施行」することによって、郷土教育の振興を図ったのである。このような、郷土愛の涵養を目的とする「文部省が音頭を取つて全國に奬勵をすると云ふ新教育(6)」は、いわゆる郷土教育運動として次第に推進されていくのである。

三．郷土教育連盟における郷土教育論

全国的に郷土教育の風潮が高まる中で、鋭い論調で社会における郷土教育の在り方、社会改革としての郷土教育を主張したのは、一九三〇年（昭和五）に発足した郷土教育連盟であった。その機関誌『郷土』（一九三一年『郷土科學』、一九三二年『郷土教育』と改題）では、多くの郷土教育論が展開された。本節では、連盟の中心的人物である小田内通敏の郷土教育論に焦点を当て、その特徴を概観する。

小田内は、一九三〇年、秋田県学務部の依嘱により、県内九ヶ所において郷土教育の調査を行っている(7)。その際に訪問した小中学校や女学校の郷土室の様子を、以下のように振り返っている(8)。

自分は郷土室を見る度毎に、兒童が實驗し得るやうな工夫が必要ではないかと何時も思つた。秋田市の中通小學校の郷土室は潰ぶされていないと聞いて理科室を

窺いたら、數人の兒童が夫々小机のまはりに一團になりつゝ、柿を手にしながら實物研究をしてゐるのを見て、鄕土研究もこのやうにしなければならないし、兒童用の鄕土讀本も、北秋の『兒童讀物』や六鄕町毛馬内町のやうに必要であると思つた。

小田内は「鄕土教育と鄕土調査」の中で、「鄕土教育への準備としての鄕土研究や鄕土調査や鄕土室は、すべて其の活用を前提としなければならない」と述べており[9]、秋田県での鄕土調査が小田内に影響を与えたといえよう。

その後、一九三二年には、中国～九州地方において鄕土教育の調査や師範学校での講演を行っている。小田内は、「鄕土教育の主流と其組織化 最近四十日間の印象」の中で、鄕土教育施設費の活用について、「遽かに蒐集した鄕土研究資料を如何に運用すべきかは、今後の師範教育に於ける鄕土教育の重要事」であると位置付けている[10]。さらに、「これに就いては少なからず「生みの惱」をしてゐる所が多いやうだ。これは從來高等師範乃至地方師範で、鄕土研究的傾向が少なかつた證據である。しかし「生みの惱」と時代の要求は、何物かを師範學校の鄕土室から生み出さずには已まない[11]」と述べていることからも、小田内は鄕土室を重要視していることが窺える。

四．昭和初期における郷土教育論の展開

鄕土教育は、明治初期から昭和戦後期にかけて教育界における大きな問題とされてきたが、その特色や主張された考え方は、時代や人によって異なっている。

特に、大正後期から昭和初期には、地方の実情を意識した鄕土教育の議論が盛行するようになる。鄕土教育の振興は、一九三〇年（昭和五）以降、鄕土教育に関する出版物が急増していることからも明らかである。これは、一九三〇年に文部省が鄕土教育施設費補助として、各師範学校に多額の補助金を交付したことが大きな原因とされている。

最後に、戦前期における鄕土教育論の特徴として、文部省の鄕土教育論は愛国心の涵養に、連盟の鄕土教育論は科学的鄕土調査と教科目の特設に力点が置かれていたことが挙げられる。さらに戦後には、戦前とは異なる「新しい鄕土教育」として展開されていくのである。

おわりに

鄕土教育論に関する先行研究は、文部官僚や、鄕土教育運動の高揚を背景として成立し、「運動全般を主導した民間の教育団体[12]」である鄕土教育連盟の指導的役割を果たし

た小田内通敏ら中央の教育論を理論的源流として検討されてきた。その代表的な研究者として挙げられるのが伊藤純郎である。伊藤は、教育現場における郷土教育運動の具体的事例として地方教育会、師範学校、小学校などの実践的な事例を挙げ、学校教育と郷土教育との関わりについて論じている[13]。しかし、全体的な郷土教育論を纏めた文献は未だ存在せず、本研究の意義は大きいものと考える。また、社会生活を重視した生活教育論や、学校教育を中心とした論文が多数を占めており、社会教育施設（博物館・郷土室）を中心とした論文はごくわずかである。

註

（1）内川隆志「郷土教育の変遷Ⅱ　昭和初期の郷土教育と博物館」『國學院大學博物館學紀要』一九、一九九四
（2）伊藤純郎『増補　郷土教育運動の研究』思文閣出版、二〇〇八
（3）武部欽一「郷土教育の本義」『郷土教育』二〇、刀江書院、一九三二
（4）註3に同じ
（5）「第六十四回帝國議會ニ於ケル文部大臣答弁資料」文部省『自大正十三年一月至昭和十七年一月　帝國議會交渉書類答弁資料』一
（6）吉田熊次「教育學上より觀たる郷土教育」『郷土教育講演集』刀江書院、一九三三
（7）山崎準二「小田内通敏の経歴と著作・関係文献目録　文献調査及び聞き取り調査結果の第一次整理」『静岡大学教育学部研究報告 人文・社会科学篇』三四、一九八四
（8）小田内通敏「郷土教育と郷土調査」『郷土　研究と教育』一一、刀江書院、一九三〇
（9）註8に同じ
（10）小田内通敏「郷土教育の主流と其組織化　最近四十日間の印象」『郷土教育』二七、刀江書院、一九三三
（11）註10に同じ
（12）城石梨奈「昭和初期から中期の北海道における郷土博物館の展開とアイヌ民族資料をめぐって　北見郷土館と「郷土」の概念」『博物館学雑誌』三八―一、二〇一三
（13）註2に同じ

【谷　拓馬】

体験型・参加型展示論史

博物館展示は博物館の黎明期から論じられてきたが、体験型・参加型展示は、近年研究が発展した分野であり、その内容には実践報告が多く含まれていることが特徴である。また、博物館教育論ならびに博物館展示論の両領域から論じられていることも体験型・参加型展示論の特徴である。

体験型・参加型展示は、名称やその言葉が示す内容が統一されておらず「体験展示」「体験型展示」「体験形展示」「参加型展示」「参加体験型展示」「ハンズ・オン展示」「マインズ・オン」など、さまざまな観点や呼び名で論じられている。

一・戦前の体験型・参加型展示論

明治・大正期では、視覚による展示の観覧（直感教授・直感教育）を主な方法として論じており、現在の時点では、体験型・参加型展示に関する論文は認められない。昭和（戦前）期においても、同様である。ただし、体験型展示・参加型展示は、自然科学系博物館では実践されていた。

二・戦後の体験型・参加型展示論

戦後、博物館法の制定を迎え、博物館学は一層活発に論じられるようになる。その流れの中で、「体験型展示」が登場するのは一九八〇年代からである。ただし、その主たる内容は博物館展示論の領域によるものであった。

名称として使用されていないものの、一九七八年（昭和五三）には、林公義が「展示論」において、体験展示について触れている。林はこの論著の中で「観覧者自身が自由に動かすことが出来るという体験」について、資料の形態による類別のうち「能動展示」の中に位置づけている(1)。

つづいて「体験展示」などの名称の始まりは、新井重三による展示の分類に確認できる。新井重三は『博物館学講座7　展示と展示法』において「体験展示」の用語を使用し、その内容について「物の持つ情報は視覚だけによって伝達されるものではない。身体全体でとらえること、すなわち体験を通して感受したり理解して貰う展示が必要になってくる。このような趣旨・目的のために開発されたものを体験展示と呼ぶことにする(2)」と述べている。なお、ここで新井が示した体験とは、人間の五感のうち「触覚」ならびに「嗅覚」を通じた体験である。体験型展示は、新井重三によって初めて定義がされたと言えるであろう。

また、一九八〇年代は、博物館体験の活動事例・実践報告が、少ないながらも発表され始めた時期である。ただし、その内容は「展示」ではなく「体験学習」に寄った内容であり、ほとんどが自然科学系博物館によるものである。

昭和（戦後）期における体験型・参加型展示論は、用語として使用され始め、展示論の中でその定義が論じられ始めた、いわば萌芽期といえるであろう。

三　一九九〇年代の体験型・参加型展示論

一九九〇年代になると、欧米の博物館教育の事例が日本に紹介され、日本でも博物館教育・博物館体験・ハンズ・オンなどについて活発に論じられるようになる。それまで博物館展示論で語られてきた当該項目が、ひとつの研究領域となった時期といえるであろう。

契機はいくつかあり、そのひとつはジョージ・E・ハインによって博物館教育の「構成主義」がまとめられ、その考えが日本に紹介されたことである。[3] また、一九九一年（平成三）には「アメリカのこども博物館の体験展示に関する研究」が発表され、現代の欧米の体験展示の事例紹介がはじまっていく。

続いての契機が、一九九六年に出版された染川香澄・吹田恭子の著書『見て、さわって、遊べるこどもの博物館　ハンズ・オンは楽しい』である。ここで述べられたハンズ・オンは「ただ見るだけじゃなくて、さわって、ためして、からだ中で遊べる」展示とされている。[4] この著書でハンズ・オンが大々的に紹介・論述されたことにより、それを中心とした体験型・参加型展示の議論が活発になる。

また、これと同じ年に、ジョン・H・フォークならびにリン・D・ディアーキングによる『博物館体験　学芸員のための視点』が和訳にて刊行されたことも議論が活発になる契機のひとつであった。

一九九八年には文部省生涯学習局社会教育課が「親しむ博物館づくり事業」を開始した。『平成十一年度親しむ博物館作り事業実施報告書』ではハンズ・オンを含めた五感に訴える展示が推奨されている。[5] また次いで一九九九年に「全国こどもプラン（緊急三ヵ年計画）」が策定される。それを受けて、丹青研究所がハンズ・オンに関する研究報告書『Hands-on museum：博物館における参加・体験型展示を考える』を同年に刊行する。この研究報告書は、国内外の事例を紹介するとともに、レポート・研究論文・調査データが編纂されている。なお、この報告書では、体験型・参加型展示は「参加・体験型展示」の名称が使用され、「単に見る展示ではなく、観覧者がおこなって理解する展示」としている。その分類はA：演出型（疑似体験）、B：映像型（仮想体験）、C：活動型（実体験）に分けられている。[6] この丹青研究所の報告書は、一九九九年までの研究の動向をまとめ、これから先の指針を示そうとしたことがうかがえるものである。

なお、一九九六年に刊行された『展示学事典』ならびに『博物館学事典』には体験型展示、参加型展示いずれの用語も掲載されていない。

四．二〇〇〇年代以降の体験型・参加型展示論

二〇〇〇年代になると、体験型・参加型展示は、博物館展示論、博物館教育論、バリアフリー、ユニバーサルデザインの領域から論じられるようになる。

このころには、三木美裕の論著によって博物館評価・運営とともに「博物館体験」を含めた海外の事例もより一層紹介されるようになる。そのような時期に『ハンズ・オンとこれからの博物館』の日本語訳が刊行される（原著：一九九八年）。本書におけるハンズ・オンは「「ハンズ・オン」という用語が正しい意味で使われる場合、ハンズ・オン活動では当然のこととして相互作用がなされ、教育的は付加価値があると考えられます。さらには、元の言葉にそのような意味は無いのですが、行き着く先は「マインズ・オン」であるとの暗黙の了解があるのです。[7]」とあり、ハンズ・オンという用語が意味する内容と、その先にあるマインズ・オンについての価値観が日本へ紹介された。

二〇〇二年（平成一四）には、学校教育課程の改変によりカリキュラムに「総合的な学習の時間」が導入され、博物館の活用が重視されたことを受け、一層議論は活発になり、博物館におけるハンズ・オンについてのシンポジウムなどが行われるようになる。

この時期に、山本哲也はそれまでの議論や研究を踏まえ「ハンズ・オンの解釈をめぐって」の中で以下のように分類し、定義づけを試みる。参加型展示は「資料に関する情報獲得のために、間接的手段を講じる場合の展示手法。つまり、見学者自身の動作（操作）が加わらなければ用意された装置自体や展示資料が動かず、情報獲得できない」とし、体験展示は「資料に関する情報獲得のために、直接的手法を講じる場合の展示方法」と定義付けられている。[8] また、それまでに論じられてきた体験型展示、参加型展示、知覚型展示、ハンズ・オン展示などの概念図が新たにまとめられ、提示された。

つづいて、青木豊は『博物館展示の研究』の中で、新井の展示論の定義を論拠として、体験展示ならびに参加型展

示を以下のように位置づけた。「見学者の展示の参加の有無による分類」で「受動態展示」と「能動態展示」を分類し、「体験型・参加型展示」は能動態展示に含まれるとしている。また、その内容について、体験型展示は「視覚・聴覚以外の体感に訴えることを目的とする体験展示」と定義づけ、参加型展示は「知的参加を目的としてクイズ形式の展示やミュージアム・ワークシート、ミュージアム・ショップ等を意図するものである(9)」としている。青木は論を進めた『集客力を高める　博物館展示論』の中で、「参加型展示(知的参加)マインズ・オン」と「体験型展示(物理的参加)ハンズ・オン」という分類を行った(10)。さらに体験型展示の特徴として、実際に体験した展示を例として、その利用法についての問題点も提起している。

二〇〇〇年代においても実践報告は数多く出されているが、ほとんどが体験学習に関するものであり、その分野は自然科学系博物館によるものである。

なお、二〇一二年に刊行された『博物館学事典』には「体験展示」「参加型展示」の用語が掲載されている。

おわりに

体験型・参加型展示は複数の名称が存在し、その名称が示す内容も多種多様である。展示論の領域では、すでに出来上がっている展示に対しての「体験」「参加」の意味で用いられているが、博物館教育の領域では「展示を計画する・作る」ところからの参加ととらえている場合もある。展示論の分類においては、能動態展示に含まれることは疑いようのない事実であるが、現在の段階では、その統一の試みが行われており、これからの発展が期待される領域であるといえるであろう。

【小島有紀子】

註

(1) 林 公義「展示」伊藤寿朗・森田恒之編『博物館概論』学苑社、一九七八
(2) 新井重三「展示の形態と分類」『博物館学講座7』雄山閣出版、一九八一
(3) ジョージ・E・ハイン、鷹野光行監訳『博物館で学ぶ』同成社、二〇一〇
(4) 染川香澄・吹田恭子『見て、さわって、遊べるこどもの博物館ハンズ・オンは楽しい』工作舎、一九九六
(5) 文部省生涯学習局社会教育課『平成十一年度親しむ博物館作り事業実施報告書』一九九九
(6) 丹青研究所『Hands-on Museum　博物館における参加・体験型展示を考える』一九九九
(7) ティム・コールトン『ハンズ・オンとこれからの博物館』東海大学出版、二〇〇〇
(8) 山本哲也「ハンズ・オンの解釈をめぐって」『博物館學雑誌』二七―二、二〇〇二
(9) 青木 豊『博物館展示の研究』雄山閣、二〇〇三
(10) 青木 豊『集客力を高める　博物館展示論』雄山閣、二〇一三

博学連携論史

現在、博物館と学校教育間の連携、いわゆる「博学連携」は、博物館の役割としても主たるものとして認識されていると言え、多くの館でその取り組みが実施されている。両者の連携が「博学連携」という用語とともに広がりを見せたのは、主に生涯学習社会への対応や二〇〇二年（平成一四）の学習指導要領改訂に伴う「総合的な学習の時間」導入が背景となっているが、両者の関係は近年になってから新たに始まったものでは無い。本稿では、博物館黎明期である明治より現在までの博物館と学校教育との関係史を俯瞰しつつ、両者の連携に関する主な思想を概観することとする。

一．教育博物館の設立と郷土室の普及

まず、博物館と学校教育の関わりは、一八七七年（明治一〇）に開館した文部省所管の教育博物館に見ることができ、その設立時の規則[1]には、学校教育に必要な資料を収集し、教職員に貢献すること等が記され、さらに同規則第五条には学校への資料の貸出しもその機能の一環として挙げられており、学校教育のための博物館として位置づけられていたことがわかる。明治初期の学校教育には、ペスタロッチにより定式化された直観教授論が展開されており、実物教材から直接五感を通して認識させる教授方法に教育博物館が役割を果たしたのであった。やがて郷土教育が学校教育において奨励されるようになると、文部省による各師範学校に対する郷土室設置費用の補助などにより、一九三〇年代には「郷土室」と称した学校郷土教育施設が急激に普及した。[2] 一方で、郷土化授業の推進者であった棚橋源太郎は、このような郷土室の配置に対し、『眼に訴へる教育機關』のなかで「大いに考慮を要する問題[3]」であるとして、次のように否定的な考えを示している。[4]

保管してある蒐集品を必要に應じて出して來て、兒童に見せることは、彼等の興味を喚起して有効であるが、學校博物館として何時も同じ物を教室内又は學校内に陳列し、生徒が勝手に出入りの出來るやうにして置くことは、徒らに兒童の興味を殺ぎ、彼等が研究心を鈍らずに過ぎない（中略）吾々が考へてゐる學校博物館は、必ずしもさういふ靜的のものでなく、陳列品は兒童自ら之れを採集加工し、更に適當な説明札を附けて保管するやうな今少しく動的なものである。

以上のように、棚橋は教師ではなく生徒が主体的につく

りあげる郷土室像を求めていた。そのうえで望ましい在り方としては、地域に博物館を建設し、そこに各学校から必要に応じて引率することにより利用する形態を提案したのである。(5)

二．郷土教育の変容

棚橋は『眼に訴へる教育機關』より二年後に刊行した『郷土博物館』においては、郷土概念について、強い郷土愛が根幹を成しているとし、郷土愛は常に祖国愛に発展するものであると述べており、(6)当時の思想善導方策の影響を受け、郷土教育を愛国心の育成を強調するものとして認識していることが看取されるのである。(7)戦前の時代的背景のなかで、博物館は実物の観察が中心の学校教育補完としての役割から、愛国心育成のための精神教育の育成の場へと性質が移っていった。(8)

一九七〇年代の博物館史研究から、戦前の郷土教育が愛国教育へ転じた様子に関する研究(9)をみてみると、伊藤寿朗は一九三七年（昭和一二）から一九四一年に至る時期を国家総力戦体制の完成期であると述べ、戦前の郷土博物館がそれを背景としてファシズム体制の一翼として確立されていったものと位置づけているが、(10)一方で新井重三は、郷土教育と博物館が結びつき、郷土博物館が建設された社会的背景に二つの要素があるとし、その一つが「国民精神の高揚という時代風潮」であったと捉えている。(11)両者の考えには、愛国教育と郷土博物館の発展の関係性に認識の違いがみられる点に注目できるといえよう。(12)また、後藤和民は、この頃の郷土教育論について、「ドイツの愛郷精神や祖国愛の育成のための郷土博物館活動を志向したものに他ならない」とし、「やがて、日本はドイツと共防同盟を結び、それが日・独・伊三国同盟へと発展し、ついに第2次世界大戦の悲劇に巻き込まれていったのであるが、その一半の責任が、郷土教育や郷土博物館になかったとはいえない」(13)と、当時の郷土博物館の在り方に批判と反省を示している。戦時下の博物館は国民教化のための役割を果たす教育活動が求められ、その機能を担ってゆくなか、やがて終戦を迎えることとなったのである。

三．戦後の博学連携の模索

終戦から博物館法制定に至るまでの期間を、伊藤寿朗は『博物館概論』において、「戦争による壊滅状態から、一方で、経済的混乱にもかかわらず、国民各層の文化・科学施設希求の動きに対応し、地方都市を中心に急速な再建と新設がなされ、他方で「新しい博物館」の内容をめざしてわが国最初の博物館法制化がなされ、近代博物館制度が成立した時期である[14]」と述べている。この時期新たな日本の博物館像を模索するなかで、その理論構築上注目するべきなのが一九四九年（昭和二四）に木場一夫が著した『新しい博物館　その機能と教育活動』である。木場は同著において、社会及び学校に対する教育的役割を重視する米国の博物館の例を理論の基礎とし、あくまで教育を主体とした博物館論を提示したのであった[15]。

また、棚橋は、戦後間もない一九五〇年に刊行した『博物館學綱要』のなかでは、郷土博物館の在り方について、郷土の美点のみを示すことで「青少年をして妄りに郷土の誇りを感ぜしめて、徒らに、偏狭な愛郷土心を増長させるやうな愚を敢へてするものであつてはならない[16]」と述べて戦前の郷土概念に対する理解を再考したうえで、美点を示す資料とともに欠点を示す資料も同時に扱うことで、自ら考えて真相を捉え、郷土の振興と文化の発展に資する人材の育成を求めた。そのうえで「新國家樹立への基盤たる學校教育の補助機關として必要な郷土資料を備付け、兒童の見學や、學校への貸出しに供することは當然の任務であり、同時にまた社會教育機關としての立場からは、郷土人に公民として必要な教養を與へることに役立たなければならないことは言ふまでもない[17]」とし、新しい関係性を模索するなかでも児童生徒の見学や学校への資料貸出し事業は継続することを改めて望んでいる。棚橋は、一九五三年刊行の『博物館教育』でも博物館における児童の教育上の利用方法を欧米の具体例を取り上げながら主張し、博物館の実物資料による学習効果を説いたのである[18]。この時期、終戦後の教育の民主化の動きに応じ、博物館と学校教育の新たな関係の模索が始まる過程において、木場・棚橋両名の理論は大きな役割を担ったのであった。

一九五一年、博物館法の制定により博物館ははじめて制度的基盤を得ることとなったが、学校教育との関係は第三条[19]において明示され、学校教育を援助する存在としての位置づけが制度として明文化されたのであった。この制度化が実現した一九五〇年代は、高度経済成長を背景として博物館が増加された時期でもあり、博物館機能の社会への還元に重きを置いた検討がされてゆくこととなる。なかでも鶴田総一郎は、木場の教育を主体とした思考をより具体的に捉えており、博物館の基礎機能である収集・保存・研究の三機能を教育普及のための手段と位置づけ、成果を広く一般に公開し、社会の発達に貢献することを説いている。[20]同時に学校教育との連携に関しては、博物館資料の学校教材としての再排列化や、教育課程に応じた教育方法の研究、それに基づく補助活動等の提案をおこなっている。[21]

鶴田の提案のような教育方法は、新井重三による「小中学校の教科単元に基づく展示」を典型とした、学習指導要領に基づく展示形成の試みへと繋がっていった。新井は、学校の授業と異なり博物館展示には基準が示されていないことを「無軌道そのもの[22]」と表現したうえで、「教科単元は一般的・基礎的であること」「市民の知的レベルは中学生程度であること」「小中学生の利用者が圧倒的に多いこと」の三点を根拠として、小中学校の教科単元を博物館展示へ応用することの必要性を指摘したのである。

このような方法論は、当時多くの館で主流となっていったが、検討が重ねられるなかでは反対論もみられる。具体的には、固定的・指導的観点を押しつけることを批判し、展示をいかに評価・活用するかは観覧者の自由であるとする主張[23]や、博物館の論理に従って構成されている展示を学校教育の論理に従って活用することへの批判[24]、また、双方のバランスのとれた連携というよりは、学校教育を主体とした教育システムへの博物館の参加というのが実態となってしまうことの指摘[25]等であり、学校の教育課程に沿った展示への警戒を求める意見が聞かれたのであった。

四．近年の博学連携の展開

一九六五年、ポール・ラングランによる生涯学習の提唱により、一九七〇年代以降日本にこの理念が導入されると、博物館でも生涯学習の観点からのアプローチがおこなわれ、博学連携が具体的に取り上げられるようになっていった。生涯学習社会への転換が進められる一九八〇年代以降の博物館は、伊藤寿朗により「第三世代の博物館」と表現されるように、市民参加型志向の形態が目指されるようになったのである。[26]このような生涯学習社会への対応とともに、博学連携が教育施策の一環として目指されてゆく過程で各地に広がりをみせ、学習プログラムの開発や教員を対象とした研修の検討など実践研究がさかんとなっていった。

近年では、各地で取り組まれていた実践例を踏まえ、より質の高い連携の在り方を模索する傾向にあり、スクールミュージアムの設置や第三者を配置した連携等が具体的に論じられている。ここでいうスクールミュージアムは、博物館と学校が連携して学校内に設けるものであり(27)、従来の学校付属博物館とは異なり、学校が児童とともに資料の収集から展示に主体的な関わりをもち、さらにそれを継続させてゆくことによって学校付属博物館が陥りがちな経年による物置化などという問題点からの脱却を図る試みである。さらにこの取り組みの過程において、学校側は所蔵資料の見直しや、博物館側からの資料の取扱い及び活用方法の提案を得ることで、学校付属の博物館を学校側にとってより有意義なものとすることに効果が期待されているのである。

また、博物館と学校教育をつなぐ中間機関の設置(28)が提案されている。これは、学校と博物館の間に、教員免許や学芸員資格の単位認定を実施している大学が介入し、授業案の提供や教育に必要となる資料の分類や研究をおこない、その研究結果をもととして学校側に資料や学習プログラムの情報提供を執り行うというものであり、これにより連携がスムーズになるだけでなく、介入する大学にとっても教員免許および学芸員資格取得希望者の実践的経験に効果が期待されるのである。このように、蓄積されてきた実践研究を基盤として、博学連携の充実をはかり、既存の課題点を打開するためのシステム整備が進められ、今日に至るのである。

註

(1) 教育博物館『教育博物館規則』一八七七、二頁
(2) 伊藤寿朗・森田恒之編『博物館概論』学苑社、一九七八、一三五頁
(3) 棚橋源太郎『眼に訴へる教育機關』寶文館、一九三〇、七五頁
(4) 註3に同じ。一〇四頁
(5) 註3に同じ。八六―八七頁
(6) 棚橋源太郎『郷土博物館』刀江書院、一九三二、一四頁
(7) 駒見和夫「博学連携に至る史的経緯と思考の道筋」『全博協研究紀要』一一、二〇〇八、二五頁
(8) 駒見和夫『博物館教育の原理と活動　すべての人の学びのために』学文社、二〇一四、一八六頁
(9) 夏目琢史「大正・昭和初期における「博学連携」について」『博物館学雑誌』四〇―二、二〇一五、一三四頁
(10) 註2に同じ。一三八頁
(11) 新井重三「郷土教育と博物館　郷土博物館の心を求めて」『博物館研究』一三―八・九、一九七八、二三頁
(12) 註9に同じ。一三四頁
(13) 後藤和民「郷土博物館」『博物館学講座4』雄山閣出版、一九七九、一七九頁
(14) 註2に同じ。一五〇頁
(15) 木場一夫『新しい博物館　その機能と教育活動』日本教育出版社、一九四九
(16) 棚橋源太郎『博物館學綱要』理想社、一九五〇、八九頁
(17) 註16に同じ。九〇頁
(18) 棚橋源太郎『博物館教育』創元社、一九五三、一五九―一九二頁
(19) 『官報』一〇二、一九五二、四頁
(20) 日本博物館協会編『博物館学入門』理想社、一九五六、三六―三七頁
(21) 註20に同じ。一〇二―一〇三頁

(22) 新井重三「学校の教科単元にもとづく地方博物館の展示単元の編成について」『博物館研究』三七―四、一九六四、一二頁
(23) 後藤和民「地方史研究と博物館」『地方史研究』二五―一、一九七五、二二頁
(24) 伊藤寿朗「博物館における学社連携②」『日本教育新聞』一二月一〇日、一九八四、一〇面
(25) 長谷川賢二「公立博物館の展示と歴史学研究」『歴史評論』五九八、二〇〇〇、二九頁
(26) 伊藤寿朗『ひらけ、博物館』岩波書店、一九九一、一〇頁
(27) 青木 豊「学校博物館の現状と今後の可能性（予察） 学芸教諭の誕生に向けて」『全博協研究紀要』一〇、二〇〇八
(28) 甲斐麻純、松岡 守「博物館と学校教育の連携の現状と今後の展望」『三重大学教育学部研究紀要』六四、二〇一三

参考文献

伊藤寿朗監修『博物館基本文献集』別巻、大空社、一九九一
駒見和夫「博学連携に至る史的経緯と思考の道筋」『全博協研究紀要』一一、二〇〇八
青木 豊編『人文系博物館教育論』雄山閣、二〇一四
駒見和夫『博物館教育の原理と活動　すべての人の学びのために』学文社、二〇一四
夏目琢史「大正・昭和初期における「博学連携」について」『博物館学雑誌』四〇―二、二〇一五

【相澤瑞季】

アウトリーチ論史（移動博物館論）

一・「アウトリーチ」という用語

「アウトリーチ（outreach）」とは、動詞の「手を差し伸べる（reach out）」が名詞化した言葉であり、一九五〇～六〇年代のアメリカで誕生した用語である。

社会福祉の分野におけるアウトリーチは、援助を必要とする利用者からの自発的な援助要請がない場合や、その必要性が自覚されていない場合に、援助機関から積極的な介入を行い、訪問介護や出張介護等、専門的援助を持続させていくものである[1]。また、相談や情報収集による「ケース発見」としての重要な要素として挙げられている[2]。

さらにアウトリーチは、精神医療としての訪問面接の他、心理学、社会学、文化人類学、教育学等、様々な領域から取り上げられている。近年、日本においては、高齢者領域や精神障害者領域で改めて強調されるようになっている。

二・博物館におけるアウトリーチの意義と分類

社会福祉の分野において誕生したアウトリーチは、博物館が行う場合には、「館外で学習支援を提供するための教育プログラムで、とくに年齢や就学状況、身体的・地理的条件など、何らかの理由で来館や学習機会に恵まれない人々に有効である[3]」とされている。博物館におけるアウトリーチは、かつて「館外活動」と言い表せられることが一般的であった。

アウトリーチを含む教育普及活動を最初に分類したのは、加藤有次である。加藤は、博物館における教育普及活動をイン・ドア機能（館内活動）、アウト・ドア機能（館外活動）、団体の育成と諸機関との連携（アウト・ドア、イン・ドア機能を含めて促進する）の三つに分類し、さらにアウト・ドア機能を次のとおりに分類している[4]。

展示活動

一、国有野外博物館の活動
二、館の敷地内における野外展示活動
三、館の敷地外における野外展示活動（分館）
四、巡回展示（移動博物館）

一般教育活動

一、集会活動（採集会・観察会・見学会等）
二、調査活動（学術調査への参加—採集・発掘調査等）
三、地域活動（講演会・映画会・研究会・公開講座等）
四、体験学習活動（集会活動以外に考えられる体験学習）

・

当分類から、博物館におけるアウトリーチは、多岐に亘ることを理解できる。しかし、近年の大学の学芸員養成課程で使用されている博物館学関連の書籍の多くでは、アウトリーチの分類は簡潔化され、移動展示（移動博物館）、出前授業（講師派遣）、教材貸出の三つが挙げられる傾向にある。

日本の博物館におけるアウトリーチに関する著述は、各館の教育普及活動の報告によるものが最も多い。博物館学においては、教育論と展示論の視点で論じられる他、広報等の情報論の視点からアウトリーチを取り上げることが可能である。情報論の視点としての具体例の一つに、ホームページを利用したアウトリーチが挙げられる。ホームページは、「不特定多数の人々に同時に多様な情報を発信することができるため、ホームページが持つ潜在的な力はたいへん大きい」[5]ものであり、移動等の負担を無くす効率的な手段として、アウトリーチに新たな可能性を見出すことができるのである。

三．博物館におけるアウトリーチの展開

博物館におけるアウトリーチの嚆矢は、イギリスのヴィクトリア・アンド・アルバード美術館の前身であるサウス・ケンジントン博物館の館長を務めたヘンリー・コールが行った国鉄の車両を利用した移動展[6]である。一八五二年にコールは、同館の最初の学芸員であったジョン・チャールズ・ロビンソンを責任者として館外貸出部を組織し、その二年後に移動展を実施した。移動展は、四三〇の資料と素描、写真を用いて約四年間に二二一会場で行われ、約二三万九〇〇〇人の利用者があったという[7]。

当移動展について、後藤守一[8]と棚橋源太郎[9]が、資料の館外貸出としてそれぞれの著書で紹介しており、さらに棚橋は、『博物館教育』及び『博物館學綱要』において、ドイツのドレスデンに所在する国立衛生博物館の「巡回展観」を紹介している。当該活動では、資料の運搬のための自動車を用意し、資料である絵画・模型を運搬、展示するに留まらず、車内に設けられた映写室ではスクリーン上演がなされていた。加えて職員が寝泊まりできる設備を車に有する等、地方にありがちな会場難や電力不足等の諸問題も解決する当該活動を棚橋は、世界で最も早い事例と指摘としている[10]。棚橋の記述には、活動の正確な年が記されていないが、同館は一九一二年開館であるところから、先述のサウス・ケンジントン博物館の移動展よりも後であるのは明らかであるものの、ドイツ国内で早くから博物館においてアウ

トリーチが行われていたことが分かる報告であるといえる。

また、博物館教育が積極的に実施されているアメリカにおいては、一九六〇年代以降にアウトリーチが活発に展開されており[11]、ロサンゼルス郡立自然史博物館の事例等が報告されている[12]。

日本の博物館におけるアウトリーチの歴史を辿るにあたって、先ず触れるべきは、明治時代における博物館誕生の前史の一つとして挙げられる「開帳」である。

開帳とは、寺社が日頃は秘蔵している仏像や霊宝を期限付きで公開するもので、平安時代後期あるいは鎌倉時代に始められ、江戸時代に娯楽・憩いの場として大衆に人気となって隆盛した。次第に人々が寺社に多く集まるようになったことで、信者たちの奉納金品や賽銭からの財源確保という目的が付け加えられるようになる。開帳は、自社内で実施するものを居開帳、他寺社で実施するものを出開帳と区別される。後者である出開帳について椎名仙卓は、日本の博物館史に関連させて次のとおりに述べている[13]。

> 出開帳は本尊や宝物を遠方に持ち出して一定の期間公開するということにあるが、それはあたかも近代博物館が所蔵している資料を持ち出して各地で公開する〝移動展覧会〟に極めて類似した一面をもっている。

即ち、アウトリーチの先駆けであると指摘できるのである。勿論、出開帳に近代的な教育の要素は見出すことはできない。しかしながら、この遠隔地にモノを運び、公開するという行為を日本の博物館におけるアウトリーチに繋がるものと見做すことは可能であろう。

日本におけるアウトリーチの嚆矢は、教育博物館による資料貸出である。教育博物館では、一八七七年（明治一〇）から教育博物館館長補手島精一によって所蔵資料の貸出が開始された。当該活動については、椎名が『国立科学博物館百年史』において詳述しており、当時の資料貸出の目的を、㈠教育用品の模造（倣造）のため、㈡教育用品の普及と使用法の説明のため、㈢博覧会等への出品のため、と三つに分類している[14]。後に貸出の内規が定められ、通俗教育参考品等を各地域の希望に応じて貸し出していた。東京教育博物館総則の第五条に「學校教育及ビ教育家ニシテ學術研究ノ爲メ[15]」と記されているように、一般や子どもに向けたものではなく、その対象は教師や地方の学事担当者のみであったことが窺える。

当館の当該活動は、東京教育博物館時代も継続され、一九一八年（大正七）に開催された臨時教育会議第二八回総会の通俗教育について述べられた答申の理由書の中で「教育博物館巡回博物館等」[16]として取り上げられている。「巡回博物館」[17]は、国民の思想の健全化を目的とする通俗教育の機関として捉えられ、一般大衆の利用を奨励したものという位置づけで、博物館を振興する重要な役割を占めるものとされたことが指摘できる。これは、日本における博物館のアウトリーチの議論の嚆矢であるといえる。

資料貸出、移動博物館を含むアウトリーチは、戦前戦後とともに多くの博物館で実施され、時代の変化とともに衰退した活動も数多くある。平成に入り、一九六〇年代後半以降に開始された殆どの移動博物館・移動美術館は姿を消した。しかし、博物館におけるアウトリーチに大きな変化が現れるようになったのも平成期である。要因として、博物館が生涯学習機関として位置づけられたことが挙げられる。

生涯学習とは、一九六五年（昭和四〇）にパリで開催された第三回成人教育推進国際委員会に、当時のユネスコ成人教育局成人教育部長であったポール・ラングランが提出したワーキングペーパーに端を発する思想である。生涯学習（当初は、「生涯教育」）の日本への受容は、一九七一年の文部省社会教育審議会の答申に端を発し、急激な社会の変化に対応するため、家庭・学校・社会教育を統合させた生涯教育の必要性が提起された。この考え方は、一九八一年の中央教育審議会答申「生涯教育について」以降に具体性を帯びるようになる。当該答申では、日本における生涯教育を自己の充実や生活の向上のために、自発的に意思に基づいて、自分にあった手段や方法を選んで行うものとして位置づけられたのである。

社会教育審議会は、一九八九年（平成元）六月二九日に「新しい時代に向けての社会教育施設の整備・運営の在り方について」という諮問を受け、これからの生涯学習時代において、博物館が利用者に親しまれる開かれた施設として運営するための方針である「博物館の整備・運営の在り方について」が纏められた。

さらに、一九九四年九月二〇日の生涯学習審議会社会教育分科審議会施設部会では、「学習機会提供を中心とする広域的な学習サービス網の充実について　新たな連携・協力システムの構築をめざして」と称する報告がなされた。この中で博物館の社会教育施設としての役割は、学習機会提供機能の充実であるとされ、具体策として次のとおりに提示された[18]。

博物館は、人文科学、自然科学、美術など様々な分野の専門的な人材と実物資料を積極的に活用し、移動巡回展や移動博物館教室の開催など特色ある教育普及活動の一層の充実を図ることが必要である。また、他の機関が実施する講座を一部として、実習や実験を引き受けたり、事業の企画に当たって専門的な立場から援助・助言を行うことなどが期待される。

また、二〇〇三年に制定された「公立博物館の設置及び運営上の望ましい基準」では、博物館の教育活動として以下の通りに提示されている[19]。

（学習活動等）

第五条　博物館は、利用者の教育活動に資するため、次に掲げる事項を実施するものとする。

一　資料に関する各種の説明会、講演会等（児童又は生徒を対象とした体験活動その他の学習活動を含む。）の開催、館外巡回展示の実施等の方法により学習機会を提供すること。

以上のように博物館におけるアウトリーチは、あらゆる人々への学習機会提供のための手段としての性格を強め、積極的に実践することが強調されたのである。「公立博物館の設置及び運営上の望ましい基準」は、二〇〇八年に博物館法が一部改正されたことに伴って、「博物館の設置及び運営上の望ましい基準」と改称されたものの、改正後も学習機会の提供方法として、館外巡回展示（アウトリーチ）が記載されている[20]。

二〇一〇年代の傾向として見られるのが、大学博物館におけるアウトリーチの活発化である。東京大学総合研究博物館が二〇〇七年から実施している「モバイルミュージアム[21]」、九州大学総合研究博物館が二〇一三年から実施している「ミュージアムバス[22]」が該当する。大学博物館におけるアウトリーチの活発化の背景には、一九九五年に文部省学術審議会の学術情報資料分科会において「ユニバーシティ・ミュージアムの設置について」という中間報告が纏められたことがある。大学が所蔵する学術標本等の膨大な資料を多くの人々の目に触れる機会を増やし、学習のために活用することが推奨され、より活動範囲を広めるためにアウトリーチが積極的に導入されたと考えることができる。

アウトリーチに関する博物館学の研究は、他と比較すれば数は決して多くはないが、社会の変化とともにその重要性が繰り返し注目されているのである。

註

(1) 日本社会福祉学会事典編集委員会編『社会福祉事典』二〇一四、一九八頁
(2) 註1に同じ
(3) 全日本博物館学会編『博物館学事典』雄山閣、二〇一一、三頁
(4) 加藤有次『博物館学総論』雄山閣出版、一九九六、一五八―一五九頁
(5) 大西智和「六、HPとアウトリーチプログラム」全国大学博物館学講座協議会西日本部会編『新しい博物館学』芙蓉書房出版、二〇〇八、一四九頁
(6) 註3に同じ。一六頁
(7) 中村真弥訳「ヘンリー・コールとサウス・ケンジントン（ビクトリア・アンド・アルバート）美術館：装飾美術博物館（エドワード・P・アレクサンダー著『ミュージアム・マスター　達人たちの博物館とその影響』より）」『國學院大學博物館學紀要』二九、二〇〇四、二〇五頁
(8) 後藤守一『欧米博物館の施設』帝室博物館、一九三一、一一一―一一三頁
(9) 棚橋源太郎『世界の博物館』大日本雄辯會講談社、一九四七、一二四―一二六頁。棚橋源太郎『博物館學綱要』理想社、一九五〇、二五六頁
(10) 棚橋源太郎『博物館學綱要』理想社、一九五〇、二五六―二五七頁
(11) 諸岡博熊「アメリカの博物館運営史」『博物館研究』三一―七、一九九六、一三頁
(12) 滝本秀夫「アメリカ合衆国の博物館におけるアウトリーチ事業の現状と日本の博物館の課題」『茨城県自然博物館研究報告』四、二〇〇一、八三―九四頁
(13) 椎名仙卓『図解博物館史』雄山閣出版、一九九三、三三頁
(14) 国立科学博物館『国立科学博物館百年史』第一法規出版、一九七七、一一三頁
(15) 註14に同じ。一三八頁
(16) 「通俗教育二關スル件答申理由書」一九一八（文部省内教育史編纂會編『明治以降教育制度發達史6』社會教育會、一九三九、三二一頁）
(17) 「巡回博物館」は、移動博物館の前身と考えることができるが、「巡回博物館」とともに「移動博物館」という用語が初出する一九一九年の「帝國博物館完成二關スル建議案」において、その先進的な活動として、東京教育博物館（教育博物館の後身）の資料貸出が挙げられていることから、当時アウトリーチ全般を「巡回博物館」としていたと考えられる。
(18) 「学習機会提供を中心とする広域的な学習サービス網の充実について　新たな連携・協力システムの構築をめざして」平成六年九月二〇日生涯学習審議会社会教育分科審議会施設部会報告
(19) 「公立博物館の設置及び運営上の望ましい基準」平成一五年六月六日文部科学省告示第一三三号
(20) 「博物館の設置及び運営上の望ましい基準」平成二三年一二月二〇日文部科学省告示第一六五号
(21) 西野嘉章『モバイルミュージアム　行動する博物館　二一世紀の文化経済論』平凡社、二〇一二、一二九―一四一頁
(22) 九州大学総合研究博物館『九州大学ミュージアムバスプロジェクト　九州大学総合研究博物館×西日本鉄道株式会社西鉄バスミュージアムバスデザイン広告プロジェクト』二〇一三、三頁

【阿部楓子】

博物館建造物論史（外観等）

近代博物館を構成する基本要素は、モノ・ヒト・バ（ハコ）の三本柱といわれる。施設としての博物館建築は、博物館機能を最大限に発揮できる場でなければならない。また建造物として博物館建築を見た場合、観覧者の目をひきつけ博物館の第一印象を左右する要素でもあり、時代によっては思想や理念、新たな建設技術などが盛り込まれるなど、国家の威信を表象するものであった。本稿は、日本における博物館建築論の中で外観等に関する記述に注目しながら、望ましい博物館建造物がどのように論じられてきたのか編年的に概観するものである。

一．明治初期の博物館建造物

日本における最初の博物館は、歴史的建造物である湯島聖堂大成殿を利用した展覧場であった。その後、山下門内の博覧会事務局を経て内務省系博物館と文部省系博物館に分かれて発達したのは周知のことである。近代的博物館の構築をめざした明治初期の二つの系統の官制博物館は、洋式あるいは洋風で建設された。

現在の東京国立博物館の前身である内務省系博物館は、一八七七年（明治一〇）に上野公園内に建設された第一回内国勧業博覧会美術館を陳列館として使用し、一八八一年に煉瓦石造二階建ての博物館本館が竣工した。設計は、工部大学校造家学科で教鞭を執り、日本近代建築の父と呼ばれる英国人ジョサイア・コンドルであった。この建物は第二回内国勧業博覧会美術館として使用後に博物館本館となり、一八八九年に帝国博物館本館となった。

国立科学博物館の前身である文部省系博物館においては、一八七七年、上野公園内に洋風二階建ての教育博物館が建設され、一八八一年に東京教育博物館と改称する。しかし一八八九年には帝国博物館へ資料の移管があり博物館は閉鎖と決まった。建物は新設の東京美術学校の校舎として使用されることとなり、博物館は高等師範学校附属として再び湯島の聖堂構内へ移転する。

帝国博物館設置前年の一八八八年九月に『日出新聞』に掲載された岡倉天心の「博物館に就て」[1]は、博物館の基本要件として（甲）保存の点、（乙）考究の点、（丙）都府の盛観の三点を説き、東京・京都・奈良にそれぞれ大英博物館・ルーブル・ローマ的博物館を範とする博物館を創立する三館鼎立構想を謳ったものである。博物館建築について岡倉は「博物舘ノ建築ハ不燃不滅ノ煉瓦ヲ以テスヘキ乎又鉄造カ木造カ其適度ハ宜シク衆議ヲ盡スヘキ事ニテ經濟ニ關スルアリ土地ニモ關スル事多カラン」と述べ、建築材の適正と費用や用地との関係を踏まえた現実的な見解を示している。

一般の人々による博物館建造物の印象について、一八九〇年に発刊された中野了随の『東京名所圖繪』[2]では、帝国博物館本館は「本舘ハ洋風の建築にして巨大壯麗なり」、東京教育博物館は「博物舘の西に在り是れ又宏壯輪奐たり」と表現されている。博物館は、岡倉が意図した「都府の盛觀」を構成する建造物として認知されていたといえよう。

二．明治期の博物館建築論に見る博物館建造物

博物館建築に関する我が国初の論文とされる神谷邦淑の「博物舘」[3]は、一八九三年（明治二六）から翌年にかけて『建築雑誌』に三回の分載で発表された。構成は、博物館の必要性や有益性を述べた序論に始まり、「原名及沿革」「目的及利益」「位置及外觀」「配室の概要」「中庭の利益」「構造及材料」「採光の諸説」「換氣及給溫」「建築の現例」「雜件」となっており、最後に増築の予測まで言及したA４判上下段二二頁の長文である。

博物館の外観について、神谷は「博物舘建築の華飾に過くるは固と取らさる所なり而して其飾るや務めて古義を保ち國華を發はすの手法を採るを要す」と述べている。また国家の宝庫としての壮麗さと防火防犯のための堅牢さの両立は建築家が最も苦心する点であり、耐火材による日本の古建築様式の踏襲が困難であることも著している。

明治中期に入ると、幕末期に西洋から紹介された博物館について知見が広まり、一八九四年から九五年には、工部大学校造家学科第一回卒業生の片山東熊の設計による帝国奈良博物館と帝国京都博物館が相次いで竣工した[4]。神谷の論文は、日本の博物館建築がお雇い外国人からようやく日本人建築家の手に引き継がれた時期に発表され、現在の博物館建築論に受け継がれる基本要件を明示した内容である。当該論文について青木豊は、「事実これまでの博物館学では最長論文であったと同時に、内容に於いてもついつい時代錯誤を覚える程の見解を有するものである[5]」と評している。

神谷に関しては、片野博や青木豊による先行研究があり、「博物舘」は東京帝国大学における卒業論文と推定されている。神谷が論文執筆に要した先行研究など不明な点が多いとされるが、論文中で海外の博物館を紹介した「建築

の現例」の章に見られる「フェルガッソン氏曰く」との記述から調査したところ、一八六二年にロンドンで出版された建築史家ジェームズ・ファーガソン（James Fergusson）著『HISTORY of THE MODERN STYLES OF ARCHITECTURE: being a sequel to the Handbook of architecture』(6)の内容と一致する部分を複数認めた。詳細な検証報告は今後機会を得て行うものとする。

一九〇四年に『建築雜誌』に発表された内田四郎の「繪畫陳列館」(7)も、東京帝国大学の卒業設計の論文部分またはそれに加筆したものと推定されている。(8)「美術館の榮枯は國家の盛衰をトする」「凡そ建築物は其の外觀の有様によりて其性質を表すものなり」と論述している内田は、美神と美術の金城鉄壁である絵画陳列館の外観は「高尚にして華麗」「荘嚴にして愉快」であることが望ましいとバランスの重要性を述べている。すなわち「華麗」と「愉快」が過ぎれば見世物小屋的な外観となり、「高尚」と「荘嚴」が甚だしければ城壁牢獄のようになってしまうというものである。

三．大正期～戦前期の博物館建築論に見る博物館建造物

第一次世界大戦以降、日本では工業生産の活況を背景に科学知識の振興、実物教育・通俗教育の促進、新たな博物館設置の機運の高まりなどの動きがあった。博物館建築論に関しては、博物館関係者が海外視察を経て執筆した文献が登場した時期でもある。

「博物館学」なる言葉を初めて使用した黒板勝美は、『西遊弐年　歐米文明記』(9)をまとめた後、多数の博物館学の論著を発表している。一九一三年（大正二）、『建築世界』に掲載した「博物館の建築に就いて」(10)において黒板は、博物館建築の理想を「古き時代の建築を其の儘もって來て新らしく建築すること」とし、耐震耐火のために煉瓦を使用しながらも「様式は何處までも日本風にしたい」と言葉を重ねている。また「博物館の建築は先ず中へ入れる品物を考へて後に建築する」とし、陳列品と建築様式の一致だけでなく景観との調和についても論じている。具体的に奈良や京都などの古都の景観に鉄筋コンクリート、鉄骨建築などの西洋建築は望ましくないとしており、「大佛や南圓堂の隣りに赤煉瓦の奈良帝室博物館は何んなものかと思ふ」との記述も見られる。

東京美術学校教授を務めた矢代幸雄は「ホノルル美術館に就て」(11)において、建築は国土国情への適応が重要であるが、一方において芸術であり記念碑であると述べている。

美術館建築の特性ともいえる「記念碑的意義」「装飾品的取扱」「便利實益を主とせざる可らざる民衆的施設」のため、「装飾的建築にするか、或いはまた實利的建築にするか、是は將来美術館が日本に作らる﹆場合に、直ちに行き當る問題」と述べ、美術館建築において芸術か実利かという矛盾の解決が困難であることを説いている。

明治・大正・昭和にわたり博物館学に多大な業績を残した棚橋源太郎は、博物館事業促進会専務理事として『博物館研究』の編集にも携わり、一九三〇年（昭和五）の『眼に訴へる教育機關』[12]において第一六章「博物館の建築」を論述している。

棚橋は、博物館建築について建物よりも博物館組織の優先を強く訴え、「組織が具體化せぬ先に、容物に過ぎない建物の建築を急ぐのは本末顚倒である」と言明している。博物館建築の構造様式については、従来の伝統に捉われた記念館式や殿堂式のような堂々たるものは必要なく「莊嚴華麗輪奐の美はなくても、寧ろ簡素な唯見て愉快を覺ゆる程度のもので澤山である」「單に外觀の美に拘泥して、博物館本來の職能を閑却したり、實用上の便利を犧牲にしてはならない」と論じている。これらの言葉に、〝博物館建築の原則は組織優先・実用重視〟という棚橋の揺るぎない信念が読み取れる。博物館建築家の必要性や博物館経営者と建築家との意思疎通の重要性、建築材料にも言及し、地方的なものを利用して周囲と調和する構造様式を採用することは大いに望ましいとの提言は、郷土博物館論を推進した棚橋ならではと捉えることもできよう。「博物館の建築」の内容は、一九五〇年刊行の『博物館學綱要』第九章「博物館の建築」にも引き継がれ、更新・追加・割愛部分はあるものの基本的主張は変化していない。

一九四三年に『新美術』誌上で三回にわたり「ミウゼオグラフイー　博物館學（一）（二）（三）」[13]を発表した洋画家・大森啓助は、Museography を博物館学と邦訳して論文に冠したことで知られる。当該論文で博物館建築について特筆すべきは、初回（二一号）の「六　博物館の設計」「七　博物館の様式」において一九世紀以降の海外の博物館建築の設計や様式に関する時代的特徴を、博物館発達史や建築学的時代背景を捉えながら編年的にまとめている点である。宮殿内のギャラリーやキャビネの形式から発達した欧米の博物館建築が、二〇世紀前半には宮殿様式が一掃され、さらに現代建築へ推移するまでを概観した近代欧米博物館建築史であり、近代日本の博物館建築が参考としてきた模範を知る上でも重要である。

おわりに

神谷の「博物館」に始まる日本の博物館建築論は、棚橋の組織優先・実用重視の論述に代表されるように、明治期の都府の盛観・国華の象徴としての外観へのこだわりは時代とともに薄れ、外観よりも内部、すなわち博物館組織・機能などが重要視されていった経緯が読み取れる。博物館建築に関する多くの研究を発表している山本哲也の言葉を借りれば「外観を後の問題とする内部先行型建築計画[14]」の傾向といえる。この傾向は戦後にも引き継がれ、博物館学の視座から博物館建築を論ずる場合には設置・運営・施設論あるいは経営論に含まれることが多くなる。一方、建築学の視座からの研究は、建築技術の発達もあいまって一層高度な専門性を持つ内容になっていく。これは学域の分化・専門化ということもできるが、博物館学と建築学の連携が困難になり、実際の博物館設置の現場で「建築の専門的なことは建築家におまかせ」という状況を招く要因となっていたのではないだろうか。

倉田公裕の『博物館の風景[15]』に「すぐれた機能をもつものは、またすぐれた外観をもつ」という言葉があり、さらに「建物先行型の博物館はいわゆる建売住宅」「博物館は、もちろん注文住宅である」との言葉も残されている。また、青木豊は『集客力を高める　博物館展示論[16]』において「博物館の専門領域を象徴する建築物であることが見る者にとっての印象性は強く、この意味でも博物館の存在性を広報することになると思われる」と説いている。

今後の博物館建造物は新設の建造物のみならず歴史的建造物の利用も増えていることから、ますます多様化していくと考えられる。また博物館の集客力の面から博物館建造物に注目する動きがあることも事実である。博物館が多様化する中で個々の博物館の設置理念や目的・博物館機能に沿った魅力的な博物館の実現には、その外観も含めて検討を重ねる必要があると思われる。そのためには、博物館設置者および従事者と建築家の緊密な意思疎通・相互理解が重要であることはいうまでもない。

明治期から昭和戦前期までの博物館建築論の中から博物館の外観などに注目して取り上げたが遺漏した文献・研究も多いため、更なる検証を進めるものである。

註

(1) 岡倉覚三（天心）「博物舘に就て」『日出新聞』九月二・四・五・六日、一八八八

(2) 中野了随『東京名所圖繪』小川尚榮堂、一八九〇

(3) 神谷邦淑「博物舘」『建築雑誌』七―八一・八四、八―八五、一八九三

(4) 『建築大辞典 第二版』彰国社、一九九三

(5) 青木 豊「神谷邦淑」青木 豊・矢島國雄編『博物館学人物史 下』雄山閣、二〇一二

(6) James Fergusson. *HISTORY of THE MODERN STYLES OF ARCHITECTURE : being a sequel to the Handbook of architecture*. London. J. Murray. 1862

(7) 内田四郎「繪畫陳列館」『建築雑誌』二〇六・二〇七、一九〇四

(8) 青木 豊「人物略伝 内田四郎」青木 豊編『明治期博物館学基本文献集成』雄山閣、二〇一二

(9) 黒板勝美『西遊弐年 歐米文明記』文會堂書店、一九一一

(10) 黒板勝美「博物館の建築に就いて」『建築世界』七―八、一九一三

(11) 矢代幸雄「ホノルル美術館に就て」『博物館研究』一―四、一九二八

(12) 棚橋源太郎『眼に訴へる教育機關』寶文館、一九三〇

(13) 大森啓助「ミウゼオグラフイー 博物館學（一）（二）（三）」『新美術』二一・二二・二三、一九四三

(14) 山本哲也「博物館建築と環境論史の一断面 昭和初期の動向をめぐって」『國學院大學博物館學紀要』二三、一九九八

(15) 倉田公裕『博物館の風景』六興出版、一九八八

(16) 青木 豊『集客力を高める 博物館展示論』雄山閣、二〇一三

【山内智子】

博物館照明論史

博物館のコレクションの生成と発展を概観してみると、一部の貴族や富豪らによる好奇に満ちた収集資料の保存公開という、ごく初期のプライベートな時代から、コレクションを社会全体で共有し、その成果を公共の機関とし活用、継承し、市民社会に開かれた博物館へと移行していく。市民社会に開かれた博物館が最も重視されるべきミッションは、このコレクションの保存・継承と同時に、社会的役割としての公開という二律相反の課題への対応である。その解決に対して博物館は、建築のあり方や保存科学の成果などを巧みに取り入れ解決してきた。

一九世紀から二〇世紀中葉にかけて、博物館建築は展示室（陳列室）の「採光」問題が最重要課題であった。電力事情が発展途上にあった当時の採光法は、三つのタイプに代表されていた。すなわち「天井光線タイプ」「側面光線タイプ」そして「高窓光線タイプ」である。これらのどれもが外光を取り入れることで、また、この外光を設備等でコントロールすることで、コレクションの鑑賞効果を促していた（図1）。

当時、わが国の博物館建築様式も照明に外光を取り入れた有窓式を基調にしており、神谷邦淑・内田四郎の先駆的論文[1]もある。欧米を先進事例に、多くの博物館人が欧米に赴き報告書を残している。その一つである『欧米美術館施設調査報告　帝室博物館學報第三刷[2]』の中で筆者の團伊能[3]は、天窓光線方式を「最も理想に近き採光法なり」と推奨し、そのメリットについて、①光力が陳列室全体に行き渡り、②側面光の光力不足、陰影等の弊害が解消されると評価している。その反面、デメリットとして、ⓐ天窓を大きくすると光線が陳列ケースのガラスに反射してケース内の資料を観にくくする。ⓑ光力が強く、彩色され

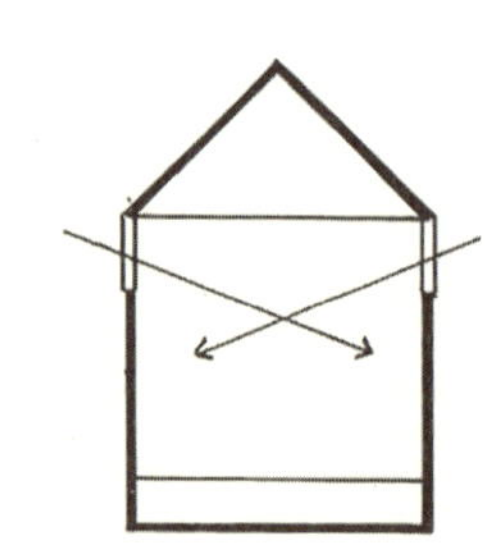

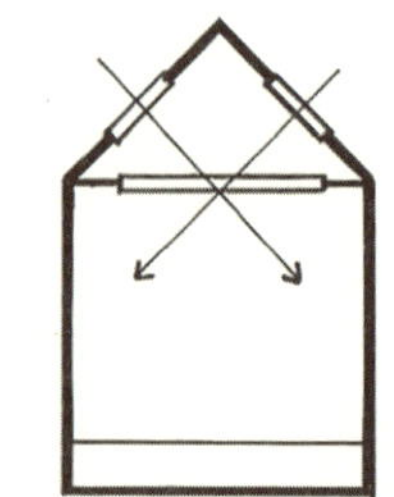

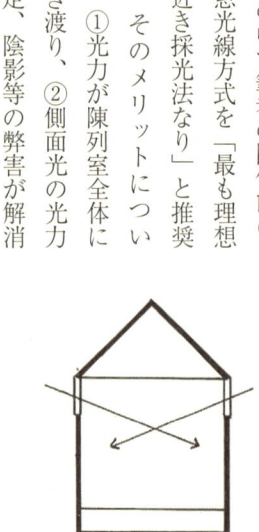

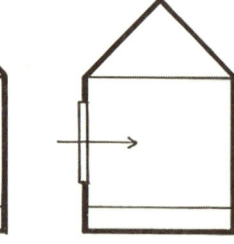

【図1　採光法の3タイプ】
（左：高窓光線タイプ　中：天窓光線タイプ　右：側面光線タイプ）

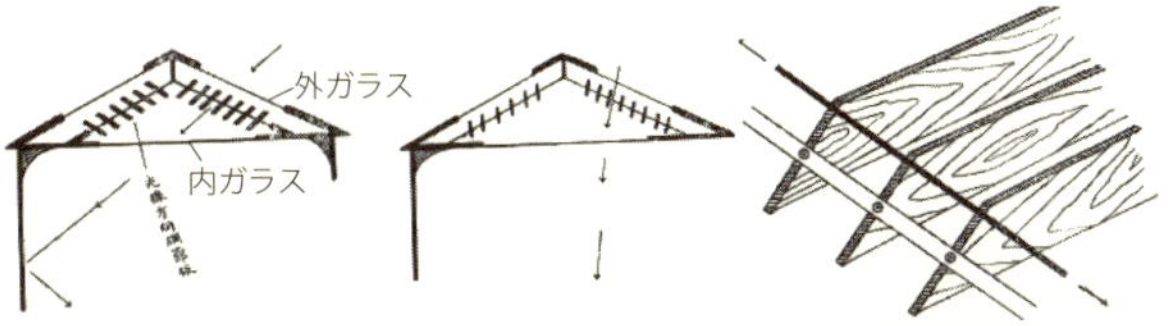

た資料を褪色させることがある。ⓒ風雪雹霰の時に破壊することがある。ⓓ夏期に烈日を受けて気温を高める、の四点を挙げ、「然れども此等は工夫に依りて避くることを得べし」と運営の取り組み次第で解決できると述べている。

この後、團は、帝室博物館の嘱託を経て、東京帝国大学助教授に移り、坂倉準三ら将来の日本を代表する建築家を育て、さらに美術コレクターとして、また経済人や政治家としても大成する。当時二七歳の若き美術史学者の團は、自然光を取り入れた展示室の仕組みに大いに興味を抱き、詳細なスケッチまで施し説明している（図2）。

【図2　アメリカ・クリーブランド市美術館の天窓光線の仕組み】（註2）

一・自然光を取り入れた展示設計の仕組み

團が視察調査したアメリカのクリーブランド市の美術館は、屋根（外ガラス）と天井部（内ガラス）にガラスが嵌め込まれ、二重ガラス構造になっている。外部の自然光を展示室内に取り入れるには、光量や照度を調整する細やかな工夫が設備的に必要で、その対策に光線の方向を調節する木製ボードの装備が描かれている。「各板の間に一尺許の間隔を置き、恰も汽車客車に用ゐる日除け板の桟の如くに造るなり」と、欧米の美術館の工夫が團青年には大いに刺激となったようである。

また團は、展示室内に設けられた陳列棚（展示ケース）の光源の工夫にも言及し、観覧者が展示ケースのガラスの反射によって作品の鑑賞が妨げられないよう、光源確保の仕組みについても図を描いて解説している。

太陽光を外壁の側面に面したガラス窓を通して展示ケースに取り入れ、ケース内を観覧者の立ち位置よりも明るくすることで、展示作品がガラスの反射で見づらくなるという現象をなくする工夫である。

自然光を展示室内に取り込む戦前の建築様式では、展示ケースの内部よりも外部（観覧者側）が明るい状況下ではガラス面の反射で中の展示物が見えづらくなる。殊に壁付きの大型展示ケース（ウォールケース）ではその現象が顕著に現れる。自然光を建物内の展示ケース内に取り入れ、その照度を観覧者側よりも高く保つ工夫は当時の博物館設計家の〝見せ所〟でもあった（図3）。

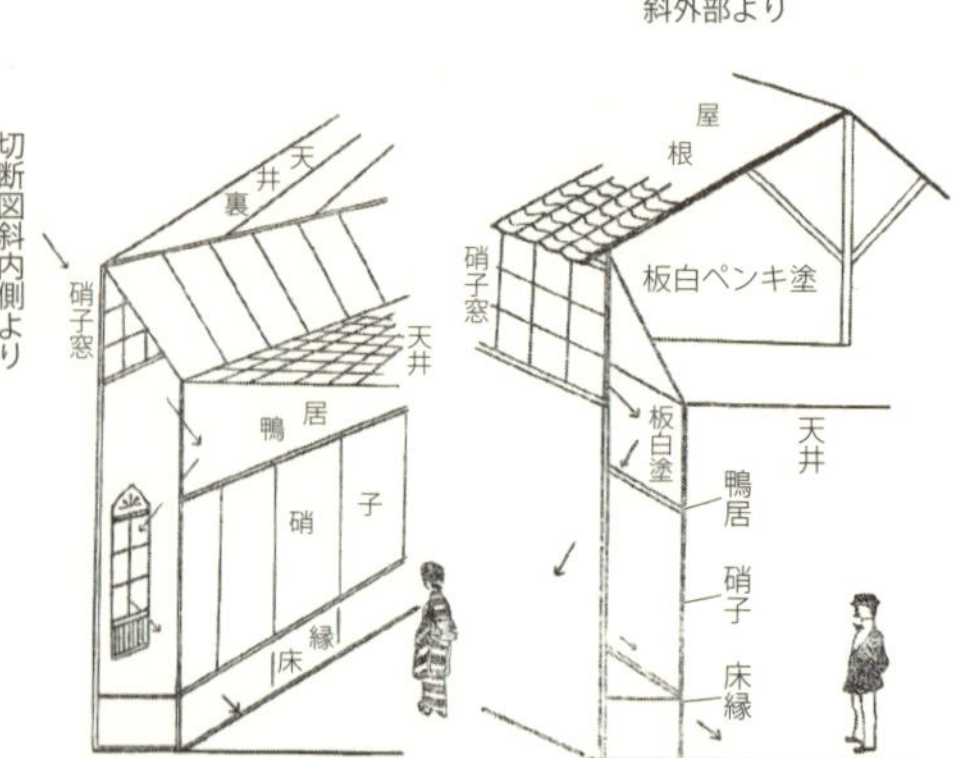

【図3 自然光を展示ケース内に取り入れて、作品鑑賞にガラス反射のリスクを低減する仕組み】

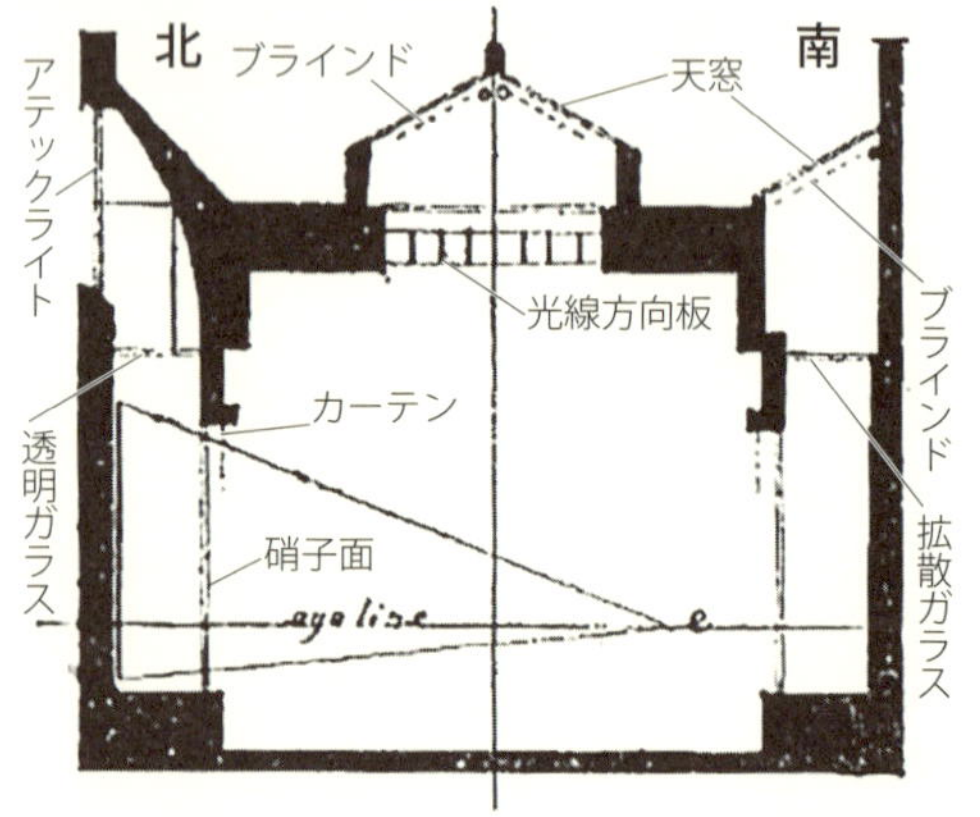

【図4 南北など方位を意識し自然光を取り入れた設計例】
eは観覧者のアイライン。（註4）

二．戦前の博物館建築のプロトタイプ

照明設備や空調設備が未発達な時代での博物館展示は、外部から光源を取り込む工夫がその独自のスタイルを造り上げた。建物の配置は、東西南北の方位や地形、太陽光の運行などを考量して決められ、「天窓」、「側窓」といった開口部の位置や形状が作品鑑賞に及ぼす見易さ、なかでも展示ケースのガラスの反射を解消するという設計にリンクする。

電気設備や空調設備等が進歩し、人工の光源や光量の調整、温度や湿度などの制御が可能になった現代では、建物が立地する自然環境や条件に制約されるファクターが少なくなったように思われるが、場の持つ性格、風水等は今なお設計思想に影響を与えている。

図4は、建物の方位（南北）を意識し自然光を展示ケース内に取り入れ、作品鑑賞にガラス反射のリスクを低減した設計例である。中央天窓からの光量を調整するブラインドや制御板などを設け、ケース内の照度を観覧者の位置よりも明るく保つように光源の取り入れに工夫が見られる。(4)

博物館・美術館の最も重視されるべき点は、採光と湿度調整、それに防虫とされる。日本における初期の美術館建築として知られる「大阪府美術館」もまた、採光の取り入れに工夫を凝らした設計として知られた（図５）。

三．自然採光から人工照明への移行

團伊能の欧米視察後、約一〇年を経て帝室博物館の後藤守一が欧米博物館の施設調査に赴いた。その内容は後藤守一の『欧米博物館の施設』[5]により窺い知ることが出来る。團の時代に比べ電力事情も進展しており、人工照明の導入が一部に見られるようになっていた。当時、わが国では「東京帝室博物館」（一九三七年一一月六日竣工）の建築計画が進められており、後藤の報告書には、「天然光線に頼らずに、寧ろ当初よりこれを遮断し、人為光線による設備を試みるのを最も適当とする」の記述が見られるなど、人工照明へ博物館、美術館施設が移行することを示唆し、推奨している。アメリカでは既にその傾向が顕著に認められ、シカゴのフイルド博物館（報告書に拠る）の歴史部、ニューヨークの自然科学博物館などが、「人為光線」（報告書に拠る）による整備事例として報告されている（図６・７）。

これまでも人工照明は、展示室の補助光源として設けられてはいたが、人々の生活状況や動植物の生態を再現する

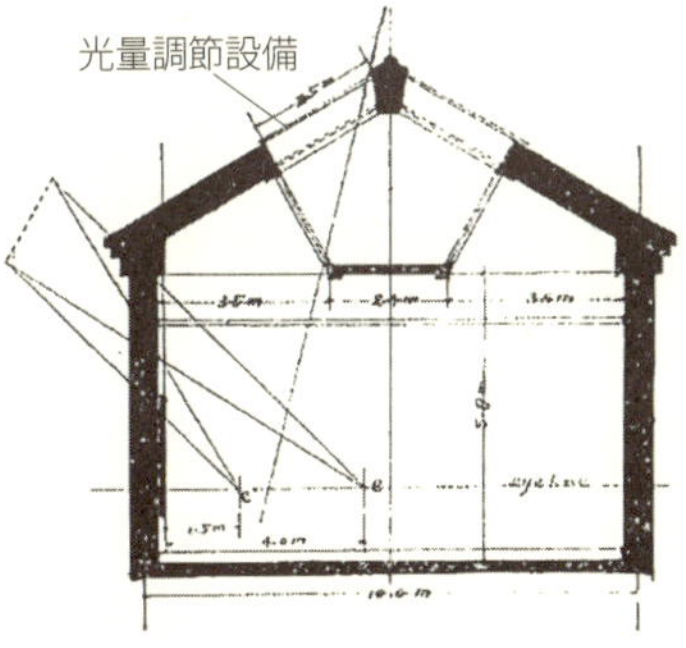

光量調節設備

【図５　大阪府美術館断面図】（註４）

【図６　天窓光線方式を取り入れたメトロポリタン美術館／支那室】（註５）
天井部には補助照明用の“電燈”が取り付けられている。

【図７　フイルド博物館の人為光線による陳列箱】（註５）

ジオラマ展示（報告書では「ヂオラマ式陳列」）に「人為光線」が採用され、効果をあげている報告が、歴史家であり考古学者でもある後藤の興味関心をそそった。後藤は保存科学の側面とともに、展示効果という演出面から人工照明の有効性を目の当たりにしたのである。ただ、建築が旧来の伝統的宮殿スタイルであったり、維持費にかかる経済的理由から普及が進まなかった。同時期に発表された棚橋源太郎・大森啓助の論考[6]では、自然採光と人工照明が併記され、自然採光に根強い支持があったことが伺える。一方、経済発展著しい新興国家であるアメリカでは、技術的にも設備面でも斬新な展開が試みられた。例えば、従来の独立ケースは、箱型ケース（独立ケース）であれば左右前後と上部の五面をガラス仕様にし、下部を木製の腰板で囲い込む形態が一般的で、照明は天窓あるいは側面の窓から取り入れた外光を光源としていた。しかし、人工照明が開発され、博物館照明に取り入れられるようになると壁付きケース（ウォールケース）や独立ケースに照明器具が装備されるようになり、照明内蔵の展示ケースが一般化するようになる。後藤は、照明器具を内蔵した展示ケースを報告書の中で取り上げ「窓を設けずして天然光線を遮断し、ケースの内部に点燈してあるので、観覧者の注意はその陳列品にのみ集中される」と鑑賞の利便性を高く評価している。

こうした人工照明の開発と導入は、博物館・美術館の展示環境を一新することになる。

四．東京帝室博物館の展示空間とその設備

一九二三年（大正一二）の関東大震災は、コンドル設計の重厚な博物館施設に甚大な被害をもたらし、新館計画が、昭和天皇の即位を奉祝する記念事業の一つとして取り組まれ、一九三二年（昭和七）一二月に起工、一九三七年一一月一〇日に竣工し、復興翼賛会によって献納された。当時の広報資料に「近代の科学的設備を施して耐震、耐火はもとより、温度、湿度、光度等古美術の保存に対する用意をしてゐる[7]」との記述が見られるように、我が国屈指の近代建築であった。この建物は「日本趣味ヲ基調トスル東洋式」とされたが、いわゆる帝冠様式のスタイルで、コンペによって二七三点の応募作品から選定されたものである。コンペの当選者は渡辺仁で、銀座のシンボル的存在で知られる和光ビルや品川の原美術館等の設計者としても知られる、わが国を代表する建築家の一人であった。

博物館建築のレガシーとして今日に継承されている「東

【図８　高窓から外光を取り入れた展示室】（註８）

京国立博物館」（以下「東博」）だが、その照明には建設当時の採光スタイルが基本的に踏襲されており、外光（自然光）を取り入れる窓は、天井、高窓、横窓とそれぞれ設けられている（図８）。自然光の紫外線に影響される版画等の作品等には、暗い部屋を充て、二重、三重のブラインドで光を調整する工夫が施されていた。

東博のケースに照明設備が内蔵され、照明が自然光から人工照明に移行するのは、一九六〇年代になってからのことである。

五．現代の博物館・美術館照明は人工照明が主流

電力事情が長足の進歩を遂げた第二次世界大戦後になると、博物館内部の温湿度調整は機械空調で適正化が強化され、展示や収蔵にはコレクションの劣化を防ぐ意味から光源を自然光から人工光に移行、また防災、防犯、防火等の対策からも建築が無窓化した。このころ刊行された棚橋の論考[9]でも、人工光線が主流となりつつあると述べている。光源も紫外線カットの人工照明（ＦＬ等）が普及、さらに現代では熱源や紫外線の影響が少なく、耐用年数も長期にわたるＬＥＤの導入が普及してきている。またケース仕様も外気を遮断し、より気密性の高い、いわゆる「エアタイトケース」が一般化し、ガラスも高透過、無反射ガラスが採用され、ケースには地震対応のための免震装置が施されるようになっている。

註

（１）神谷邦淑「博物館」『建築雑誌』七—八一・八四・八—八五、一八九三。内田四郎「繪畫陳列館」『建築雑誌』二〇六・二〇七、一九〇四

（２）團 伊能『歐米美術館施設調査報告　帝室博物館學報第三冊』帝室博物館、一九二二

（３）当時、東京帝室博物館嘱託。團は一九一八年（大正七）二月から一九二一年八月にかけて、欧米の美術館施設調査を行った。

（４）坂本敬一『建築計畫』淀屋書店出版部、一九三四

（５）後藤守一『歐米博物館の施設』帝室博物館、一九三一

（６）棚橋源太郎『眼に訴へる教育機關』寶文館、一九三〇。大森啓助「ミウゼオグラフィー　博物館學（三）」『新美術』二三、一九四三

（７）東京帝室博物館『東京帝室博物館觀覽の栞』一九三八

（８）大林組編『東京帝室博物館寫眞帖』一九三七

（９）棚橋源太郎『博物館學綱要』理想社、一九五〇

【高橋信裕】

歴史的建造物利用論史

一・一九一〇年代から一九三〇年代の傾向

歴史的建造物を利用した博物館をめぐる論考の嚆矢は、一九一二年（大正元）に黒板勝美が発表した「史蹟遺物保存に關する意見書」[1]に求められる。この論の結論部分において、「史蹟遺物の保存事業が博物館の設立と伴はざるべかざるを主張す」と述べている。黒板は、第三章の「史蹟の分類」において分類表を作成し、その中で史跡として保存されるべきものとして、「各時代に於けるチピカル」な農家、樵家、古驛などを保存されるべき史跡の代表としている。

続いて黒板は、一九一三年に「鄉土保存について」[2]において、ドイツの事例に触れつつ古建築の保存の意義について述べている。

黒板と同時期に古建築に関して発表を行った人物としては、三上参次を挙げることができる。三上は、ドイツでシラーやゲーテなどの文豪の史跡を見て回り、両者が生活していた家が当時の姿のまま保存されていることと、その書斎の現状について述べている。特に腰掛けた椅子、薬瓶の最後の位置まで忠実に残されていることから、来訪者に当時の様子を想起させるための非常に優れた方法であると評価している。その一方で、こうした建築物の保存は建物の耐久力に依存するところが多く、日本のような災害に見舞われることが多い国では不向きであると考察している[3]。

棚橋源太郎は、一九三二年（昭和七）に著した『鄉土博物館』[4]の町村博物館の項目において、「その構造が不燃性であり、採光通風の設備も良く、且つ建物その物も亦歴史的に頗る有意義なものが、見附かれば洵に好都合である」「鄉土出身の偉人鄉土に蓋した功勞者が、產れたとか住んで居たとか云ふやうな由緒ある家屋、或は土俗學發達史の上などから見て、保存して置きたい建物があってこれを利用することが出來るならば、建物その物が既に鄉土博物館として意義があるから一層面白からうと思ふ」と記述している。

棚橋の意見の独創性は、歴史的建造物の保存と海外の事例の紹介にとどまっていた先行研究から脱皮し、建造物をどう活用するか、という点に踏み込んでいることである。

ここで一九一〇年代から三〇年代までの本論の傾向をまとめると、海外での事例研究が中心を占めていることが挙げられる。古建築や歴史的建造物の保存や活用の事例の紹介が中心であり、日本独自の利用論の萌芽は、棚橋以外は目立つものではないといえよう。

二・一九六〇年代から一九七〇年代の傾向

戦後に発表された論考では、黒板博士記念会編『古文化の保存と研究　黒板博士の業績を中心として』[5]が注目される。本書では、黒板勝美の業績に触れつつ、古社寺保存法の意義に関して論を展開している。中でも藤懸静也は、黒板の論として、史跡遺物の保存所として博物館の建設が必要であり、ヨーロッパではギリシャが、日本では正倉院がその好例であると述べていたと紹介している。また、寺社にある宝蔵も防火や盗難の予防ができていれば、よい博物館に値すると論じていたと紹介している。

本論が新たな展開を見せるのは、一九六七年（昭和四二）に発表された嶋田暁の論[6]からである。この論と一九六九年の鈴木嘉吉の論[7]は、ともに歴史的建造物の復原の効果と是非についての論考となっている。嶋田は、遺跡公園に歴史的建造物を復原することについて、批判的な立場から考察を行っている。また、遺跡に新たな建築物を建てることは、遺跡の破壊行為につながると論じている。一方で鈴木の論考では、第二次世界大戦で焼失した首里城を例として失われた文化財の復興事業の意義について述べている。

このことから、一九六〇年代は歴史的建造物の復原と、遺跡の保護との兼ね合いというテーマが、新たな俎上に載せられた時期であったといえよう。この問題は、今なお伝統的建造物保存地区などについて論じる時にテーマとなるものでもあり、その先駆けとなったのがこの時期であった。

一九七〇年代に入ると史跡と遺構の復原という議論は落ち着き、新たに歴史的建造物を都市開発の中でいかにして保存・利用していくかという点が論じられるようになる。

その例としては、浅野清が一九七〇年に発表した「歴史的建造物の保存と都市の再開発」[8]が挙げられる。これは、大阪市の再開発にともなって保存する必要がある歴史的建造物を調査した報告書であるが、どのような建物を残し、どのような建物を再開発の対象とするのかという点についての慎重な配慮が必要であると論じている。また本報告書は、歴史的建造物の現在の用途や建造物を保存する上で考慮すべき点についても言及している。

その基準として、歴史の象徴として適切であること、郷土的な意味も含めて建築歴史を理解する上に必要なものであること、デザインが優秀であることの三点を挙げている。これは、保存を行う上で一つの指標が提示されたという点においてきわめて画期的であった。

一九七六年に発表された浦辺鎮太郎による「歴史的環境、記念建造物保全の理念と技法[9]」においては、高度経済成長によって歴史的建造物が失われていく中において、なぜ保存する必要があるのか、という点を考察している。浦辺はヨーロッパの事例を挙げ、具体的な理念よりも都市を保存し継承していこうとする執念の強さが、歴史的建造物の保存を下支えしているのではないかと述べている。

内田祥哉は、一九七九年に「近代建築の保存と長寿建築の対策[10]」という論を発表している。この論は、歴史的建造物が失われている現状の中、どのようにして建物の寿命を延命化させていくべきかを述べたものである。その中において、近代建築の保存については、将来の価値づけを予想した上で、残すべき建造物を選別する必要があるとしている。また、伝統的な建造物を維持・修理するためには、現代の建築基準には適合しないものが少なくないため、保存には大規模な工事や莫大な費用がかかる問題を指摘している。

また岡田英男は、「伝統的建造物群保存の現状[11]」で伝統的建造物群保存地区に関する嚆矢にあたる論を発表している。ここでは主に、一九七五年に文化財保護法が改正され、伝統的建造物群保存地区が文化財として保護されるようになった以前から、景観の保護に取り組んでいた妻籠宿が題材にとられている。また、単に歴史的建造物を有する地区の保存のみならず、その周辺で無計画な乱開発や建築が行われると、保存地区の景観に悪影響が及ぶことを指摘している。その上で都市景観形成区域の中に伝統的建造物群保存地区を定め、広範囲の景観整備を行うことの重要性を紹介している。また、景観の障害として電柱の存在を挙げている。電柱の地中化などは、現在では白川郷などをはじめとして実施されている場所が少なくないが、本論はこの点について考察した先駆的なものであるといえよう。

以上のように一九七〇年代は、都市開発が進行する中においてどのようにして歴史的建造物を破壊から守るか、また伝統的建造物群保存地区を、都市の景観からどのようにして保護するか、といった点が重視されていることがうかがわれる。

三．一九八〇年代から一九九〇代の傾向

一九八〇年代から一九九〇年代にかけては、歴史的建造物の保存というテーマとともに、歴史的建造物の活用というテーマもクローズアップされるようになる。それには、杉

本尚次「アメリカ合衆国の野外博物館[12]」および守屋毅「アメリカ合衆国の歴史公園[13]」が一九八〇年代初頭の論として挙げられる。この論はアメリカの野外博物館の中に移設、復原された歴史的建造物を題材とし、アメリカの野外博物館は大半が移築復元であるものの、建築素材が入手困難な場合はレプリカを用いていること、建物そのものには解説パネルが少なく、可能な限り生きた姿を展示しようとする努力が払われていることなどを指摘している。守屋も同様にアメリカの野外博物館について取材しており、コスチューム・スタッフが充実している点や、一定地域に分布する歴史的建造物群をまとめて歴史公園として管理することの意義を説いている。

一方で、歴史的建造物の利用については、日本ではアメリカほど活発ではなく、一九九一年の藤岡洋保による「歴史的建造物の保全・活用の現状の課題[14]」において、保全・活用の流れは一九六五年以降に定着したものであると指摘している。また、なぜ残すか、何を残すか、どう残すかの三点を考察している。特に保全・活用については、歴史的建造物が倉庫やコンサート会場などに転用されている実態をふまえ、公共の施設として行政側が補助金を出して建物の維持・管理を行うことの有効性にも触れている。

一九九〇年代の傾向としては、歴史的建造物の保存が各地で進展し、地域ごとの事例を題材とした論考が出現したことも特徴である。一九九七年に『都市学研究』において、石本正明らのグループが北海道における歴史的資産がどのように活用されているのかについての、全道的な調査を行っている[15]。その結果、道内で保存事業の対象となっている歴史的建築物の半数近くが、なんらかの文化財指定を受けているものの、複数種類の歴史的資産を複合して活用している事例は少ないことについて言及している。

また、歴史的建造物を生かした博物館や資料館の建設は単独で実施される傾向が強く、文化財を保護するという意識よりも、観光振興を推進していくための方策として実施されている傾向が強いと指摘している。その上で、地域住民による歴史的建造物をはじめとした資産に対する、積極的な関わりが必要であると論じている。

住民参加による積極的な取り組みに関しては、一九九七年（平成九）の『観光文化』において紹介がなされている。その中で椎原晶子は、谷中で取り壊しが決定していた一八九九年（明治三二）築造の酒屋を、住民の要望によって保存することに成功し、下町風俗資料館として甦らせた事例を挙げている。また椎原は、谷中に残された歴史的建築物が、先史の地形・植生などと合わせて、町のつながりを見えやすく導いてくれるエコ・ミュージアムとしての役割を果たしている点にも言及している。[16]

一九九八年に大原一興らが発表した「歴史的建造物を利用した博物館における活用手法の実態」[17]は、歴史的建造物を活用した博物館の現状を、初めて全国で調査したという点において意義が深い。また、一九九九年には『歴史ある建物の活かし方』[18]のような、これまでの建造物の保存・活用について体系的にまとめた論考も出現するようになる。

四．二〇〇〇年代以降の傾向

二〇〇〇年代から二〇一〇年代にかけても、歴史的建造物利用論についての研究が進展しているものの、各研究者がそれぞれの分野についての研究を行っている状況であり、全体的な傾向は掴みにくくなっている。

二〇〇一年（平成一三）には、『日本ナショナルトラスト』[19]上において、二〇〇六年には、『**JR gazette**』[20]においてそれぞれ近代化産業遺産に関する報告がなされる一方、北海道を中心として歴史的建築物に対する報告が引き続き行われている。一方で新たな視点として歴史的建造物を評価する側の視点はどうあるべきか、という点において二〇〇二年に北海道都市学会から[21]、二〇〇六年に文化庁から[22]、それぞれ論文が発表されている。

また、『地域政策研究』においては、歴史的建造物の保存・活用をめぐり地域ごとの行政担当者の意見が紹介されている[23]。さらに二〇一〇年代に入ると、歴史的建造物の観光事業への活用[24]やそれを生かした野外博物館の持続的発展に関する論文など[25]、多彩な研究が発表されている。

註

(1) 黒板勝美「史蹟遺物保存に關する意見書」『史學雜誌』二三—五、一九一二
(2) 黒板勝美「郷土保存について」『歴史地理』二一—一、一九一三
(3) 三上参次「獨逸兩文豪の遺蹟を訪ひて」『史蹟名勝天然記念物』五—一、一九二二
(4) 棚橋源太郎『郷土博物館』刀江書院、一九三二
(5) 黒板勝美博士記念会編『古文化の保存と研究　黒板博士の業績を中心として』吉川弘文館、一九五三
(6) 嶋田暁「史迹公園と博物館」『考古学研究』一四、一九六七
(7) 鈴木嘉吉「沖縄の歴史的建造物の復原」『月刊文化財』六四、一九六九
(8) 浅野清「歴史的建造物の保存と都市の再開発」『建築雑誌』八五、一九七〇
(9) 浦辺鎮太郎「歴史的環境、記念建造物保全の理念と技法」『建築雑誌』九一、一九七六
(10) 内田祥哉「近代建築の保存と長寿建築の対策」『月刊文化財』一八五、

一九七九
(11) 岡田英男「伝統的建造物群保存の現状」『月刊文化財』一九〇、一九七九
(12) 杉本尚次「アメリカ合衆国の野外博物館」『アメリカ合衆国における伝統的建築物　その保存・再生・活用に関する調査』国立民族学博物館、一九八八
(13) 守屋　毅「アメリカ合衆国の歴史公園」『アメリカ合衆国における伝統的建築物　その保存・再生・活用に関する調査』国立民族学博物館、一九八八
(14) 藤岡洋保「歴史的建造物の保全・活用の現状の課題」『建築雑誌』一〇六、一九九一
(15) 石本正明ほか「北海道における歴史的資産を活かしたまちづくりの展開に関する研究　各市町村の取り組みと住民意識の実態」『都市学研究』三四、一九九七
(16) 椎原晶子「生きている博物館・谷中　歴史的建物の活用からまちづくりへ」『観光文化』二一―四、日本交通公社、一九九七
(17) 大原一興ほか「歴史的建造物を利用した博物館における活用手法の実態　歴史的建造物の保全活用に関する研究　その1」『日本建築学会学術講演梗概集』E―1、一九九八
(18) 清水真一ほか『歴史ある建物の活かし方』学芸出版社、一九九九
(19) 大河直躬「旧安田邸の修復工事と今後の活用」『日本ナショナルトラスト』三八一、二〇〇一
(20) 船山和洋「北海道の開拓・近代化とともに歩んだ歴史的鉄道建築物」『JR gazette』二三四、二〇〇六
(21) 盛亜也子、鈴木聡士「相対位置評価法の提案」『都市学研究』三九、二〇〇二
(22) 文化庁記念物課史跡部門・文化庁記念物課整備部門「歴史的建造物の復元と復元検討委員会の役割」『月刊文化財』六二八、二〇〇六
(23) 後藤　治「歴史的建造物や町並みの保存をめぐる地域政策上の課題」『地域政策研究』三七、二〇〇六
(24) 菊地達夫「歴史的建造物を活用した観光交流の仕組みの可能性とその意義　北前船における関連歴史的建造物を事例として」『観光研究論集』九、二〇一〇
(25) 田中裕二・米山　勇「平成二六年度　英国野外博物館」『東京都江戸東京博物館紀要』六、二〇一六

【田中章博】

博物館経営論史

博物館経営とは、ミュージアム・アドミニストレーション（Museum Administration）、あるいはミュージアム・マネージメント（Museum Management）の訳語であり、具体的な内容としては、博物館行政、予算、評価、組織、職員、施設、設備、メンテナンス、危機管理、広報、集客、入館料、ミュージアムショップ、ミュージアムグッズなど、多岐に亘るものである。ゆえに博物館を経営することは、博物館に欠かすことのできない一つの要素であるといえよう。しかしながら、博物館法には「経営」の用語は認められず、学芸員課程科目としての「博物館経営論」が登場するのは一九九〇年代に入ってからである。

では、博物館における経営とは何か。本稿では、博物館学史上、博物館経営がどのように論じられ、定義されてきたのかを改めて明確にすることを目的として、遺漏の可能性を踏まえた上で、明治時代から戦後間もない頃にかけての代表的な博物館経営論をあげ、概観していくこととする。

一．明治・大正時代の博物館経営論

博物館学史上、はじめて博物館の経営に言及したのは、一八七五年（明治八）に、幕臣であった栗本鋤雲によって著述された「博物館論」[1]である。栗本は「博物館の事業を習熟する者尓（に）あらざれバ登庸（とうよう）せす」と、博物館経営者としての心構えを論じている。また、具体的な経営方法として、年会費や目録、図録、写真などの出版物を販売することによる収益の必要性を論じている。

一八八八年には、東京美術学校幹事であった岡倉覚三（天心）が「博物館に就て」[2]と題した論考の中で、博物館の経営として「蒐集」「陳列」「考査」「教育」「出版」「模寫」の六点をあげている。また、狭義の経営として、写真入りの図録に加えて模写による収益の必要性を論じている。

博物館学において、はじめて「経営」の用語を直接的に使用したのは、東京帝国大学助教授であった黒板勝美であろうと看取される。黒板は、一九〇六年の「古文書館設立の必要」[3]において、次のとおりに述している。

> 戦後の經營として今後斯様（かよう）なものを起すかどうかは兎（と）も角（かく）も（中略）進んでアルヒーヴといふ側のものを與へてもらひたいものである。

「アルヒーヴ」とは、アーカイヴス（archives）のことであるが、黒板は新たな博物館事業としてのアーカイヴスの必要性を説いており、黒板による「経営」の用語は「事業」と同様の意で使用されていた。

大正時代に入ると、一九一二年（大正元）に黒板は「博物館に就て」(4)と題した論考を発表した。中でも「博物館の事業で一番大切なのは案内目録の調整と陳列法とである」（ふりがな原文ママ、以下同じ）と述しており、とりわけ「専門家をも普通の縦覧者をも満足せしめ得」ることに焦点を置いた経営を論じた。そのほか「案内目録を要せぬ博物館」「博物館公開講演」「博物館の圖書室及研究室」「博物館の管理」と題して、陳列や教育と結びついた博物館事業について述している。特に「博物館事業研究の必要」と題して、経営論の必要性について述べていることは特筆される。

一九一九年には、棚橋源太郎は「本邦社會教育の不振」(5)を著しており、なかでも「帝室の御經營に係る帝室博物館を除いた博物館は「活動振りに至つても、亦極つて幼稚なもの」であると断じている。この要因としては「我が國には博物館従業員の養成機關が無いのである。從つて博物館の眞の任務を解し新らしい經營法を知つて居る専門家が無い」ことをあげている。このことは、同年の「社會教育上の諸問題」(6)においても「之が經營に當る人には、相當の素養が必要になつて來たのである」と論じたように、博物館には経営とその経営的視点を備え合わせた専門職員の養成が必須であることを主張している。その上で、教育上の積極的な活動を展開することにより、教育機関としての役割を果たすことの必要性を論じたのである。

二、戦前・戦中の博物館経営論

昭和時代初期に入ると、「経営」の用語が頻繁にみられるようになった。特に一九二九年（昭和四）には、「文部省主催博物館講習會」(7)が開催されており、東京博物館（現在の国立科学博物館）館長であった秋保安治を講師として「博物館の經營」とする題目で講習が行われている。当該題目の内容として「第一　博物館の位置（敷地の選定、環境等）」「第二　博物館の建物（プランに就て、所要の諸室、構造上の諸要件、設備上の諸要件）」「第三　事業上の諸問題（資料の蒐集、物品の保存、陳列の方法、實驗設備に就て、圖書館、展覧會、標本の貸出、活動寫眞の利用、観覧者の指導等）」「第四　事務上の問題（開館時間の事、入場料、清潔と整理、會計運用上の問題、観覧者の取扱、職員、印刷物及出版物）」「第五　結論」の五項目にわたって講習が行われていた。史料の制約により具体的な内容を窺い知ることはできないものの、戦前における博物館経営の定義を裏付けるものである。また、広義の経営論であるといえ、当該期において経営論が確立されるに至ったといえよう。

当該講習会では、棚橋源太郎も講師を務めており、その内容を記録した「博物館施設近時の傾向」[8]において、明確な博物館経営思想について言及している。特に「従來のやうに陳列をして置いて、何等(なんら)教養もない番人を附けて御客様の來るのを待つて居る」博物館を「デッドミユージヤム」と称し、それを避けるためには、「アクチーヴミユージヤム」すなわち「活きた博物館」にしなければならないとした。そのためには、「ミユージヤムエキステンシヨン」と称した、研究者や一般の民衆、労働者など全ての観覧者を対象とした博物館事業の拡張が肝要であることを主張している。とりわけ、「観覧者の吸收」(「廣告」「入場料」「開館日及時刻」「夜間開場」)、「陳列の改善」「説明法の改善」「研究機關としての博物館」「學校教育との連絡」「博物館の館外貸出」「特別展覽會」「博物館の建設」「博物館從業員の養成」などの項目を例示し、近年の博物館の経営例とその必要性について講義したのである。

更には、棚橋は一九三〇年の『眼に訴へる教育機關』[9]第十五章「博物館の宣傳」において、次のとおりに集客力の向上を重視した経営の必要性を述べており、これを「博物館の積極的經營」と呼んでいる。

これまでのやうに座して見物人の來るのを待つと云ふ消極的態度を棄てゝ、進んで博物館を世間に宣傳廣告し、觀覽者を呼び集めてあらゆる便利を與へ、博物館の役目を十分に果たさんとするにあるのである。

また、同書第八章「博物館の管理」では、狭義の経営論として「各國の博物館管理」「各種博物館の建設維持」「博物館の職員」の三項目について論じている。

この他、「経営」の用語がみえる文献として、「兒童博物館の經營」[10]「樺太博物舘の經營」[11]「兒童博物館經營の要點」[12]「郷土博物館の設立と經營」[13]「第四章　郷土室の經營」[14]「我が校の記念郷土館の施設經營概要」[15]などがあげられる。これらは、具体的な経営について論じられており、当該期において博物館経営の必要性が認識されていったことが窺える。

一九四〇年には、満州国国立中央博物館副館長であった藤山一雄は『新博物館態勢』[16]を著し、「博物館エキステンシヨン」を通じての博物館経営論を論じた。なかでも、藤山の博物館経営に対する心構えは、次の文章に集約されている。

在來の博物館は物の陳列場であつたが、私はこれを生活の研究、及び展示場にする。博物館を生きたものにせねばならぬ。それにはこれまで、なん度も繰り返した如く博物館經營者が國家なり民族なりの生活を指導するだけの責任と自覺をもたねばならぬ。

太平洋戦争前夜の一九四一年には、「博物館従業員講習會[17]」が行われており、日本博物館協会理事であった森金次郎が「博物館經營上の諸問題」と題した講義を行っている。戦時中には、一九四三年に大森啓助は「ミウゼオグラフイー　博物館學（三）[18]」において、「博物館の普及工作」と題した経営論を論じており、次のとおりに述している。

博物館が觀覽者を吸集しこれを把持して行くことは、博物館の經營上もちろん大切なことにはちがひないが、一方において、博物館は大衆にたいするサービスにも心がけ、大衆の教育といふ方面にも力をいたさねばならない。これは、普及工作として最も重要なる部門でもあつて、その方法亦、最も有效適切なものたるべきである。

その一方で、一九四二年には「戰時下の博物館經營　特に共榮圏資源の展示に就て[19]」と題した論文が発表されており、軍国主義イデオロギーに基づく国家プロパガンダと結びついた博物館経営が論じられている。

三．戦後の博物館経営論

戦後に入り、一九五一年（昭和二六）に博物館法は制定されるが、前年に棚橋源太郎は『博物館學綱要[20]』を著している。冒頭において「本書は博物館經營の理論及び實際に關して概説したものである」と記されていることから、該書は棚橋の考える博物館経営総論であると見做される。しかしながら、内容は博物館史から収集保存論、展示論など広範囲にわたることから、これらを広義の経営論として捉えていたことが窺える。狭義の経営論としては、「第六章　各種博物館の設備運營」「第八章　博物館の管理」「第九章　博物館の建築」があげられる。

また棚橋は、一九五三年の『博物館教育[21]』、一九五七年の『博物館・美術館史[22]』において、アメリカ合衆国国立博物館（United States National Museum, Smithsonian Institution）、現在のスミソニアン博物館群の学芸員及び副長官を歴任したジョージ・ブラウン・グード（George Brown Goode）の論考『The Principles of Museum Administration』[23]（『博物館経営の原則[24]』）を詳細に論じており、教育を核としたグードの博物館経営思想を次のとおりに紹介している。

博物館は自然現象を最もよく解説した実物と、人類の業績とを保存し、且つこれを知識の進歩と民衆の啓発に利用すべきところであると定義し（中略）博物館にはよく訓練された、聰明利發で進歩的な學藝員がなければ、學校に教師がなく圖書館に司書がなく、教會に指導員がないと同樣である、

棚橋は、グードについて「博物館が教育の機関であらねばならぬことを力説」し、また「博物館事業の大天才」として紹介おり、これまでも『眼に訴へる教育機關』や『博物館學綱要』などで取り上げているため、グードの経営論に少なからずとも影響を受けていたことが窺える。

一九四九年には、木場一夫は『新しい博物館　その機能と教育活動』[25]において「第四章　博物館の組織と連絡」を、一九五六年には、鶴田総一郎は『博物館学入門』[26]「前編　博物館学総論」において「第五章　博物館の経営」などを著すが、主に組織面での運営や管理を核とした論考が主流となっていき、博物館経営論は次第に狭義化していった。

一九五二年と五三年には学芸員講習講義が行われているが、前者[27]では「博物舘概論」の中で「管理運営」と題して東京国立博物館の管理運営について、後者[28]では「博物館概論」の一分野として「Ⅵ　博物館の管理」「Ⅶ　博物館の運営」「Ⅷ　博物館の評価」について講義を展開しているが、講義名に博物館経営の語は見当たらず、戦前には学芸員講習の科目として展開されていた博物館経営論は、戦後に入って次第に行われなくなっていったことを示している。これは、博物館法第八条において「設置及び運営上望ましい基準」の項が登場したことも要因となったため、やがては、広義論としての「博物館経営」から、狭義論としての「博物館運営」に移行されたのである。[29]

一方で鶴田は、『博物館学入門』で「博物館の「運営管理」よりも経営の方が、簡素で力強く、また実際的な動きも感ぜられるからで、本質的な意味の違いはない」としたが、一九九一年の「『博物館学入門』の「博物館学総論」篇を執筆した経緯[30]」では、「力及ばず、博物館経営学（あるいは経営博物館学）の確立は全くできず、従来型の博物館運営管理（博物館組織と博物館行政等）に終ってしまった」と述している。

おわりに

これまで、博物館経営論史について概観したが、明治時代から「事業」や「経営」の語を用いながら経営論が論じ

られていたことは、特筆される。また、戦後間もない頃までは、主に集客を核とした広義の経営論が主流となっていた。なかでも、展示や教育と結びついた経営論が論じられていたことは興味深い事例であり、とりわけ棚橋源太郎の『博物館學綱要』に集約されているといえよう。しかしながら、博物館法制定以降は、条文に「運営」の用語が使用されたことも要因となって、経済的経営としての博物館運営論に切り替わっていったのである。

註

(1) 栗本鋤雲「博物舘論」『郵便報知新聞』七九〇、一八七五
(2) 岡倉覚三(天心)「博物舘に就て」『日出新聞』九月二・四・五・六日、一八八八
(3) 黒板勝美「古文書館設立の必要」『歴史地理』八―一、一九〇六
(4) 黒板勝美「博物館に就て」『東京朝日新聞』一九一二
(5) 棚橋源太郎「本邦社會教育の不振」『教育時論』一二二四、一九一九
(6) 棚橋源太郎「社會教育上の諸問題」『教育論叢』一―三、一九一九
(7) 文部省『博物館講習會要項』一九二九
(8) 棚橋源太郎「博物館施設近時の傾向」「博物館施設近時の傾向(承前)」『博物館研究』二―九・一〇・一一、一九二九
(9) 棚橋源太郎『眼に訴へる教育機關』寶文館、一九三〇
(10) 吉田弘「兒童博物館の經營」『兒童教育』二三―三、一九二九
(11) 上田光曦「樺太博物舘の經營」『博物館教育』一、一九三〇
(12) 飛松正「兒童博物館經營の要點」『兒童教育』二五―四、一九三二
(13) 森金次郎「鄉土博物館の設立と經營」『鄉土 研究と教育』六、一九三一
(14) 山崎博「第四章 鄉土室の經營」『新時代の鄉土教育』教育實際社、一九三一
(15) 渡邊六郎「我が校の記念鄉土館の施設經營概要」『鄉土教育』二三、一九三二
(16) 藤山一雄『新博物館態勢』滿日文化協會、一九四〇
(17) 「博物館從業員講習會要項」『博物館研究』一四―一〇、一九四一
(18) 大森啓助「ミウゼオグラフイー 博物館學(三)」『新美術』二三、一九四三
(19) 西村健吾「戰時下の博物館經營 特に共榮圈資源の展示に就て」『博物館研究』一五―五、一九四二
(20) 棚橋源太郎『博物館學綱要』理想社、一九五〇
(21) 棚橋源太郎『博物館教育』創元社、一九五三
(22) 棚橋源太郎『博物館・美術館史』長谷川書房、一九五七
(23) George Brown Goode, *The Principles of Museum Administration*. Coultas & Volans, 1895
(24) 棚橋はこれを「博物館管理の原則」と邦訳している。
(25) 木場一夫『新しい博物館 その機能と教育活動』日本教育出版社、一九四九
(26) 日本博物館協会編『博物館学入門』理想社、一九五六
(27) 文部省『昭和二七年度学芸員講習講義要綱』一九五二
(28) 文部省社会教育局編『学芸員講習講義要綱』一九五三
(29) 水谷円香「博物館経営の近年の傾向 博物館経営論の現在と、『博物館研究』にみる博物館の経営」『國學院大學博物館學紀要』三四、二〇〇九
(30) 鶴田総一郎「『博物館学入門』の「博物館学総論」篇を執筆した経緯」伊藤寿朗監修『博物館基本文献集』別巻、大空社、一九九一

参考文献

山本哲也「我が国における博物館経営論の推移」『國學院大學博物館學紀要』二三、一九九九
青木豊「博物館学史序論」『國學院大學博物館學紀要』三四、二〇〇九
茂木香奈子「ジョージ・ブラウン・グードの博物館経営者としての業績」『國學院雜誌』一一七―九、二〇一六

【伊東俊祐】

学芸員課程「博物館経営論」史

一・「博物館経営論」の登場

「博物館経営論」という語が、博物館や学芸員養成にかかわる大学の関係者の多くに耳に入るようになったのは、一九九六年（平成八）四月に生涯学習審議会社会教育分科審議会（以下「審議会」）より出された『社会教育主事、学芸員および司書の養成、研修等の改善方策について』（以下『報告』）と、それを受けて改定された同年八月二八日付の博物館法施行規則に示された大学や国家試験における学芸員資格取得のために修得すべき科目に示されてからであろう。このときには、それまで「博物館学　四単位」とまとめられていた科目が、「博物館概論　二単位」「博物館経営論　一単位」「博物館資料論　二単位」「博物館情報論　一単位」と細分・増加された。総単位数も四から六となり、一・五倍の時間と内容が課せられたことになる。

『報告』の作成にかかわる議論は、「審議会」の下に置かれた計画部会の社会教育主事、学芸員、司書それぞれに関する専門委員会においてなされ、筆者は加藤有次とともに学芸員専門委員会での議論に加わっていた。専門委員会での記録を元に、学芸員養成の科目としての「博物館経営論」（以下「経営論」）の登場までを追ってみる。(1)

専門委員会は一九九四年一月から一九九六年二月まで、一五回開かれたが、学芸員養成にかかわる検討が行われた会を表1に示した。

【表1　専門委員会での検討経過】

		検討事項の整理
第一回	一九九四年一月二七日	検討事項の整理
第二回	一九九四年三月九日	大学での養成の見直し
第三回	一九九四年四月二二日	同上全博協アンケート案提示 科目内容例示
第六回	一九九四年七月六日	大学での養成の見直し案提示
第九回	一九九四年一一月二日	まとめ作成
第一〇回	一九九五年六月一四日	養成制度の改善　研修制度 事務局案提示
第一一回	一九九五年六月二二日	資格取得の弾力化 高度な専門性の名称　養成科目と単位
第一二回	一九九五年七月一二日	大学での養成科目と単位 高度な名称
第一三回	一九九五年八月一五日	大学での養成科目と単位
第一四回	一九九五年一一月一七日	審議会の公開について 大学での養成科目と単位
第一五回	一九九六年二月二一日	学芸員専門委員会の審議のまとめについて

検討は概ね二期に分けられる。一回目から一九九四年一一月の第九回までが前期、後期は前期での検討を踏まえて科目名称や内容などの具体的な検討を行った。実質的には一〇回目から一三回目で専門委員会の検討は終わったとしてよいだろう。

再開後の後期の専門委員会ではもっぱら養成科目に関する検討が行われた。検討のさなか、文部省側から総単位数を増やすことは「現在のご時世では」できない、という趣旨の発言がなされ、学芸員養成に要する総単位数は従来通り一〇単位の中で考えろ、という縛りがかけられてしまった。そして第一二回で専門委員会としての表2に示した原案をまとめ、上の計画部会にあげることとなった。

【表2　専門委員会案】

博物館学に関する科目（博物館学）	四単位
博物館実習	二単位
博物館に係る情報に関する科目（博物館情報学）	二単位
教育の本質と目標に関する科目（教育学概論）	二単位
生涯学習概論	一単位

計画部会ではこの案に対し、「生涯学習概論」については一単位の科目としては内容が多すぎるので精選する必要がある、「博物館学」については内容に即して適宜分割し、構成を明確にする方がよい、「視聴覚教育」をなくしたことについては学芸員養成にとって重要であるから従来通り独立科目とするべき、「博物館実習」は学芸員養成にとって重要であり、現行の単位数を減ずることについて明確な理由がない、また全体について養成単位数が一〇単位というのでは不十分だ、等の指摘がされ、専門委員会案は却下ということになった。

第一三回目には計画部会から指摘されたことの説明と計画部会における意見を受けての検討事項を整理し、第一四回に今度こそ最後の科目構成案が提示され了承された。第一四回でのまとめのうち、博物館学の部分は、「現行の「博物館学」を、「博物館概論」、「博物館経営論」、「博物館資料論」及び「博物館情報論」に編成拡充し、博物館機能の高度化や情報化の進展等に対応する養成内容を充実する。なお、「博物館経営論」、「博物館資料論」及び「博物館情報論」の三科目は、「博物館学各論」として統合して実施することができるものとする」とされた。

ここに「博物館経営論」が出てきたのである。科目名の配列順や「経営論」「資料論」「情報論」とする細分科目名をめぐって多少の議論があった。「博物館情報論」については議論のはじめの頃から、国立民族学博物館館長であった梅棹忠夫の「博物館は情報の発信源でもある」との考え方が強く示されていたこともあって、「情報」を冠した科目名について違和感はもたれなかった。

このようにして、唐突に、といっても良い印象で現れた「経営論」であるが、『報告』の中で科目の「ねらい」として、

「博物館経営及び博物館における教育普及活動について理解を図る」とし、「内容」には「博物館の行財政制度」「ミュージアム・マネージメント」「博物館の職員及び施設・設備」「博物館における教育普及活動の意義と方法」の四項目が挙げられた。

「経営論」が出てきた背景には、科目内容の中に挙げられた「ミュージアム・マネージメント」がある。博物館の運営・活動にマネージメントの観点が必要である、との思いは一九九六年の議論以前からあった。その現れが一九九三年一一月三〇日～一二月二日に行われた東京大学教育学部と国立科学博物館による「博物館職員現職研修（ミュージアム・マネージメント研修）」である。この研修の講義録によると研修内容は表3の通りである。(2)

【表3　一九九三年の博物館職員現職研修の研修事項】

博物館特論	自然科学の発展と啓蒙
博物館基礎理論	（一）生涯学習社会の展望 （二）科学教育の課題と博物館
博物館経営概論	（一）ミュージアム・マネージメントの意義 （二）海外における博物館経営の現状
博物館経営管理論	博物館の組織と職員構
博物館経営実践論	（一）博物館とボランティア （二）博物館の施設設備・資金 （三）生涯学習時代における博物館事業の企画・運営 （四）展示の企画と実施

この研修の講義などの内容を踏まえて専門委員会での提案につなげられたのであろうと推測する。博物館経営概論の「ミュージアム・マネージメントの意義」を担当された中川志郎は「審議会」の専門委員会で議論を主導していた方である。講義録によると中川志郎は、

一、ミュージアム・マネージメントの視点
二、ミュージアム・マネージメントとは何か
（一）ミュージアム・マネージメントの意義
（二）ミュージアム・マネージメントから見たミュージアムグッズ
二(三カ)、今なぜミュージアム・マネージメント
（一）博物館の停滞
（二）生涯学習時代における博物館経営
（三）エンジョイメント Enjoyment としての博物館の評価
三(四カ)、新しいミュージアム・マネージメントの枠組み
（一）強いリーダーシップの重要性
（二）博物館経営の新しい枠組み
（三）基本的枠組みの一例―茨城県立自然博物館

の項目について講じられた。ここには「経営」の語感が持

つ財政・収支が強くからむ意味合いはない。

学芸員養成科目の変更に応じて、大学で用いられるテキストともできるよう、ミュージアム・マネージメントや博物館経営論と銘打った、あるいは中身にそれらが含まれる書籍の刊行が相次いだ。経営論に限らず、一九九六年からの数年間は、博物館学関係書籍の刊行が多く、博物館学界はそれ以前とはだいぶ変わった。

二．経営論の進化　二〇〇九年の改定の議論

二〇〇六年（平成一八）に文部科学省に設置された、中川志郎氏を主査とする「これからの博物館の在り方に関する検討協力者会議」（以下「協力者会議」）では、二〇〇七年六月に検討結果の第一次報告書を公表し、その中で大学における「博物館に関する科目は、経営・教育・コミュニケーション能力の育成を重視して見直す」こととした[3]。その観点による学芸員養成科目の具体的な見直しについては、二〇〇九年二月に公表された「協力者会議」の第二次報告書[4]に示され、それをうけて博物館法施行規則が同年四月に改定された。一単位の科目であった「経営論」は二単位となったほか、学芸員資格取得のためには一九単位が必要となった[5]。

「経営論」は単位数が増えたこともあって当然ながら内容も増えている。まず科目の「ねらい」は、「博物館の形態面と活動面における適切な管理・運営について理解し、博物館経営（ミュージアム・マネージメント）に関する基礎的能力を養う」こととし、講義内容を表4のように細かく示して明確にした。

【表4　経営論の内容】

博物館の経営基盤	・ミュージアムマネージメントとは ・行財政制度 ・財務 ・施設・設備（ユニバーサル化を含む） ・組織と職員
博物館の経営	・使命と計画と評価 ・博物館倫理（行動規範） ・博物館の危機管理 ・利用者との関係 （広報・マーケティング、ミュージアムショップ等）
博物館における連携	・市民参画（友の会、ボランティア、支援組織等） ・博物館ネットワーク、他館との連携 ・他機関（行政・大学・類縁機関等）との連携 ・地域社会と博物館（地域の活性化、地域社会との連携）

「博物館倫理」はこれまで概論の中で扱われていたものをここに移した。倫理はマネージメントの基盤をなすものと考えられたからである。もちろんこれで「経営論」として扱う内容が充分なものではないだろう。今後のさらなる進化を期待する。

三．「博物館経営論」登場以前を振り返る

前節に示した「経営論」の内容は、博物館についての研究や実践の中でまったく新しく提示されたものではない。山本哲也は「日本で『博物館学』が正式に登場する頃にはすでに考慮されていた、というより盛んに議論されていた」[6]と述べるが、まさにその通りで、棚橋源太郎は『博物館學綱要』の例言で冒頭に「本書は博物館經營の理論及び實際に關して概説したものである」と、博物館についての研究の中で経営という概念が扱われることを明らかにしている。筆者も「『ミュージアム・マネジメント』とは、博物館のあり方や活動を、上に見てきたようなよりよい運営、経営という立場からみていくときの立場である」としたうえで、「その意味で、情報論も経営論も従来とは少し違う角度から博物館の活動を考えることにほかならないし、従来の博物館学とは違った全く新しいことをその中で考察するものではあるまい」[7]と、博物館学の一分科細目として存在していることを述べた。

棚橋以来の経営論をめぐる事情は山本哲也が丁寧にまとめていて[8]、山本の論述に屋上屋を重ねることとはなるが、『博物館學綱要』と文部省の学芸員講習のテキストに見られる今日の経営論の内容に相当するところを挙げておく。

■『博物館學綱要』の目次に見る経営論

「第六章　各種博物館の設備運營」「第八章　博物館の管理」「第九章　博物館の建築」の各章が該当する。第六章は館種ごとに設備・展示の例を示す。第八章では制度面から、また建設後の維持のための財源のこと及び職員論、第九章は建築設備論が主な内容である。

■『学芸員講習講義要綱』にみる経営論の内容

一九五三年に文部省社会教育局より出された学芸員講習の講義要綱では、博物館概論の中で今日の経営論で扱われる左記の内容が含まれていた。

Ⅱ　博物館の歴史と現況　C　博物館の国際協力
Ⅳ　博物館法と関係法規　D　行政機関との関係
Ⅵ　博物館の管理　A　事務　B　人事　C　会計
　D　建物　E　諸規定
Ⅶ　博物館の運営　A　性格、使命の確立
　B　運営組織
Ⅷ　博物館の評価　A　評価の意義　B　評価の方法
　C　評価の基準
　D　評価と改善計画

講義されるべき項目だけが挙げられている要綱なので具体的中身まではわからないが、「Ⅷ　博物館の評価」があることは注目される。今日、評価については二〇〇七年（平成一九）の博物館法の改定で、第九条に「運営の状況に関する評価等」として盛り込まれた。また国立博物館の独立行政法人化により、中期目標・計画の元に活動し評価を受けることが常態化し、他の公立博物館においても指定管理者制度の適用を受けたところは言うまでもなく、法の趣旨に従って自己評価からの一連の評価が行われることは当然のこととする認識も広まってきた。その評価に関することが、博物館法制定後まもなく、評価は博物館のなすべきこととして当初から認識されていたことを示すのである。今更ながら、戦後まもなくの我が国の博物館制度の構築者たちの思いに敬服する次第である。

註

（1）全国大学博物館学講座協議会「合同部会記録」『全博協会報』三四、一九九七

（2）国立科学博物館教育部企画課編『ミュージアム・マネージメント（平成五年度博物館職員現職研修講義録）』全国科学博物館協議会、一九九四

（3）これからの博物館の在り方に関する検討協力者会議『新しい時代の博物館制度の在り方について』文部科学省、二〇〇七

（4）これからの博物館の在り方に関する検討協力者会議『学芸員養成の充実方策について　第2次報告書』文部科学省、二〇〇九

（5）鷹野光行「学芸員養成科目　なぜこのような構成なのか」『博物館実習報告』二四、お茶の水女子大学学芸員課程、二〇〇九

（6）山本哲也「我が国における博物館経営論の推移」『國學院大學博物館學紀要』二三、一九九九

（7）鷹野光行「「博物館情報論」と「博物館経営論」」『博物館実習報告』一三、お茶の水女子大学学芸員課程、一九九八

（8）註6に同じ。山本哲也「我が国における博物館経営論の推移（二）」『全博協研究紀要』六、二〇〇〇

【鷹野光行】

集客論史

近年、博物館施設の増加およびエンターテインメント施設の増加、あるいはインターネットやスマートフォン等のレクリエーションが普及する一方で、リーマンショック以降、国や自治体の財政赤字が深刻化していく状況にあって、実際に博物館へ来場する利用者の数は平均して下降傾向にある。したがって、博物館における集客は、独立行政法人改革や指定管理者制度の導入という背景も関連した施設経営の基盤政策のひとつとして大変重要な今日的課題であるといえる。そこで、本稿では、博物館学における集客論史についての概略をとりまとめることとする。研究史であるので、対象とするのは原則として研究論文とすることが望ましいが、外観した結果、「博物館の集客」を目的とした論文が比較的少ないため、博物館に関連する学会および関連事象についても取り上げることとし、加えて研究書ではないが関連する一般書についても触れておくこととしたい。本稿で対象とする学会および学会誌は、全日本博物館学会の『博物館学雑誌』、日本ミュージアム・マネージメント学会の『日本ミュージアム・マネージメント学会研究紀要』、日本展示学会の『展示学』、文化経済学会〈日本〉の『文化経済学』の四誌とする。なお、関連する学会として、他に日本アートマネジメント学会があるが、これまでの研究的報告の中に該当する研究報告が見当たらなかったため、対象外とした。また、博物館と集客に関する一般書としては四冊を対象とした。以下には、まず学会毎の研究史を概観し、次に一般書を取り上げ、最後に若干の検討を加えたい。

一．集客論に関する学会研究について

まず、博物館関係学会の中でもその設立が最も古い全日本博物館学会の研究から見ていくこととする。全日本博物館学会は、長い活動実績のある学会ではあるものの学会誌に掲載されているものの中に、「博物館と集客」を正面から捉えた研究はみられない。あえて、少しターゲットを広げて抽出するならば、本間浩「共通チケットによる複数の博物館への関心の喚起[1]」と布谷知夫・中村千恵「博物館の仕事を知ってもらうことを目的とした事業[2]」があげられる。ともに比較的新しいものである。その他、集客政策にとって欠くことのできない広報に関する論文があるが、本書には別に広報論史があるので、ここでは扱わない。最初

の本間研究であるが、これは「東京の美術館・博物館等共通入館券実行委員会」が主催している『東京・ミュージアム ぐるっとパス（TOKYO MUSEUM GRUTTOPASS）』に関してその利用状況について独自にまとめたものである。このパスは、いわゆる「共通チケット」として東京都内では二〇〇三年（平成一五）より利用されている最も代表的なものであり、実行委員会の基礎情報による利用実態、ならびにインターネット上のブログ情報による対象施設への言及分析がなされている。博物館ならではの複数館による集客のための認知・利用促進に関する研究となっている。次に布谷・中村の報告であるが、これはより多くの人に博物館を利用してもらうために二〇一四年にリニューアル開館をした三重県総合博物館が開館前の二〇一三年に実施したプログラムの事業報告である。ひとつは、博物館の収蔵機能についての一般認知を促す「一〇〇年残す!? 三重のモノ、コト、ワタシ」という事業であり、今ひとつは「子ども会議」というターゲットを子どもに絞った形での交流事業である。単に利用者に展示イベントを行うだけでなく、博物館が博物館の事業を理解してもらうための事業として組み立てられている点に特徴がある。

次に日本ミュージアム・マネージメント学会の研究としては、久保内加菜・竹内有理「美術館の「潜在的利用者」に関する序論的研究 大学生の利用状況及び意識調査より」[3]、および佐々木亨「静岡県立美術館におけるリピーター維持と展覧会特性 二〇歳未満観覧者を中心とした提言」[4]、森美樹・小川義和・土屋順子・鈴木和博「ミュージアムの潜在的利用者を含めたマーケティング調査の方法論に関する研究」[5]、高市純行「博物館でタイガース 新規ミュージアム顧客開拓への挑戦」[6]があげられる。久保内等の研究、ならびに森ほかの研究は、日常的に博物館にあまり行かない、あるいは行くことの出来ない潜在的利用者に対する研究である。久保内ほかの研究は、潜在的利用者の中でもとくに「大学生」をターゲットにアンケート調査をすることによって、対象の意識や特性あるいは事業的課題をとりまとめたものである。森ほかの研究も同じ潜在的利用者に関してであるが、とくに科学系博物館におけるマーケティング導入の試みとしての研究であり、一般生活者を対象にインターネットを利用した調査によりその意識や特性をとりまとめている。また、佐々木の研究は博物館の来訪性に関する研究であり、静岡県立美術館の来館者数落ち込みに伴う美術館評価の一環としてベンチマークスを用いた自己評価プロジェクトの測定結果から得られた成果をまとめるとともに、リポート行動を促す方策の提案まで行っている。高市の研究は、博物館に新規の来館者をひきつけるために大阪歴史博物館において二〇〇五年に実施した「ファンと歩んだ七〇年　阪神タイガース展」を素材とした事例分析的研究である。この展覧会は歴史博物館が行う企画としては異質として見られがちではあるが、あえて阪神タイガースファンを博物館に呼び込むという実験的な試みと分析になっている。

日本展示学会は、広い意味での「展示」という領域を対象としているが、具体的な論考としては博物館展示に関わるものが比較的多く、それらを対象とした。その中で博物館と集客に関連するものでは、寺澤勉・森望・斉藤剛「こども科学館における来館者特性　横浜と八王子の比較分析」[7]、木下達文「ミュージアムの活性化に関する調査・研究　運営実態アンケート調査より」[8]、川嶋敦子「来館者研究の歴史的諸相」[9]、三木美裕「来館者研究の応用」[10]、金杉慎一「ミュージアムの立地と集客について　立地からみる集客要因についての考察」[11]があげられる。まず、寺澤ほかの研究は、八王子市こども科学館および横浜こども科学館において行った来場者アンケートをもとに、おもに来訪者の特性について分析を試みたものである。木下の研究は、全国六五の博物館を対象に運営実態の総合調査を行った結果をとりまとめたもので、ほとんどの施設で来館者減が深刻な問題となっていることが明らかになっている。川嶋の研究は、一九一六年（大正五）からはじまる世界における博物館来館者および博物館評価に関する過去の研究について、その時代別変遷や展開方法をまとめたものである。三木の研究は、新しい来館者層の開拓を目的とした展示やプログラム作りを計画するに際して、アメリカ・テキサス州において取り組まれている事例を紹介している。最後の金杉の研究は、集客の要因を独自に分類するとともに、集客に関連するメディアの影響力に触れた後、施設の規模・立地特性別に四類型を示した論考を展開している。

文化経済学会では、全ての文化施設領域等を対象としているが、博物館を研究対象とする論文がいくつか掲載されている。集客に関連するものとしては、西孝「観光集客型ミュージアムとローカルコミュニティ　直島の事例からみたその可能性と課題」[12]、関谷泰弘「若者はなぜミュージアムに来ないのか？　我が国ミュージアムと東京国立博物館を事例とした非来館者動機に関する研究」[13]、関谷泰弘「東京国立博物館における若者向けミュージアム・イベント「博物館で野外シネマ」を事例とした鑑賞者開発の研究」[14]があげられる。西の研究は、集客を強く意識した施設を「観光集客型ミュージアム」と定義し、その機能や役割について、とくに香川県直島におけるミュージアム関連施設を事例として分析を試みている。関谷の二つの研究については関連性があり、それぞれ利用者としての若者をターゲットとした論考となっている。二〇一四年の研究は、なぜ若者が博物館に行かないのかについて、東京国立博物館を例として来館者および非来館者に対してインターネット調査およびフォーカスグループインタビューを実施し、若者が潜在的来館者になり得ることや、情報の接点が少ないことを明らかにしている。一方、二〇一五年の研究では、一歩進めた形で、実際に東京国立博物館において若年来館者の獲得を目的としたイベント「博物館で野外シネマ」を実施し、その状況について来館者アンケート調査をもとに分析を行い、一定の成果と課題を明らかにしたものとなっている。

二　集客論に関する一般書について

前項で学術学会における博物館と集客の論考について概観したが、その量的蓄積は少ないと言わざるを得ないため、これまでに発行された関連の一般書についても以下に整理をしておくこととする。対象とするのは、塚原正彦『ミュージアム集客・経営戦略』[15]、横田正弘『ミュージアム革命　博物館経営成功のための一〇の法則』[16]、蓑豊『超〈集客力〉革命　人気美術館が知っているお客の呼び方』[17]、青木豊『集客力を高める　博物館展示論』[18]の四冊である。塚原の著書は、博物館と集客を全面に押し出したものとしては最も古く、かなり総合的な視点および多方面の事例を含めた内容となっている。しかし、全体的には数値データが少なく、ノウハウ集的にまとめられている。横田の著書は、彼が経営する伊香保おもちゃと人形自動車博物館の経営ノウハウをまとめたものである。この施設は年間四〇万人以上を集客し、個人経営の博物館においては日本一集客する施設とされているため、研究書ではないが記述内容に説得力がある。蓑豊の著書も、自治体組織の博物館ではあるが、彼が館長を務めた金沢二一世紀美術館および兵庫県立美術館の集客経営戦略とでもいうべきノウハウをまとめたものとなっている。青木の著書は、中心テーマが展示ではあるが、総合的な視点の中でより集客を高める工夫についてまとめられているものである。

おわりに

日本の博物館において、年間一〇〇万人以上を集客する施設は、綜合ユニコム『レジャーランド&レクパーク総覧二〇一三』(19)によれば、その上位に来るのは動物園や水族館である。それらを除く他の博物館施設としては、国立新美術館（一九三万人）、国立科学博物館（一八〇万人）、東京国立博物館（一七四万人）、名古屋市科学館（一五三万人）、金沢二一世紀美術館（一四八万人）、大阪城天守閣（一四一万人）、京都市美術館（一二八万人）、広島平和記念資料館（一二二万人）、江戸東京博物館（一二〇万人）、リニア・鉄道館（一〇六万人）となっている。学会研究ではこれらの集客施設に関する総合的な研究はなく、蓑の本において金沢二一世紀美術館が取り上げられているに過ぎない。そもそも博物館は集客を第一義の目的とする施設ではないが、集客している施設や民間施設との比較など、今後研究していく領域は多様に残されている。また、集客を博物館に来た人だけをカウントするのみならず、広くアウトリーチ的な「利用者」を含めた研究なども今後対象になっていくと考えられる。

註

（1）本間 浩「共通チケットによる複数の博物館への関心の喚起」『博物館学雑誌』三八―一（研究ノート）、二〇一二

（2）布谷知夫・中村千恵「博物館の仕事を知ってもらうことを目的とした事業」『博物館学雑誌』三九―二（報告）、二〇一四

（3）久保内加菜・竹内有理「美術館の「潜在的利用者」に関する序論的研究　大学生の利用状況及び意識調査より」『日本ミュージアム・マネージメント学会研究紀要』三（研究ノート）、一九九九

（4）佐々木 亨「静岡県立美術館におけるリピーター維持と展覧会特性　二〇歳未満観覧者を中心とした提言」『日本ミュージアム・マネージメント学会研究紀要』九（実践研究）、二〇〇五

（5）森 美樹・小川義和・土屋順子・鈴木和博「ミュージアムの潜在的利用者を含めたマーケティング調査の方法論に関する研究」『日本ミュージアム・マネージメント学会研究紀要』九（研究ノート）、二〇〇五

（6）高市純行「博物館でタイガース　新規ミュージアム顧客開拓への挑戦」『日本ミュージアム・マネージメント学会研究紀要』一〇（論文）、二〇〇六

（7）寺澤 勉・森 望・斉藤 剛「こども科学館における来館者特性　横浜と八王子の比較分析」『展示学』二一（論文）、一九九六

（8）木下達文「ミュージアムの活性化に関する調査・研究　運営実態アンケート調査より」『展示学』二五（論文）、一九九八

（9）川嶋敦子「来館者研究の歴史的諸相」『展示学』二七（論文）、一九九九

（10）三木美裕「来館者研究の応用」『展示学』二七（研究ノート）、一九九九

（11）金杉慎一「ミュージアムの立地と集客について　立地からみる集客要因についての考察」『展示学』二八（展示学の眼）、一九九九

（12）西 孝「観光集客型ミュージアムとローカルコミュニティ　直島の

事例からみたその可能性と課題」『文化経済学』三〇（研究ノート）、二〇一一

(13) 関谷泰弘「若者はなぜミュージアムに来ないのか？　我が国ミュージアムと東京国立博物館を事例とした非来館者動機に関する研究」『文化経済学』三七（調査資料）、二〇一四

(14) 関谷泰弘「東京国立博物館における若者向けミュージアム・イベント「博物館で野外シネマ」を事例とした鑑賞者開発の研究」『文化経済学』三九（研究ノート）、二〇一五

(15) 塚原正彦『ミュージアム集客・経営戦略』日本地域社会研究所、一九九九

(16) 横田正弘『ミュージアム革命　博物館経営成功のための一〇の法則』ミヤオビパブリッシング、二〇一一

(17) 蓑豊『超〈集客力〉革命　人気美術館が知っているお客の呼び方』角川書店、二〇一二

(18) 青木豊『集客力を高める　博物館展示論』雄山閣、二〇一三

(19) 綜合ユニコム『レジャーランド&レクパーク総覧二〇一三』綜合ユニコム、二〇一二

【木下達文】

博物館連携論史（博物館対博物館）

現在、我が国の博物館は、地方分権や官から民への大きな流れのなかで市場原理の導入等により改めてその在り方が問われ、そのあるべき姿を求め、博物館活動の基本理念として「対話と連携の博物館」（二〇〇〇年一二月）が第四世代の博物館像として謳われることとなった。この日本博物館協会が示した理念「対話と連携」は二一世紀の博物館運営のスローガンとされ、二〇〇八年（平成二〇）の中央教育審議会答申では「新しい時代を切り拓く生涯学習の振興方策について」で「学芸員等の交流を含む設置主体を超えた広域的な地域連携や、例えば自然史博物館と動物園等の館種を超えたネットワークを構築する等、多様な博物館同士が協力することによって、新たな可能性を追求していくことも重要である」[1]との提言がなされた。当提言を契機として、これまでの資料貸借・交換、共同展といった定型的な連携から館種を超えた連携に向けた機運が高まっていき、文化財のデジタルアーカイブを中心とした博物館と他の社会教育施設（文書館や図書館）の連携であるＭＬＡ連携、大規模災害時の救援等の相互協力を目的としたsaveMLAK、展示の共通チケットを発行するみゅーじあむパスなどの地域間における博物館同士の連携、博物館に関わる関係者の広域的なネットワーク「小さいとこネット」など数多くの結びつきが誕生している。一方で、先のＭＬＡ連携にも通じるが、インターネットの普及により、Google Cultural Institute や Europeana のように世界規模で文化資源のアーカイブ化をはかる大規模な間接的連携も同時におし進められているのが現状である。

一．明治時代から戦前にかけての博物館連携論

博物館同士の交流は今に始まったことではなく、明治期から大規模ではないにしろ連綿と行われてきた経緯がある。例えば、海外の博物館との繋がりの記録を遡れば、一八七八年（明治一一）当時、教育博物館の館長補であった手島精一がパリ万国博覧会を契機とした館蔵資料の収集に端を発し、「博覧会などを機縁に諸外国の関係機関との資料の交換が軌道に乗ってきた。記録によるとスミソニアン博物館とは、一八八〇年に動物標本一八四点、翌年に同二一二点、一八八二年から八五年にかけて書籍の寄贈交換をしたのをはじめ、オーストラリア博物館、大英博物館、米国教育局、英国文部省、ブリュッセル女子職業学校その

他から資料を受け入れた[2]」という歴史があり、国内においてもその後、各地に教育博物館が誕生することで相互の資料を媒介とした繋がりを有していくこととなった。

また、一九一九年（大正八）に全国教育的観覧施設従業者講習会が開催され、一九二〇年には文部省主催第二回社会教育講習会において棚橋源太郎が「教育的博物館展覧事業學校設備利用[3]」といった題目で講演するなど、博物館職員の研修会を通じて職員間の相互交流が行われていくようになっていった。

一九二八年（昭和三）六月には博物館事業促進会が「本邦ニ建設スベキ博物館ノ種類及配置案」のなかで国立博物館と地方博物館の繋がりについて「中央博物館は國立とす、國立中央博物館は全國的性質を有し本邦學藝教育及產業の發達に資し、同時に中央機關として常に地方博物館に對して陳列品の貸出其他の便宜を計り、適當の指導を與ふることを以て其任務を爲さざる不らず[4]」と謳い、「他の展示施設と連絡し、及びこれに対し、援助と助言を與えること」が通例となり、中央と地方というパワーバランスのなかで繋がりを有していくようになった。

そして、一九二九年五月に開催された博物館並類似施設主任者協議会の開会式において、博物館事業促進会会長であった平山成信男爵が「今全國に、博物館並に類似施設が相當出來て居りますが、これを統一し連絡する機關がないのであります。今度の協議會に於て皆樣の御意見を開くことが出來て、また將來、この会の模様により二回三回とお集まりを願うようなことにでもなりましたならば之れに依て博物館事業の發達を促し[5]」と述べている通り、後の博物館協会の設立へと繋がる博物館同士を結ぶ連絡協議会の必要性がこの段階で示されるようになった。

このように、博物館連携の初源的な表れとして明治期から博物館資料の交換や受け入れといった博物館相互の関係づくり、中央と地方博物館の指導や助言を受ける上下の関係性による交流、学芸員という専門職が確立されていないなかでの博物館運営に必要な技能習得の機会とする研修会や博物館が直面する課題を話し合う協議会の設立など、博物館連携史をここに確認することができる。

二．戦後の博物館連携論

戦前における多面的な博物館連携の蓄積から、博物館学研究者のなかでも博物館連携の意義について考究されていくこととなった。その端緒を一九四九年（昭和二四）『新しい博物館』を著した木場一夫にみることができる。[6]

博物館相互の關係は本質的には館長や委員會相互の間に存在しなければならない。

ある博物館が収集品の寄附または購入について相談をしていることを他の博物館が知った際には、最初の博物館が話を決めるまでは収集品の一部についても、それの入手の相談に立入ることを遠慮しなければならない。

木場は以降も博物館相互で情報を交換し、調査地や収集品、企画や事業の重複を避けることを綴っている。しかし、博物館連携を「博物館経営論」として明確に展開したといえるのは、戦前、戦後から一九八〇年代に至るまで鶴田総一郎をおいて他にいない。

まず、一九五六年の『博物館学入門』のなかで鶴田総一郎は博物館相互の連携について以下のように述べている。[7]

前節で、博物館を一個の全体として把握したが、この個としての博物館は決してそのものだけで存在しているのでなく、これをとりまく大きな社会環境との関連において存在する。博物館はこの環境と、影響し(作用)、影響され(反作用)、互に影響しあう(相互作用)。従って、この環境を研究し、把握すること無しには、博物館の本質はやはりつかみ得ない。

この環境の全部について述べることは別な機会に譲るとして、このうち最も直接的な関係にある「博物館の集り」について以下考究することにする。

以降、鶴田は博物館同士が集まる要因として、「目的」「方法」「地理」「対象区域」「対象社会人層」「経営主体」「規模」「環境条件」「相互に得る利益の程度」が同じ程度であることや、なおかつ「弱小」「意図的」「能動的」な館であることを挙げている。さらに博物館の集まりは「同質的になるにつれて共に利益を受けるようになる」とされ、それが「相互に極度に一致した場合」は、「単に共同の目的に集るだけでなく、その目的達成のために新たな綜合組織ができ、各館はそれぞれその組織内の特別な機能を果たすようになり、今迄とは比較にならぬ一つの大きな綜合的機能を発揮するようになる」とまで述べている。そうした綜合機能は「個としての博物館を数学的に加えていったのでは決してでてこないすばらしい力」だとし、「日本博物館組織網」の提唱をしている。また、「もう一つの違った連繋組織として、日本博物館学会の結成を提唱したい〈既述〉。目的は、博物館学の確立にある」と述べ、博物館活動の基礎となる博物館学研究を通した連携を促している。鶴田は博物館の内部組織や職員など「個としての博物館」経営論に対し、博物館同士の連携を「博物館の集り」「むれとしての博物館」として対比した理論展開をしている。これはまさに明治期から大正・昭和前期に至る我が国の博物館連携の実態に即した博物館連携論そのものといえる。

さらに一九七二年に東京都立日比谷図書館の機関誌『ひびや』で、これまでの博物館同士の連携に留まらず、博物館と他の社会教育施設との連携についても論じるようになっている。[8]その理論展開は、博物館では満たされない以下のような市民の要求を満たす必要性が生じていることに起因している。

> 市民および市民の最も普通で身近かで気軽に自発的に出せる要求は混在的未分化的潜在的なそれである。（中略）反面、あらゆる内容や方向の可能性を含んでいるともいえる。とすれば、これを受け止めて要求を顕在化し、体系化し、分化し、場合によっては総合化して行く第一次機関・施設は当然上述のあらゆる内容と方向に対処できるものでなければならない。

そして、その要求を満たす「複合機関、総合機関が第一次的機関としていままで実現していない」ことに対し疑問を呈している。そのうえで、「新しいコミュニティー論に立脚した社会教育機関の整備」として公民館、図書館とともに博物館がまずもって「三者間で相互にその共通機能と独自の機能とを充分に認識し合った上で、機能分担をもう一度明確に把握し直」し、「ひとつの構造体として総合的な機能を発揮する」ことを「理想のいわゆる連携方式」と述べている。鶴田の期待が込められていたかは定かではないが、鶴田の当記事を掲載した都立日比谷図書館は、二〇一一年（平成二三）一一月に千代田区立日比谷図書文化館として「利用者の利便性の向上を図」るため、「従来の図書館機能に博物館・学習・交流の機能を統合」した、鶴田のいうところの「理想のいわゆる連携方式」そのものとして開館している。[9]

この鶴田の先見性については高く評価ができる一方で、博物館学資料「鶴田文庫」の整理・保存及び公開に関する調査・研究が纏められた報告書のなかで横山が「この理論化は当時海外でも行なわれておらず、まさに鶴田独自のものであったというが、結局「学」の必要性の提唱にとどまり、具体的な研究方法論の提示までにはいたらなかったといえる」と評し、同報告書のなかで橋場も「博物館同士ではなく他の社会教育機関との連携を探る「社会博物館学」は、「気付いていたが、まだ観念の水準でしか」なかったため、この時点では出されていない。後に鶴田が漏らした「未完成」たる所以はこの辺りにあるのだろう」と評している。[10]

しかし、鶴田の示した博物館の集りや「未完成」な社会教育施設同士の連携は、現在では多様な社会的ニーズに沿うように、「学」から実際の動きとなって活発化の一途を辿っているのは周知の通りである。表1、2[11]に示されるように国内の博物館同士の連携は一九九七年の五〇・三パーセントから二〇一三年に六四・四パーセントに達し、他の社会教育施設との連携も博物館経営のなかで重要視され、確実に数値化されて求められることになっている。

【表1　国内の他の博物館との連携・協力の状況】

			H9(1997)年	H16(2004)年	H20(2008)年	H25(2013)年	
			N=1,891	N=2,030	N=2,257	N=2.258	館数
国内の他の博物館との連携・協力の有無		ある	50.3%	48.1%	61.6%	64.4%	1,455
		ない	48.4%	50.3%	37.4%	32.9%	473
		無回答	1.2%	1.6%	0.9%	2.7%	60
			N=952	N=976	N=1,349	N=1,455	館数
国内の他の博物館との連携・協力がある館	連携・協力の内容（複数回答）実施している館の比率	資料の賃借	85.3%	82.4%	89.6%	88.8%	1,292
		資料の交換	27.0%	23.7%	17.7%	17.7%	257
		展覧会の共同実施	18.6%	26.6%	42.2%	42.2%	614
		館同士の共同研究	4.1%	7.1%	11.0%	11.0%	160
		学芸員職員の派遣・受入れ	7.0%	6.0%	6.9%	6.9%	101
		共同広報	—	—	—	31.9%	464
		イベントの共催	—	—	—	42.6%	620
		職員の合同研修	—	—	—	19.7%	287
		大規模災害時の救援等の相互協力	—	—	—	10.9%	159
		その他	11.1%	16%	11.8%	8.5%	123
		無回答	0.5%	1.20%	0.5%	0.5%	7

【表2　図書館、公文書館、公民館との連携・協力状況】　(N=2.258)

	図書館等との連携・協力状況（館数）			図書館等との連携・協力状況（比率）		
	実施	未実施	無回答	実施	未実施	無回答
都道府県立図書館	312	1,827	119	13.8%	80.9%	5.3%
市（区）町村立図書館	687	1,459	112	30.4%	64.6%	5.0%
大学図書館	225	1,908	125	10.0%	84.5%	5.5%
学校図書館（大学図書館を除く）	82	2,044	129	3.8%	90.5%	5.7%
専門図書館	72	2,055	131	3.2%	91.0%	5.8%
公文書館	172	1,956	130	7.6%	86.6%	5.8%
公民館	578	1,555	125	25.6%	68.9%	5.5%
市（区）町村・県市編纂所	350	1,776	132	15.5%	78.7%	5.8%

蛇足となるが、鶴田の弟子筋にあたる伊藤寿朗が鶴田の博物館学理論を批判的に継承し、第三世代博物館論の牽引者となったものの、現在の博物館運営のスローガン「対話と連携」の推進により、皮肉にも鶴田の博物館連携論が時代を超え、第四世代博物館像を浮かび上がらせる要因となっていることは、もはや鶴田と伊藤両者の切っても切れない運命の巡り合わせとしか言いようがない。

註

（1）中央教育審議会「新しい時代を切り拓く生涯学習の振興方策について～知の循環型社会の構築を目指して～（答申）」二〇〇八、四二―四三頁

（2）国立科学博物館『国立科学博物館百年史』第一法規出版、一九七七、八九頁

（3）文部省『文部時報』三、一九二〇、三六頁

（4）博物館事業促進會「本邦ニ建設スベキ博物館ノ種類及配置案」一九二八（日本博物館協会『わが国の近代博物館施設発達資料の集成とその研究　大正・昭和編』一九六四、五八頁所収）

（5）博物館事業促進會『博物館研究』一―三―八、一九二九、二―三頁

（6）木場一夫「第四章　博物館の組織と連絡（二　博物館相互の關係）」『新しい博物館　その機能と教育活動』日本教育出版社、一九四九、八二―八三頁

（7）鶴田総一郎「第五章　博物館の経営　第二節　集りとしての博物館」日本博物館協会編『博物館学入門』理想社、一九五六、一一五―一一九頁

（8）鶴田総一郎「社会教育における施設」『ひびや』一五―一二

（9）下湯直樹「時代、地域のニーズに合った博物館経営」『観光資源としての博物館』芙蓉書房出版二〇一六、一九三頁

（10）浜田弘明（研究代表者）『博物館学資料「鶴田文庫」の整理・保存及び公開に関する調査・研究　平成19～21年度日本学術振興会科学研究費補助金基盤研究（C）研究成果報告書』二〇一〇

（11）杉長敬治「部外連携・交流について（調査票16・関連）」『博物館総合調査（平成25年度）の基本データ集』（篠原 徹（研究代表者）「日本の博物館総合調査研究」平成25～27年度日本学術振興会科学研究費補助金基盤研究（B）研究成果）二〇一五

【下湯直樹】

博物館職員論史

我が国の学芸員の概念規定は一九五一年（昭和二六）の博物館法によって定義されたが、博物館法制定以前の制度にも博物館の職員に関する項目は存在する。東京博物館管制（勅令第二八六号・一九二一年公布）の「第四条　書記ハ館長ノ指揮ヲ承ケ事務ニ従事ス」、東京博物館官制（勅令第三〇二号・一九二三年改正）の「第四条　學藝官ハ館長ノ命ヲ承ケ社會教育上必要ナル物品ノ蒐集、陳列及其ノ研究ヲ掌ル」や、戦時遂行上無用なものとして実現しなかった公立博物館職員令（勅令案・一九四一年施行予定）の「第三条　學藝員ハ奏任官又ハ判任官ノ待遇トス館長ノ指揮ヲ承ケ資料ノ蒐集保存展覧並ニ之ニ關連セル研究及事業ヲ掌ル」等に学芸員の職務が定義されている。

一九四五年には、日本博物館協会が博物館法制定に向けて「再建日本の博物館對策」が纏められた[1]。

そこには博物館職員論が明確に展開されており、この頃すでに天下り館長への批判が記されていることは特筆すべき点である。一九五〇年の博物館懇話会に於いては、公立博物館最低基準（一六条）、学芸員の講習（七条）、博物館・動物園・植物園の各基礎施設・設備等の基準が纏められ、その内容に都道府県五大都市立博物館は館長一名、学芸員二名、機関士一名、学芸員補二名、司書補一名、映写技師一名、工務員一名、主事一名、書記一名、監視員その他七名の計一八名が必置条件とされたが、専門職員である学芸員の資格と、その養成については難しい問題であった。川崎繁は学芸員養成は大学で行うが、いかにその資質、処遇を高めるかという点について、立法上での工夫が課題となったが、多種多様な博物館に於ける専門性を、何をもって評価の基準にするかが難しく、立法上適切に対処できなかったと述べている[2]。そして博物館法制定前後に、学識者たちが博物館職員論を展開してきたのである。

一・**棚橋源太郎の博物館職員論**

学芸員という用語は棚橋が記した如く、東京博物館の「學藝官」を起源としている[3]。

棚橋の博物館職員論は、海外の大規模博物館の学芸官は大学教授級の専門家を充てていること、小規模博物館でも専門学校教授程度を下らないとし、英米ではCurator（學藝官又は學藝員）と呼び、小規模博物館では館長が学芸官を兼ねているところも少なくない、更に学芸員に主事という名称を充てるのは適当ではなく、主事は事務官に充てる名称として、博物館職員の職務の明確化を図ったものであった。博物館事業の成功と否とは、結局は人の問題に帰するもので、館長学芸員以下職員の顔触如何に左右される。故に従業員の素質の吟味に十分に重きを置き、適任者を得て夫々の知識技能を遺憾なく活用せしめることに甚深の注意を払わなければならないことを説いた。

そして、我が国の博物館の発達の遅れは博物館員養成機関を持たず、博物館事業の専門家がいなかったことが大きな原因とし、頗る複雑な博物館事業の経営には専門的知識技能を有する館長と学芸員が絶対に必要であるとした。「非役の官吏や退職の學校長などの素人では決してやってゆけるものではない。博物館に専門家の館長學藝員のないのは、恰も船に老練の船長がなく、病院に醫事専門の院長がないと同様である」[4]とあるように、特に館長に関しては小規模館では学芸員知識と技能の具備、規模の大きな館では、必ず学芸員の経歴と知識を有することが必須条件となり、更に規模の大きな館では、館の事業に対する十分な理解と熱意を有し、他の意見を容認する雅量と健全な常識が必要であり、大博物館の管理者たり、経営者たるに適する人格と手腕を有することが望ましいとするなど、博物館職員の身分について厳しく論じているのが特徴である。

具体的な従業員の種類は、館長、学芸員、書記、技手、監視員を必要とし、書記の上に主事、事務長、また附属図書室には司書の必要性を説いた。その他、維持運営には商議員、学芸指導のための専門委員、財団の理事、評議員、監事等の役員の必要性にまで言及している。博物館従業員の養成は博物館経営及び施設上重大な問題とし、博物館職員の質的向上と博物館学の必要性を強く訴えたのである。

二．藤山一雄の博物館職員論

当時、満州国国立中央博物館館長であった藤山は「博物館が單なる「物の陳列場」であるやうに思ふ過去の概念は、その従事員自らを陳列棚の影に隠し遂に化石にさせてしまつた」[5]として「生きた博物館」を主張し、満州国国立中央博物館の学芸官について「常に文化の指導者として、教育者としてサービスに專念せねばいけない」とし、国立中央博物館の三年間の方針として、藤山は研究よりも教育活動を学芸員の職務として高く位置付け、学芸員＝文化の指導者であると主張したうえで、生きた博物館を目指したのである。

また『新博物館態勢』(6)に於いても同様に、博物館従業員の研究、報告の出版は外に動く一つの工作としており、「博物館従業員、「學藝官」の使命は學問の研究も勿論必要であるが、學問の吸収よりも、來館者に對する智識の供給者としてのサービスが本領でなければならぬ」として、教育活動を重視した論を展開しており、従業員の化石化が博物館不振へと発展するとして、学芸員の改革を主張したのである。それに対して棚橋は博物館の不振は従業員養成をしなかった結果として、制度の改革を主張した点が両者の大きな相違点と言える。

更に棚橋の論には見られなかった藤山の言うサービスという概念については、次に挙げる木場一夫が積極的に論じており、藤山のサービス概念が木場に引き継がれたものと推測し得るのである。

三．木場一夫の博物館職員論

木場は、博物館とは全体がバランスのとれた広範囲の総合的な仕事をする場所であり、目的と機能をよく理解した有能なスタッフを持つかどうかは、その博物館の価値を決定する要因となるものと論じながらも、我が国は博物館員に対しての理解が少ないことを遺憾とする論を展開した。

木場は「新しい博物館　その機能と教育活動」(7)に於いて、博物館の組織と館員について論究している。博物館の種類・大きさ・館員数に関わらず、館員の仕事は博物館の円滑かつ有効な活動を遂行完成することにあるとし、館員の仕事を義務に従って管理部、研究部、教育部、技術部、保管部の五つに分類した。先ず、管理部に属する館長には他の館員を指揮指導すると同時に、創造的想像力に富む人材が要求されると論じた。そしてその他、入手資料を記録する登録者、編集者、タイピスト、案内受付係、会計と社会との関係を取り扱う事務者が博物館には必要であるとしたのである。

木場の館長論の特徴は、指導力及び創造的想像力に重きが置かれ、棚橋が強く訴えた専門性については論じていない点である。また、研究部の学芸員は博物館活動の中枢骨格をなす者とし、資料の収集及び資料の研究をして、収集品本体を判然せしめる義務があると論じた。特に資料購入に於ける資料価値の判定は、学芸員の学識によるものであり、知見の広く深いことが要求されるとし、「いずれにしても博物館に蒐集された資料に對する學術的調査研究の任務は學藝員の最大の責務」であるとするものであった。学芸員の専門性については棚橋と同様の理論を展開し、その他技術部員、名誉学芸員、研究員、助手なども研究部の一員と見做した。教育部の職員は、博物館内の教育上の仕事、学校や社会とのつながりを持つ館外活動（エクステンション）の仕事に就く者と理論付けた。

そして「博物館教師」という名称を使用したことも木場の特徴の一つである。博物館のドッセント（Docent）は案内講義人（Guide-Lecturer）とも呼称され、ボストン美術博物館での使用が初めてとしている。このように博物館教師を強調したのは、博物館教育を専門の一つとする木場の特徴と言えるのである。さらに技術部には、展示の芸術的効果を与えることを本務とする製作者（剥製者、模型製作者）を挙げて、技術部に優れた館員を有するか否かで博物館の展示効果は左右されるため、重要な要件であることを強調している。最後に保管部は監視、建築物維持の設備維持を職務とするとあり、博物館はこれら各部の密接な協力によって、初めてよい運営がなされ、学術と文化の進展によい刺激と影響を与えると論じた。

博物館職員はどの管理に属するものでも、サービスが本質的要件であり、常に自分が従事している仕事の持つ大きい目的に対する熱心、協力者に対する信頼と、思考と行動を支配する正義に基づく名誉の三つの道徳的基盤に立って良心的に行動しなければならないとする論を展開したのである。

四．新井重三の博物館職員論

新井は学芸員による研究の必要性と、他の事業との関連に於いて研究の重要性を説いた。しかし、博物館教育活動に従事するのは学芸員であり、学芸員は教育と研究の二兎を追わされていることを指摘し、学芸員の研究の優先性を博物館教育の盲点として理論付けたのである。また、木場一夫の理論を取り上げ、研究は教育に優先する点は同感としつつも、結果的には二つの異なる仕事を同時に処理することに立ち至るものであると、批判的意見を述べている(8)。

これは新井自らが地方博物館の設立から体験してきたことによる見解であり、その解決方法は博物館組織の充実と改変によって、研究と教育の両立を図るべきであると論じたものであった。更に新井は博物館職員のうち、研究員は研究業績を持ち、国立科学博物館や国立博物館技官に相当するもので、博物館法の学芸員に相当する職種に従事する者とし、学芸員は博物館法で呼ばれている学芸員とは異なり、教育普及活動に当たり、一般及び小中学校の生徒を対象に教育するものとした。従って、アメリカの博物館教師の具体化を目指したものであり、従来の学芸員業務が博物館事業の全体に亘り、理論的にも実際的にも実行不可能な重荷を背負わされていることからも、国立科学博物館の如く普及課職員制度を法の上にも具体化して博物館教師（新井のいう学芸員）制度の樹立を訴えたものであった。特筆すべきは博物館法の学芸員補の職制を改めて、研究員（博物館法の学芸員）と学芸員（博物館教師）の制度にすべきことを提案したことである。しかし、「新井の職員論は、明らかに木場（一九四九）の示した、学芸員と博物館教師という職員―組織論の焼き直し」であったと言えるのである。(9)

五．伊藤寿朗の博物館職員論

伊藤は、博物館には機能者（職員）が存在しなければならず、博物館の運営機能を十分に発揮させるのは、単なる一般職員ではなく、それぞれに合目的な機能性を持つ特殊能力者でなければならないとし、機能者を①目的的機能者（学芸員）、②手段的業務者（事務員）、③総合的機能者（館長）に分類した。(10)

そして博物館の目的的機能者である学芸員は必ずや数人以上を必要とし、学芸員に不可欠な専門的要素としては、普遍技術的専門性と個別科学的専門性を挙げている。手段的業務者である事務員は、学芸庶務や一般事務職員に区分し、総合的機能者である館長は、目的的機能者と手段的業務者の機能を有機的・合目的に統合する総括的機能者であると論じた。特に館長については、無資格・無経験館長に対して厳しく批判を加え、学芸員資格と経験を絶対的な条件としているのも特徴である。

六．鶴田総一郎の博物館職員論

鶴田が論じた学芸員とは博物館法による学芸員であり、博物館専門職員としての最低の水準以上にある人を意味している。それにはCuratorに直結する学芸員も含まれるが、一般的には博物館職員程度のものを指すと説明している。そして、学芸員を収集・保管についての専門的実施者としての学芸員、収集・保管に関する研究員としての学芸員、ものを科学的に研究する研究員としての学芸員、教育普及に関する研究員としての学芸員、教育普及に関する実施者としての学芸員の五グループに分類した。更にこれらを科学技術者、科学研究者、教育者の三グループに纏めて、学芸員の共通基盤を常に再確認し、認識を新たにしなければならないと論じた。

鶴田は、新井が説いた研究の重要性に同感しつつも「博物館関係者に課せられている特別緊急を要する命題は、博物館学の確立にあると断言する」として、新井が博物館学の論及に至っていない点を批判している。更に、博物館は「施設」ではなく「機関」であるとし、「博物館は施設面、機能面、ことに人の面で抜本的な考慮を要する。つまりこの公共奉仕の精神に徹することが博物館関係職員全部に共通な何よりも本質的な性格である」[11]とした上で、「博物館事業の中核は、科学の生活化にある」とする理論を展開した。

また、博物館学芸員が既成科学の体系で研究成果をあげることで能事終われりとなす傾向があることを指摘し、「学芸員は、現在の博物館法による在り方が正統である」「学芸員が、教育一方でも不可、研究一方ではなお不可、双方の能力があり、双方に成果をあげるものでなければならない」として、学芸員は職階制的には一級（主任学芸員）から六級（新人）を挙げて、一般学芸員を指導する上級学芸員を提案している。教育普及と研究との間の橋渡し部分に関する研究と、体系の確立が博物館学芸員に課せられた特題であるとし、学芸員講習会に至っても「実は学芸員の安売りであって、あるべき姿のそれではない。現在の日本には、本当の意味の学芸員はないと断言してはばからない」と厳しい批判を述べた。新井のいう「博物館教師」を含め、終始新井の理論を否定しているのが特徴である。

【落合広倫】

註

（1）椎名仙卓「博物館法の制定を回顧する」『博物館研究』四六―一二、二〇一一
（2）川崎 繁「博物館法制定時の事情」『博物館学雑誌』三四―一、二〇〇八
（3）棚橋源太郎「博物館學藝員の重要性」『博物館研究』一五―一二、一九四二
（4）棚橋源太郎「博物館従業者の問題」『博物館研究』一七―六・七、一九四四
（5）藤山一雄「新しき博物館工作」『博物館研究』一三―一二、一九四〇
（6）藤山一雄『新博物館態勢』滿日文化協會、一九四〇
（7）木場一夫『新しい博物館　その機能と教育活動』日本教育出版社、一九四九
（8）新井重三「博物館における教育活動の根本問題について」『日本博物舘協会会報』一七、一九五二
（9）犬塚康博「制度における学芸員概念」『名古屋市博物館研究紀要』一九、一九五六
（10）伊藤寿朗「博物館の概念」伊藤寿朗・森田恒之編『博物館概論』学苑社、一九七八
（11）鶴田総一郎「博物館に関する二、三の私見」『日本博物舘協会会報』一八、一九五二

参考文献

鶴田総一郎「博物館学総論」日本博物館協会編『博物館学入門』理想社、一九五六

ミュージアム・ワークシート論史

ミュージアム・ワークシートとは、セルフガイドの一種で、設問や呼びかけにより見学者を博物館展示にひきつけることによって、資料の熟覧を促し、資料の理解を通じて発見や感動を体験してもらうことを目的とする、展示と連動した博物館学習教材である。

日本博物館協会が二〇〇一年（平成一三）に実施したアンケートによると、ワークシートを準備していると回答した館は、アンケートに答えた一三四三館のうちの二八〇館であった[1]。また、近年、我が国の博物館のホームページの多くにワークシートのダウンロードフォームが存在することからも、その導入は進んでいると考えられる。

しかし、博物館学の他の分野と比較すると、ワークシートの開発や研究の報告は、多く見られず、研究はさほど進んでいないと思われる。本稿では、ミュージアム・ワークシートの嚆矢について触れ、日本におけるミュージアム・ワークシート論史を論述するものである。

一・ミュージアム・ワークシートの嚆矢

ミュージアム・ワークシートの嚆矢は、一九一〇年代のアメリカの博物館まで遡ることができる。その起源は、現在のところ博物館競戯（ミュージアム・ゲーム）に使用する質問が書かれたカード、または謄写版の一枚摺りであると看取される。博物館競戯とは、博物館で行われる児童向けのゲームであり、棚橋源太郎は「學校外の兒童生活　博物館動植物園と兒童の教育」において、以下のように説明している[2]。

博物館競戯（Museum game）と云ふことを申上げたが、あれは博物館に陳列されて居る鳥類とか哺乳類とか云ふやうな兒童に適する題目を選び、それに就て種々の問ひを出して之れを活版か謄寫版の一枚摺にして一組の兒童に與へるのである。兒童は其の一枚摺を持つて陳列場へ往き、一定の時間内に實物を觀察して其の問ひに對して一々解答を書き込むのである。教師は差出した答案を調べ、その成績を比較して優劣勝敗を決するのである。此種の競戯は比較的年少の兒童に課せられて居るやうである。

また棚橋は、一九五三年（昭和二八）の『博物館教育』において、「好成績のものには褒美をやることにしている」とも説明している[3]。

この博物館競戯は、一九一七年の「Proceedings of the

American Association of Museum」において、既に詳しい説明がなされている。[4] また、グレイス・フィッシャー・ラムゼイ（Grace Fisher Ramsey）は、「Educational Work in Museums of the United States」において、ミュージアム・ゲームは一九一四年にプロビデンスの公園博物館で現在（一九三八年当時）の形で始められ、ブルックリン児童博物館の学芸員であったアンナ・ビリングス・ギャラップ（Anna Billings Gallup）が一九一〇年の報告でゲームという単語を使っているが、それは真の意味でのミュージアム・ゲームではないと主張している。[5] さらに当該文献は、博物館競戯を中等教育の場に持ち込んだ博物館が、ワークシートを作成したとも主張している。[6]

また、ブルックリン児童博物館を紹介した一九二四年の「The Children's Museum of the Brooklyn Institute of Arts and Sciences, Brooklyn, New York」には、博物館競戯について以下のような簡潔な説明がなされており、ワークシートの嚆矢と見られるカードが登場している。[7]

　ゲームは、各展示について考えられており、展示室で行うことができる。児童らは、細かい質問が書かれたカードを与えられ、質問に関する展示の観察やラベルを読むことによって、質問に答える。児童らは、問題に答える速さや答えの正確さで競争する。（訳筆者）

この他にも、森金次郎や木場一夫も博物館競戯について言及しており、質問カード[8]や印刷したカード[9]等の言葉を使用している。

以上のように、現段階では一九一〇年代のアメリカの博物館を発祥とする博物館競戯において使用されていた、質問が書かれたカードをミュージアム・ワークシートの原型であると考えることができる。

また、我が国最初の児童博物館である、一九二八年に京都で開館した仏教児童博物館は、ボストン児童博物館と交流し、一九三一年に建物を有するようになってからは、常設展や特設展覧会で資料の公開を行っており、教育事業の中でミュージアム・ゲームが行われていたと、佐藤優香は次のように述べている。[10]

　仏教児童博物館では、ミュージアム・ゲートという上下級2種の設問プリントを来館者に用意していた。「正確なる観察を訓練し且つ資料の説明を十分に理解せしむる方法」として行われていた。成績優秀者には、賞品も用意されていた。

さらに、川北典子は、仏教児童博物館で行われていた「資料応用講話」について以下のように述べている。[11]

展示資料に関して、子どもたちにより深く理解させるための活動として、毎週土曜日午後3時には、ホールにおいて「土曜お話会」が開催された。資料を陳列ケースから取り出し、種々の項目について話をするもので、出席者は、多い時には150名にものぼったといわれる。また、ただ単に話を聞かせるだけではなく、毎週上級下級2種の問題を用意して、子どもたちに答案を書かせるというゲーム的なものも取り入れていた。これは、展示資料に対してより正確な観察をさせることを目的とし、陳列品を注意深く見て、説明札をよく読めば、誰でも容易に解けるような問題ばかりであったから、子どもたちは積極的にこのゲームに参加していたようである。

ここに出てくる「ゲーム的なもの」は、ミュージアム・ゲームのことであると看取できる。川北によれば、館長である中井玄道は、ボストン児童博物館の経営法を模範にしていることを明らかにしている。[12] ボストン児童博物館でも、ミュージアム・ゲームは行われており、その館の経営を模範としていれば、仏教児童博物館で行われていても不思議はない。佐藤が述べている「設問プリント」、川北の述べている答案を書かせる「問題」はミュージアム・ワークシートであると考えられ、目下のところ、この仏教児童博物館のミュージアム・ゲームに伴う使用が、我が国最初である。

二．日本におけるミュージアム・ワークシート論

日本国内において、最初にワークシートに関して具体的に論じているのは、棚橋源太郎である。棚橋は、「解答すべき数多の問題を印刷した一枚摺」や「ミュージヤム・ゲーム・カード」等の用語を使い、最終的には「質問箋」として以下のように述べている。[13]

質問箋はもと児童の注意を目的物に向けしめるための教育方法に過ぎないから、それで以て期待させられるのは、児童をして正確な観察によって実物を学ばしめんとすることと、その観察の成果とである。質問箋それ自体は、固より何の価値もないのである。ゆえに質問箋は出来るだけ短時間に、出来るだけ簡単な答を書き込めるような仕組のものであらねばならぬ。そうでないと、児童は陳列品の吟味に十分な時間を費やすこ

とが出来ないからである。

棚橋は、欧米博物館において児童見学で使用している質問箋を例に挙げ、ワークシートのあるべき姿を論じている。

しかし、これ以降、ワークシートを論ずる者は無く、一九八〇年代に入るまで見られないと思われる。一九五九年（昭和三四）に鶴田総一郎が、「欧米の博物館の教育活動について（1）」の中で、ミュージアム・ゲームを「遊びつつも学ぶ楽しいプラン」と評しているが、具体的な内容は触れられていない[14]。また滑川道夫は、一九六七年に「ボストンのユニークな児童博物館（その2）」を執筆し、その中で「たのしい質問紙」として図と共に紹介しているが、これも紹介に留まり、論には至っていないのが実情である[15]。

一九八〇年代後半以降、ワークシートについての研究や紹介記事が、増加し始める傾向が認められる。丹青総合研究所の『ミュージアム　ワーク・シート　博物館・美術館の教育プログラム』では、ワークシートとは展示物やテーマに対して、観覧者の注意を引きつけ、想像に富む観察や刺激をするように設計された印刷教材であるとし、異なった観覧者のためにいくつか用意せねばならないと論じている[16]。さらに、ワークシートの作り方の要点、海外の博物館の事例や試作したワークシートを紹介している。一九九一年（平成三）には、渡辺道斉は、問いかけにより観覧者にちょっとした刺激を与え、積極的・主体的に展示を観ようというモチベーションを与える、意識の活性化の役割があると述べている[17]。また、自身の所属する館で作成したワークシートを例に挙げ、様々な分析を行った。

他にも山本育夫の「アメリカのミュージアムで使われているワーク・シート[18]」、横溝真子の「教育普及の視座　セルフガイド[19]」、中村博幸の「続・ミュージアム・メディア探検①　理解を助ける「ワークシート[20]」」等の代表的な文献が存在する。

二〇〇〇年代に入ると、ワークシートを教育や学習の手段、または生涯学習における博物館利用の手段等と捉える考えが増え、当該思想に基づいた開発・研究報告がより増加し始める。その中でも、木下周一は、多様なワークシートの事例を紹介しながら、構成主義や認知発達等、心理学や教育学といった様々な教育的観点からワークシートについて論じており、ワークシートの運営形態、設問と回答方法、開発、制作等を詳細にまとめている[21]。

さらに、特徴的な論を展開しているのは、青木豊であるる。青木は、「見学者を魅了するミュージアム・ワークシートを作成するには、展示を構想する際に先ず問題を考え、それらの問題の解答を展示中に組み込むことが基本であると考える」と論じている。(22) この理由として、既成の展示から考えられた問題は、内容と数が限定され、学術情報の伝達が脆弱であり、見学者の〝驚きと発見〟に結びつくには至っていないとしている。また、青木は、ワークシートにより、博物館展示という受動的な情報伝達が、能動的な知的参加へと変換されれば、見学者は、展示に対する倦怠感を意識することなく展示に没頭できると述べている。

二〇〇〇年以降は、ここで紹介した以外にも、品田早苗の「博物館等施設における学習の視点　旭山動物園のワークシートを事例にして」(23)、松岡葉月の「「連想型ワークシート」を用いた利用者主体の学びの検討　小学生の歴史展示理解の分析を通して」(24)、夏井琴絵・浅田正彦の「子ども向け対話型ワークシート・プログラムの意義と可能性　千葉県立中央博物館『おきにいり新聞』を事例に」(25)、宮地孝宣「博物館における初学者向けワークシート（印刷教材）に関する実践研究」(26)等のワークシートに関する文献が存在する。

おわりに

冒頭でも述べたように本分野は、博物館学の中でも研究が進んでいるとは言えない。現段階での特徴は、棚橋の「質問箋」以降は、一九八〇年代まで明確な記述が見られないことである。そして、二〇〇〇年以降になると、ミュージアム・ワークシートをより教育や学習の手段として捉えた研究が増加したことである。

歴史的建築物を利用した、建物自体が資料と言える博物館では、どのようなワークシートが作成できるか等、ワークシートには様々な研究の余地があろう。今後、さらなるワークシートに関する研究や開発が、博物館や博物館学に貢献することを期待する。

註

（1）早瀬長利「博物館による児童・生徒の学習支援活動の現状　学校向け各種ガイドブック・案内パンフレット・ワークシートの整備状況について」『博物館研究』三七―九、二〇〇二、一八―二一頁

（2）棚橋源太郎「學校外の兒童生活　博物館動植物園と兒童の教育」『教育研究』三四六、一九二九、二六頁

（3）棚橋源太郎「第五章　博物館の兒童靑少年教育上利用」『博物館教育』創元社、一九五三、一六一頁より抜粋

（4）American Association of Museum, *Proceedings of the American Association of Museum*, Vol.10-11, 1917, pp29-34

（5）Grace Fisher Ramsey, *Educational Work in Museums of the United States*, 1938, p128

(6) 註5に同じ。一三三頁
(7) Robert Haven Schauffler, *The Children's Museum of the Brooklyn Institute of Arts and Sciences*. Brooklyn. New York. The American Midland Naturalist. Vol. 9. No. 5/6. 1924. p233
(8) 森 金次郎「米國の兒童博物館」『學習研究』九―八、一九二〇、一二〇頁
(9) 木場一夫「第七章　兒童博物館」『新しい博物館　その機能と教育活動』日本教育出版社、一九四九、一五四頁
(10) 佐藤優香「日本における子ども博物館の始まり　チルドレンズ・ミュージアムを媒介にした国際交流」『博物館雑誌』三六―一、二〇一〇、四六頁
(11) 川北典子「『財団法人　仏教児童博物館』の研究　その設立と活動について」『子ども社会研究』三、一九九七、一一頁
(12) 註11に同じ。九頁
(13) 註3に同じ。一八五頁
(14) 鶴田総一郎「欧米の博物館の教育活動について（1）」『博物館研究』三三―一〇、一九五九、一八一頁
(15) 滑川道夫「ボストンのユニークな児童博物館（その2）」『教育心理』一五―一二、一九六七、七五―七六頁
(16) 丹青総合研究所文化空間研究部・IZNO『ミュージアム　ワーク・シート　博物館・美術館の教育プログラム』丹青総合研究所文化空間研究部、一九八七
(17) 渡辺道斉「ワーク・シートの可能性」『Mouseion　立教大学博物館研究』三七、一九九一、一―九頁
(18) 山本育夫「アメリカのミュージアムで使われているワーク・シート」『山梨県立美術館研究紀要』八・九合併号、一九八八、四―七頁
(19) 横溝真子「教育普及の視座　セルフガイド」『Museum Data : Newsletter of TANSEI INSTITUTE』一五、一九九一、一―五頁
(20) 中村博幸「続・ミュージアム・メディア探検①　理解を助ける「ワークシート」」『視聴覚教育』五〇―一〇、一九九六、三三―三五頁
(21) 木下周一「Chapter 5　ワークシートをつくる」『ミュージアムの学びをデザインする　展示グラフィック&学習ツール制作読本』ぎょうせい、二〇〇九、七五―一四二頁
(22) 青木 豊『集客力を高める　博物館展示論』雄山閣、二〇一三、一四八頁
(23) 品田早苗「博物館等施設における学習の視点　旭山動物園のワークシートを事例にして」『北海道大学大学院国際広報メディア・観光学院院生論集』四、二〇〇八、六一―六八頁
(24) 松岡葉月「「連想型ワークシート」を用いた利用者主体の学びの検討　小学生の歴史展示理解の分析を通して」『博物館学雑誌』三四―二、二〇〇九、一―二二頁
(25) 夏井琴絵・浅田正彦「子ども向け対話型ワークシート・プログラムの意義と可能性　千葉県立中央博物館『おきにいり新聞』を事例に」『日本ミュージアム・マネージメント学会研究紀要』一六、二〇一二、八一―八八頁
(26) 宮地孝宣「博物館における初学者向けワークシート（印刷教材）に関する実践教育」『東京家政大学博物館紀要』二一、二〇一六、七三―八一頁

【塚本順平】

ミュージアム・グッズ、ショップ論史

一・明治・大正期の展開

ミュージアム・グッズに関する記述は、一八七五年（明治八）の栗本鋤雲の「博物館論」[1]ですでに見ることができる。栗本は、「博物館にて出版の目録及日誌寫眞等を賣下げ多少の金ハ舘に収まるものなり」と、出版物とともに写真を販売することを述べている。岡倉覚三も、一八八八年の「博物舘に就て」[2]上で、写真の販売について言及しており、これらの論文からは、当時より写真がある程度一般的なミュージアム・グッズとして認識されていることが読み取れるのである。

グッズについての具体的な開発方法など多岐にわたって言及しているのは、坪井正五郎である。坪井は一九一二年（大正元）の講述「歐米諸國旅行雜話」[3]において、博物館の「土産物」、すなわちミュージアム・グッズについて次のように述べている。

> それからお土産の品物です。お土産の品物は一つでは些細なことではありますけれども、（引用者補語：博物館では）入れ代り立ち代り人が來るのであるから、大きい問題である

坪井は講述中で、博多人形の製作法を応用して学術標本、資料を制作し販売すること、絵葉書等の平面的な土産物ではなく縮尺模型のような立体的で教育的効果のある「記念物」を各地の旧跡や名所で販売すること、その原材料として現地で手に入る素材を用いることを提唱している。西野嘉章によれば、このうち、博多人形の技術を使った人類学の標本は、坪井ら著名な学者の監修のもと、博多人形職人の井上清助の手で実現され、一部は販売されたという。[4]レプリカの販売について、坪井は、贋作が売られていることを例に挙げ、学者の監修のもとに学術参考品として制作し、真贋を明らかにした上で売るよう提唱している。

その一方で、ミュージアム・ショップに関する言及は、一九一三年の神保小虎「鑛物博物館の陳列術」[5]に掲載されている、「博物館にて寫眞の繪はがきなどを賣る所あり、又た地質寫眞を掲げて其賣店を示したるものあり」といった紹介の一文にとどまっている。

二・昭和前期の展開

ショップ、グッズの必要論は、一九二八年（昭和三）に刊行された『博物館研究』[6]の誌上で盛んに展開されること

となる。一九三〇年の「美術館問題」[7]で矢代幸雄は、欧米の美術館ではコレクションを網羅した絵葉書が販売され、それらが学校教育の場で活用されていることを紹介し、解説や目録、絵葉書等の出版物の必要性とそれらの教育的な活用を主張している。加えて、グッズと刊行物を美術館の発展の尺度であるとし、次のように述べている。

（前略）先生達が兒童に説明するための材料を、美術館の方から教育者の方へ與へなければなりません。さうして教師の説明が出來やすいやうに、それぞれ説明書を附けてやらなければ空論になります。

それで博物館では陳列品の繪端書や目錄および解説を發賣しなければなりません。この繪端書や目錄類は美術館の試金石だと思ひます。大概其處の美術のよいかわるいかは、發行してゐる繪端書及び目錄でわかります。目錄が整然と出來てをり、それから繪端書も澤山で、また直ぐ買へるやうになつてゐて短い解説の附いてをるところは必ずよい美術館であります（後略）

棚橋源太郎は、動物園における教育活動の一環としての絵葉書の販売について、同年の「世界の動物園」[8]で以下のように述べている。

動物園の職能の最も重大なものは、野生動物に關する知識趣味を民衆の間に普及することであらねばならぬ。動物園がこの目的達成の方策には因より種々あらうが、出來るだけ多數の民衆を動物園に引きつけ、これを見物させることが先ず第一である。（中略）動物園はまた飼育陳列してある動物の繪端書その他繪入りの印刷物を刊行し、園内で實費販賣をして觀衆の參考に供することは極めて重要である

一九三六年の第九巻第九号「博物館ニュース」[9]欄では、阪神水族館の土産物の例を紹介し、博物館における土産物について以下のように書いている。

博物館・寶物殿・動植物園・水族館では觀衆のために列品による眞面目な實物教育を施してゐるが、自發的に何度も氣持よく進んで來させるやうな態度が必要であり、（中略）觀覧記念として美しき寫眞、繪葉書、趣味ある説明書、スタンプの特製等により、後日の再遊を促し又は友人間に吹聽の機會ともするやうな土産品の施設が考えられるべきである。殊に坐右に置いて眺めらるべき程度の工藝品であり、それが日本の土産として外客にも喜ばる丶ものであつたならば、効果も

百パーセントであらう

この号で記者は、「各館園で御氣付のものがあれば實物や寫眞をどし〲送られたい。本誌紙上に紹介して自他の研究に資したいと思ふ」と呼びかけている。続く一九三七年の第十巻第三号の「博物館ニュース」[10]内では、「郷土玩具試作展」が紹介されている。香川県の土産物玩具の巡回試作展の開催を紹介した記事であるが、各地の特徴ある土産物を博物館の「土産物」と関連させて、以下のように述べている。

> 博物館、動植物園、水族館でも觀覧記念としての寫眞、繪葉書、説明書スタンプ押捺等は行はれているが、その土地と館園に因んだ土産品で常に座右や楣間に掲げられて眺めらるべき程度の工藝價値のあるものを撰み觀衆をして會遊の回顧に止まらしめず再遊　遊（空白原文ママ）を促すやうな効果的の企が望ましい各地の館が共同して各地の工藝指導機關を動かし如上のやう試作展などによつてこれら土産品の改善を圖るべきであらう

戦前のミュージアム・ショップ、グッズ論の展開は以上のとおり、設置・開発の必要性が主に提言されている。戦後の『會報』では、グッズの品目の紹介は見られるものの、ショップとグッズの必要論は戦前期の論のようには展開されていない。

三．近年のミュージアム・グッズ、ショップ論の動向

近年のショップ論、グッズ論の展開を俯瞰的に見ていきたい。山下治子によれば、「ミュージアムショップ」と名付けられた物販施設が最初に設置されたのは、一九七七年（昭和五二）の国立民族学博物館だという。[11]この際、「ミュージアムレストラン」も開館した。

青木豊は、一九八八年「現代博物館に於けるミュージアムショップの必要性に関する一考察」[12]上で、グッズを博物館展示の延長線上にあるものと定義している。併せて、グッズの必要条件として、ミュージアム・ショップでしか買うことのできない限定的なものであること、実物資料に基づく或いは彷彿とさせる性質を持つこと、解説書によってグッズに学術情報を付与し教育的効果を持たせることを挙げている。

一九九三年（平成五）の「アメリカの博物館におけるミュージアム・ショップの現状」[13]で甕温子は、ショップに置かれるグッズについて、必要以上に高額化・高級化していることを指摘している。ショップとグッズの高級志向は、二〇〇八年の畑中三応子の「利用者の立場から望む

ミュージアムの憩い[14]」でも同じように指摘されている。

『月刊ミュゼ[15]』では一九九四年の創刊時より、ミュージアム・ショップとグッズについて活発な討議が続けられている。編集長である山下治子は、著書『ミュージアムショップに行こう[16]』において、ショップを、「ミュージアムのコンセプトを補完し、ときには強調する展示以外の機能としてミュージアムショップやグッズが位置付けられる」と述べ、ショップをミュージアムのコンセプトを体現しそれを活かした販売方法をとるもの、グッズを信頼性の高い学術的な見地に立脚するものと定義している。

一九九六年の野口智子、曽根陽子による「美術館に付属する喫茶店・レストラン・ミュージアムショップに関する研究[17]」では、「美術館内における（中略）ミュージアムショップの役割が単に美術館の機能を補うものから、お互いの機能を高めあい共存する関係へと変化している」と述べられている。野口と曽根は、ミュージアム・ショップ等の付属施設を持つ美術館の割合が増加したことについて、「本来美術品を鑑賞する場である美術館の堅いイメージが最近変化してきた」と指摘し、美術館を「日常的に足を運ぶ場所であり、その目的は勉強だけではなく生活を楽しむ事にある」とし、展示以外の付属施設の拡充の必要性を論じている。

能美栄子は、二〇〇二年の「ミュージアムショップとは？〜その役割と先行事例[18]〜」で、ショップをミュージアムの理念を伝えるものと定義し、その構想にあたっては、マーチャンダイジングや設計といった実務的側面以前に、ショップの置かれるミュージアムの理念の確認が必要であると論じ、ショップの役割を「館の使命の伝達、イメージアップ」「財源確保の手段」「リピーター、新規来館者の確保」の三点にまとめている。

能美は、グッズの由来やショップで取り扱っている理由を来館者に示し、展示との関連性を明らかにして、展示への理解を深めることの重要性にも言及している。さらに、博物館に付設されたミュージアム・ショップ以外に、同様の機能を持つ「サテライトショップ」を設置することについても述べている。

グッズ論について、いくつかの論文を取り上げておきたい。岡部あおみは、一九九七年の「アートとデザインの横断／ミュージアム・ショップの楽しみ[19]」において、グッズを、美術館訪問の土産品や記念物であるのと同時に、「一生手に入れられる可能性のない芸術作品のイメージを生活空間に届ける」ものでもあると述べている。さらに、フランス文化省の直轄組織で、フランス国内の国立美術館のミュージアム・グッズの製作販売を手がける、フランス国立美術館連合を紹介し、経済活動と文化活動のバランス、ショップの組織化について論じている。また、「売れる」商品開発の一方で、芸術作品の意匠を利用したグッズの倫理性についても、岡部は論文中で触れている。

二〇〇五年の「伝統染織技術を応用したミュージアムグッズの開発[20]」で佐藤道子は、伝統的な工芸技術をグッズの制作に応用して特徴ある商品を開発し、ショップの独自性を高められる可能性を技法の具体例とともに紹介している。

山下治子らによる二〇一〇年の「科学技術系ミュージアムにおけるミュージアムグッズに関する調査研究[21]」では、当時の国内の科学技術系博物館で販売されていたグッズの調査結果が報告されている。さらに、学校教育で利用される教材とミュージアム・グッズを「教育の目標」の有無によって区別し、グッズに求められることとして、以下のように論じている。

（前略）ミュージアムグッズは、社会教育の場として教育性はあるものの、定められた養育目標はない。ゆえに（中略）展示や教育プログラムから発せられた「興味関心」や「驚き」を持続させ、さらに深める媒介の役割が求められるのである。（中略）科学技術系ミュージアムのグッズ開発において必要な考え方や要件としては、「科学原理をきちんと示しつつ、デザイン性や演出性を高め、驚きや感動を与えることで、ミュージアムで得た感動を回帰させるものである」ことが重要である（後略）

ショップの運営に関して、構想段階から実務までを総合的に論じているのは、ミュージアム・ストア協会編の『ミュージアム・ショップ・ワークブック[22]』と、総合ユニコム編『ミュージアムショップの経営戦略・グッズ開発資料集[23]』である。前者を編纂したミュージアム・ストア協会は、一九五五年に発足したアメリカの協会であり、ミュージアム・ショップのマネジャーや製造業者で構成されている。ワークブックでは、個々のショップがミュージアム・ストア協会に加入し、積極的な情報交換を行うことが主張されている。また、後者の資料集においても、著者のひとりである佐々木亨は、ショップの組織化を提唱している。

近年のショップ、グッズ論では必要性の確認に加え、博物館が多くの人に開かれた場となるにあたって、ショップが重要な拠点になりうる可能性が主張されている。また、全体的な傾向として、かつての必要論からショップやグッズのあり方を論じる方向へ論調が変化しているように思われる。これは、ミュージアムにおけるレクリエーション、休憩等の付属施設の必要性が広く知られるようになったためと考えられる。現代社会の必要に応えるミュージアムの追求には、ミュージアム・ショップ、グッズ論の考究は不可欠であろう。

註

(1) 栗本鋤雲「博物舘論」『郵便報知新聞』七九〇、一八七五
(2) 岡倉覚三（天心）「博物舘に就て」『日出新聞』九月二・四・五・六日、一八八八
(3) 坪井正五郎「歐米諸國旅行雜話」『農商務省商品陳列館報告』一、一九一二
(4) 西野嘉章「明治三七年の坪井正五郎」一九九七（http://www.um.u-tokyo.ac.jp/publish_db/1997Archaeology/index.html）
(5) 神保小虎「鑛物博物館の陳列術」『地質學雜誌』二〇、一九一三
(6) 博物館事業促進會編『博物館研究』一九二八年創刊
(7) 矢代幸雄「美術館問題」『博物館研究』三―六、一九三〇、二一―六頁
(8) 棚橋源太郎「世界の動物園」『博物館研究』三―七、一九三〇、一―一六頁
(9) 「博物館ニュース」『博物館研究』九―九、一九三六、六頁
(10) 「博物館ニュース」『博物館研究』一〇―三、一九三七、六頁
(11) 山下治子「ミュージアムショップとレストラン」『博物館学Ⅲ 博物館情報・メディア論＊博物館経営論』学文社、二〇一二、一七七―一八五頁
(12) 青木 豊「現代博物館に於けるミュージアムショップの必要性に関する一考察」『國學院大學博物館學紀要』一三、一九八八、二五―三二頁
(13) 甕 温子「アメリカの博物館におけるミュージアム・ショップの現状」『博物館研究』二八―五、一九九三、三一―三三頁
(14) 畑中三応子「利用者の立場から望むミュージアムの憩い 各館の性格を共有した飲食やグッズを」『博物館研究』四三―七、二〇〇八、一五―一八頁
(15) 『月刊ミュゼ』ミュゼ（現在はアム・プロモーション）、一九九四年五月創刊。当時のコンセプトは「ミュージアム・ショップとグッズをクリエイトする人のための専門誌」。
(16) 山下治子『ミュージアム・ショップに行こう そのジャーナリスティック紀行』アム・ブックス、二〇〇〇、一七六―一八五頁
(17) 野口智子・曽根陽子「美術館に付属する喫茶店・レストラン・ミュージアムショップに関する研究」『日本建築学会大会学術講演梗概集』一九九六
(18) 能 美栄子「ミュージアムショップとは その役割と先行事例」『博物館研究』三七―一一、二〇〇二、二一―二六頁
(19) 岡部あおみ「アートとデザインの横断／ミュージアム・ショップの楽しみ」『日本美術工芸』七〇〇、一九九七、六六―七三頁
(20) 佐藤道子「伝統的染色技術を応用したミュージアムグッズの開発」『京染と精練染色』二〇〇一、一―七頁
(21) 山下治子ほか「科学技術系ミュージアムにおけるミュージアムグッズに関する調査研究」『日本ミュージアム・マネジメント学会会報』一五―一、二〇一〇、一六―一九頁
(22) ミュージアム・ストア協会編『ミュージアム・ショップ・ワークブック ミュージアム・ショップの新規開店、拡張、改装のためのガイドブック』アム・プロモーション、二〇〇五
(23) 総合ユニコム編『ミュージアムショップの経営戦略・グッズ開発資料集 博物館・美術館・テーマ館における運用ソフト総研究』一九九五

【田子文菜】

博物館広報論史

「広報」という言葉を『広辞苑』(第3版)で引くと「ひろく知らせること。また、そのしらせ」と定義されている。また、広報と似た意味で通用される「宣伝」という言葉は『広辞苑』では、「①述べ伝えること。②ある主張・商品の効能などを多くの人に説明して理解・共鳴させ、ひろめること。③以降略)」とある。後述するが、昭和初期から中期までの博物館学では、「広報」ではなく主に「宣伝」の言葉が利用され、その論が展開されてきた。それは、知らせるという意味の「広報」ではなく、その伝達事項を理解・共鳴させることが博物館広報の本来の意味であることを「宣伝」という言葉で暗に主張していたのではないかと考えることができるのである。それは、現代にも通用することで、正確には「広報」ではなく「宣伝」の意識を持つことが、博物館広報を理解する一番の方法であることが分かるのである。

一．棚橋源太郎の博物館広報論

博物館学史における広報の位置付けは、博物館経営を考える上でその重要性も認められてきた。その博物館と広報の関係性を詳細に言及した人物として、棚橋源太郎を挙げることができる。

棚橋は、一九三〇年(昭和五)に発表した『眼に訴へる教育機關』の「第十五章　博物館の宣傳」で、その広報の必要性を訴えている。棚橋は、これまでの欧米の博物館を「英語のデットミュージアム卽ち死んで居る博物館」と評価し、「唯物品を列べて、それへ教養もない見張人を附けて置くに過ぎなかつた(中略)單に品物を保管する一種の倉庫の觀があり、之れを利用する人も自ら少數の専門家に限られ、民衆とは沒交渉であつた[1]」と、博物館と一般市民の隔離を述べることで、博物館の機能である教育の役割が達成されていないことを示している。そして、その社会民衆の教育に貢献するために、博物館の積極的経営として、「これまでのやうに座して見物人の來るのを待つと云ふ消極的態度を棄てゝ、進んで博物館を世間に宣傳廣告し、觀覧者を呼び集めてあらゆる便利を與へ、博物館の役目を十分に果たさんとするにあるのである[2]」と、設備を拵えても来館者が来なければ意味がないとして、博物館が積極的に来館者を呼び寄せる努力を行うべきであると棚橋は述べ、その最も有効な方法の一つとして「廣告」を挙げている。その方法は次のように示されている。

商賣人が自分の店の商品を世間に普ね知らせて、其の販路を擴張すると同じやうに、博物館に於ても亦、其の陳列品の内容を出來るだけ廣く世間に知らして、お客を餘計に引込む商賣人と同じ態度に出でなければならぬ。(3)

要するに、厳然とした教育機関であるという固い態度を棄てて、あらゆる方法で来館者を集めるべきであることを述べており、「固より當然のこと」と主張しているのである。棚橋は更に、広告ビラ、旅行案内、名所案内、新聞、ラジオ、看板などを広報の手段として主張しており、広告の差で来館者数に非常な影響があると考察しているのである。

また、棚橋は展覧会や講演会も博物館宣伝に効果があると主張しており、「此の如く絶えず新らしい催をすることが、觀覽者を博物館に吸收する一つの有力な方法になつて居る。隨て特別展覧會と云ふことは、博物館の事業として餘程重視すべきものである」(4)として、博物館展示の補強に加えた博物館を世間に宣伝する意味を主張している。そして、棚橋は一九五〇年に出版した『博物館學綱要』でも、「博物館の宣傳」という題でその必要性を再び訴えており、博物館広報が事業の一部として重要であると主張し続けていたのである。

二、アンドレ・レヴェイエ「博物館の宣伝活動について」

一九五一年(昭和二六)、日本で博物館法が施行され博物館が社会教育機関としてのスタートを切った同年、「ICOM(国際博物館会議：筆者注)とユネスコの共同編集による「ミュージアム」誌一九五一年四巻四号」(5)に、パリー発明館館長のアンドレ・レヴェイエが執筆した「博物館の宣伝活動について」という論文が掲載された。レヴェイエはこの論文で宣伝活動の目的と詳細な宣伝方法を述べている。

レヴェイエは、一九世紀の機械文明の全盛によって人々の生活は急激なテンポで躍動し、「産業界及び実業界における広告活動は大衆に即座につかめうるような明確な情報を要求せしむるに至つた」(6)ために、ポスターなど宣伝面の開発が進められたと述べている。そして、第一次世界大戦に始まる長期の戦争を経験したことで、大衆が自分の国の歴史的遺跡や文化財に対し改めて関心を抱いたことによって、大抵の娯楽が失われていたその時代に博物館参観者が比較的多数にのぼったと指摘している。すなわち、「各人は自分の専門分野において、また自分の博物館の性格にてらして美術家や科学者、産業家や労働者、成人や児童、先生や生徒たちの興味や探究心をさそうようなすぐれた、またさまざまな宣伝や広報活動を組織する必要がある」[7]ということであり、各博物館ごとに様々な来館者の興味と探究心を引き起こすことが宣伝活動の目的であり、博物館機能の補完技術として位置付けされるのである。

加えてレヴェイエは、その宣伝活動を①新聞・放送、②ポスター、③出版、④招待の四つに分けて言及している。

①新聞・放送では、博物館は出版物の重要性を認めており、紙面での広報のため新聞社との連携を保ち、また、放送についても同様で、各メディアに対して積極的な宣伝提供を行っていることを述べている。

②ポスターでは、博物館側は、ポスターは各種施設や学校に掲示するのがよいと認識し、各種の観光施設、列車、電車、ホテル、駅等に展示され得るように按配している点がある。そして、ポスター展示の特色あるやり方として、「二・三の都市でいくつかの博物館が協同の広報活動を実施、協同のポスターを発行し、あるいは互いにポスターの紙面をさきあつている」[8]ことを主張し、博物館におけるポスターの広報性が高いことを指摘する。

③出版では、カタログ・パンフレット・手引きを上げ、これらはニュースや参考資料として重要であると共に優れた宣伝価値を持つとして、人々の興味を湧かせ、これが宣伝の力強い永続的な形態になると指摘する。

④招待では、宣伝の一つの形態としてレセプションを挙げ、アメリカの博物館ではその資力に応じて館の記念日や展覧会の開会日に会を催している例を示した。

また、レヴェイエは有力な広報手段として、組織的な参観あるいは指導見学を挙げている。結果として、大抵の博物館は成果を挙げているものの、見学に来る学校の先生が必ずしも十分な努力を払っていないという館長側の意見を示し、学校従事者側の協力がなければ博物館としての体裁が意味を成さないことを新たに主張しているのである。

三．博物館法制定後の博物館広報論史

博物館法施行後の博物館広報は、情報化社会となった二〇世紀後半以降の情勢に関連した活動が中心となる。

小林克は、博物館の事業には広報が必須であるとして、情報を欲している人に的確に情報を届ける広報担当者を博物館に置くべきであると述べている。展示や講座は人々に来てもらって初めて意味を持つので、積極的な広報は博物館の生命線であるというのが、小林の主張である。[9]

また、原田紀子は、博物館広報の役割を、情報の受信と人

的ネットワーク形成に大きな役割を持つ「価値創出」機能、博物館が持つ固有の価値を伝達し広報する内容に意味を持たせる「価値伝達」機能、各種の支援元から博物館運営コストの財源を調達する「運営財源調達」の三機能に特化して論じている。そして、その三機能の根底に、「博物館が自己の存在価値を確認する自己認識作業」であるミュージアム・アイデンティティ（ＭＩ）を据え、広報活動の最大前提条件を「自らの組織に対する自己認識」であると提示しているのである。[10]

四．二〇世紀後半の博物館広報論における共通点

博物館広報は、時代が進むにつれその重要性が増える。それは、博物館が一般社会の需要に対応し、新たに来館者を増やす必要に迫られていたことも意味しているのである。そして、そこにはいくつかの共通点が見られる。

一つ目は、出版物の重視である。倉田公裕・武田厚は、出版物の目的を報告・記録と広報の二種類に分類し、広報の点において博物館における諸活動が広く理解されるために、出版活動は不可欠な要素となっていると述べている。その広報を目的としている出版物として倉田・武田は年報と機関紙を挙げている。その中で、年報は「過去と未来を結ぶ唯一の媒体」である館運営に欠かせない出版物として位置付け、機関紙は、送り手の積極性を待つ受動型の人々に「大量に広範に情報を送り出す貴重なメディア」として、博物館運営の基本的姿勢としてその必要性を訴えている。[11] また、原田紀子も良質な出版物の発行が入館者数の増減に関わるものではないが、「博物館のイメージ・アップになるし、展示に興味をもてる解説があれば、繰り返し訪れようという人も増えるというものである」[12] として、出版物に一定の評価を加えている。

その一方で、博物館出版物の独立性も問題となっている。青柳潤一は、広報刊行物の文体には、お役所的なものが多いことに触れ、その目線が市民ではなく同業者に向けられていると指摘し、広報刊行物が一つの独立したメディアという認識が乏しいことを主張している。[13] また、小西昌幸は美術館や博物館の広報の可能性について、数種類の博物館・美術館広報の例を紹介しながら、その結論を以下のように述べている。

思うに、博物館や美術館の広報は『＊＊町報』といった普通の広報と比べ、かなり個性的な編集ができる分野だといえよう。それは、そもそも博物館や美術館というものが、独自のカラー（個性）を打ち出したところにこそ存在意義を持っているからだと思われる。[14]

それ故、博物館出版物は個性を表すことでその存在価値

が生じるのであり、読み手を想定した文章作りが求められるのであると小西は主張しているのである。

二つ目は、新たな情報手段であるインターネットの活用である。原田は、その利点として安価で世界的に広報を行える点を挙げ、更に特徴として、マスメディアの広告や定期刊行物などより早く情報を発信できる点を挙げている。それ故、「インターネットにおける博物館広報の特徴を最大限に生かすために、ホームページの内容はまめに更新されるべきである」[15]と原田は結び、将来の広報媒体としてその期待を寄せているのである。

一方、諸岡博熊は、二一世紀をマルチメディア社会と位置付け、「未知数のところが多いが、無限の可能性は推測することができる」[16]とその効果を提示している。また、インターネットの出現は、情報流通の障害が解消して情報弱者の人々も知識や知恵を共有できるとして、「そのためにも、コンピュータを利用して、館内の情報の共有を始めることである。その上で、館外へ情報公開されるべきで、地域社会の人々と共有し、共鳴することで、豊かな社会が実現できると考えてよいだろう」[17]と結び、情報の共有が社会を創り上げると諸岡は明言しているのである。

三つ目は、博物館と利用者双方の「対話」である。小林克は、広報の検証として、その成果を各事業ごとにまとめ、館内で報告・周知する必要があると述べている。そして、良かった点は発展し、悪かった点は改善を行うことが大切であると主張している。[18] また、諸岡は同時進行型のマーケティングとして、①情報処理能力、②バーチャル性、③双方向性の三つの要素を挙げ、この三つの支えがあってこそ文化消費者のニーズの多様化や変化のスピードを把握できるとしている。[19]

更に、田中広樹は、広報には来館者や一般市民の要望・意見を聞く広聴活動が含まれるとして、利用者の声を博物館運営に反映させる姿勢が必要であると述べている。そして、「博物館が伝えたい情報を発信するだけでなく、来館者やまだ来館していない一般市民の声を聞くことで、幅広い利用者との対話を深め、良好な関係を構築することが、博物館の広報活動の最大の目的である」[20]として、利用者との関係を深め、来館者の目線に立った博物館づくりが必要であると主張するのである。

おわりに

博物館広報の歴史を紐解いていくと、来館者を呼び寄せる積極的な広報が博物館のこれからを形成していくものであるという、確固たる発言が多数見受けられる。それは、来館者を呼び込むことが博物館運営の第一であり、教育機関であることの意義として広報が必須であることを説いているのである。そして、歴史が降るにつれ、新聞やポスターなどの紙媒体に加え、インターネットなどの電子媒体も広報手段に入り、そのバリエーションが増えたことが、新たな広報論の構築が求められる理由ではないだろうか。

そして、博物館広報の一番の問題は資金であることに間違いないだろう。それは、資料購入や建物維持に掛かる費用の捻出が最優先されるので、広報はコストカットの優先事項になるためである。しかし、「もし資金に余有（原文ママ）があればあらゆる宣伝や広報活動を行いたいというのが、（中略）博物舘の意見だといって差しつかえないであろう(21)」とレヴェイエが述べるように、やはり、広報活動は運営の第一課題と言って申し分ないであろう。

博物館は建物や展示などのハード面の完成だけではなく、教育や講座などのソフト面の完成をもって初めて完成と言えるものである。それは、博物館と来館者の相互理解があってこそ成り立つものである。博物館広報はその理解へと導く手段として考え続けられるものであると言えよう。

註

(1) 棚橋源太郎『眼に訴へる教育機關』寶文館、一九三〇、三九〇頁
(2) 註1に同じ。三九〇頁
(3) 註1に同じ。三九一頁
(4) 註1に同じ。四〇三頁
(5) アンドレ・レヴェイエ、ICOM日本委員会訳「博物舘の宣伝活動について」『博物館研究』二八―九、一九五五、一頁
(6) 註5に同じ。三頁
(7) 註5に同じ。五頁
(8) 註5に同じ。六頁
(9) 小林克『新博物館学　これからの博物館経営』同成社、二〇〇九
(10) 原田紀子「第8章　博物館と広報」大堀哲監修『博物館学シリーズ4　博物館経営論』樹村房、一九九九
(11) 倉田公裕・武田厚「博物館における出版活動」『博物館学講座8』雄山閣出版、一九七九
(12) 註10に同じ。一四九頁
(13) 青柳潤一「戦術の展開①　広報活動」大堀哲・小林達雄・端信行・諸岡博熊編『ミュージアム・マネージメント　博物館運営の方法と実践』東京堂出版、一九九六
(14) 小西昌幸「博物館や美術館の広報に見る可能性」『月刊自治研』三三―八、一九九六、五三―五四頁
(15) 註10に同じ。一四八頁
(16) 諸岡博熊『博物館経営論』信山社、一九九七、一三九頁
(17) 註16に同じ。一四六頁
(18) 註9に同じ。八三頁
(19) 註16に同じ。一四一頁
(20) 田中広樹「第3節　博物館と利用者サービスとの連携活動」全国大学博物館学講座協議会西日本部会編『新しい博物館学』芙蓉書房出版、二〇〇八、一八七頁
(21) 註5に同じ。八頁

【大森威和】

中国博物館論史

本稿は中国博物館学史として、「博物館」なる言葉が初めて出現してから現代までの、博物館学の発展の程度により時代を区分しながら論述するものである。

しかし、現時点では中国博物館学史においての先行研究は多くはないため、あくまで試論であること、また文献入手困難により厳密性に欠けることも十分に承知しているものの、本稿は今後さらなる詳細な研究が展開されるための布石と考えて記すものである。

一．**「博物館」の濫觴**

一八世紀までの中国の歴史において、「博物館」という言葉が見つからないものの、中国の歴代王朝は当然の如く古典籍・古文物・珍品・奇品を収集していた。例えば、前漢時代（紀元前二〇六～八年）では「天禄（てんろく）」「石渠（せききょ）」「蘭台（らんだい）」を建て、三大図書文物館と称した。また、唐時代（六一八～九〇七年）では「凌煙閣（りょうえんかく）」を設置し、功臣を表彰するために描いた似顔絵を展示していた。明時代（一三六八～一六四四年）には「画廊」なる言葉が初めて出現し、似顔絵から立体である彫刻が展示されていたのである。宋時代（九六〇～一二七九年）では、文物に関しての解説・論及をおこなった資料である「考古図」「金石録」「集古録」などが編纂され、今に伝えられている。清時代（一六三六～一九一二年）には、さらに収蔵品が豊富になり、皇帝の珍品を収集するための専用施設が多数建てられた。そして、清末期の一八六六年、欧州への正式訪問を契機として博物館の実態を知ることにより、中国の近代博物館は幕を開けた。

一九〇五年までには、多数の西洋への渡航により、王韜（ワント）による『漫遊随録』を始めとして、張徳彝（チャンデイ）の『航海述奇』、黎庶昌（リシュチョウ）の『西洋雑志』が著され、これらの書籍には必ず博物館の紹介がされ、このことにより博物館なる施設が存在していることが明瞭となった。しかし、これらの書籍には「博物館」の言葉が用いられることはなく、「公所」「万種園」「集宝楼」「集奇館」等の名称を用い、見学した種々の専門領域の博物館を描写したに留まる内容であった。

一八六七～一八七〇年までイギリスで遊学した王韜が、初めて「museum」を中文で「博物院」と訳し、遊学期間に見学した一五箇所の博物館を前記した『漫遊随録』で記述している。海外の博物館を「広見聞、増知恵」と記し、博物館は教育機関であると評価したものであった。

二．中国博物館学の歴史及び発展

中国人学者により初めて設立された公共博物館は一九〇五年に開館した南通博物苑であり、設立者は張謇（チャンチャ）であることは中国では周知されている。南通博物苑は、中国で初めて教育を目的として設置された博物館でもあり、南通師範学校附属の博物館である点は、世界最古の博物館であるケンブリッジ大学附属アシュモレアンと同様である。

しかし、中国の博物館学は、厳密には一九三〇年代から始まっている。当時、博物館の機能及び社会での役割に関する認識はまだまだ脆弱で、博物館学研究を推進したのは当時の若手研究者であり、これらの研究者達は殆ど欧米や日本、また他の国で留学して博物館学を学び帰国したという共通性を見出すことが特徴である。当時、先進国で最新の科学や学術に熱心に取り組み「科学で国を救う、教育で国を救う」などのスローガンに従い、中国の考古学・人類学・社会学などをそれぞれ研究し始めたのであった。その一環で、博物館学も学術的に重要な一科目と見做され、研究が開始されるに至ったのである。

三．中国博物館学の濫觴

中国の博物館学で代表的な初期の研究は、一九三六年六月に出版された『博物館學概論』(1)である。内容は、日本の博物館学者棚橋源太郎の『眼に訴へる教育機關』（寶文館、一九三〇）の内容を基本として展開されたものであった。また、同年七月に『博物館學通論』(2)が出版された。当該本は、博物館学の知識と博物館の機能の基本方法について全面的かつ詳細に記されている。したがって、博物館学研究の端緒になるのみではなく、中国における博物館の設立及び発展にも重要な位置を占めてものと高く評価されよう。『博物館學通論』の内容は、広範であり日本の博物館学のみに留まらず、海外の博物館の紹介及び学術的観点をも詳述したものであった。さらに、参考文献も多く三九冊を数える。その内訳は、欧米の学術論文資料二一冊、日本の学術論文一〇冊である。

以上のように、一九三〇年代から中国の研究者は中国のみならず、海外の膨大な学術論文、または海外の情報を引用し、博物館学に新たな意義を与えたことが把握できる。

四．中国博物館学の停滞期

一九四三年には、曾昭燏（ズエジョジュ）・李済（リジ）の共著に拠る『博物館』(3)、または荊三林（ジンサンリン）が著した『博物館學大綱』(4)が上梓された。

一九四五年、第二次世界大戦は日本の敗戦で終結するが、一九四六～四九年の国共内戦により、博物館建設・博物館学研究は大幅に停滞していった。国共内戦が終結し、一九四九年に中華人民共和国が成立すると、毛沢東は「全世界の、そしてまた中国の先進的知識人にとって、プロレタリア階級の世界観により国家の運命を見通せるようになったことは、自身の問題を再考する契機になったことにより、ロシア人の辿った道を歩もう」と結論した[5]。そのため、当時のソ連との友好関係により基づくソ連の博物館の形態や組織、そして経営方針を模倣しながら、中国独自の博物館へと発展を遂げたことが当該期の特徴である。

また、当時の冷戦の影響で欧米の博物館との接触が、不可能であったという事実も存在する。博物館学の研究に限らず大半の学問は、ソ連に傾倒したものであった。つまり、当時の博物館学の研究視野が全体的に狭いことに加えて、中国独自の思考や主張がないことが時代的特徴である。

一九五〇年前後には、約百部の論著及び博物館に関する文書を数えることが出来る。しかし、それらの内容は、多くは当時の博物館で展開している事業内容の概観と報告に限られている。

さらに、一九六四年に台湾の博物館学研究者である包遵彭（ホソンポン）が著した『中國博物館史』[6]が公刊された。当該書は、中国の博物館史上初となる中国博物館の歴史をまとめた著書である。

一九七八年には、同じく台湾の博物館学研究者である陳國寧（チェングオニン）が著した『博物館的演進與現代管理方法之探討』[7]が刊行され、本書にはアメリカの博物館の現状が詳しく論及されていた。また、参考写真も多数掲載され、注釈も万全であることから参考書として中国語、英語、日本語、朝鮮語の各国の言語に翻訳されているが、中国の博物館の現状が詳細に記されることなく終焉しているのは残念である。

以上の通り中国の博物館学は、一九七九年まではあまり進捗せず、新たな試みや成果が現れていないことは言うまでもない。博物館が果たすべき社会貢献につながる事業や認定に関する点も明らかにされていないが、中国における博物館意識の黎明期と認識するには十分であると考える。

五. 中国博物館学の発展期

一九七九年、改革開放の運動が全国で始まり、一九八〇年から中国経済や国勢は大きく進展した。一九八一年七月、国家文物局は各地の博物館及び大学の関係者を招き、「博物館学討論会」の会議を開催し、『中国博物馆学概论』[8]

を編纂することを決定した。当該会議は、進展する社会において必要とされる博物館学に関して考察する目的で、重要な創造確立時代への進入の足掛かりであった言えよう。具体的には、一九八二年三月に北京において「中国博物館学会」の設立総会が開催され、博物館学研究においても組織や計画性が明示されたものであった。また、一九八三年七月に中国博物館学会は、国際博物館会議（ＩＣＯＭ）に加入し、これにより大きく進展することとなった。

その後も博物館関連の学会が続々と設立され、中国の博物館界は中国で称するところの「研究熱」の時期に突入していったのである。

一九八五年一二月、『中国博物馆学概论』が出版され、中国の博物館史及び中華人民共和国成立後（一九四九年）の博物館事業の展開、発展等々が詳述され、加えて博物館に関する収集、保管、陳列、群衆教育、研究等の博物館機能に関する内容が記された。その後、一九九〇年に『中国博物馆学基础』[9]も出版された。

一九九三年には、国家文物局は『博物馆群众教育工作』[10]を刊行した。本書は、来館者の接待や、群衆教育の多様性、博物館の団体建設及び運営管理、博物館学研究など博物館経営内容も広く紹介した刊行物であった。また同年には、『博物馆藏品保管工作手册』[11]が出版され、博物館の収集、保存管理の仕事に関わる収蔵品を初めて「文物」と「標本」を区分し新たな名称と定義がなされたのである。専門用語が規範されたことで、博物館学のさらなる発展に寄与することは勿論であった。

一九九〇年代には、博物館に関する研究論著・思想書も数多く上梓された。代表としては、『中国大百科全书　文物・博物馆』[12]（一九九三年）、『遗址博物馆研究』[13]（一九九五年）、『中国博物馆志』[14]（一九九五年）、『中国纪念馆概论』[15]（一九九六年）、『博物馆陈列艺术』[16]（一九九七年）、『博物馆的沉思』[17]（一九九八年）、『当代中国的博物馆事业』[18]（一九九八年）、『北京博物馆年鉴』[19]等々が刊行されている。

以上述べたように、社会変革に従って、公立施設、特に博物館の建設や研究がはるかに進捗したのは事実であり、すなわち、当時の社会が博物館学をはじめあらゆる学問を推進させるに足る力を有していたことが発展の原動力であった。一九七八年までには、全国に三四九カ所の博物館があったが、二〇〇四年には一五五二カ所を数えるに至っている。

おわりに

中国の歴史や社会の変遷に沿って、中国博物館学史を縷々論じて来た。本文では、概略的に中国博物館学の研究がされてきた歴史を時間軸で述べてきた。しかしながら言及されていない文献、内容が多数存在していることは十分予想している。

また、現代中国の社会における博物館は、急成長を遂げていることは紛れもない現状である。その展示技術は、既に日本を凌ぐものも多く存在している。特に新設される遺跡博物館においては、諸外国の優れた部分を取り入れ、さらに高度な展示技術を駆使しており、世界に誇れる博物館が今後も建設されると予想される。

しかし、将来においてより良い博物館事業を展開するには、法律や制度を整えなければならないことは、諸外国を見るまでもなく、また博物館事業を遂行の上での要であることは確認するまでもない。中でも、急を要するのは専門員あるいは日本の学芸員に相当する知識と資格を持つ人材の養成と配置であろう。

註

（1）費畊雨・費鴻年『博物館學概論』中華書局、一九三六

（2）陳端志『博物館學通論』上海市博物館、一九三六

（3）曾昭燏・李濟『博物館』正中書局、一九四三

（4）荊三林『博物館學大綱』中国文化服務社陝西分社、一九四一

（5）滕鑑「中国の計画経済時代における体制改革」『岡山大学経済学会雑誌』四八－一、二〇一六、四五～六〇頁

（6）包遵彭『中國博物館史』中華叢書編審委員會、一九六四

（7）陳國寧『博物館的演進與現代管理方法之探討』台北文史哲出版社、一九七八

（8）文化部文物局『中国博物馆学概论』文物出版社、一九八五

（9）王宏钧『中国博物馆学基础』上海古籍出版社、一九九〇

（10）国家文物局『博物馆群众教育工作』文物出版社、一九九三

（11）国家文物局『博物馆藏品保管工作手册』群众出版社、一九九三

（12）中国大百科全书总编辑委员会『中国大百科全书　文物・博物馆』中国大百科全书出版社、一九九三

（13）理智『遗址博物馆研究　兼述陕西遗址博物馆』陕西人民出版社、一九九五

（14）中国博物馆学会编『中国博物馆志』华夏出版社、一九九五

（15）安延山『中国纪念馆概论』文物出版社、一九九六

（16）国家文物局・中国博物馆学会『博物馆陈列艺术』文物出版社、一九九七

（17）苏东海『博物馆的沉思』文物出版社、一九九八

（18）吕济民『当代中国的博物馆事业』当代中国出版社、一九九八

（19）北京博物馆学会『北京博物馆年鉴』北京燕山出版社、一九九八

【王　娟】

おわりに

「博物館」の名称が日本人の間で最初に使われたとされるのは一八六〇年（万延元）に日米修好通商条約の批准書交換のための遣米使節団に通訳として加わった名村五八郎元度による『亜行日記』の中であり、「博物館学」の語は一九一一年（明治四四）の黒板勝美の『西遊弐年　歐米文明記』においてであり[1]、それ以来「昭和初期に意識的な『博物館学』の使用が認められ[2]」、棚橋源太郎の『博物館學綱要』に書籍名として初めて用いられた。筆者が博物館学に関わりを持ち始めた一九八〇年代頃には、博物館学などという研究分野は単独で成り立つのか、などと言われたこともあった。最初の「博物館学講座」シリーズの冒頭で新井重三は、「博物館学について論述するとき、多くの同学の友は一度はためらい、やがて勇気を奮い起こし、決断するまでのボルテージ上昇を待って筆を執ることであろう。それに答える形式をとりながら成立論を説いている」と始めている。そして日本における博物館学の提唱の原点を棚（中略）異口同音に『博物館学』の成立に触れ『博物館学は学問か』という問いかけを筆者自身に投げかけた上で、橋源太郎の『博物館學綱要』とし、「博物館学の実態とは、博物館学が育つ土壌があり、博物館学を構成する花が咲き乱れている現実的博物館があり、博物館研究があるということである」と結んだ[3]。

今日の状況は、二〇〇七年度より当初は時限付ではあったが「博物館学」が科学研究費を申請できる科目としてあげられ、全国大学博物館学講座協議会によって進められている博物館学の「文献目録」には、二〇一四年度には五七二二点の著書・論文等が掲載され、二〇一五年度分は五四二二点が示されたことからも言えることだが[4]、もはや博物館学は独立した学問分野として確固たる場を占めるに至っているのである。

本書では日本における博物館・博物館学の研究史を、主として明治・大正・昭和（戦前期）に軸足を置いてまとめたが、現在の博物館学の研究はこれら明治以来の研究の実績を踏まえたものでなければならないし、研究が目先の現象だけにとらわれたものとならないよう、研究史を振り返ることの意味を自戒も込めて、改めて確認しておきたい。

鷹野光行

註

（1）青木 豊「黒板勝美博士の博物館学思想」『國學院大學博物館學紀要』三三、二〇〇八
（2）山本哲也「博物館学を遡る」『博物館学雑誌』三三―一、二〇〇七
（3）新井重三「いわゆる博物館学の領域と体系」『博物館学講座1』雄山閣出版、一九七九
（4）全国大学博物館学講座協議会『全博協研究紀要』一八、二〇一六。同『全博協研究紀要』一九、二〇一七

文献索引

＊本書掲載項目には、該当文献が掲載されている項目の最初の頁を示した。
＊参照項目には、本「博物館学基本文献集成」シリーズに掲載の論文について以下のように示した。
明:『明治期 博物館学基本文献集成』　大昭・上／下:『大正・昭和前期 博物館学基本文献集成』上／下
棚・上／下:『棚橋源太郎 博物館学基本文献集成』上／下

刊行年	文　献	本書掲載項目	参照項目
1860	名村元度『亜行日記』(日米修好通商百年記念行事運営会編『万延元年遣米使節史料集成2』風間書房、1961)	106	
	福島義言『花旗航海日記』(日米修好通商百年記念行事運営会編『万延元年遣米使節史料集成3』風間書房、1960)	106	
1861	市川 渡『尾蠅歐行漫錄』(大塚武松編『遣外使節日記2』日本史籍協會、1929(1987年に東京大学出版会より復刊))	106	
1862	James Fergusson, *HISTORY of THE MODERN STYLES OF ARCHITECTURE : being a sequel to the Handbook of architecture*, London, J. Murray	328	
1866	岡田摂藏『航西小記』(大塚武松編『遣外使節日記3』日本史籍協會、1930(1987年に東京大学出版会より復刊))	106	
	福澤諭吉『西洋事情　初編』慶應義塾出版局	2, 106, 112, 160, 192, 302	
1869	栗本鋤雲「暁窓追録」『匏菴十種』九潛舘	106	
1873	東江学人『内外事情』東生亀次郎	2	
1875	瓜生政和編『西洋新書』實集堂	2	
	大久保利通「博物館ノ儀」(『大久保利通文書6』日本史籍協會、1929)	2	
	栗本鋤雲「博物舘論」『郵便報知新聞』790	2, 94, 160, 268, 302, 346, 382	明
	佐野常民『澳國博覽會報告書博物舘部』澳國博覽會事務局	106	
1877	教育博物館『教育博物館規則』	316	
	田中不二麿『米國百年期博覽會教育報告』3、文部省	106	
	東京大學『東京大學法理文三學部第五年報』	192	
1878	久米邦武『特命全権大使米歐回覽實記　第2編　英吉利國ノ部』博聞社	106	
1879	文部省「教育博物館年報」『文部省第七年報』	192	
1888	岡倉覚三(天心)「博物舘に就て」『日出新聞』9月2・4・5・6日	2, 136, 154, 174, 248, 268, 328, 346, 382	明
	手島精一「東京教育博物館は文部省の直轄たるべし」『教育時論』141	2	
1889	坪井正五郎「パリー通信」『東京人類學會雑誌』43・44・45・46・47・48	2, 28, 106, 112, 268, 274, 280, 284	明
1890	坪井正五郎「ロンドン通信」『東京人類學會雑誌』50	2, 28, 106, 268	明
	中野了随『東京名所圖繪』小川尚榮堂	328	

刊行年	文　献	本書頁	参照項目
1893	神谷邦淑「博物館」『建築雑誌』7—81·84、8—85	2, 136, 302, 328, 334	明
	田原 榮「博物館の陳列法」『讀賣新聞』7月25·26日	268, 274	明
	鳥居龍蔵「帝國博物舘風俗古物歴史物品陳列方法に就て。」『教育報知』355·357·360	2, 160, 268, 302	明
1895	George Brown Goode, *The Principles of Museum Administration*, Coultas & Volans	346	
1896	箕作佳吉「普通學校ニ於ケル博物學標品室」『東洋學藝雜誌』13—79	2	明
1899	高山林次郎「博物館論」『太陽』5—9（秭﨑正治・笹川種郎編『改訂註釋　樗牛全集1』博文館、1980）	2, 154, 268, 290	明
	棚橋源太郎「高等小學校に於ける手工科」『教育界』15—9	34	
	坪井正五郎「土俗的標本の蒐集と陳列とに關する意見」『東洋學藝雜誌』16—217	28, 260, 268, 274	明
	箕作佳吉「博物舘ニ就キテ」『東洋學藝雜誌』16—215	2, 106, 167, 248, 268, 296, 302	明
1900	吉 武生「佛國ブルークリン學會の兒童博物館」『今世少年』1—11	218	
1901	大岡育造『歐米管見』	2	明
1902	池邊義象『世界讀本』弘文館	106	
	金子堅太郎「博覧會の沿革及其効能」『經濟政策』大倉書店	112	
	斎藤斐章編『歴史教授法』金港堂	2	
	棚橋源太郎・本田増次郎訳『ヒュース孃教授法講義』山海堂	34, 230	
1903	白井光太郎『植物博物館及植物園の話』丸善書店	106, 130, 192	明
	第五回内國勸業博覽會要覽編纂所『第五回内國勸業博覽會要覽　上巻』	28	
	坪井正五郎「人類館と人種地圖」『東洋學藝雜誌』20—259	28	
	「人類館趣意書」『東京人類學會雜誌』203	28	
1904	内田四郎「繪畫陳列館」『建築雑誌』206·207	174, 268, 328, 334	明
	坪井正五郎「戰後事業の一としての人類學的博物館設立」山本利喜雄編『戰後經營』早稻田大學出版部	2, 28, 130, 136, 302	明
	坪井正五郎「人類學教室標本展覽會に關する諸評」『東京人類學會雜誌』29	2, 28	明
	坪井正五郎「人類學標本展覽會開催趣旨設計及び効果」『東京人類學會雜誌』29	2, 28, 264	明
	前田不二三「學の展覽會か物の展覽會か」『東京人類學會雜誌』29	2, 264, 268, 284	明

刊行年	文　献	本書掲載項目	参照項目
1905	棚橋源太郎・岡山秀吉『手工科教授書』寶文館	34	
	G. Baldwin Brown, *The Care of Ancient Monuments*, Cambridge University Press	88	
1906	黒板勝美「古文書館設立の必要」『歴史地理』8―1	40, 136, 160, 346	明
	下田次郎『西洋教育事情』金港堂	2, 106	
	棚橋源太郎・岡山秀吉「手工科教授上の諸問題」『教育實驗界』13―1・3・5	34	
	棚橋源太郎・岡山秀吉『手工科教授書細案』寶文館	34	
1907	坪井正五郎「東京府管内太古遺物陳列場」『東京人類學會雜誌』257	28	
	山崎直方「國立博物館の設立を望む」『太陽』13―5	136	
1908	谷津直秀「博物館内の兒童室」『動物學雜誌』20―237	2, 8, 218	明
	谷津直秀「動物園に關しての一考察」『動物學雜誌』20―242	8	
1910	山松鶴吉『現今小學校の欽點及改良方法』同文館	8, 218, 230	
	山松鶴吉『模範的小學校經營の實際』同文館	230	
1911	神野淺治郎『兒童中心理科教授の準備と其實際』弘道館	230, 268	大昭・上
	黒板勝美『西遊弐年　歐米文明記』文會堂書店	2, 40, 106, 160, 204, 212, 236, 296, 328	明
	白井光太郎「維新前の植物園」『植物學雜誌』25―291	8	
	坪井正五郎「博物館いろいろ」(東京大学大学院情報学環附属社会情報研究資料センター所蔵(整理番号5-10-7-2-2-2-24))	28	
	服部教一「社會教育に就きて我國の教育者に警告す」『帝國教育』339	302	
1912	相原熊太郎『余をして小學校長たらしめば』明治教育社	8	
	石橋五郎「第二回鄕土保存萬國會議狀況報告」『建築雜誌』25―5	40	
	一記者(棚橋源太郎)「新設通俗博物館を觀る」『帝國教育』365	34	
	荻野素助・入江 保『高等小學校讀本教授參考書　前篇』淺川活版所	8	
	黒板勝美「史蹟遺物保存に關する意見書」『史學雜誌』23―5(黒板勝美『虚心文集4』吉川弘文館、1940)	88, 212, 340	
	黒板勝美「博物館に就て」『東京朝日新聞』(黒板勝美『虚心文集4』吉川弘文館、1940)	2, 40, 94, 136, 160, 204, 346	明
	黒板勝美「史蹟保存と歴史地理學」『歴史地理』20―1	2, 160, 212	明

刊行年	文　献	本書掲載項目	参照項目
1912	高橋健自「史蹟保存に關する建議書草案」『考古學雜誌』2―5	212	
	棚橋源太郎「獨國教員の養成並に學力の補充」『教育の實際』6―5	34	
	坪井正五郎「人類學と博物館」『通俗科學』	28	明
	坪井正五郎「歐米諸國旅行雜話」『農商務省商品陳列館報告』1	28, 268, 382	明
	南方熊楠「神社合祀問題關係書簡」『南方熊楠全集7』平凡社	204	
	鵬 心生「銀座より」『讀賣新聞』4月13日	236	
	谷津直秀「活氣ある博物館を設立すべし」『新日本』2―2	2, 8, 268, 296, 302	明
1913	黒板勝美「博物館の建築に就いて」『建築世界』7―8	2, 40, 328	明
	黒板勝美「鄉土保存について」『歴史地理』21―1	2, 40, 154, 340	明
	神保小虎「鑛物博物館の陳列術」『地質學雜誌』20	274, 382	大昭・上
	拓殖博覽會編『拓殖博覽會事務報告』拓殖博覽會殘務取扱所	28	
	田中芳男「田中芳男君の經歴談」『田中芳男君七六展覽會記念誌』大日本山林會	192	大昭・上
	棚橋源太郎「通俗教育博物館施設の現況及將來の計畫」『帝國教育』371	34, 167	棚・上
	中山龍次「明治天皇記念新博物館設立私議」『太陽』19―10	136	大昭・上
	日本美術年鑑編纂部編『日本美術年鑑3』	174	
	吉田熊次『社會教育』敬文館	106, 192	大昭・上
1914	石井柏亭「博物館の設備に就て」『太陽』2・3(『石井柏亭集』平凡社、1932)	8, 174, 268, 274	大昭・上
	黒板勝美『日光寶物陳列館について』	40	大昭・上
	棚橋源太郎「先ず自然科學博物館を建設すべし」『現代教育』8	34, 167	
	坪井正五郎「明治年代と日本版圖内の人種(遺稿)」『人類學雜誌』29―1	28	
	三好 学『歐米植物觀察』冨山房	8, 192	
	山松鶴吉『小學教育最新の傾向』教育新潮研究會	230	
1915	黒板勝美「明治神宮寶物殿懸賞競技審査批評　寶物殿の性質上より見たる批評」『建築雜誌』347	40, 268	大昭・上
	黒板勝美「史蹟遺物保存に關する研究の概説」『歴史地理』8―1(黒板勝美『虚心文集4』吉川弘文館、1940)	260	

刊行年	文　献	本書頁	参照項目
1915	三好 学『天然紀念物』冨山房	8, 34, 154	
1916	高橋清次郎『巡視五年』國民學校自由講座機關雜誌社	192	
	棚橋源太郎「國民教育と博物館」『教育時論』1121	34, 302	
	文部省普通學務局『常置教育的觀覽施設狀況』	8	
1917	内田嘉吉「安全博物館設置の急務」『安全第一』丁未出版社	130	大昭・上
	黒板勝美「史蹟遺物保存の實行機關と保存思想の養成」『大阪毎日新聞』(黒板勝美『虚心文集4』吉川弘文館、1940)	212, 230	
	小學教育研究會編『小學校の模範的設備』小學教育實際叢書1—7、目黒分店	218, 230	大昭・上
	永澤六郎「ジェームス・スミソン及『スミソン』學團」『動物學雜誌』29—340	106	
	American Association of Museum, *Proceedings of the American Association of Museum*, Vol. 10-11	376	
1918	棚橋源太郎「學校圖書館と學校博物館」『教育時論』1190	230	棚・上
	帝國教育會編『教育年鑑　大正七年』文化書房	8	
	濱田青陵(耕作)『希臘紀行』大鐙閣	212	
	吉田熊次「教育博物館」『教育の米國』冨山房	8	大昭・上
	「通俗教育ニ關スル件答申理由書」(文部省内教育史編纂會編『明治以降教育制度發達史6』社會教育會、1939)	322	
1919	棚橋源太郎「本邦社會教育の不振」『教育時論』1214	94, 167, 346	棚・上
	棚橋源太郎「社會教育上の諸問題」『教育論叢』1—3	94, 346	棚・上
	濱田青陵(耕作)『南歐游記』大鐙閣	212	
1920	川村多實二「米國博物館の生態陳列」『動物學雜誌』32—380・381	8, 106, 268, 296	大昭・上
	濱田耕作(青陵)「考古學研究法」『考古學講座10』雄山閣	212	
	文部省『文部時報』3	364	
1921	江幡亀寿「社會教育的觀覽施設の實態」『社會教育の實際的研究』博進社	8	
	團 伊能『歐米美術館施設調査報告　帝室博物館學報第三刷』帝室博物館	8, 334	
	丸山良二「博物館」『日本社會教育の研究』明誠館	268	大昭・上
	三上参次「獨逸兩文豪の遺蹟を訪ひて」『史蹟名勝天然記念物』5—1	340	

刊行年	文　献	本書掲載項目	参照項目
1922	棚橋源太郎「本邦將來の博物館施設」『教育時報』1345	34	棚・上
	濱田耕作(青陵)『通論考古學』大鐙閣	8, 212, 284	
	松村松盛「第三章　社會教育の施設」『民衆之教化』帝國地方行政學會	94, 268	大昭・上
1924	棚橋源太郎「博物館と教育」『教育時論』1421	106, 302	棚・上
	Robert Haven Schauffler, *The Children's Museum of the Brooklyn Institute of Arts and Sciences*, Brooklyn, New York, The American Midland Naturalist, Vol. 9, No. 5/6	376	
1925	植田豊橘編『ワグネル傳』博覽會出版協會	130	
	兼常清佐『音樂巡礼』岩波書店	186	
	中野治房「歐米の模範的博物館と其感想」『東洋學藝雜誌』506	94	大昭・上
1926	江崎悌三「北歐見聞記」『動物學雜誌』38—457	106	
	荻野仲三郎「古社寺保存と史蹟保存(上)(下)」『史蹟名勝天然紀念物』1—4・6・9	212	
	長沢末次郎『自發的學習態度養成を基調としたる學習指導の實際』目黒書店	218	
	西田富三郎「植物園に就いて」『造園學雜誌』ニ—1	192	
	山田幸五郎「光學を應用せる娯樂物」『科學知識』6—7	280	
	吉田 弘「兒童博物舘の施設と教育的利用」『兒童教育』20—7	218, 230	大昭・上
1927	小尾範治「博物館の使命」『社會教育思潮』南光社出版	8	大昭・上
	兼常清佐「ベートーヴェン圖書展覽會」『東京朝日新聞』3月26日朝刊	186	
	佐々木信綱「萬葉博物館建設私見」『早稲田文學』253	242	
	成瀬 涓『優良小學校の經營方針』創生社	218	
	南葵音樂圖書館『ベートーヴェン百年忌記念圖書陳列目錄』	186	
	堀尾実善『體驗主義新理科教授法』教育研究會	218	
1928	一記者(棚橋源太郎)「博物館從業員の養成」『博物館研究』1—1	94	
	棚橋源太郎「學校教育と博物館」『博物館研究』1—2	230	
	一記者(棚橋源太郎)「美術工藝の博物館に就いて」『博物館研究』1—3(『眼に訴へる教育機關』所収)	268	
	大関増次郎「博物館其の他の教育觀覽施設」『教育學概論』大同館	8	

刊行年	文　献	本書掲載項目	参照項目
1928	児玉九一「史蹟名勝天然紀念物の保存と公園行政」『史蹟名勝天然紀念物』3―1	212	
	團 伊能「本邦博物館に關する諸問題」『博物館研究』1―2	94	
	博物館事業促進會「デービット、マーレー氏の博物館論」『博物館研究』1―2	268	
	博物館事業促進會「植物園の教育的價値」『博物館研究』1―3	192	
	博物館事業促進會「本邦ニ建設スヘキ博物館ノ種類及配置案」『博物館研究』1―4(日本博物館協会『わが国の近代博物館施設発達資料の集成とその研究　大正・昭和編』1964)	364	
	平山成信「會務報告」『博物館研究』1―1	136	
	平山成信「博物館施設に關する建議書」『博物館研究』1―4	46	
	堀尾實善『教育の施設とその精神』文書堂	8, 230	
	矢代幸雄「ホノルル美術館に就て」『博物館研究』1―4	328	
1929	秋保安治「東京博物館の現在とその將來」『科學知識』9―3	167	大昭・上
	一記者(棚橋源太郎)「博物館の説明札に就て」『博物館研究』2―5	274	
	一記者(棚橋源太郎)「博物館説明札に關する諸問題」『博物館研究』2―5	274	
	一記者(棚橋源太郎)「大學教育に於ける博物館の位置」『博物館研究』2―8	236	
	記者(棚橋源太郎)「美術館の説明札」『博物館研究』2―5	274	
	記者(棚橋源太郎)「説明札及其作り方」『博物館研究』2―5	274	
	記者「陳列品の説明札に就いて」『博物館研究』2―10	274	
	五味義武『各科學習の作業化と其方案』東洋圖書	218	
	棚橋源太郎「博物館動植物園と兒童の教育」『教育研究』346	192	棚・下
	棚橋源太郎「學校外の兒童生活　博物館動植物園と兒童の教育」『教育研究』346	376	
	棚橋源太郎「農村と博物館問題」『農村教育研究』2―1	34, 154	棚・上
	棚橋源太郎「博物館施設近時の傾向」「博物館施設近時の傾向(承前)」『博物館研究』2―9・10・11	94, 346	棚・下
	田邊尚雄「東京博物館と故手島精一翁(1)(2)(完)」『明治文化研究』5―2・3・4	280	大昭・上
	農村教育研究會編『農村教育研究』2―1(郷土館號)	8, 230	

刊行年	文　献	本書頁	参照項目
1929	博物館事業促進會編『博物館研究』13—8	364	
	濱田青陵(耕作)『考古游記』刀江書院	204, 212	
	濱田青陵(耕作)『博物館』アルス	52, 204, 212	
	文部省『博物館講習會要項』	346	
	吉田 弘「兒童博物館の經營」『兒童教育』23—3	230, 346	大昭・上
	「博物館講習會開會式に於ける文部大臣訓示」『博物館研究』2—6	94	
1930	秋山光夫「美術品の修理保存」『博物館研究』3—2	174	
	上田光曦「樺太博物舘の經營」『博物館教育』1	346	大昭・上
	大屋霊城『計畫・設計・施工公園及運動場』裳華房	192	
	小田内通敏「郷土教育と郷土調査」『郷土　研究と教育』2、刀江書院	308	
	北澤種一編『現代作業教育』東洋圖書	230	
	島崎藤村「文豪遺墨展の印象」『讀賣新聞』10月26日朝刊	242	
	棚橋源太郎「郷土博物館問題」『博物館研究』3—1	230	棚・下
	棚橋源太郎「學校博物館問題」「學校博物館問題(承前)」『博物館研究』3—2・3	230, 236	棚・下
	棚橋源太郎「兒童博物館問題」『博物館研究』3—4	218	棚・下
	棚橋源太郎「米國に於ける路傍博物館に就いて」『博物館研究』3—5	204	棚・下
	棚橋源太郎「世界の動物園」『博物館研究』3—7	382	棚・下
	棚橋源太郎『眼に訴へる教育機關』寶文館	8, 34, 46, 52, 94, 100, 106, 160, 204, 212, 218, 230, 254, 260, 268, 274, 290, 296, 302, 316, 328, 334, 346, 388	
	博物館事業促進會「博物館事業促進會事業報告」『博物館研究』3—3	136	
	博物館事業促進會「博物館施設ノ充實完成ニ關スル建議」『博物館研究』3—5	94	
	林 博太郎「雜録　本會主催第二回全國公開實物教育機關主任者協議會(開會の辞)」『博物館研究』3—11	268	
	峯地光重・大西伍一『新郷土教育の原理と實際』人文書房	8, 34, 154, 230	
	森 金次郎「米國の兒童博物館」『學習研究』9—8	46, 376	大昭・上

刊行年	文　献	本書掲載項目	参照項目
1930	森 金次郎「私の見た歐米の博物館」『博物館研究』3—10	46, 106, 268	
	矢代幸雄「美術館問題」「美術館問題(承前)」『博物館研究』3—3･6	174, 268, 382	
	矢部吉禎「植物園」『岩波講座生物學12』岩波書店	192	
1931	後藤守一『歐米博物館の施設』帝室博物館	8, 52, 204, 296, 322, 334	
	後藤守一「歐米博物館の動き」『博物館研究』4—4･5･6	106	
	田中豊太郎『綴方教育の分野と新使命』郁文書院	218	
	棚橋源太郎「鄕土教育の一考察」『教育研究』367	8, 154	棚･下
	棚橋源太郎「學校と博物館」『教育時論』1646	230	棚･下
	棚橋源太郎「鄕土博物館問題」『鄕土　研究と教育』6	230	棚･下
	飛松 正「兒童博物館經營の要點」『兒童教育』25—4	230, 346	大昭･下
	森 金次郎「科學博物館の陳列上の苦心」『科學知識』11—11	46	
	森 金次郎「鄕土博物館の設立と經營」『鄕土　研究と教育』6	8, 46, 154, 230, 346	大昭･下
	山崎 博『新時代の鄕土教育』教育實際社	230, 346	大昭･下
	和歌山縣師範學校附屬小學校編『新鄕土教育の實際』明治圖書	230	
1932	秋山光夫「繪巻陳列箱の考案」『博物館研究』5—9	274	
	小川正行「鄕土教育と鄕土史」『鄕土史研究講座9』雄山閣	8	
	小田内通敏「文部省主催鄕土教育資料の陳列と講話」『鄕土教育』20	8	
	海後宗臣･飯田晁三･伏見猛彌『我國に於ける鄕土教育とその施設』目黒書店	8	
	鄕土教育聯盟編『鄕土教育』18･23	230	
	後藤守一「帝室博物館歴史部の陳列」『博物館研究』6—7	268	
	武部欽一「鄕土教育の本義」『鄕土教育』20、刀江書院	308	
	棚橋源太郎『鄕土博物館』刀江書院	8, 34, 52, 148, 154, 230, 316, 340	
	中田俊造「教育映畫に就いて」『鄕土教育』18	280	
	博物館事業促進會「觀光客と博物館説明札」『博物館研究』4—4	124	

刊行年	文　献	本書頁	参照項目
1932	森 金次郎「郷土博物館」『郷土史研究講座9』雄山閣	8, 46, 230	
	森 金次郎「學校外に於ける科學教育上の施設に就いて」『日本學術協會報告』6	46	
	森 金次郎「歐米科學博物館に於ける陳列品の蒐集及び陳列方法に就いて」『博物館研究』5—9	46, 274	
	谷津直秀「歐米博物館の教育的施設」『郷土教育』18	274	大昭・下
	渡邊六郎「我が校の記念郷土館の施設經營概要」『郷土教育』23	346	大昭・下
1933	小田内通敏「郷土教育の主流と其組織化　最近四十日間の印象」『郷土教育』27、刀江書院	308	
	小林政一「美術館」『高等建築學21』常盤書房	174	棚・下
	下元 連「博物館・商品陳列館」『高等建築學21』常盤書房	8	大昭・下
	棚橋源太郎「公民教育と郷土博物館論」『公民教育』3—8	34	棚・下
	堀 七藏「作業教育の設備」『兒童教育』27—6・7・8	230	
	森 金次郎「統計上より見たる米國の博物館」『自然科學と博物館』4—6	274	大昭・下
	柳田國男「郷土研究と郷土教育」『郷土教育』27	8, 154	
	柳田國男「民俗博物館建設の必要」『博物館研究』6—1	180	
	吉田熊次「教育學上より觀たる郷土教育」文部省普通學務局編『郷土教育講演集』刀江書院	308	
1934	秋山光夫「摹本の意義と價値」『博物館研究』7—7	260	
	後藤守一「歴史博物館に於ける模造」『博物館研究』7—7	260	
	坂本敬一『建築計畫』淀屋書店出版部	334	
	関野 貞「保存上重要美術品の複製をつくれ」『博物館研究』7—7	174, 260	
	蓼 花生「博物館めぐり　國防館を訪う」『博物館研究』7—8	268	
	波多野賢一「明治初年に於ける官立図書館・博物館の發生とその變遷」『図書館研究』10	8	大昭・下
	美之國社編『美之國』10—3	130	
	「日本博物館協會は何をするか」『博物館研究』7—3	302	
1935	今 和次郎「小博物館の開設に際して」『建築世界』29—2	204	
	杉 榮三郎「博物館の本務」『博物館研究』8—1	302	

刊行年	文　献	本書頁	参照項目
1935	吉野楢三「青年の地方開發指導機關としての郷土博物館網建設　上」『帝國教育』671	268	大昭・下
	吉野楢三「兒童博物館建設の急務」『帝國教育』674	218	大昭・下
1936	石山脩平『郷土教育』教育研究叢書、藤井書店	230	大昭・下
	上野高等女學校編『課外指導による音樂教育の實績(昭和十一年二月二十二・三日音樂資料展覽會記錄)』	186	
	紫城後援會『社團法人紫城建設趣旨・城則』	218	
	東邦美術學院編『美術』11—10	130	
	正木直彦「博物館の使命」『博物館研究』9—12	302	
	森 金次郎「學術振興と博物館」『日本學術協會報告』11—4	46	大昭・下
	森 芳太郎「古畫の洗淨に就て」『博物館研究』9—6	174	
	陳 端志『博物館學通論』上海市博物館	394	
	費 畊雨・費 鴻年『博物館學概論』中華書局	394	
	「博物館ニュース」『博物館研究』9—9	382	
1937	池田政晴「植物學博物館の事業」『日本學術協會報告』12—2	192	大昭・下
	大林組編『東京帝室博物館寫眞帖』	334	
	郷土教育聯盟『郷土教育學習指導案』刀江書院	8, 154	
	藤山一雄『帰去來抄』東光書院	204	
	藤山一雄「博物館小考」『帰去來抄』東光書院	52	
	藤山一雄『新滿州風土記』滿日文化協會	52	
	文部省普通學務局『常置觀覽施設一覽(昭和四年～一一年)』	248	
	「博物館ニュース」『博物館研究』10—3	382	
1938	内田康平「教材植物園經營の實際」『博物館研究』11—12	192	
	太田太郎「歐米音樂行脚の覺書から(上)」『東洋音樂研究』1—3	186	
	太田太郎「歐米音樂行脚の覺書から(下)」『東洋音樂研究』1—4	186	
	蔵田 蔵「陳列札に就て」『博物館研究』12—12	274	

刊行年	文　献	本書掲載項目	参照項目
1938	黒澤隆朝『樂器大圖鑑　西洋篇』共益商社	186	
	帝室博物館『帝室博物館略史』	8	
	田邊尚雄『日本精神と音樂』文部省	186	
	東京帝室博物館『東京帝室博物館觀覽の栞』	334	
	中井玄道「京都佛教兒童博物館の概況」『博物館研究』11—10	218	
	渡邊榮吉「陳列用具の設計に就て」『自然科學と博物館』9—105	274	大昭・下
	Grace Fisher Ramsey, *Educational Work in Museums of the United States*	376	
1939	今關六也「音樂博物館建設運動に關連して希望を述べる」『博物館研究』12—12	186	
	瀧 遼一「東洋樂器の特色」『博物館研究』12—7	186	
	田邊尚雄「音楽博物館建設の趣旨」『自然科學と博物館』10—9(117)	130, 186	大昭・下
	田邊尚雄「博物館建設運動と東亞音樂文化展覽會」『博物館研究』12—7	186	
	野間清六「陳列品の質と量とに就て」『博物館研究』12—6	268	
	藤山一雄「博物館運動の方向」『北窓』1—2	52	
1940	荒木貞夫「國家の興隆と博物館の重要使命」『自然科學と博物館』11—131	302	大昭・下
	荒木貞夫「國家の興隆と博物館の重要使命」『博物館研究』13—10	136	
	紀元二千六百年祝典事務局『紀元二千六百年祝典記錄8』	136	
	棚橋源太郎「新東亞建設と博物館教育」『博物館研究』13—8	136	棚・下
	中俣充志「新京動植物園の建設計畫」『博物館研究』13—2	192	
	藤山一雄『新博物館態勢』滿日文化協會	8, 52, 94, 136, 204, 302, 346, 370	
	藤山一雄「新しき博物館工作」『博物館研究』13—2	370	
	藤山一雄「新博物館の胎動」『民生』3—1	52	
1941	遠藤三衛門「古書畫の修理に就て」『博物館研究』14—2	174	
	岡田彌一郎「なぜ博物館を國民教育に一層活用させぬか」『博物館研究』14—7	302	
	荊 三林『博物館學大綱』中国文化服務社陜西分社	394	

刊行年	文　献	本書頁	参照項目
1941	「博物館従業員講習會要項」『博物館研究』14—10	346	
1942	池田正晴「博物館の活動と學會」『博物館研究』15—10	94	
	黒澤隆朝「南方民族と音樂」『南方情勢』85	186	
	棚橋源太郎「博物館學藝員の重要性」『博物館研究』15—12	94, 370	棚・下
	西村健吾「戰時下の博物館經營　特に共榮圈資源の展示に就て」『博物館研究』15—5	346	
	日本博物館協會『鄕土博物館建設に關する調査』	8, 154	
	藤山一雄「小型地方博物館の組立て」『國立中央博物館時報』	52	
	森 金次郎「南方の博物館施設に就いて」『博物館研究』15—4	46	
	『朝日新聞』9月4日夕刊	8	
	「博物館法令制定に關し陳情」『博物館研究』15—9	94	
1943	大森啓助「ミウゼオグラフイー　博物館學(1)(2)(3)」『新美術』21・22・23	8, 268, 274, 328, 334, 346	大昭・下
	日本博物館協會『大學專門學校における現存設備の博物館的公開利用の提唱』	8	
	曾 昭燏・李 濟『博物館』	394	
1944	石井研堂「浮世繪展覽會の始」『增補改訂　明治事物起原』春陽堂	268	
	棚橋源太郎「博物館従業者の問題」『博物館研究』17—6・7	94, 370	棚・下
	棚橋源太郎『本邦博物館發達の歴史』日本博物館協會	8	棚・下
	堀川安市「内地の博物館を視察して」『科學の臺灣』8—4	268	大昭・下
	山名文夫「展示技術の基本的考慮」『博物館研究』17—3	268	
1945	日本博物館協會『再建日本の博物館對策』	8, 100, 130	
1946	佐野 鼎『萬延元年訪米日記』金澤文化協會	106	
	林 達夫「植物園」『歴史の暮方』筑摩書房	192	
1947	棚橋源太郎『世界の博物館』大日本雄辯會講談社	34, 322	
	日本博物館協會『觀光外客と博物館並に同種施設の整備充實』	8, 124	
1948	佐々木尚友「植物園を利用しませう」『植物園での研究』研究社	192	

刊行年	文　献	本書掲載項目	参照項目
1948	日本博物館協會『地方博物館建設の指針』	8	
	日本博物館協会「観光と文化観覧施設」『博物館研究』復興2—3	124	
1949	木場一夫『新しい博物館　その機能と教育活動』日本教育出版社	14, 94, 204, 230, 284, 296, 302, 316, 346, 364, 370, 376	
	棚橋源太郎『博物館　社會科文庫』三省堂出版	34, 212	
	寺中作雄『社会教育法解説』社会教育図書	14	
1950	木場一夫「学校博物館と路傍博物館」下泉重吉・永田義夫・中村浩監修『理科の学習指導　一般篇』金子書房	204, 230	
	棚橋源太郎『博物館學綱要』理想社	34, 94, 148, 212, 230, 236, 254, 264, 284, 290, 296, 302, 316, 322, 334, 346	
	Hediger,J., *Man and Animals in the Zoo*	198	
1952	新井重三「博物館における教育活動の根本問題について」『日本博物舘協会会報』17	370	
	木場一夫「博物館教育」波多野完治監修『見学・旅行と博物館　聴視覚教育新書Ⅵ』金子書房	14	
	鶴田総一郎「博物館に関する二、三の私見」『日本博物舘協会会報』18	370	
	日本博物舘協会編『日本博物舘協会会報』15(日本博物館協会編『博物館研究　復刻版』5、1979)	58	
	波多野完治監修『見学・旅行と博物館　聴視覚教育新書Ⅵ』金子書房	124, 296	
	文部省『昭和二七年度学芸員講習講義要綱』	58, 346	
1953	新井重三「わたくしの博物館学Ⅰ」「わたくしの博物館学Ⅱ」『日本博物舘協会会報』20・21	64	
	黒板勝美博士記念会編『古文化の保存と研究　黒板博士の業績を中心として』吉川弘文館	340	
	棚橋源太郎「学校と博物舘」『日本博物舘協会会報』22	230	棚・下
	棚橋源太郎『博物館教育』創元社	34, 230, 290, 316, 346, 376	
	文部省社会教育局編『学芸員講習講義要綱』	58, 346	
1954	鶴田総一郎「新しい博物館　宮崎村自然博物館」『社会教育』9—1	204	
	宮本馨太郎「民俗資料の保管と展示」『民俗資料とはどんなものか』長野県教育委員会	180	
1955	アンドレ・レヴェイエ、ＩＣＯＭ日本委員会訳「博物館の宣伝活動について」『博物館研究』28—9	388	
	運輸省観光局『観光資源要覧4　陳列施設』	124	

刊行年	文　献	本書頁	参照項目
1955	棚橋源太郎「英国博物館協会 学芸員免許試験問題」『博物館研究』28—4･5･10	94	棚・下
	棚橋源太郎「学校博物舘問題につき金子氏に答える　才3回全国博物舘大会より」『博物館研究』28—12	230	棚・下
1956	犬塚康博「制度における学芸員概念」『名古屋市博物館研究紀要』19	370	
	新井重三「野外博物館」日本博物館協会編『博物館学入門』理想社	64	
	鶴田総一郎「博物館学総論」日本博物館協会編『博物館学入門』理想社	254, 284, 302, 370	
	鶴田総一郎「第五章　博物館の経営　第二節　集りとしての博物館」日本博物館協会編『博物館学入門』 理想社	364	
	永嶋正信「観光地の博物館利用について」(昭和三四年春季大会研究発表要旨)『造園雑誌』20—1	124	
	日本博物館協会編『博物館学入門』理想社	58, 248, 264, 290, 316, 346	
1957	棚橋源太郎「学校と博物館」『教育学研究』24—5	230	
	棚橋源太郎『博物館・美術館史』長谷川書房	34, 142, 296, 346	
	Carl E. Guthe, *So you want good Museums, A Guide to the Management of Small Museums*, American Association of Museums	82	
1958	新井重三「博物館における展示の基本的な七つの問題点とその解決法　再びDouble Arrangementについて」『博物館研究』31—3	64	
	新井重三「博物館資料の展示法とその形態について」『博物館研究』31—10	64, 290	
1959	鶴田総一郎「欧米の博物館の教育活動について(1)」『博物館研究』32—10	376	
1960	井上萬壽蔵「観光施設としての博物館」『MUSEION』5	124	
	棚橋源太郎「国立科学博物館の拡充に曙光」『MUSEION』5	34	棚・下
	鶴田総一郎「日本の博物館の状況について」『博物館研究』33—12	14, 204	
	UNESCO, *THE ORGANIZATION OF MUSEUMS practical advice*	284	
1962	新井重三「博物館とその背景　イギリスの巻」『社会教育』17—4	64	
	新井重三「アメリカの博物館　文部省海外派遣研究員として歩いて」『社会教育』17—5	64	
	伊藤 整「予想以上の進展」『日本近代文学館ニュース』1	242	
1963	新井重三「ダブルアレンジメントシステム採用　鳳来寺山自然科学博物館の完成」『鳳来寺山自然科学博物館概要』	64	
	中川成夫・岡本 勇「遺跡博物館の現状と課題」『MOUSEION』9	212	
	浜根 洋「博物館学について」『博物館研究』36—11	248	

刊行年	文　献	本書頁	参照項目
1964	新井重三「学校の教科単元にもとづく地方博物館の展示単元の編成について」『博物館研究』37―4	316	
	日本博物館協会『昭和39年度　わが国の近代博物館施設発達・資料の集成とその研究　大正・昭和編』	100	
	包 遵彭『中國博物館史』中華叢書編審委員會	394	
1965	日本博物館協会『わが国の近代博物館施設発達資料の集成とその研究』	136	
	文化財保護委員会事務局記念物課『民俗資料調査収集の手引き』第一法規出版	180	
1967	川端康成「慶祝」『日本近代文学館ニュース』8	242	
	嶋田 暁「史迹公園と博物館」『考古学研究』14	340	
	滑川道夫「ボストンのユニークな児童博物館(その2)」『教育心理』15―12	376	
1968	新井重三「アメリカにおける野外博物館の一例」日本博物館協会第一六回全国博物館大会編『第一六回全国博物館大会報告書』	64	
	大久保乙彦「私たちの新しい図書館」『図書館雑誌』62	242	
	カール・E・グース、博物館学研究会訳『良き博物館にするために　博物館管理学入門』	82	
	加藤有次「近代博物館変遷史にみる教育的役割　主として社会教育における博物館理念の思想史への試論」『國學院大學博物館學紀要』1	136	
	宮本馨太郎「民俗博物館建設への歩み」『民具マンスリー』1―3・4・5・6	180	
	JiŘi Neustupný, *Museum and Research, Museum work*	82	
1969	倉田公裕「陳列と展示」『博物館ニュース』4―10	284	
	鈴木嘉吉「沖縄の歴史的建造物の復原」『月刊文化財』64	340	
	田邊尚雄「楽器博物館の条件」『日本楽器』23―4	186	
	中川童二『ランカイ屋一代』講談社	112	
	古田昭作『展示(エキジビション・ディスプレイ)の科学　ショーウィンドウから万国博まで』学習研究社	284	
1970	浅野 清「歴史的建造物の保存と都市の再開発」『建築雑誌』85	340	
	新井重三「博物館の展示」『博物館研究』42―4	296	
	神埼宣武「民具の展示について　青梅の民具の例から」『民具マンスリー』3―3	180	
	山崎淳子「博物館と地域社会」『國學院大學博物館學紀要』3	136	
	Alma S. Wittlin, *Museums: In search of Usable Future*, Mit Press	82	

刊行年	文　献	本書頁	参照項目
1970	ICOM, *Training of Museum Personnel*	82	
1971	勝部正郊「民具の展示に思う」『民具マンスリー』4—3	180	
	倉田公裕「陳列と展示」博物館学研究会編『展示 その理論と方法』	284	
	倉田公裕「展示法～人文博物館を中心として～」博物館学研究会編『展示　その理論と方法』	284	
	田辺 悟「地方博物館の現状と問題点」『民具マンスリー』4—1	180	
	博物館学研究会編『展示　その理論と方法』	82, 264	
1972	秋田県編『秋田県立綜合博物館設立基本構想』	76	
	加藤有次「博物館と地域に関する一試論」博物館学研究会編『博物館と社会』	76	
	潮田鉄雄「民具整理の実務8　展示」『民具マンスリー』4—10	180	
	鶴田総一郎「社会教育における施設」『ひびや』15—2	364	
	博物館問題研究会「第二回定期総会議案書」『会報』9	14	
	博物館学研究会編『学芸員　その役割と訓練』	82	
	博物館学研究会編『博物館と社会』	82	
1973	新井重三「博物館における「研究」の性格と機能的に見た博物館の分類」『博物館研究』45—2	64, 248	
	内田賢作「博物館における民俗資料展示について」『日本民俗学』85	180	
	東京国立博物館『東京国立博物館百年史』第一法規出版	136	
	東京国立博物館「明治七年七月有用植物植付け場を設ける」『東京国立博物館百年史　資料編』第一法規出版	192	
1974	一志茂樹「民俗学と地方史研究」『現代日本民俗学Ⅰ』三一書房	180	
	柴田剛中「仏英行（柴田剛中日載七・八より）」君塚進校注『西洋見聞集』岩波書店	106	
	鶴田総一郎「博物館も進化する」『全科協ニュース』4—6	204	
	森 金次郎『思い出草』私家版	46	
1975	伊藤寿朗「博物館法の成立とその時代　博物館法成立過程の研究」『博物館学雑誌』1—1	100	
	梅棹忠夫「国立民族学博物館の制度と組織」『季刊人類学』6—3	180	
	後藤和民「地方史研究と博物館」『地方史研究』25—1	316	

刊行年	文　献	本書頁	参照項目
1975	佐々木時雄『動物園の歴史』西田書店	198	
	関 秀志「明治初期～中期における北海道の博物館　札幌を中心に」『北海道開拓記念館研究年報』4	130	
	中川志郎『動物園学ことはじめ』玉川大学出版	198	
1976	岩井宏實「地方民俗博物館の問題点」『日本民俗学』106	180	
	浦辺鎮太郎「歴史的環境、記念建造物保全の理念と技法」『建築雑誌』91	340	
	大藤時彦「民俗博物館に対する希望」『日本民俗学』106	180	
	岡田茂弘「国立歴史民俗博物館」『文部時報』1192	180	
	平野文明「無形民俗資料の収集・利用の意義と問題点」『日本民俗学』106	180	
	宮本常一「付・博物館の展示に関連して」『民具と生活　生活学論集1』ドメス出版	180	
1977	伊藤寿朗「戦後日本の博物館活動　近代博物館から現代博物館へ」小林文人編『講座・現代社会教育Ⅵ』亜紀書房	58	
	加藤有次『博物館学序論』雄山閣出版	76, 248, 264, 290, 296	
	国立科学博物館『国立科学博物館百年史』第一法規出版	130, 322, 364	
	国立科学博物館「皇紀二千六百年記念科學博物館擴張計畫案」『国立科学博物館百年史』第一法規出版	8	
	佐々木時雄『続動物園の歴史』西田書店	198	
	椎名慎太郎『精説　文化財保護法』新日本法規	88	
	椎名仙卓「教育博物館の成立」『博物館学雑誌』2—1・2	142	
	浜口哲一・小島弘義「地域博物館における学芸員と特別展」『博物館学雑誌』2—1・2	148	
	宮原誠一「社会教育の本質」『社会教育論　宮原誠一教育論集2』国土社	14	
	森 金次郎『続編思い出草』私家版	46	
	『世界の博物館』全22巻・別巻、講談社	224	
1978	相沢韶男「郷土資料館（民俗博物館）に思う」宮田 登ほか編『民衆の生活と文化』未来社	180	
	新井重三「郷土教育と博物館　郷土博物館の心を求めて」『博物館研究』13—8・9	316	
	伊藤寿朗・森田恒之編『博物館概論』学苑社	20, 316	
	伊藤寿朗「日本博物館発達史」伊藤寿朗・森田恒之編『博物館概論』学苑社	70, 230	

刊行年	文　献	本書掲載項目	参照項目
1978	伊藤寿朗「博物館の概念」伊藤寿朗・森田恒之編『博物館概論』学苑社	370	
	林 公義「展示」伊藤寿朗・森田恒之編『博物館概論』学苑社	264, 284, 290, 312	
	林 道明「民俗資料の保存・保護はどうあるべきか　小地域民俗博物館よりの視点と問題点」『地方史研究』28―6	180	
	藤山亥治郎「野外博物館展示の家」『野外博物館総覧』日本博物館協会	204	
	陳 國寧『博物館的演進與現代管理方法之探討』台北文史哲出版社	394	
1979	新井重三「博物館学(理論)と博物館実践学」『博物館学講座1』雄山閣出版	248	
	新井重三「博物館とその役割」『博物館学講座1』雄山閣出版	64	
	新井重三「自然史系博物館」『博物館学講座4』　雄山閣出版	64	
	新井重三「地域における公立自然史博物館の建設と活動　エメラルドネックレスを例として」『博物館学雑誌』3・4合併号	64	
	伊藤寿朗「ルポ・地域博物館の創造　十日町市博物館紀行」『月刊社会教育』23―10、国土社	70	
	内田祥哉「近代建築の保存と長寿建築の対策」『月刊文化財』185	340	
	岡倉天心『岡倉天心全集3』平凡社	130	
	岡田英男「伝統的建造物群保存の現状」『月刊文化財』190	340	
	加藤有次「学校博物館」『博物館学講座1』雄山閣出版(加藤有次『博物館学総論』雄山閣出版、1996 再録)	230	
	加藤有次「総合博物館」『博物館学講座1』雄山閣出版	148	
	倉田公裕『博物館学』東京堂出版	82, 148, 284	
	倉田公裕・武田 厚「博物館における出版活動」『博物館学講座8』雄山閣出版	388	
	後藤和民「郷土博物館」『博物館学講座4』雄山閣出版	316	
	椎名仙卓「所謂〝物産陳列所〟に就いて」『博物館研究』14―6	142	
	広瀬 鎮「学校教育と博物館」『博物館学講座4』雄山閣出版	230	
	広瀬 鎮「社会的要請と市民要求」『博物館学講座4』雄山閣出版	14	
	文化庁内民俗文化財研究会『民俗文化財の手びき　調査・収集・保存・活用のために』第一法規出版	180	
	宮本常一『民具学の提唱』未来社	180	
1980	新井重三「未来社会と博物館」『博物館学講座3』雄山閣出版	64	

刊行年	文 献	本書頁	参照項目
1980	加藤有次「総合博物館」『博物館学講座3』雄山閣出版	148	
	榊原聖文「展示形態論および展示概念について」『博物館学雑誌』5―1	268	
	富士川金二『改訂・増補 博物館学』文成堂	290	
	『日本の博物館』全13巻、講談社	224	
1981	新井重三「展示概論」『博物館学講座7』雄山閣出版	284	
	新井重三「展示の形態と分類」『博物館学講座7』雄山閣出版	264, 290, 312	
	倉内史郎・伊藤寿朗・小川 剛・森田恒之『日本博物館沿革要覧』野間教育研究所紀要別冊、財団法人野間教育研究所、講談社	142	
	倉田公裕「館種別博物館における展示と展示法」『博物館学講座7』雄山閣出版	284	
	樋口秀雄・椎名仙卓「終戦後における博物館の推移」『博物館学講座2』雄山閣出版	100	
	船橋の社会教育を考え，新井徹君の不当配転撤回闘争を支援する会編『人事の民主化と学芸員の専門性をめぐって　新井公平委員会闘争3年の記録』自治労船橋市役所職員組合	70	
	吉田光邦「近代技術と産業の発達」『日本の博物館13　企業博物館』講談社	224	
1982	金山嘉昭「博物館展示法の一考案　ジオラマ展示を題材として」『博物館学雑誌』7―2	296	
	木原啓吉『歴史的環境　保存と再生』岩波書店	88	
	榊原聖文「展示品の形態の新しい提案」『博物館学雑誌』7―2	264	
	千家和比古「歴史系博物館雑考」『國學院大學博物館學紀要』6	212	
	田中 琢「遺跡遺物に関する保護原則の確立過程」『考古学論考』平凡社	88	
	坪井清足「坪井清足氏展示を語る　表情の展示・語る展示・考えさせる展示」『博物館研究』17―9	264	
1983	高橋由一「螺旋展画閣創築主意」青木 繁編『高橋由一油画史料』中央公論美術出版	268	
	宮崎良夫「文化財」『岩波講座基本法学3　財産』岩波書店	88	
1984	伊藤寿朗「博物館における学社連携②」『日本教育新聞』12月10日	316	
	林 迪廣・江頭邦道『歴史的環境権と社会法　法理・裁判・実態調査』法律文化社	88	
	山崎準二「小田内通敏の経歴と著作・関係文献目録　文献調査及び聞き取り調査結果の第一次整理」『静岡大学教育学部研究報告 人文・社会科学篇』34	308	
1985	埼玉大学教育学部自然科学科地学教室「新井重三教授略譜」『埼玉大学紀要（教育学部）　数学・自然科学』34―2（新井重三教授退官記念）	64	

刊行年	文　献	本書頁	参照項目
1985	デール・ジャミーソン「動物園廃止論」ピーター・シンガー編、戸田 清訳『動物の権利』技術と人間	198	
	西村幸夫「「歴史的環境」概念の生成史　その二」『日本建築学会計画系論文報告集』351	88	
	宮本馨太郎『民俗博物館論考』慶友社	58, 180	
	文化部文物局『中国博物馆学概论』北京文物出版社	394	
1986	新井重三「博物館と環境教育」『博物館学雑誌』11—2	64	
	伊藤寿朗「地域博物館論」長浜 功編『現代社会教育の課題と展望』明石書店	58	
	加藤有次「巻頭言」『國學院大學博物館學紀要』10	76	
	椎名慎太郎「文化財保護法・学術法」『文化・学術法』(現代行政法学全集)ぎょうせい	88	
	高嶋雅明「商品陳列所について」角山 榮編『日本領事報告の研究』同文館出版	142	
1987	新井重三「エコミュージアムとその思想」『丹青』6—10	14, 64, 204	
	梅棹忠夫『メディアとしての博物館』平凡社	284, 296	
	佐々木朝登「期待される企業博物館」企業史料協議会編『企業と史料』2	224	
	丹青総合研究所文化空間研究部・IZNO『ミュージアム　ワーク・シート　博物館・美術館の教育プログラム』丹青総合研究所文化空間研究部	376	
	寺下 勍『博覧会強記』エキスプラン	112	
	林 迪廣・江頭邦道・甲斐祥郎『環境法大意』法律文化社	88	
	『全国企業博物館ガイド』講談社	124	
1988	青木 豊「現代博物館に於けるミュージアムショップの必要性に関する一考察」『國學院大學博物館學紀要』13	382	
	新井重三「野外博物館に突然変異　エコミュージアム」『季刊ミュージアム・データ』5	64	
	加藤有次「巻頭言」『國學院大學博物館學紀要』12	142	
	倉田公裕『博物館の風景』六興出版	82, 328	
	倉田公裕「蒐集考」『博物館の風景』六興出版	254	
	椎名仙卓『日本博物館発達史』雄山閣出版	20, 296	
	杉本尚次「アメリカ合衆国の野外博物館」『アメリカ合衆国における伝統的建築物　その保存・再生・活用に関する調査』国立民族学博物館	340	
	中川成夫『博物館学論考』雄山閣出版	58	

刊行年	文　献	本書頁	参照項目
1988	福田アジオ「民俗資料と民俗展示」岩井宏實・国立歴史民俗博物館『民俗展示の構造化に関する総合的研究　文部省科学研究費補助金研究成果報告書』	180	
	守屋 毅「アメリカ合衆国の歴史公園」『アメリカ合衆国における伝統的建築物　その保存・再生・活用に関する調査』国立民族学博物館	340	
	山本育夫「アメリカのミュージアムで使われているワーク・シート」『山梨県立美術館研究紀要』8・9合併号	376	
1989	新井重三「野外博物館総論」『博物館学雑誌』14―1・2合併号	64, 204	
	椎名仙卓『明治博物館事始め』思文閣出版	20, 112	
	高橋浩明「遺跡博物館雑考」『國學院大學博物館學紀要』13	212	
	角田芳昭「大学附属博物館の現状と課題」『全博協研究紀要』創刊号	236	
	諸岡博熊『企業博物館時代』創元社	224	
1990	新井重三「日本の現状からみた博物館の種類と分類」『博物館研究』15―1・2合併号	64	
	新井孝喜「棚橋源太郎先生著作目録（1）」『棚橋源太郎研究』4	34	
	伊藤寿朗監修『博物館基本文献集』全21巻・別巻1、大空社	20, 52, 70	
	伊藤寿朗「地域博物館の思考」『歴史評論』483	148	
	梅棹忠夫『民族学と博物館』中央公論社	180	
	加藤有次「巻頭言」『國學院大學博物館學紀要』14	76, 142	
	佐々木朝登「展示」『博物館ハンドブック』雄山閣出版	264	
	佐々木朝登「展示の原則」『博物館ハンドブック』雄山閣出版	296	
	橋爪紳也・中谷作次『博覧会見物』学芸出版社	112	
	王宏钧『中国博物馆学基础』上海古籍出版社	394	
	『近畿の産業博物館』阿吽社	124	
1991	新井重三ほか「地象とくらし」『日高町史自然史編』日高町	64	
	伊藤寿朗監修『博物館基本文献集』別巻、大空社	316	
	伊藤寿朗『ひらけ、博物館』岩波書店	14, 20, 70, 316	
	柘植信行「『学芸員講習講義要綱』昭和二七年度・二八年度解説」伊藤寿朗監修『博物館基本文献集』別巻、大空社	58	
	鶴田総一郎「『博物館学入門』の「博物館学総論」篇を執筆した経緯」伊藤寿朗監修『博物館基本文献集』別巻、大空社	58, 346	

刊行年	文　献	本書掲載項目	参照項目
1991	藤岡洋保「歴史的建造物の保全･活用の現状の課題」『建築雑誌』106	340	
	宮崎 惇「棚橋源太郎先生年表」『棚橋源太郎研究』3	34	
	横溝真子「教育普及の視座　セルフガイド」『Museum Data : Newsletter of TANSEI INSTITUTE』15	376	
	渡辺道斉「ワーク･シートの可能性」『Mouseion　立教大学博物館研究』37	376	
	Danilov. Victor J. *Corporate Museums, Galleries, and Visitor Centers: A Directory*, Greenwood press	224	
1992	網干善教「野外博物館構想」『全博協研究紀要』2	204	
	新井重三監修『新版埼玉県地学のガイド　地学のガイドシリーズ4』コロナ社	64	
	熊野正也「大学博物館のあるべき姿への一試論」『Museum study』3	236	
	東京国立博物館『目で見る一二〇年』	112	
	広瀬 鎮『博物館社会教育論』学文社	20	
	ポミアン･クシシトフ、吉田 城･吉田典子訳『コレクション　趣味と好奇心の歴史人類学』平凡社	254	
	宮崎 惇『棚橋源太郎　博物館にかけた生涯』岐阜県博物館友の会	130	
1993	伊藤寿朗『市民のなかの博物館』吉川弘文館	14, 20, 70	
	犬塚康博「満州国国立中央博物館とその教育活動」『名古屋市博物館研究紀要』16	52	
	財団法人江戸東京歴史財団『博覧都市江戸東京展』	112	
	椎名仙卓『図解博物館史』雄山閣出版	167, 322	
	戸田正勝「栃木県における遺跡博物館の現状と課題　現地保存型遺跡博物館を中心として」『國學院大學栃木短期大学紀要』27	212	
	乃村工藝社『ディスプレイ100年の旅　乃村工藝社100年史』	112	
	甕 温子「アメリカの博物館におけるミュージアム･ショップの現状」『博物館研究』28―5	382	
	Friedrich Waidacher, *Handbuch der Allgemeinen Museologie*. Böhlau-Verlag	82	
	国家文物局『博物馆群众教育工作』文物出版社	394	
	国家文物局『博物馆藏品保管工作手册』群众出版社	394	
	中国大百科全书总编辑委员会『中国大百科全书　文物･博物馆』中国大百科全书出版社	394	
	『建築大辞典　第二版』彰国社	328	

刊行年	文　献	本書頁	参照項目
1994	上原 靖「民俗博物館を造るということ」『長野県民俗の会会報』17	180	
	内川隆志「郷土教育の変遷Ⅱ　昭和初期の郷土教育と博物館」『國學院大學博物館學紀要』19	308	
	国立科学博物館教育部企画課編『ミュージアム・マネージメント(平成五年度博物館職員現職研修講義録)』全国科学博物館協議会	352	
	椎名慎太郎『遺跡保存を考える』岩波書店	88	
	羽賀祥二『明治維新と宗教』筑摩書房	88	
	日比野光敏「博物館・展覧会・学芸員そして民族学　ある地方公立博物館の事例から」『日本民俗学』200	180	
	武士田 忠「地域博物館の抱える諸問題」『日本民俗学』200	180	
1995	青木 豊「博物館における映像展示の研究」『國學院大學博物館學紀要』20	280	
	新井重三編『実践エコミュージアム入門　21世紀のまちおこし』牧野出版	64	
	総合ユニコム編『ミュージアムショップの経営戦略・グッズ開発資料集　博物館・美術館・テーマ館における運用ソフト総研究』	382	
	星合重男「企業の博物館に期待するもの」企業史料協議会編『企業と史料』5	224	
	諸岡博熊『企業博物館論　ミュージアム・マネジメント』東京堂出版	224	
	理 智『遗址博物馆研究　兼述陕西遗址博物馆』陕西人民出版社	394	
	中国博物馆学会编『中国博物馆志』华夏出版社	394	
1996	青木俊也「現代史展示の実際　２ＤＫの生活再現をめぐる問題」『日本民俗学』208	180	
	青柳潤一「戦術の展開①　広報活動」大堀 哲・小林達雄・端 信行・諸岡博熊編『ミュージアム・マネージメント　博物館運営の方法と実践』東京堂出版	388	
	犬塚康博「制度における学芸員概念　形成過程と問題構造」『名古屋市博物館研究紀要』19	100	
	大塚和義「展示の理念と評価の方法」『日本民俗学』208	180	
	大場秀章『日本植物研究の歴史　小石川植物園三百年の歩み』東京大学出版会	192	
	加藤有次『博物館学総論』雄山閣出版	76, 274, 322	
	倉田公裕監修『博物館学事典』東京堂出版	20	
	小西昌幸「博物館や美術館の広報に見る可能性」『月刊自治研』33—8	388	
	生涯学習審議会社会教育分科審議会『社会教育主事、学芸員及び司書の養成、研修等の改善方策について』報告	100	
	鈴木 良「文化財の誕生」『歴史評論』555	88	

刊行年	文献	本書頁	参照項目
1996	染川香澄・吹田恭子『見て、さわって、遊べるこどもの博物館ハンズ・オンは楽しい』工作舎	312	
	寺澤 勉・森 望・斉藤 剛「こども科学館における来館者特性　横浜と八王子の比較分析」『展示学』21	358	
	中村博幸「続・ミュージアム・メディア探検①　理解を助ける「ワークシート」」『視聴覚教育』50—10	376	
	西野嘉章『大学博物館　理念と実践と将来と』東京大学出版会	236	
	日本展示学会編『展示学事典』ぎょうせい	20	
	野口智子・曽根陽子「美術館に付属する喫茶店・レストラン・ミュージアムショップに関する研究」『日本建築学会大会学術講演梗概集』	382	
	端 信行「展示と社会」日本展示学会編『展示学事典』ぎょうせい	284	
	諸岡博熊「アメリカの博物館運営史」『博物館研究』31—7	322	
	安 延山『中国纪念馆概论』文物出版社	394	
	Coe, J. C., What's the Message ? Education though Exhibit Design, in Kleiman,D.G., Allen, M.E., Thompson, K.V., Lumpskin, S. and Harris, H. (ed), *Wild Mammals in Captivity*	198	
	Robinson, M.H., Foreword, in Hoage,R.J. and Deiss, W.A.(ed.), *New Worlds, New Animals*, IX	198	
1997	赤坂 信「戦前の日本における郷土保護思想の導入の試み」『ランドスケープ研究』161—5	88	
	青木 豊「博物館展示論研究史(2)」『國學院大學博物館學紀要』22	280	
	青木 豊『博物館映像展示論　視聴覚メディアをめぐる』雄山閣出版	280	
	新井重三編『エコミュージアム理念と活動』牧野出版	64	
	石本正明ほか「北海道における歴史的資産を活かしたまちづくりの展開に関する研究　各市町村の取り組みと住民意識の実態」『都市学研究』34	340	
	犬塚康博「再び満州国の博物館に学ぶ　危機における博物館の運動論」『美術館教育研究』8—1	52	
	岡部あおみ「アートとデザインの横断／ミュージアム・ショップの楽しみ」『日本美術工芸』700	382	
	川北典子「『財団法人　仏教児童博物館』の研究　その設立と活動について」『子ども社会研究』3	376	
	倉田公裕・矢島國雄『新編博物館学』東京堂出版	82, 254	
	黒沢 浩「大學博物館における教育活動」『明治大学博物館研究報告』1	236	
	椎原晶子「生きている博物館・谷中　歴史的建物の活用からまちづくりへ」『観光文化』21—4、日本交通公社	340	
	砂田光紀「民俗展示をめぐる諸問題」『展示学』24	180	
	全国大学博物館学講座協議会「合同部会記録」『全博協会報』34	352	

刊行年	文　献	本書掲載項目	参照項目
1997	高木博志『近代天皇制の文化史的研究』校倉書房	88	
	坪井清足「遺跡博物館」『博物館研究』32―6	212	
	西野嘉章「大学博物館の実験展示『デジタル・ミュージアム』をめぐって」『博物館研究』32―5	236	
	西野嘉章「明治三七年の坪井正五郎」(http://www.um.u-tokyo.ac.jp/publish_db/1997Archaeology/index.html)	382	
	諸岡博熊『博物館経営論』信山社	388	
	国家文物局・中国博物馆学会『博物馆陈列艺术』文物出版社	394	
1998	犬塚康博「藤山一雄博物館論ノート」『名古屋市博物館研究紀要』21	52	
	伊能秀明「明治大学博物館の再興と発展　我が国初の拷問具・刑罰具展示から全国的な地方文書の収集・保管へ(一九四五年四月～一九九三年三月)」『明治大学博物館研究報告』3	236	
	大原一興ほか「歴史的建造物を利用した博物館における活用手法の実態　歴史的建造物の保全活用に関する研究　その1」『日本建築学会学術講演梗概集』E―1	340	
	木下達文「ミュージアムの活性化に関する調査・研究　運営実態アンケート調査より」『展示学』25	358	
	木原啓吉『新版ナショナル・トラスト　自然と歴史的環境を守る住民運動』三省堂	88	
	鷹野光行「「博物館情報論」と「博物館経営論」」『博物館実習報告』13、お茶の水女子大学学芸員課程	352	
	日本民俗学会編『民俗世界と博物館　展示・学習・研究のために』雄山閣出版	180	
	長谷川賢二・鎌田磨人「総合博物館・地域博物館としての徳島県立博物館の方向性」『徳島県立博物館研究報告』8	148	
	山本哲也「博物館建築と環境論史の一断面　昭和初期の動向をめぐって」『國學院大學博物館學紀要』22	328	
	北京博物馆学会『北京博物馆年鉴』北京燕山出版社	394	
	吕济民『当代中国的博物馆事业』当代中国出版社	394	
	Shepherdson, David, J. and Mellen, Jill D. (ed.), *Second Nature: Environmental Enrichment for Captive Animals*	198	
	苏东海『博物馆的沉思』文物出版社	394	
1999	大堀 哲監修『博物館学シリーズ』全7巻・別冊1、樹村房(～2001)	20	
	金杉慎一「ミュージアムの立地と集客について　立地からみる集客要因についての考察」『展示学』28	358	
	川嶋敦子「来館者研究の歴史的諸相」『展示学』27	358	
	川端裕人『動物園にできること』文藝春秋	198	

刊行年	文　献	本書掲載項目	参照項目
1999	菊池直樹「「地域づくり」の装置としてのエコ・ツーリズム」『観光文化』10—1	124	
	久保内加菜・竹内有理「美術館の「潜在的利用者」に関する序論的研究　大学生の利用状況および意識調査より」『日本ミュージアム・マネージメント学会研究紀要』3	358	
	清水真一ほか『歴史ある建物の活かし方』学芸出版社	340	
	丹青研究所『Hands-on Museum　博物館における参加・体験型展示を考える』	312	
	塚原正彦『ミュージアム集客・経営戦略』日本地域社会研究所	358	
	原田紀子「第8章　博物館と広報」大堀 哲監修『博物館学シリーズ4　博物館経営論』樹村房	388	
	三木美裕「来館者研究の応用」『展示学』27	358	
	文部省生涯学習局社会教育課『平成十一年度親しむ博物館作り事業実施報告書』	312	
	山本哲也「我が国における博物館経営論の推移」『國學院大學博物館學紀要』23	346, 352	
	『新版博物館学講座』全15巻（2・7・8・13～15巻は未完）、雄山閣出版（～2001）	20	
2000	青木 豊「展示の分類と形態」『新版博物館学講座9』雄山閣出版	268	
	池上俊一「欧米の動物園の源流」『メディアとしての動物園』青弓社	198	
	大阪人権博物館『博覧会　文明化から植民地化へ』	112	
	加藤有次「総合博物館学」『新版博物館学講座1』雄山閣出版	148	
	加藤有次「資料収集機能」『新版博物館学講座4』雄山閣出版	254	
	椎名仙卓『図解　博物館史』雄山閣出版（改訂増補）	20	
	ティム・コールトン『ハンズ・オンとこれからの博物館』東海大学出版	312	
	並木美砂子「来館者研究における「コミュニケーション論」の検討」『博物館学雑誌』26—1	284	
	長谷川賢二「公立博物館の展示と歴史学研究」『歴史評論』598	316	
	浜口哲一『放課後博物館へようこそ　地域と市民を結ぶ博物館』地人書館	20, 70	
	半田昌之「企業博物館の課題と展望」『たばこと塩の博物館研究紀要』7	224	
	樋口弘道「総合博物館」『新版博物館学講座4』雄山閣出版	148	
	山下治子『ミュージアム・ショップに行こう　そのジャーナリスティック紀行』アム・ブックス	382	
	山本哲也「我が国における博物館経営論の推移（2）」『全博協研究紀要』6	352	

刊行年	文　献	本書掲載項目	参照項目
2001	大河直躬「旧安田邸の修復工事と今後の活用」『日本ナショナルトラスト』381	340	
	金山喜昭「歴史博物館」『新版博物館学講座6』雄山閣出版	248	
	金山喜昭『日本の博物館史』慶友社	167	
	金子 淳『博物館の政治学』青弓社	136	
	黒沢 浩編「大学博物館論」『学術資料の文化資源化』南山大学人類学博物館	236	
	佐藤道子「伝統的染色技術を応用したミュージアムグッズの開発」『京染と精練染色』	382	
	高橋 裕「博物館の計画推進」日本展示学会編『地域博物館への提言』ぎょうせい	284	
	高柳直弥「「企業博物館」の成立と普及に関する考察」『大阪市大論集』128	224	
	滝本秀夫「アメリカ合衆国の博物館におけるアウトリーチ事業の現状と日本の博物館の課題」『茨城県自然博物館研究報告』4	322	
	中村 稔「随想　文学館学序説のエスキスのために〈総務編〉」『全国文学館協議会』17	242	
2002	青木俊也「団地２ＤＫ生活手再現展示が表象するもの」『群馬県歴史民俗』23	180	
	川村恒明・和田勝彦・根木 昭『文化財政策概論　文化遺産保護の新たな展開にむけて』東海大学出版会	88	
	椎名仙卓『大正博物館秘話』論創社	20	
	鈴木 良・高木博志編『文化財と近代日本』山川出版社	88	
	全国大学博物館学講座協議会西日本部会編『概説　博物館学』芙蓉書房出版	20	
	全国大学博物館学講座協議会西日本部会編『博物館実習マニュアル』芙蓉書房出版	20	
	能 美栄子「ミュージアムショップとは　その役割と先行事例」『博物館研究』37―11	382	
	早瀬長利「博物館による児童・生徒の学習支援活動の現状　学校向け各種ガイドブック・案内パンフレット・ワークシートの整備状況について」『博物館研究』37―9	376	
	盛亜也子、鈴木聡士「相対位置評価法の提案」『都市学研究』39	340	
	山本哲也「ハンズ・オンの解釈をめぐって」『博物館學雑誌』27―2	312	
2003	青木 豊『博物館展示の研究』雄山閣	268, 290, 312	
	加藤有次『和敬博愛　私の博物館学五十年』加藤有次先生の古稀をお祝いする会	76	
	鈴木廣之『好古家たちの19世紀　幕末明治における《物》のアルケオロジー』吉川弘文館	88	

刊行年	文　献	本書掲載項目	参照項目
2003	瀬川昌久編『文化のディスプレイ　東北アジア諸社会における博物館、刊行、そして民俗文化の再編』風響社	124	
	富樫泰時『秋田の博物館　その歴史と背景』秋田文化出版	142	
	中牧弘允・日置弘一郎編『企業博物館の経営人類学』東方出版	224	
	松田京子『帝国の視線』吉川弘文館	28	
	松宮秀治『ミュージアムの思想』白水社	254	
	Conway, Williams, The role of zoos in the 21st century, *International Zoo year book*, Vol.38	198	
2004	大出尚子「「満州国」国立中央博物館と「満州国」の建国理念　副館長藤山一雄の「民族協和」構想」『社会文化史学』46	52	
	金山喜昭「「まちづくり」を踏まえた公立博物館の役割」『法政大学キャリアデザイン学部紀要』	136	
	國學院大學博物館学研究室編『國學院大學博物館學紀要』(加藤有次博士追悼号)29	76	
	小林真理『文化権の確立に向けて　文化振興法の国際比較と日本の現実』勁草書房	88	
	中村真弥訳「ヘンリー・コールとサウス・ケンジントン(ビクトリア・アンド・アルバート)美術館:装飾美術博物館(エドワード・P・アレクサンダー著『ミュージアム・マスター　達人たちの博物館とその影響』より)」『國學院大學博物館學紀要』29	322	
	若園雄志郎「観光が地域に与える影響と博物館の役割」『早稲田大学大学院教育学研究科紀要』12—1	124	
2005	駒見和夫「文学系博物館小考」『和洋國文研究』40	242	
	佐々木 亨「静岡県立美術館におけるリピーター維持と展覧会特性　二〇歳未満観覧者を中心とした提言」『日本ミュージアム・マネージメント学会研究紀要』9	358	
	椎名仙卓『日本博物館成立史　博覧会から博物館へ』雄山閣	20, 112, 167	
	布谷知夫『博物館の理念と運営　利用者主体の博物館学』雄山閣	20	
	ミュージアム・ストア協会編『ミュージアム・ショップ・ワークブック　ミュージアム・ショップの新規開店、拡張、改装のためのガイドブック』アム・プロモーション	382	
	森 美樹・小川義和・土屋順子・鈴木和博「ミュージアムの潜在的利用者を含めたマーケティング調査の方法論に関する研究」『日本ミュージアム・マネージメント学会研究紀要』9	358	
	Rabb,G.B. and Saunders, C.D., The future of zoos and aquariums: conservation and caring, *International Zoo Year Book*, Vol.39	198	
2006	青木 豊編『史跡整備と博物館』雄山閣	212	
	岡野裕行「文学館の「出版者的機能」に関する考察　日本近代文学館の復刻を中心に」『情報メディア研究』5	242	
	後藤 治「歴史的建造物や町並みの保存をめぐる地域政策上の課題」『地域政策研究』37	340	

刊行年	文　献	本書頁	参照項目
2006	高市純行「博物館でタイガース　新規ミュージアム顧客開拓への挑戦」『日本ミュージアム・マネージメント学会研究紀要』10	358	
	高木博志『近代天皇制と古都』岩波書店	88	
	布谷知夫編『琵琶湖博物館研究調査報告　展示室におけるコミュニケーション　展示と人・人と人』24	284	
	船山和洋「北海道の開拓・近代化とともに歩んだ歴史的鉄道建築物」『JR gazette』234	340	
	文化庁記念物課史跡部門・文化庁記念物課整備部門「歴史的建造物の復元と復元検討委員会の役割」『月刊文化財』628	340	
	丸山泰明「文化政策としての民俗博物館　国民国家日本の形成と『国立民俗博物館』構想」『年報 人類文化研究のための非文字資料の体系化』3、神奈川大学	136	
	山本哲也「風土記の丘と博物館」青木 豊編『史跡整備と博物館』雄山閣	118	
2007	青木 豊「黒板勝美博士の博物館学思想」『國學院大學博物館學紀要』32	40	
	内山大介「博物館における「郷土」・「地域」とその展示」『歴史民俗資料学研究』12	148	
	大島暁雄『無形民俗文化財の保護　無形文化遺産保護条約にむけて』岩田書院	180	
	これからの博物館の在り方に関する検討協力者会議『新しい時代の博物館制度の在り方について』文部科学省	352	
	鹿谷 勲ほか編『民俗文化財　保護行政の現場から』岩田書院	180	
	鳥羽耕史「文学館の役割　貴司山治展とブンガクな時代展をめぐって」『日本近代文学』76	242	
	三輪嘉六「文化財と博物館と観光と」『観光文化』31—1（特集地元力—地域を支えるその実力と可能性）	124	
	守重信郎「わが国の大学博物館の問題点とその背景」『日本大学大学院総合社会情報研究科紀要』8	236	
2008	青木 豊「新井重三先生（1920～2004）の博物館学思想」『Museum study　明治大学学芸員養成課程紀要』20	64	
	青木 豊「学校博物館の現状と今後の可能性（予察）　学芸教諭の誕生に向けて」『全博協研究紀要』10	316	
	伊藤純郎『増補　郷土教育運動の研究』思文閣出版	308	
	犬塚康博『20世紀日本の博物館に関する研究』学位論文	52	
	犬塚康博「藤山一雄『新博物館態勢』を読む」『パフォーマンスの民族誌的研究—千葉大学大学院人文社会科学研究科研究プロジェクト報告書』144	52	
	伊藤真実子『明治日本と万国博覧会』吉川弘文館	28	
	岩﨑竹彦『福祉のための民俗学　回想法のススメ』慶友社	180	
	大西智和「六. HPとアウトリーチプログラム」全国大学博物館学講座協議会西日本部会編『新しい博物館学』芙蓉書房出版	322	
	尾谷雅比古「制度としての近代古墳保存行政の成立」『桃山学院大学総合研究所紀要』33—3	88	

刊行年	文献	本書頁	参照項目
2008	角松生史「景観利益と抗告訴訟の原告適格　鞆の浦世界遺産訴訟をめぐって」『日本不動産学会誌 』86―3	88	
	神奈川大学21世紀COEプログラム研究推進会議『高度専門職学芸員の養成　大学院における養成プログラムの提言　神奈川大学21世紀COEプログラム「人類文化研究のための非文字資料の体系化」研究成果報告書』	100	
	川崎 繁「博物館法制定時の事情」『博物館学雑誌』34―1	370	
	木原直彦「全国文学館等一覧」全国文学館協議会編『増補改訂版　全国文学館ガイド』小学館	242	
	駒見和夫「博学連携に至る史的経緯と思考の道筋」『全博協研究紀要』11	316	
	品田早苗「博物館等施設における学習の視点　旭山動物園のワークシートを事例にして」『北海道大学大学院国際広報メディア・観光学院院生論集』4	376	
	全国大学博物館学講座協議会西日本部会編『新しい博物館学』芙蓉書房出版	20	
	高橋雄造『博物館の歴史』法政大学出版局	167	
	田中広樹「第3節　博物館と利用者サービスとの連携活動」全国大学博物館学講座協議会西日本部会編『新しい博物館学』芙蓉書房出版	388	
	中央教育審議会「新しい時代を切り拓く生涯学習の振興方策について～知の循環型社会の構築を目指して～（答申）」	364	
	中村 浩「大学博物館の現状と展望」『歴史科学』195	236	
	畑中三応子「利用者の立場から望むミュージアムの憩い　各館の性格を共有した飲食やグッズを」『博物館研究』43―7	382	
	藤崎温美「文学博物館における教育活動の課題と一試案」『國學院大學博物館學紀要』33	242	
	山路勝彦『近代日本の植民地博覧会』風響社	28	
	Fuhrman,Nicholas E.; Ladewig, Characteristics of Animals Used in Zoo Interpretation: A Synthesis of Research, *Journal of Interpretation Research*, Vol.13, Issue 2	198	
2009	青木 豊「博物館学史序論」『國學院大學博物館學紀要』34	346	
	井上 敏「新井重三の博物館論と『博物館の自由』の研究」『桃山学院大学総合研究所紀要』34―4	64	
	岡野裕行「文学館の自己認識とその領域」『文学館研究』1	242	
	木下周一「Chapter 5　ワークシートをつくる」『ミュージアムの学びをデザインする　展示グラフィック＆学習ツール制作読本』ぎょうせい	376	
	小林 克『新博物館学　これからの博物館経営』同成社	388	
	これからの博物館の在り方に関する検討協力者会議『学芸員養成の充実方策について　第2次報告書』文部科学省	64, 100, 352	
	鷹野光行「学芸員養成科目　なぜこのような構成なのか」『博物館実習報告』24	352	
	松岡葉月「「連想型ワークシート」を用いた利用者主体の学びの検討　小学生の歴史展示理解の分析を通して」『博物館学雑誌』34―2	376	

刊行年	文献	本書頁	参照項目
2009	水谷円香「博物館経営の近年の傾向　博物館経営論の現在と、『博物館研究』にみる博物館の経営」『國學院大學博物館學紀要』34	346	
	山口源治郎「戦後図書館法改正史」塩見 昇・山口源治郎編『新図書館法と現代の図書館』日本図書館協会	14	
2010	青木 豊・矢島國雄編『博物館学人物史　上』雄山閣	52	
	落合知子「藤山一雄」青木 豊・矢島國雄編『博物館学人物史　上』雄山閣	52	
	菊地達夫「歴史的建造物を活用した観光交流の仕組みの可能性とその意義　北前船における関連歴史的建造物を事例として」『観光研究論集』9	340	
	國 雄行『博覧会と明治の日本』吉川弘文館	112	
	佐藤優香「日本における子ども博物館の始まり　チルドレンズ・ミュージアムを媒介にした国際交流」『博物館雑誌』36—1	376	
	椎名仙卓『近代日本と博物館　戦争と文化財保護』雄山閣	20, 167	
	椎名仙卓『博物館の災害・事件史』雄山閣	20	
	ジョージ・E・ハイン、鷹野光行監訳『博物館で学ぶ』同成社	312	
	杉山正司「田中芳男」青木 豊・矢島國雄編『博物館学人物史　上』雄山閣	192	
	浜田弘明（研究代表者）『博物館学資料「鶴田文庫」の整理・保存及び公開に関する調査・研究　平成19～21年度日本学術振興会科学研究費補助金基盤研究（C）研究成果報告書』	58, 364	
	三輪嘉六「文化観光への視点　博物館の役割」『観光文化』34—5	124	
	村木美幸「博物館活動と観光　アイヌ民族博物館の事例から」『第二三回北方民俗文化シンポジウム報告書』24	124	
	森本和男『文化財の社会史　近現代史と伝統文化の変遷』彩流社	88	
	山崎幸治『第二三回北方民俗文化シンポジウム報告書』24	124	
	山下治子ほか「科学技術系ミュージアムにおけるミュージアムグッズに関する調査研究」『日本ミュージアム・マネジメント学会会報』15—1	382	
	山本哲也「ケプロン、ホーレス」青木 豊・矢島國雄編『博物館学人物史　上』雄山閣	167	
	渡邉真衣「地域振興と文学館」『國學院大學博物館學紀要』35	242	
2011	青木 豊「大学付属博物館とは　我が国の大学附属博物館の歴史と展望」『全博協研究紀要』14	236	
	加藤有次・矢島國雄「大学博物館」全日本博物館学会編『博物館学事典』雄山閣	236	
	椎名仙卓「博物館法の制定を回顧する」『博物館研究』46—12	370	
	全日本博物館学会編『博物館学事典』雄山閣	2, 20, 52, 322	

刊行年	文　献	本書掲載項目	参照項目
2011	鷹野光行・西 源二郎・山田英徳・米田耕司編『新編博物館概論』同成社	167	
	西 孝「観光集客型ミュージアムとローカルコミュニティ　直島の事例からみたその可能性と課題」『文化経済学』30	358	
	福田珠美「棚橋源太郎の博物館論と郷土の具体化」『空間・社会・地理思想』14	34	
	桝渕彰太郎「総合展示の研究　総合展示からみた形態的分類試案」『國學院大學博物館學紀要』36	290	
	山本哲也「博物館学史の編成について」『博物館学雑誌』37—1	20	
	横田正弘『ミュージアム革命　博物館経営成功のための一〇の法則』ミヤオビパブリッシング	358	
2012	青木 豊編『明治期博物館学基本文献集成』雄山閣	2, 160	
	青木 豊「人物略伝　内田四郎」青木 豊編『明治期博物館学基本文献集成』雄山閣	328	
	青木 豊「新井重三」青木 豊・矢島國雄編『博物館学人物史　下』雄山閣	64	
	青木 豊「神谷邦淑」青木 豊・矢島國雄編『博物館学人物史　下』雄山閣	328	
	青木 豊『博物館展示の研究』雄山閣（新装版）	296	
	青木 豊編『人文系博物館資料論』雄山閣	20	
	大堀 哲・水嶋英治編『博物館学　新博物館学教科書』Ⅰ～Ⅳ、学文社（～2013）	20	
	小笠原喜康ほか編『博物館教育論　新しい博物館教育を描きだす』ぎょうせい	20	
	全国大学博物館学講座協議会西日本部会編『新時代の博物館学』芙蓉書房出版	20	
	綜合ユニコム『レジャーランド&レクパーク総覧二〇一三』綜合ユニコム	358	
	夏井琴絵・浅田正彦「子ども向け対話型ワークシート・プログラムの意義と可能性　千葉県立中央博物館『おきにいり新聞』を事例に」『日本ミュージアム・マネージメント学会研究紀要』16	376	
	西野嘉章『モバイルミュージアム　行動する博物館　二一世紀の文化経済論』平凡社	322	
	端 信行「コミュニケーションとしての展示」大堀 哲・水島英治編『新博物館学教科書　博物館学Ⅱ 博物館展示論＊博物館学教育論』学文社	264	
	本間 浩「共通チケットによる複数の博物館への関心の喚起」『博物館学雑誌』38—1	358	
	蓑 豊『超＜集客力＞革命　人気美術館が知っているお客の呼び方』角川書店	358	
	村田浩一『動物園学入門』朝倉書店	198	
	山岸郁子「〈資源〉としての文学」『産業経営プロジェクト報告書』35	242	

刊行年	文　献	本書掲載項目	参照項目
2012	山下治子「ミュージアムショップとレストラン」『博物館学Ⅲ　博物館情報・メディア論＊博物館経営論』学文社	382	
	山本哲也「学芸員という職名」『学会ニュース』101、全日本博物館学会	100	
2013	青木 豊『集客力を高める　博物館展示論』雄山閣	274, 280, 312, 328, 358, 376	
	青木 豊編『人文系博物館展示論』雄山閣	20	
	甲斐麻純、松岡 守「博物館と学校教育の連携の現状と今後の展望」『三重大学教育学部研究紀要』64	316	
	九州大学総合研究博物館『九州大学ミュージアムバスプロジェクト　九州大学総合研究博物館×西日本鉄道株式会社西鉄バス　ミュージアムバスデザイン広告プロジェクト』	322	
	清水重敦『建築保存概念の生成史』中央公論美術出版	88	
	下湯直樹「ジオラマ展示・生態展示・時代室展示」青木 豊編『人文系博物館展示論』雄山閣	296	
	城石梨奈「昭和初期から中期の北海道における郷土博物館の展開とアイヌ民族資料をめぐって　北見郷土館と「郷土」の概念」『博物館学雑誌』38―2	308	
	鷹野光行「博物館教育に果たす大学博物館の役割」『全博協研究紀要』14	236	
	帝国バンク史料館『別冊Muse』	224	
	安高啓明「大学博物館組織論　法規と類型」『西南学院大学博物館研究紀要』1	236	
2014	青木 豊編『人文系博物館教育論』雄山閣	20, 316	
	青木 豊編『人文系博物館資料保存論』雄山閣	20	
	井上裕太「民族音楽資料の展示と活用　ガムラン楽器の事例より」『國學院大學博物館學紀要』38	186	
	金子 淳「博物館学における郷土と地域」浜田弘明『博物館の理論と教育』朝倉書店	76	
	金子德彦ほか「第六一回全国博物館大会報告　分科会二「観光と博物館」」『博物館研究』49―3	124	
	駒見和夫『博物館教育の原理と活動　すべての人の学びのために』学文社	316	
	里見親幸 『博物館展示の理論と実践』 同成社	264	
	椎名仙卓・青柳邦忠『博物館学年表　法令を中心に』雄山閣	20, 167	
	関谷泰弘「若者はなぜミュージアムに来ないのか？　我が国ミュージアムと東京国立博物館を事例とした非来館者動機に関する研究」『文化経済学』37	358	
	高柳直弥・粟津重光「インターナル・コミュニケーションの道具としての企業博物館と企業のアイデンティティ」『広報研究』18	224	
	瀧端真理子「日本の動物園・水族館は博物館ではないのか？」『追手門学院大学心理学部紀要』8	198	

刊行年	文　献	本書頁	参照項目
2014	日本社会福祉学会事典編集委員会編『社会福祉事典』	322	
	布谷知夫・中村千恵「博物館の仕事を知ってもらうことを目的とした事業」『博物館学雑誌』39—2	358	
	安高啓明『歴史のなかのミュージアム　驚異の部屋から大学博物館まで』昭和堂	160, 236	
	鷲尾裕子「観光資源としての博物館に関する一考察」『松蔭大学紀要』17	124	
2015	青木 豊・鷹野光行編『地域を活かす遺跡と博物館　遺跡博物館のいま』同成社	212	
	犬塚康博『反博物館論序説』共同文化社	302	
	井上 毅「科学博物館の取り組み」『博物館研究』50—9(特集　観光と博物館)	124	
	井上裕太「太田太郎の欧米における音楽公共施設視察と音楽研究所の設置」『國學院大學博物館學紀要』39	186	
	井上裕太「兼常清佐の洋行記録にみる音楽博物館論　『音樂巡礼』を中心に」『人間の発達と博物館学の課題　新時代の博物館経営と教育を考える』同成社	186	
	落合博晃「美術館と観光」『博物館研究』50—9(特集　観光と博物館)	124	
	小林秀樹ほか「第六二回全国博物館大会報告　分科会二「観光とまちづくりと博物館」」『博物館研究』50—3	124	
	杉長敬治「部外連携・交流について(調査票16. 関連)」『博物館総合調査(平成25年度)の基本データ集』(篠原　徹(研究代表者)「日本の博物館総合調査研究　平成25～27年度日本学術振興会科学研究費補助金基盤研究(B)研究成果)	364	
	関谷泰弘「東京国立博物館における若者向けミュージアム・イベント「博物館で野外シネマ」を事例とした鑑賞者開発の研究」『文化経済学』39	358	
	田尾誠敏「観光資源としての史跡と博物館」『博物館研究』50—9(特集　観光と博物館)	124	
	鷹野光行「遺跡博物館のこれから」青木 豊・鷹野光行編『地域を活かす遺跡と博物館　遺跡博物館のいま』同成社	118	
	田中孝則「福井発　日本から世界に」『博物館研究』50—9(特集　観光と博物館)	124	
	中島宏一「観光と博物館　観光学習と博物館、ボランティアの活動」『北海道歴史文化財団研究紀要』1	124	
	夏目琢史「大正・昭和初期における「博学連携」について」『博物館学雑誌』40—2	316	
	日本ミュージアム・マネージメント学会編『ミュージアム・マネージメント学事典』学文社	20	
	堀江浩司「企業博物館と競争優位」『広島経済大学経済研究論集』38—3	224	
	三宅拓也『近代日本<陳列所>研究』思文閣出版	142	
	宮瀧交二「観光と博物館」『博物館研究』50—9(特集　観光と博物館)	124	
	山本理佳「大和ミュージアム設立を契機とする呉市周辺の観光変化」『国立歴史民俗博物館研究報告』193	124	

刊行年	文　献	本書頁	参照項目
2015	早稲田大学坪内博士記念演劇博物館編『幻燈スライドの博物誌 プロジェクション・メディアの考古学』青弓社	280	
2016	香取市教育委員会『国指定史跡　良文貝塚』	118	
	佐藤衆介「愛護倫理と動物福祉倫理の融合」『環境思想・教育研究』9	198	
	椎名仙卓「田中芳男の博物館創設を回顧する　没後一〇〇年に寄せて」『博物館研究』52―1	130	
	下湯直樹「時代、地域のニーズに合った博物館経営」『観光資源としての博物館』芙蓉書房出版	364	
	須永和博「先住民観光と博物館」『立教大学観光学部紀要』18	124	
	田中裕二・米山 勇「平成二六年度　英国野外博物館」『東京都江戸東京博物館紀要』6	340	
	中村 浩・青木 豊編『観光資源としての博物館』芙蓉書房出版	124	
	宮地孝宣「博物館における初学者向けワークシート（印刷教材）に関する実践教育」『東京家政大学博物館紀要』21	376	
	茂木香奈子「ジョージ・ブラウン・グードの博物館経営者としての業績」『國學院雑誌』117―9	346	
	滕 鑑「中国の計画経済時代における体制改革」『岡山大学経済学会雑誌 』48―1	394	

執筆者一覧（掲載順）

下田夏鈴（しもだ・かりん）　国立科学博物館　事務補佐員
大貫英明（おおぬき・ひであき）　東京農業大学　非常勤講師
山本哲也（やまもと・てつや）　新潟県立歴史博物館　専門研究員
陳維新（CHEN WEI XIN）　國學院大學大学院博士課程前期
岩下忠輝（いわした・ただてる）　國學院大學大学院博士課程前期
樊子杰（FAN ZI JIE）　國學院大學大学院博士課程前期
浜田弘明（はまだ・ひろあき）　桜美林大学　教授
古池晋禄（こいけ・しんろく）　渋沢栄一記念館　主査
君塚仁彦（きみづか・よしひこ）　東京学芸大学　教授
前川公秀（まえかわ・まさひで）　DIC川村記念美術館　顧問
矢島國雄（やじま・くにお）　明治大学　教授
井上敏（いのうえ・さとし）　桃山学院大学　准教授
安部真里奈（あべ・まりな）　國學院大學大学院博士課程前期
茂木香奈子（もてぎ・かなこ）　国立音楽大学楽器学資料館　学芸員
桃谷和則（ももたに・かずのり）　尼崎市立文化財収蔵庫　学芸員

辻秀人（つじ・ひでと）　東北学院大学　教授
中村浩（なかむら・ひろし）　和歌山県立紀伊風土記の丘　館長
松岡広樹（まつおか・ひろき）　國學院大學大学院博士課程前期
長谷川賢二（はせがわ・けんじ）　徳島県立博物館　人文課長
二葉俊弥（ふたば・としや）　國學院大學大学院博士課程前期
安高啓明（やすたか・ひろあき）　熊本大学大学院　准教授
江水是仁（えみず・ただひと）　東海大学　准教授
渡辺真衣（わたなべ・まい）　國學院大學卒業生
三代綾（みしろ・あや）　日野市郷土資料館　学芸員
井上裕太（いのうえ・ゆうた）　独立行政法人日本スポーツ振興センター秩父宮記念スポーツ博物館　学芸員
細樅雄貴（ほそもみ・ゆうき）　國學院大學大学院博士課程前期
並木美砂子（なみき・みさこ）　帝京科学大学　教授
落合知子（おちあい・ともこ）　長崎国際大学　教授
大久保太智（おおくぼ・だいち）　國學院大學大学院博士課程前期
中島金太郎（なかじま・きんたろう）　國學院大學　助手

半田昌之（はんだ・まさゆき）　日本博物館協会 専務理事

奥田　環（おくだ・たまき）　お茶の水女子大学歴史資料館 研究協力員

松田佑斗（まつだ・ゆうと）　國學院大學大学院博士課程後期

種井　丈（たねい・じょう）　田端文士村記念館 研究員

金山喜昭（かなやま・よしあき）　法政大学 教授

黒澤　浩（くろさわ・ひろし）　南山大学 教授

大貫洋介（おおぬき・ようすけ）　野田市郷土博物館・市民会館 学芸員

田中　彩（たなか・あや）　國學院大學文学部

山田磯夫（やまだ・いそお）　早稲田大学 教授

杉山正司（すぎやま・まさし）　埼玉県立文書館 館長

中島愛美（なかじま・なるみ）　國學院大學大学院博士課程前期

丸山憲子（まるやま・のりこ）　杉野服飾大学 非常勤講師

山極佳子（やまぎわ・よしこ）　國學院大學大学院博士課程前期

鄒　海寧（CHAU HOINING）　國學院大學大学院博士課程後期満期退学

駒見和夫（こまみ・かずお）　和洋女子大学 教授

谷　拓馬（たに・たくま）　川崎市市民ミュージアム 学芸員（エデュケーター）

小島有紀子（こじま・ゆきこ）　東京国立博物館 アソシエイトフェロー

相澤瑞季（あいざわ・みずき）　宮内庁書陵部編修課 非常勤職員

阿部楓子（あべ・ふうこ）　鎌倉歴史文化交流館 学芸嘱託員

山内智子（やまうち・ともこ）　國學院大學大学院博士課程後期

高橋信裕（たかはし・のぶひろ）　高知みらい科学館 館長

田中章博（たなか・あきひろ）　社会保険診療報酬支払基金神奈川支部

伊東俊祐（いとう・しゅんすけ）　國學院大學大学院博士課程前期

木下達文（きのした・たつふみ）　京都橘大学 教授

下湯直樹（しもゆ・なおき）　長崎国際大学 助教

落合広倫（おちあい・ひろみち）　京都国立博物館

塚本順平（つかもと・じゅんぺい）　國學院大學大学院博士課程後期

田子文菜（たご・ふみな）　國學院大學大学院博士課程前期

大森威和（おおもり・たけやす）　國學院大學大学院博士課程後期

王　娟（WANG JUAN）　國學院大學大学院博士課程後期

《編者略歴》

青木　豊（あおき　ゆたか）

1951年　和歌山県橋本市生まれ
國學院大學文学部史学科考古学専攻卒
現　　在　國學院大學文学部　教授　博士（歴史学）
主な著書　『博物館技術学』『博物館映像展示論』『博物館展示の研究』『集客力を高める博物館展示論』（以上単著）、『史跡整備と博物館』『明治期 博物館学基本文献集成』『大正・昭和前期 博物館学基本文献集成 上』『大正・昭和前期 博物館学基本文献集成 下』『人文系博物館資料論』『人文系博物館展示論』『人文系博物館資料保存論』『棚橋源太郎 博物館学基本文献集成 上』『棚橋源太郎 博物館学基本文献集成 下』（以上編著）、『博物館学人物史㊤』『博物館学人物史㊦』（以上共編著）、『博物館ハンドブック』『新版博物館学講座1　博物館学概論』『新版博物館学講座5　博物館資料論』『新版博物館学講座9　博物館展示論』『新版博物館学講座12　博物館経営論』『日本基層文化論集』『博物館危機の時代』（以上共著）、以上雄山閣、『和鏡の文化史』（刀水書房）、『柄鏡大鑑』（共編著、ジャパン通信社）、『博物館学Ⅰ』（共著、学文社）、『新編博物館概論』（共著）、『人間の発達と博物館学の課題　新時代の博物館経営と教育を考える』『遺跡を活かす遺跡と博物館—遺跡博物館のいま—』（以上共編）、以上同成社、『観光資源としての博物館』（共編、芙蓉書房出版）　他論文多数

鷹野光行（たかの　みつゆき）

1949年　東京都生まれ
東京大学大学院人文科学研究科博士課程単位取得退学
現　在　お茶の水女子大学名誉教授　東北歴史博物館館長
　　　　國學院大學客員教授
主な著書　『博物館学特論』（単著、慶友社）、『新版博物館学講座1　博物館学概論』『新版博物館学講座3　現代博物館論』『新版博物館学講座4　博物館機能論』『新版博物館学講座6　博物館調査研究法』『新版博物館学講座9　博物館展示法』『新版博物館学講座12　博物館経営論』（以上共編著）、『新版博物館学講座5　博物館資料論』『新版博物館学講座11　博物館情報論』『新版博物館学講座10　生涯学習と博物館活動』（以上共編）、『縄文文化の研究　4』（共著）、以上雄山閣、『博物館で学ぶ』（監訳）、『新編博物館概論』『人間の発達と博物館学の課題』『地域を活かす遺跡と博物館—遺跡博物館のいま』（以上共編著）、以上同成社、『人間の発達と社会教育学の課題』『博物館学Ⅰ　博物館概論＊博物館資料論』『博物館学Ⅱ　博物館展示論＊博物館教育論』（共著）、以上学文社、『縄文土器大観4』（共著、小学館）、『キャリアデザインへの挑戦』（共著、経営書院）、『総覧縄文土器』（共著、アム・プロモーション）　他論文多数

はくぶつかんがくしけんきゅうじてん
博物館学史研究事典

2017年12月25日　初版発行

編　者　青木　豊・鷹野光行

発行者　宮田哲男

発行所　株式会社　雄　山　閣

〒102-0071　東京都千代田区富士見2-6-9
電話　03-3262-3231㈹
FAX　03-3262-6938
URL　http://www.yuzankaku.co.jp
E-mail　info@yuzankaku.co.jp
振替：00130-5-1685

印刷・製本　株式会社ティーケー出版印刷

ISBN978-4-639-02497-2 C3530
N.D.C.069 436p 22cm